JN071909

大平正芳の中国・東アジア外交

経済から環太平洋連帯構想まで

川島 真・井上正也 編著

公益財団法人
大平正芳記念財団

発刊に寄せて

公益財団法人　大平正芳記念財団
理事長　大平　知範
理　事　大平　裕

当財団は、大平正芳の没後、「日本経済団体連合会」の協力で設立され、大平正芳の思想と政治家としての事績を顕彰・普及することを目的に活動を行っております。特に、大平正芳が提唱した「環太平洋連帯構想」を軸として、これに関する優れた書籍には「大平正芳記念賞」を、学術研究に対しては「環太平洋学術研究助成費」を授与いたしております。

一九七二（昭和四七）年九月、田中角栄総理・大平正芳外相、周恩来総理・姫鵬飛外交部長によって日中共同声明の調印が行われ、日中国交正常化が実現いたしました。二〇二二年はその五〇周年ともなることから、当財団として周年行事を計画いたしておりました。主に大平正芳の政治思想や政治活動について焦点をあてた書籍として、二〇二二年一〇月には『大平正芳とその政治　再論』を上梓いたしました。

一方、「外交」に焦点をあてた活動では、当財団の「大平正芳記念賞」の運営・選定委員も務めていただいている東京大学・川島真教授にお声がけさせていただき、慶應義塾大学・井上正也教授を始めとする新進気鋭の学者一二名を含む「一九七〇年代の日中関係の展開と大平外交」と銘打ったプロジェクトがスタートしました。しかしながら、新型コロナウイルス感染症の世界的な感染拡大に伴い、海外はもとより国内での調査活動そのものにも困難を極め、オンライン会議を駆使しての編集作業を通じて、今般の『大平正芳の中国・東アジア外交――経済から環太平洋連帯構想まで』を上梓いただけることとなりました。

　大平正芳の総理としての在任期間は、一九七八年一二月から急逝する一九八〇年六月までの五五四日と短いものでしたが、総理就任前の事績も含めると、日中国交正常化はもとより、日韓請求権協定、現在のＡＰＥＣにも繋がる環太平洋連帯構想、ソ連のアフガン侵攻時のモスクワ・オリンピックのボイコットに象徴される対西側協調路線など、生前に残した業績は枚挙に遑がありません。世界的な歴史の転換点にあって、大平は我が国の政治・外交を担ってきたと言って過言ではないものと存じます。

　一方で、国益をかけてお互いに主張することはあっても、最終的には相互信頼を重んじており、大平の没後、米国・カーター元大統領、中国・華国鋒元国家主席は個別に瀬田の自宅まで弔問のため足を運んでいただき、日韓請求権問題で侃々諤々の議論を交わした韓国・金鍾泌元国務総理には、私的に多磨霊園を墓参いただいたことなどは、このことを象徴しているものと考えております。

　本書では、このような時代の「中国・東アジア外交」を振り返って一三本の論文を掲載し、大平正芳の思想をもとにした、「経済から環太平洋連帯構想まで」の実証研究を詳述いただいております。

川島真教授ならびに井上正也教授の采配によって、多角的・複眼的にこの時期を見据える内容となっており、戦後外交史の新天地を開くものと確信いたしております。

ロシアによるウクライナ侵略、イスラエル・ガザ戦争、緊迫する東アジア情勢など、現在、日本を取り巻く環境は、これまでにないような緊張した事態となっております。かつて、大平正芳が在職していた当時と同様に、歴史の転換点と次世代に語り継がれるような時代に生きている我々に、本書を通じて、過去から学ぶことで新しい時代を考える一助となれば幸いと存じます。

最後に、編纂に多大なるご尽力をいただきました川島真教授・井上正也教授をはじめ、論考をお寄せいただいた先生方、また出版にあたってのご協力をいただいたＰＨＰ研究所の大久保龍也様、ＰＨＰエディターズ・グループの岡修平様に御礼を述べさせていただきます。

以上

目次

序　論

第一章　宏池会首相たちの外交と系譜

戦後外交の中の大平正芳

宮城大蔵

第二章　大平正芳の経済外交

鈴木宏尚

第三章　環太平洋連帯構想の淵源
大平正芳の国際政治観から

大庭三枝

第四章　大平外交の出発
日韓請求権問題の妥結

金恩貞

第七章 大平正芳と日中国交正常化

古井喜実との関係を中心に

鹿雪瑩

第一〇章 福田外交と大平外交の変化と連続

若月秀和

第一一章 大平政権の環太平洋連帯構想における中国・ソ連
デタント・新冷戦のなかの含意
神田豊隆

第一二章

対中ODAの始動

徐顕芬

第一三章　国際秩序と日中関係の狭間
プラント輸出から見た大平内閣の選択

李彦銘

序論

井上正也
川島　真

1　大平正芳研究の現在

大平正芳は吉田茂と池田勇人の流れを汲む「保守本流」たることを強く意識していた政治家であった。一九六〇（昭和三五）年の安保闘争によって岸信介政権が退陣した後、大平は池田首相の有力な側近の一人として、「政治の季節」から「経済の季節」への転換をはかり、野党との対話路線を推進した。さらに吉田首相が先鞭をつけた軽軍備路線を継承し、日米安全保障条約の下で軍事費負担を抑制しつつ、「所得倍増」を政権の旗印に掲げて、経済成長に邁進する方針を示した。この池田政権の転換によって、憲法規範と日米安全保障体制を両立させる「保守本流」の外交路線は確立されたといえる。(1)

大平の内外政策を貫いた「保守本流」の政治思想については、近年再評価が進んでいる。たとえば、中北浩爾は、大平のブレーンであった香山健一の「日本型多元主義」に着目し、日本的な組織のあり方や中間集団を視野に入れた香山の思想が、大平の派閥観に影響を与えた可能性を指摘する。(2)また宇野重規は、学者などのブレーンを重用した大平が首相時代に組織した政策研究会に着目し、研究会で掲げられたテーマの先駆性に高い評価を与えている。その上で宇野は、大平が経済成長を軸とするキャッチアップ型の近代化の限界を認識していたと指摘している。(3)さらに現代政治分析からも大平の保守思想を捉え直す動きが現れてきた。たとえば、シンクタンク・日本再建イニシアティブによる共同研究は、小泉純一郎政権以降、日本政治の主流となった清和会との対比で、大平の流れを汲む宏

池会の政治路線をリベラルな「中道保守」と位置づけている。(4)

このように大平の政治思想があらためて注目される一方、原文書に基づいた大平正芳の人物研究も着実に進展している。死後まもなくして関係者による伝記編纂が進められたこともあり、大平関連の史料や証言は、同時代の他の有力政治家に比べて豊富に残されていた。(5)二一世紀に入ると、これらを駆使した福永文夫や服部龍二による優れた大平評伝が相次いで刊行された。(6)それと並行して関連史料の整理も進められ、大平自身の日記やメモを含めた「大平正芳関係文書」や、女婿の森田一（元運輸大臣兼北海道開発庁長官）が大平の秘書官を務めた時期の日記も刊行された。(7)また三〇年ルールに基づき日本の外交文書が公開されるにつれて、大平政権の外交政策に関する実証分析も進んできた。近年、日米関係、サミット外交、対韓政策、「総合安全保障」といった大平政権期の個別テーマを掘り下げた研究が続々と登場している。(8)

とはいえ、大平研究には課題も残されている。第一の課題は、大平の外交思想が分析される一方で、彼の外交思想が実際の外交政策とどのように結びついていたかが十分に明らかにされていない点である。大平が外相や首相を務めた時期の外交政策は、俗に「大平外交」と呼ばれる。だが、これまで「大平外交」の分析は、実際の政策決定過程を等閑視し、大平個人の経験や思想をやや過大に外交政策に投影しがちであった。「大平外交」の特徴を抽出するには、官庁レベルでの政策決定過程を併せて分析することが不可欠であるし、また大平の外交構想だけを論じるのではなく、同時代の他の政治指導者との比較を通じて相対化を図る必要があるといえよう。

第二の課題は、先行研究における「大平外交」の分析対象が、日米関係などの西側諸国との関係を中心としており、日中関係を中心とする対アジア外交に関してはいまだに手薄な点である。確かに大平が二度にわたる外相時代に進めた日韓交渉と日中国交正常化については既に詳細な研究が存在する(9)。だが、日中国交正常化以後の一九七〇年代については、原文書に基づいた外交史研究は依然として限定的だと言わざるを得ない。

本書は、以上のような問題意識を踏まえた日本外交史と中国外交史研究者による「大平外交」に関する共同研究である。すなわち、大平の政治思想から彼の外交政策を演繹(えんえき)的に説明するのではなく、大平が実際に直面した外交政策を、原文書に基づいて分析することによって、「大平外交」の特質を明らかにすることが狙いである。

本書の所収論文は、必ずしも日中関係に主題を限定していないが、多くは大平の対中外交や、その手段たる「経済外交」に関わる内容である。各論文の考察を通じて、「大平外交」が、同時代の他の政治指導者の外交と比較して、いかなる点で特徴づけられるのか。また「大平外交」において中国はどのように位置づけられていたかを明らかにしたい。

2 「大平外交」の構造

本書は全一三章から構成されている。まず、「大平外交」の総論的な位置づけにあたる第一章（宮城論文）では、池田勇人、大平、鈴木善幸(ぜんこう)、宮澤喜一ら四人の宏池会出身首相の外交面での足跡を辿(たど)っている。総じて「ハト派」やリベラルの色彩の強い宏池会であるが、時代ごとに直面する外交課題の相違もあり、彼らの姿勢は一様だったわけではない。池田勇人は、対米協調や経済重視を内容とする吉田（茂）路線に、「自由主義陣営の三本柱」という国際社会における日本の立場を付加した。これに対して、大平は、衰退する米国を補完する役割を日本が果たすべきだとして、「脱吉田」と「戦後の総決算」を掲げている。

一方、首相時代の大平は、米ソ新冷戦の中で「西側の一員」の立場を明確にした。だが、大平の後を継いだ鈴木善幸は、米国の求める防衛力増強に抵抗を示し、池田以来の宏池会の理念に忠実たらんとした。そして、五五年体制下での最後の首相となった宮澤喜一は、冷戦終結後の国際環境において、吉田路線に国際的な安全保障上の役割をいかに付加するかということを問題意識とした。このように宏池会出身の首相たちの外交政策を俯瞰することによって、平和国家と国際社会の現実との間で日本の進路を模索した「大平外交」の輪郭が一層明確になろう。

こうした総論を踏まえた上で、「大平外交」を特徴づける論点がいくつかある。その第一は、池田勇人以来の宏池会出身の首相たちがリベラルな価値観と並んで重視してきた「経済外交」である。敗戦国日本にとって経済の復興は極めて重要な課題であった。憲法規範によって、軍事力の行使に厳しい自己制約を課した日本にとって、経済力はほぼ唯一といってよい外交資源だったからである。

第二章（鈴木論文）では、その大平の「経済外交」の基底をなした思想と行動を分析している。経済的自由主義を信奉する大平にとって、「経済外交」とは、政府が自由貿易体制を擁護しつつ、日本企業が活動しやすい対外環境を整えることにあった。それゆえ、大平は外務大臣や通産大臣を歴任する中で、米国や西欧諸国が自由貿易原則から逸脱した対応をとることに異議を申し立て、日本の経済的利益が損なわれないようにした。

ところが、一九七〇年代以降に国際経済秩序が揺らぐ中で、大平は「経済大国」になった日本が、これまでの秩序受益者から秩序維持のための担い手にならねばならないと考えるようになった。この新旧の二つの考え方の板挟みとなったのが、大平が首相として臨んだ一九七九年六月の東京サミットであった。第二次石油ショックを受けて、石油輸入の長期目標設定を突如求めてきたフランスなどの参加国に対して、日本経済への悪影響を懸念する大平は対応に苦慮し、先進国の中で日本が「孤立」しかねない状態に陥ったのである。

大平の「経済外交」は、決して早急に一つの答えを出そうとするものではなかった。自由貿易推進と国益の保護、日本経済と国際経済秩序という異なる要素の相互作用と緊張の構図――それは彼の「楕円(だえん)の哲学」にも通底する――の中で、亡くなる直前まで解を模索し続けたのである。

「大平外交」を考察する時、グローバルな自由貿易体制下での「経済外交」と並んでもう一つ重要なのは、環太平洋連帯構想に代表される地域主義への向き合い方である。これが「大平外交」を特徴づける第二の論点であろう。

第三章（大庭論文）では、大平の国際政治観に着目し、そこから環太平洋連帯構想の基底にあった彼の外交思想を読み解いている。大平が首相時代に掲げた環太平洋連帯構想は、後年のＡＰＥＣ（アジア太平洋経済協力）に結びついたことから、アジア・太平洋の地域主義の発展史の中に位置づけられることが多い。しかし、戦後日本外交の系譜において、東南アジア外交に精力的に取り組んだ岸信介や福田赳夫(たけお)とは異なり、大平はアジアの特定地域との結びつきを強化する地域主義を積極的に主導したわけではなかった。それよりも彼が重視していたのは自由主義諸国との経済的相互依存であり、とりわけ、七〇年代以降は、核兵器、環境、資源といった国境を越えたグローバル・イシューに強い関心を示すようになった。大平にとってのアジア外交とは、経済大国になった日本が、国力に相応した役割を果たすべきというプラグマティックな思考から導き出されたものであり、地域空間概念に依拠した、伝統的なアジア主義的思考とは明らかに一線を画していたのである。

とはいえ、大平は地域空間概念を完全に否定していたわけではない。大平の国際政治観に立脚した環太平洋連帯構想は、グローバリズム的志向と地域主義との両立を目指すものであった。すなわち、大平は「環太平洋」という広大な地理的領域を設定することで、グローバリズムを推し進める日本外交の志向性と、現実の日本の国力で貢献できる「地域」とを両立させようとした。これこそが、大平の「開かれた地域主義」であり、それに立脚する大平の環太平洋連帯構想は、日本から提唱された、数少ない地域秩序ビジョンだったといえよう。

3　東アジアに向き合う——池田政権外相期

「大平外交」の第三の論点は、そのアジア外交だろう。大平が外交政策に本格的に向き合うのは、一九六二（昭和三七）年七月に第二次池田政権の外相に就任してからである。一九五〇年代後半から、日本は東南アジア諸国との間で順次（準）賠償協定を締結して国交を樹立していった。だが、東アジアの隣国である中国や韓国との関係調整は難航していた。韓国との間では、植民地時代の請求権をめぐって交渉は膠着していた。また中国とは、台湾海峡を挟んで中華人民共和国と中華民国という「二つの中国」が対峙していたことが状況を複雑にしていた。一九五二年に日本が中華民国との間で日華平和条約を締結したことから、中華人民共和国との間では講和条約を締結できず、日中関係もまた民間交流にとどまっていた。大平が直面する外交課題は、アジア諸国に対する未完の「戦後処理」をどのように進めるかであった。

第四章（金論文）は、日韓交渉において大平が果たした役割について論じている。大平の外相就任から時を置かずに締結された「大平・金合意」は、日韓請求権問題に解決の糸口をつけた点で大きな意義があった。この合意の内容は、以前から外務省内で検討されてきた政策に沿ったものであり、大平独自の発案だったわけではない。大平の役割で最も重要だったのは、請求権問題の合意に向けて政府内の調整を主導した点である。すなわち、大平は田中角栄蔵相を通じて大蔵省（現・財務省）の強硬姿勢を抑えつつ、池田首相の外遊中に請求権総額について独断で決定を下した。旧植民地である韓国との国交締結交渉は、日本の「戦後処理」外交において最も難航した交渉の一つであったが、アジア諸国との関係改善を進めようとする信念の下、大平は外政家としての手腕をいかんなく発揮したのである。

一方、日韓関係とは対照的に大平が対応に苦慮したのは、台湾の中華民国との関係であった。第五章（川島論文）では、中華民国側の外交文書を使用しながら、大平が、第一次外相期の終わりに直面した日華危機と大平訪華について論じている。一九六二年に開始されたLT貿易によって、日中民間貿易が再び軌道に乗り始めると、台湾の中華民国政府は池田政権の対応に強い不満を抱くようになった。こうした中、ビニロン・プラントの対中輸出問題や、中国人通訳の亡命未遂事件（周鴻慶事件）が原因となって、日華両国は断交寸前の状況に陥った。事態の打開のために政界の長老であった吉田茂元首相が訪華して関係を調整し、続いて外相であった大平自らも中華民国（台湾）を訪問して関係回復に努めたのである。大平の中華民国訪問はいわば関係改善の象徴としての意味合いが強かったが、それでも日華関係の転換点を示すものともなった。

日華関係危機は「二つの中国」のディレンマにどう向き合うべきかという教訓を大平にもたらした。大平は、一九六四年の中仏接近などで中国を取り巻く国際環境が変化する中で、日華関係の現状を維持しつつも、現実に即した新たな関係を形成しようと考えていた。それは、日本が中華民国への経済援助を実施するなどして、関係の重点を経済関係へと移行させていくことであった。また一九六五年の米国の中華民国に対する援助（米援）の終結にも対応した動きであったとも言えよう。一九七二年の日華断交により日本の中華民国に対する「援助」は終結した。だが、一九六〇年代半ばに始まった経済に重点を置いた日華関係は、断交以後も継続していった。大平の中華民国訪問はその日華関係の変容を象徴していたのである。

4　日中関係を拓く——田中政権外相期

「大平外交」は中国（中華人民共和国）の存在を抜きにしては語れない。大平の対中外交は、第三のアジア外交という論点に含まれるものの、第四の論点になり得るほどの厚みと重要性とを有している。

第一次外相期には民間ベースで進められたLT貿易協定を後援し、田中角栄政権の第二次外相期には、日中国交正常化という戦後外交に残る大事業を成し遂げた。そして、首相として、第一次対中円借款（対中ODA＝政府開発援助）の供与を決定し、文化大革命後の中国の近代化路線を後押しした。しかし、対中外交の展開は容易ではなかった。日中関係を動かすためには、日米関係、台湾問題、国内政局などの様々な要因に同時に対処せねばならなかったためである。

第六章（杉浦論文）は、中国の外交档案（とうあん）などの原史料を駆使して、中国から見た大平正芳を論じたものである。中国側が注目していた自民党の政治家は、将来の総裁候補になりえる有力派閥の領袖と、訪中経験があり中国側との接点のあった親中国派議員であった。しかし、第一次外相期の大平はそのいずれにも当てはまらず、中国側もそれ程注目していなかったという。

こうした状況が変化するのは、大平が宏池会会長に就任してからである。キッシンジャー（Henry A. Kissinger）訪中によって米中関係が転換する中で、大平は佐藤政権の中国政策を公然と批判するようになる。中国もまた、大平をポスト佐藤の有力候補として意識するようになった。

しかし、中国側にとって大平は手ごわい交渉相手であった。大平は佐藤政権の対中政策を批判する一方で、中国側が求めた「国交回復三原則」（復交三原則）を最後まで受け入れなかった。彼はあくまで一九六九（昭和四四）年の日米共同声明に盛り込まれた「台湾条項（台湾海峡の平和と安定）」を含めた日米安保体制を損（そこ）なわない形で、日中国交正常化を実現しようとしたのである。

中国側が大平を高く評価したのは、彼の親中的な政治姿勢のためではなかった。交渉で厳しく対立しても、ひとたび中国側と交わした約束を大平が確実に守ったためである。日中国交正常化交渉を通じて生まれた中国側と大平との信頼関係は、その後の日中関係における重要な外交資産になったといえよう。

ところで、大平が中国側との信頼関係を構築する上で、橋渡し役を果たしたのは自民党親中国派議員であった。第七章（鹿論文）では、中国問題で大平の助言役を務めた古井喜実（よしみ）に着目する。古井は、松村謙三と共にLT貿易（一九六八年以降は覚書貿易）の設立に関わり、文化大革命中も民間貿易ルートを維持したことによって、中国側から大きな信頼を得ていた。

田中角栄政権発足前から、古井は大平に様々な助言を行う一方で、中国側と大平とを結びつける役割を果たした。古井の果たした重要な役割は、日中共同声明の案文調整に関わった点であろう。日中国交正常化では、周恩来（しゅうおんらい）首相が自国の考えを非公式に伝えた「竹入（たけいり）メモ」を基に、田中首相と大平外相が訪中を決意したことはよく知られている。だが、外務省事務当局は、中国側が「復交三原則」にどこまで柔軟な姿勢をとるか最後まで自信の持てない状況だった[10]。こうした中、田中に先立って訪中した古井は、日中共同声明案について最終的な詰めの交渉を中国側と行った。後の講演で大平は「自分は田中首相が行けば先方は何とかするだろうとの見当をつけた[11]」と語っているが、その「見当」をつける上で、「非正式接触者」たる古井の役割は重要だったのではなかろうか。

第八章（井上論文）は、対中外交と国内問題との相互連関という視角から、日中国交正常化から日中航空協定に至るまでの「大平外交」の展開を分析している。中国問題は自民党内の権力闘争と深く関わる国内問題でもあった。航空協定交渉は大平が最も苦しんだ交渉であったが、その背景には国交正常化交渉の時とは異なる政治事情があった。田中首相の求心力が低下し、実務問題であったはずの航空協定交渉が、ポスト田中をめぐる派閥的思惑と重なって政治争点化したのである。航空協定交渉は、大平の不退転の決意がしばしば強調されがちであるが、実際には政治家主導で進められた日中国交正常化の「後遺症」が交渉に影を落としていた。党内調整に苦慮しながらも、大平は田中首相や鈴木善幸総務会長の助けを得て、国交正常化で切り拓いた日中関係を確実に前進させていったのである。

第九章（横山論文）は、この時期に展開された中ソ両国の対日原油輸出計画を、日本側とソ連側の史料に基づいて分析している。一九七〇年代に入り、中国側が急速に対日接近を進めた背景には、一九六九年のダマンスキー島（珍宝島）事件でいっそう深刻化した中ソ対立があった。対日接近をめぐって競合していた中ソ両国にとって、自国産の原油は対日関係において大きな戦略的武器になり得た。ソ連は一九六〇年代後半からチュメニ原油を日本に輸出する計画を立てていたが、一方的な計画変更を繰り返したため挫折した。従来、このソ連側の計画変更は、中ソ対立という政治的理由によるものとされてきた。だが、実際には原油不足という経済的理由によるところが大きく、日中国交正常化を理由にした政策変更ではなかった。

これに対して、中国は大慶原油の対日輸出を成功させたが、日中友好を理由に価格の引き下げに応じるなど、原油輸出を対日外交の一環としてとらえていた。こうした貿易面での中国側の積極姿勢は、大平が日中関係を大きく発展させていく前提になったといえよう。

5 「大平外交」の中の中国──首相期(一)

一九七八(昭和五三)年一二月七日、大平正芳は念願の内閣総理大臣に就任した。日中平和友好条約を締結した福田赳夫政権からバトンを引き継いだ大平は、いかなる対中外交を目指していたのか。

第一〇章(若月論文)では「大平外交」と「福田外交」とを比較している。従来の研究では、国内政局における両者の対立の構図に引きずられ、福田の「全方位外交」と大平の「西側の一員」としての外交とを対照的なものとして捉える傾向が強かった。しかし、実際には両者の外交政策にそれほど大きな違いがあったわけではない。日米協調を外交政策の基軸とし、国際社会の中で「平和国家」としての役割と責任を果たそうとしていた点で両者の問題意識は共通していた。

中国政策をめぐっても、一般的には親中国派の大平と親台湾派の福田という図式で対比されがちだが、東アジアの緊張緩和が進展する中で、中国を国際社会に包摂し、経済協力を軸に日中関係を前進させるという大きな方向性で両者は一致していた。日中国交正常化における両者の考え方の相違は、突き詰めれば台湾問題の処理とその進め方によるところが大きかった。

とはいえ、両者の外交路線に全く違いがなかったわけではない。これが第五の論点ともいうべきものである。福田と大平の外交を比較する場合、とくに対ソ関係における両者の立場は異なっていたことに留意を要する。すなわち、福田がソ連の孤立を回避しようと考え、日ソ関係の進展にこだわったのに対して、大平はソ連に強い執着を示さなかった。ソ連を取り込んだ国際秩序構想を描いていたか否かは、福田と大平の外交を分かつ点であったといえよう。

大平のソ連に対する向き合い方を、環太平洋連帯構想の観点から一層掘り下げたのが、第一一章（神田論文）である。大平が首相在任中に打ち出した環太平洋連帯構想は、後のＡＰＥＣ（アジア太平洋経済協力）の嚆矢となったことから、その先見性を高く評価されてきた。しかし、この構想で大平が中国とソ連をどのように位置づけていたかはこれまで明らかではなかった。

政権発足当初の大平は、ソ連への対抗姿勢を過度に示すことには慎重であった。環太平洋連帯構想についても、その連帯は経済や文化面に限定されており、ソ連に対する戦略色を帯びないよう注意が払われていた。だが、一九七九年秋以降、中国が改革開放を始動すると、大平は対中円借款供与を決定するなど徐々に「対中傾斜」を強めていった。そして、一二月のソ連のアフガニスタン侵攻によって本格的な新冷戦に移行すると、環太平洋連帯構想は、ＲＩＭＰＡＣ（環太平洋合同演習）への海上自衛隊の参加のような軍事協力の進展とも結びつけられるようになり、ソ連からの対日批判の対象となった。

かくして、環太平洋連帯構想は、新冷戦の中で「親中反ソ」の戦略性を帯びた構想として捉えられるようになるが、そこには対ソ関係に消極的であった大平の個性も少なからず反映されていたのである。

6　対中経済外交をめぐる相克——首相期(二)

第六の論点、すなわち大平の対中外交における今一つの重要な論点は、その対中経済外交である。これは第一、第四の論点にも関わっている。

大平の対中傾斜を内外に強く印象付けたのは、一九七九（昭和五四）年一二月に北京での日中首脳会談で表明された第一次対中円借款（対中ODA）の供与である。日本の対中ODAは、中国が初めて西側諸国から受け入れた政府借款であり、その後の改革開放路線の展開にとっても、外資獲得、技術移転などの面で大きな契機になった。しかしながら、日中平和友好条約締結後の対中経済外交は直線的に進んだわけではない。そこには大平が克服せねばならない難問が存在していた。

第一二章（徐論文）は、大平政権下における対中ODAの決定過程を分析している。日中両国間で対中ODAが本格的に協議され始めたのは一九七九年に入ってからであった。中国側の要請額は膨大であったが、中国が要請した経済インフラ整備には、日本向け輸出石炭の積出港やそこに至る鉄道の整備なども含まれていた。

対中ODAの供与をめぐって、日本の政界や世論に大きな反対は存在しなかった。だが、実際に事業化が進む中で、難航したのは円借款の対象や供与方式をめぐる省庁間対立であった。外務省は、ASEAN諸国などの他の国々に対する経済協力との均衡を重視していた。また日本の中国市場独占を恐れる欧米諸国の懸念に配慮し、円借款の一般アンタイド化を主張した。これに対して、対中経済関係に前のめりであった通産省は、多年度分の供与総額を一括で示すと同時に、調達先に条件をつけたタイド借款を主張していたのである。

こうした省庁間対立の決着は、最終的に大平の政治判断に委ねられた。大平の方針は、あくまで対中提携拡大と国際協調との両立を図ろうとするものであった。それは大平が示した対中ODAの実施三原則（①欧米諸国との協調を図る、②アジア、とくにASEAN諸国とのバランスに配慮する、③軍事協力はしない）によく現れている。大平は中国側の希望に最大限の配慮を示す一方で、欧米諸国との協調を重視し、供与方式は一部の例外を除いて原則アンタイドにする方針を固めたのである。

対中関係と国際協調を両立させようとする大平の姿勢は、輸出振興政策においても見られた。第一三章（李論文）は、プラント輸出という観点から日中経済関係を捉え直したものである。一九六〇年代から七〇年代にかけて、輸入代替工業化を目指す開発途上国は、自国の工業基盤を形成するために競って先進国からプラントを導入しようとしていた。日本の経済界もまた高度経済成長によって得た資金の投資先を探しており、日中国交正常化を中国向けプラント輸出拡大のチャンスと捉えていた。こうした中、日本政府もプラントを「輸出の中核」と位置づけ、官民協調での輸出促進が図られることになったのである。

しかし、先進国間のプラント輸出競争が激化する中で、米国は公平な貿易競争環境を保つ名目から、OECD諸国に適用される輸出信用ルールの設定を進めていた。大平政権は、西側諸国の求める貿易秩序を遵守しながら、対中経済関係を拡大させていく複雑な舵取りを求められたのである。

大平正芳は衆参同日選挙の最中である一九八〇年六月一二日未明に亡くなった。だが、彼がレールを敷いた対中路線はその後も継承、継続された。対中ODAは原則アンタイドであったとはいえ、それを足掛かりに多くの企業が中国への進出を果たした。また日本の円借款で建設されたインフラ設備は、中国の経済建設に貢献した。大平が力強く推進した対中経済外交は、一九八〇年代に黄金時代を迎える日中関係の重要な前提となったのである。

（1）酒井哲哉「『九条＝安保体制』の終焉」『国際問題』三七二号（一九九〇年）、福永文夫『大平正芳』（中央公論新社、二〇〇八年）二七〇―二七一頁。ただし、こうした「保守本流」の概念は、内政・外交政策路線のみから導き出されたものではなく、自民党内の権力闘争の中で形成されてきた側面がある点を留意する必要があろう。福永文夫「『保守本流』再見――福田赳夫と大平正芳」（増田弘編著『戦後日本保守政治家の群像』ミネルヴァ書房、二〇二三年）。

（2）中北浩爾『自民党政治の変容』（NHK出版、二〇一四年）一〇一―一〇五頁。

（3）宇野重規『日本の保守とリベラル』（中央公論新社、二〇二三年）二一四―二二〇頁。

（4）日本再建イニシアティブ『「戦後保守」は終わったのか』（角川書店、二〇一五年）。

（5）大平の公式評伝としては、没後二年が経った一九八二年に刊行された『大平正芳回顧録　第二巻伝記編』（鹿島出版会）が挙げられる。公文俊平、香山健一、佐藤誠三郎らが監修にあたり、秘書官など大平関係者が分担執筆した同書は、今日でもなお資料的価値は高い。この伝記の編纂に用いられた大平関連の原史料は、小池聖一広島大学助教授（当時）らの研究グループを中心に整理と目録化が進められ、現在は国立国会図書館憲政資料室で公開されている。小池聖一「解題Ⅰ」（小池・福永文夫編「オンライン版大平正芳関係文書」丸善雄松堂、二〇一八年）、（https://j-dac.jp/OHIRA/index.html：二〇二三年八月三日アクセス）。

（6）福永、前掲『大平正芳』、福永文夫「大平正芳――『平和国家』日本の創造」（増田弘編著『戦後日本首相の外交思想』ミネルヴァ書房、二〇一六年）、服部龍二『増補版大平正芳――理念と外交』

（文藝春秋、二〇一九年）。

（7）前掲「オンライン版大平正芳関係文書」、大平正芳著、福永文夫監修『大平正芳全著作集』一〜七（講談社、二〇一〇〜二〇一二年）、森田一著、福永文夫・井上正也編『大平正芳秘書官日記』（東京堂出版、二〇一八年）。

（8）長史隆『「地球社会」時代の日米関係』（有志舎、二〇二二年）六・七章、大矢根聡「サミット外交と福田・大平の『世界の中の日本』像」（福永文夫編『第二の「戦後」の形成過程』有斐閣、二〇一五年）、李秉哲『新冷戦・新デタントと日本の東アジア外交』（東京大学出版会、二〇二三年）、山口航『冷戦終焉期の日米関係』（吉川弘文館、二〇二三年）。

（9）たとえば、井上正也『日中国交正常化の政治史』（名古屋大学出版会、二〇一〇年）、金恩貞『日韓国交正常化交渉の政治史』（千倉書房、二〇一八年）。

（10）栗山尚一「日中国交正常化」『早稲田法学』七四巻四号（一九九九年）四二頁。

（11）服部、前掲、二九六―二九七頁。

第一章

宏池会首相たちの外交と系譜

戦後外交の中の大平正芳

宮城大蔵

1　池田勇人から大平・鈴木・宮澤へ

「戦後外交の中の大平正芳」が本章に与えられたテーマだが、それは換言すれば大平が戦後の政治外交においていかなる系譜、文脈に位置づけられるのかを考察することであろう。

そこで本章では大平が所属し、領袖となった自民党の派閥・宏池会に着目し、大平を含めた宏池会の首相たちの外交とその背後にある権力観や歴史観を俯瞰し、性格づけることとしたい。

宏池会は一九五七（昭和三二）年、池田勇人の後援会として結成された。一九六〇年に池田が首相に就任したのを皮切りに、大平正芳、鈴木善幸、宮澤喜一、そして岸田文雄とこれまでに五人の首相を輩出した名門派閥とされる。

宏池会が名門とされるのは、他の派閥に比べて多くの首相を輩出したこと、自民党内の他派閥が離合集散を繰り返す中で、結成以来長らく分裂を経験しなかったこと、強固な事務局の下で研究会が組織されるなど政策志向が強かったこと、そして「経済大国」「平和国家」という戦後日本の金看板を担った「保守本流」の自負などがその要素であろう(1)。

その反面、大蔵省を中心に官僚出身者の多い「お公家集団」と呼ばれ、権力闘争に弱いという世評もあった。派閥内においても、権力奪取をめぐって骨肉の争いともいうべき下剋上を繰り返した田中派・竹下派と比べると宏池会の後継争いは「まるで株主総会みたい」といわれるような穏やかなもので、それが他派閥が離合集散を繰り返したのに対して、宏池会が安定していた一因でもあった(2)。

一九八〇年に大平正芳が急逝した後に宏池会の領袖、そして首相の座を継いだ鈴木善幸は次のように語っている。「宏池会は、講和独立を達成し、平和国家日本の基礎を築いた吉田政治を源流とした政策集団であることを自負し、『対米協調』、『平和憲法堅持』、『開放経済』、『対中関係改善・アジア重視の外交』、『寛容と忍耐・話し合いの政治』など中庸・穏健な行動と政治姿勢を堅持した」[3]。外交に関わる項目が多いことは、憲法や日米安保が関わる外交問題が戦後政治において占めた比重の大きさを示すものといってよかろう。

宏池会は一般に、「ハト派」「リベラル」と言われ、上記の鈴木の語りにもその色合いは濃い。しかし、その一方で大平は首相として「西側の一員」という日本の立場を明確にし、また、宮澤喜一政権ではカンボジアPKOへの参加を巡って、自衛隊創設以来初の海外派遣を決断した。宏池会の首相らが直面した課題は当然ながら、その時代ごとに異なるのであり、宏池会の首相だからといって、同一傾向の判断を下すとも限らないだろう。それでもなお、宏池会の首相の系譜や性格と呼びうるものは見出すことができるのか。本章では外交を中心とした大平正芳の事績を宏池会の首相たちという文脈に位置づけて考察してみたい。

派閥という本章のテーマに関わる先行研究だが、自民党の派閥に関する古典的著作として渡辺恒雄『派閥』(弘文堂、一九五八年)、同じくジャーナリストの手になるものとして内田健三『派閥』(講談社、一九八三年)、研究書として佐藤誠三郎・松崎哲久『自民党政権』(中央公論社、一九八六年)などを挙げることができる。

本章では特に外交面を中心に検討するが、自民党内派閥と外交という観点では、北岡伸一が『自民党』（読売新聞社、一九九五年）において、「保守本流」とは外交によって定義すべきであり、「日米協調路線の維持強化をはかる勢力であると定義すると、最も一貫した説明が可能だ」と指摘している。[4]また拙稿「自民党内派閥とアジア外交」では、田中・竹下派と岸・福田派が、アジア外交においていかなる対抗関係にあったかを扱っている。[5]

宏池会については福永文夫が組織構成の面から同派閥の特徴を解き明かしており、中西寛は高度成長期を中心とした経済政策の側面から、村田晃嗣は宏池会出身の防衛庁長官について検討している。[6]本章ではこれらの研究や池田、大平など個別の首相についての研究・論考も踏まえ、外交面を中心に大平を含めた宏池会の首相たちの事績と戦後政治外交における意義を考察するものである。

2 池田勇人と「日米欧の三本柱」

前述のように宏池会は一九五七（昭和三二）年に池田勇人後援会として結成された。「宏池」は「高光の榭（うてな）に休息して宏池に臨む」という後漢の碩学・馬融の文にちなむもので、自得するところあって動ぜず、綽々（しゃくしゃく）たる余裕ある様子を示すという。[7]

この前年、一九五六年の自民党総裁選挙は最初の投票で岸信介が首位に立ったものの、上位二者による決選投票では石橋湛山（たんざん）、石井光次郎が二位・三位連合を組んで逆転し、石橋が総理総裁となった。この総裁選では旧自由党、旧民主党という保守合同以前の枠組みを超えたグループの再編が進み、自民党の大きな特色である派閥がその輪郭を明確にした。[8]その中でも宏池会は最も長く存続し、

「保守本流」の担い手を自認することになる。

首相としての池田の事績で最もよく知られるのは、「所得倍増計画」を掲げて高度成長時代を牽引したことであろう。前任の首相である岸信介は日米安保の改定を実現したものの、その過程で広範な反対運動を引き起こし、国論の分断を修復することが喫緊の課題となっていた。

岸の後継を争う自民党総裁選に際して秘書官の伊藤昌哉に「総理になったら何をなさいますか」と尋ねられた池田は、「それは経済政策しかないじゃないか。所得倍増でいくんだ」と答え、伊藤は「安保騒動で暗くなった人心を所得倍増で明るくきりかえてしまう、これがチェンジ・オブ・ペースであり、本当の人心一新だ」と池田の意気込みを記した。[9]

池田政権は一九六〇年七月に発足した。年初以来、「最後の階級闘争」といわれた三井三池炭鉱の労働争議が激化していたが、それも一一月には組合側の敗北で決着した。その一方で池田政権の掲げた「所得倍増」はブームを巻き起こした。安保騒動で岸政権を追い詰めた社会党も苦手とする経済成長論を受けて立たざるを得なくなり、四年間で国民所得を一・五倍にするという構想を打ち出した。池田からすれば社会党を自分の土俵に引き込むことができたのであり、「所得倍増」は対立の空気を成長一色に塗り替えることに成功した。[10]

池田は「国内の融和団結と経済の繁栄が外交の基礎」であるとして、「内政外交一体」論を在任中に何度も口にした。「国内の融和団結」が意味したのは、安保闘争で顕在化した国内の分裂と対決の緩和であり、「寛容と忍耐」の低姿勢と「所得倍増計画」を通じたチェンジ・オブ・ペースで国内を統合し、政治に安定をもたらそうという意図であった。[11]「第二の安保闘争」を避けねばならないという強烈な危機感は、池田以降の自民党政権に長らく受け継がれることになる。

その池田が外交面で打ち出したのが日米の「イコール・パートナーシップ」であり、「日米欧は自由主義陣営の三本柱」だという位置づけであった。前者はライシャワー（Edwin O. Reischauer）駐日米大使などによって案出されたもので、日本人の間に根強い被占領意識を払拭して日米は対等だという意識をもたせ、一方でアメリカの負担軽減も念頭に、日本が自由主義陣営でより積極的な役割を果たすよう促すことを意図したものであった。[12]

一九六一年六月に訪米した池田首相は、米議会で今回の訪問は「援助の要請にまいったのではない」として、日本も低開発国を援助する自由主義陣営の事業で「たとえ、わずかであっても、より多くの貢献を果たしうるようになった」と演説し、またケネディ（John F. Kennedy）大統領は、ポトマック川に浮かぶヨットで池田と会談して日米首脳の親密さを演出した。[13]

西欧諸国との関係ではＧＡＴＴ（関税及び貿易に関する一般協定）三五条の対日援用撤廃とＯＥＣＤ（経済協力開発機構）加盟が大きな課題であったが、アメリカの後押しもあって池田はこれらの実現に成功する。とはいえ、それだけでは日本が自由主義陣営の「三本柱」として積極的な役割を担ったとは到底、いえない。池田が欧米には果たせない自由主義陣営における日本独自の役割として着目したのが東南アジア、とりわけインドネシアとビルマ（現ミャンマー）に対する外交であった。

インドネシアはスカルノ大統領の下（もと）、一九六〇年代に入ると急進化傾向を強め、マレーシアが隣国として成立すると、旧宗主国・イギリスによる新植民地主義の策謀だとして反発し、マレーシア紛争が勃発していた。また、ビルマは中立主義を標榜していたが、自由主義陣営にとっては中国の影響力浸透が懸念材料であった。

インドネシア、ビルマともに西欧の旧宗主国による植民地支配の記憶はまだ鮮明で、アメリカの冷戦戦略に巻き込まれまいとする中立主義も強固であった。その一方で日本は戦争賠償の実施などを通じて両国と関係を深めており、中国に対抗して両国を自由主義陣営に引き寄せることが日本にしか果たせない独自の役割だと認識されたのである。

池田はインドネシアに対してはマレーシア紛争の仲介を試み、インドネシアを含めた多国間枠組みである「西太平洋構想」を提起した[14]。また、ビルマでは訪問時にウ・ヌー首相に共産主義の脅威を熱心に説いた。それは日本が従来のような戦後処理だけではない役割をアジアで追求するものであったが、他方で財政的制約の下、説得や和平工作など「カネのかからない外交」を志向したという面もあった。「自由主義陣営の三本柱」としての外交姿勢を欧米や日本国内に示すことに主眼があったともいえよう[15]。

それまでの日本には揺らぎも見られた。一九五〇年代半ばには他ならぬ池田自身（当時、自由党幹事長）が、アジアにおけるアメリカの「巻き返し政策」は失敗して中国が主導権を強めたとした上で、日本としてはいまや東西関係を見直すときがきた。今後日本は外交、経済において柔軟な政策をとるべきであると、対共産圏接近をほのめかすような発言をしてアメリカ政府に「日本中立化」の懸念を抱かせたこともあった（一九五四年八月[16]）。

安保騒動後には「安保問題をめぐる連日の騒動が当の相手の米国ばかりでなく、何となく日本はもっと安定した国だと思っていた諸外国の人たちも驚かしたことは事実であり、この驚きから生まれた日本への新たな不安感が、今後の経済関係や日本の国際的立場に対して何かと影響を生むことはある程度覚悟しなければならない」といった指摘が日本国内でもあった[17]。

そのような中で発足した池田政権下の四年あまりで、日本国内の世相は安保・憲法をめぐる対立から高度成長へと大きく変化した。「自由主義陣営の三本柱」というキャッチフレーズは経済の躍進と相まって、日本の国際社会における位置づけに前向きな自信を与えるものであった[18]。

改憲を求めず、経済を中心的な課題に据え、権力の行使はなるべく控えてコンセンサスの政治を追求する。安保改定後の殺伐とした空気の転換を試みた池田のこのような政治姿勢は、その後の宏池会の基本的な路線として受け継がれることになった[19]。そして対外的には「対米協調」や「経済重視」を内容とする「吉田路線」に、日米欧の三本柱という「池田路線」が加味され、後の「西側の一員」路線への布石になったといえよう。

3 大平正芳と「戦後総決算」「西側の一員」

宏池会は「知性派」だと評される一方で「お公家集団」「権力闘争に弱い」といったイメージで語られるが、それは池田の後に派閥領袖を引き継いだ前尾繁三郎(しげさぶろう)の時から囁かれるようになったようである[20]。

前尾は政界屈指の文人政治家とされたが、佐藤栄作首相に対する権力闘争では迷走気味で、しびれを切らす形で前尾にとってかわり、一九七一(昭和四六)年四月、第三代の宏池会会長に就いたのが大平正芳であった。

大平は「池田の精神安定剤」といわれたように池田の最側近の一人であった。大平は吉田茂に対して「戦後でもっともすぐれた指導者じゃないでしょうか」と尊敬の眼差しを向ける一方で、池田については「偉人ではないと思いますよ。欠点だらけの人でした。ただ私が彼に感心するのは、一つは抽象論ではなく具体的に事柄をつかんでそれに具体的に応えようとする態度です」「問題を具体的に解決していく誠実さというのか、熱心さというものがありました」と評する。冷静な評価は秘書官などとして池田を知り尽くしていたがゆえであろう[21]。

このように吉田茂から池田勇人へという「保守本流」の人的系譜に連なる大平だが、一九七二年六月に自民党総裁選挙に立候補するのに際して、「吉田元首相流の安全運転の政治は許されない転換期に差しかかっている。世界史が経験したことのない、先人の遺訓にない新しい秩序をつくりださなければならない」として、「脱吉田」「戦後の総決算」を掲げた[22]。

大平はその後、一九七八年に首相の座に就くが、在任中に顕在化した米ソの新冷戦に際して「西側の一員」を明確にし、また日本列島を「不沈空母」にすると発言している。後者については中曽根康弘が首相就任後の訪米時（一九八三年一月）に日本列島を「不沈空母」にすると発言して（そのように通訳されて）国内で大きな波紋と反発を引き起こした。

「戦後総決算」も国鉄などの民営化を進めて強力な労組を解体し、靖国神社に公式参拝した中曽根が政権の看板として掲げたものであった。果たして大平は「保守本流」を自負する宏池会の領袖でありながら、「保守最右翼のタカ派」と目されることもあった中曽根と通じるところがあったのだろうか。[23] しかし、その一方で、大平が打ち出した「総合安全保障」や「環太平洋連帯構想」には、その種の色合いは希薄である。宏池会の系譜と大平外交の発想や展開はどのような関係にあるのだろうか。

大平は池田政権の官房長官や外相として外交に携わっているが、その在任中にしばしば口にしたのが「内政と外交の一体化」であった。外交は内政の外部的な表現であり、内政の確立なしに優れた外交の展開は難しく、一国が国際的に信頼されるか否かは、ひとえに内政の良否にかかっているというのがその主旨だったが、背景には外交を推進するに際して内政上の配慮が必要だという当時の日本国内の状況があった。[24]

日米関係でいえば沖縄と原子力潜水艦の寄港が国内世論で「火のつきやすい問題」であった。また大平が外相として韓国の金鍾泌（キムジョンピル）中央情報部長との間で進めた日韓の国交樹立交渉にしても、首相の池田は朴正熙（パクチョンヒ）軍事政権との交渉は南北朝鮮の対立を日本国内に持ち込み、安保騒動のようなイデオロギー的な政治対決を引き起こすのではないかとして消極的であった。対外関係をめぐって、国内対立を引き起こさないことが安保騒動後の自民党政権にとって重大事だったのである。

中でも取り扱いが難しいのが安全保障問題だったが、大平は外相退任後の一九六六年四月に自民党外交調査会副会長として「わが党の外交政策」と題して講演を行い、安全保障をめぐって興味深い論点を提起している。

一つには「安保条約の問題にしても、軍事的側面はその一面、しかも補足的な一面にすぎないのであって、問題をより広い視野から取り上げなければならない」と、後の「総合安全保障」につながる観点を語っている。

もう一つは国連との関係で、国連の休戦監視団に日本が参加するのは当然で憲法違反の疑いもなく、「それが海外派兵というべきものでなければ協力を惜しむものではない」、そして本来の国連軍ができて武力によって国際紛争を解決するという将来の問題についても、「国連を尊重し、これに協力する方針を堅持する以上、また日本の国際信用の上から言っても」派遣や協力を進めるべきだと論じた。[25] 対立の火種になりかねない安全保障問題を棚上げして遠ざけるのではなく、正面から向き合って洞察を加える姿勢に大平の特徴がうかがえる。

その大平が「戦後総決算」を掲げたのは一九七一年九月、宏池会の研修会での講演においてである。その直前、日本は電撃的な米中接近とドル・ショックという「二つのニクソン・ショック」に見舞われていた。大平は、それまで戦後国際秩序を支えてきたドル体制が弱体化し、一方で経済成長著しい日本に対する嫉視が強まっている。したがって日本は「国際的インサイダーとして経済の国際化の担い手にならざるを得ない」、「政策軌道の大胆な修正」が時代の要請だと説いた。

翌年の一九七二年五月に行った講演では「アメリカの指導力は次第に弱体化し、わが国の経済力が強まった」「かくして、いわゆる対米依存の時代は終わり、日本は、これまでの外交と防衛の政策について改めて自主的な対応を迫られ」ていると語った。これが大平のいう「脱吉田」と「戦後総決算」であり、それはアメリカの覇権の衰えと、それを補完するために日本が果たすべき役割の重要性を訴えたものであった。

その上で大平は防衛論議をタブーとする悪しき風潮を捨て、安全保障について真剣な議論をせよと呼びかけたが、あわせて「平和維持手段としての軍事力が持つ意義は相対的に弱まりつつある」として、核兵器の管理、地球汚染、資源枯渇の回避といった「ナショナルなレベルを超えたグローバルな問題」の解決が人類の運命を決める鍵だと指摘した。

この後も大平は国際政治を語る際に相互依存という言葉を多用する。それは大平のリベラルな気質に合っていたというだけでなく、アメリカの力の相対的な低下や、第三世界における資源ナショナリズムの高まりといった国際政治経済システムの動揺に対する危機感を反映したものであった。海外に市場や資源を依存する日本はこの動揺に対してとりわけ脆弱であり、軍事力だけでは十分に対応できないという発想が「総合安全保障」となった。また、アジアの情勢については、アメリカ、ソ連、中国、日本の間で「一応のバランスが成立している」というのが大平の見立てであった。

このように大平の外交に関する思索は首相の座を摑むかなり前から練られたものであり、一九七八年一二月に発足した大平政権では九つの政策研究グループで田園都市構想や総合安全保障などについて、さらに議論が深められた。しかし、福田赳夫との熾烈な権力闘争を制して発足した大平政権を取り巻く情勢は波乱含みであり、大平の急逝によって一年半あまりで幕を閉じる。

その中にあって大平は、一九七九年五月の訪米時に、アメリカは日本にとって「かけがえのない友邦であり同盟国」だと日本として初めて「同盟」という言葉を用い、翌年には日米は「共存共苦」だとカーター（Jimmy Carter）大統領を励ました。「米国という国は大変な国だ」「世界中の面倒をみてやらなくちゃならない国なんだよ」としばしば口にした大平にとって、アメリカの国際的なリーダーシップを支えることは日本の利益にも叶うことであった。[26]

大平は東京サミット（一九七九年六月）に先立って、発展途上国が集うＵＮＣＴＡＤ（国連貿易開発会議）に日本の首相として初めて出席し、南北の橋渡しを企図する。しかしサミットでは先進国間の石油節約策をめぐって対応に苦慮した。また、米イラン人質事件やソ連のアフガニスタン侵攻などが降りかかる中、「西側の一員」を明確化して対イラン禁輸措置やモスクワ五輪のボイコットに踏み切った。

その一方で大平は環太平洋連帯構想を打ち出した。それは中長期的には中ソをも包含することを念頭におき、総合安全保障戦略と対をなすものだった。しかし訪問先のオーストラリアで中ソが希望するなら同構想から排除するものではないと述べたところ、現地記者団から、ソ連への認識が厳しさを欠いているのではないかと、発言を揶揄する反応も出た。確かに時代はソ連を脅威とみなす新冷戦へと急速に傾きつつあったが、その中にあっても大平は「ソ連は侵略的な国というが、私はそうは思わない。ただ自己防衛の非常に発達した国だ」と漏らしていた[27]。

大平の盟友だった伊東正義は、大平は「やろうと思ったことの十分の一もできなかった」と振り返る。確かに大平が思索し、練り上げた外交観は、次々に押し寄せる懸案への対応に追われてその真価を発揮することなく終わったというのが妥当な評価なのだろう[28]。

その中にあって「国際的なものでは、やっぱり、西側の一員という態度をはっきりと出したことだろう」と伊東は大平の事績について述べる[29]。その「西側の一員」路線をさらに明確化し、安全保障領域にも躊躇することなく踏み込むことで日本の国際的な存在感を高めたのが首相としての中曽根であった。この文脈で大平と中曽根の連続性に注目が集まるのも自然なことだろう。しかし、中曽根政権の下で「西側の一員」が定着していく過程において、軍事力の持つ意味を相対的なものと捉え、中長期的には中ソも包含した地域秩序を展望した大平の外交的思索が持っていた奥行きが捨象されていった感は否めない。また、両者の間には、後述するように権力観や歴史観で大きな隔たりがあった。

その連続性がいささか単純化されて捉えられかねない大平と中曽根の間にあって、宏池会で三人目の首相として登板し、「西側の一員」路線がもっぱら軍事的な意味に傾くことに釘を刺そうとしたのが、宏池会の理念に強いこだわりをもつ鈴木善幸であった。

4 鈴木善幸と「ハト派路線」の信念

一九八〇（昭和五五）年五月、社会党が大平内閣への不信任案を提出すると、福田派など自民党内の反主流派が大量に欠席して不信任案は可決、これに対抗して大平は解散総選挙に踏み切った。選挙中に大平は急逝し、同情票もあって自民が大勝する。

ここで首相に選出されたのが鈴木善幸である。ロッキード事件を抱える田中派は総理総裁を出しづらく、不信任を可決させた福田派も同様であった。そこで大平と同じ宏池会で田中との関係も近い鈴木に白羽の矢が立った形であった。大平の死にまで至った党内抗争に厭戦気分が漂う中、鈴木は「和の政治」を打ち出し、大平が注力した「増税なき財政再建」を引き継いで行政改革に力点をおいた。

岩手県沿岸部の網元の家に生まれた鈴木は、水産講習所（現・東京海洋大学）に進むが、帰省中に一九三三年の三陸大津波に遭遇し、その後の苦境にあえぐ漁村を何とかしたいという思いから政治の道を意識し始めたという。漁業関連団体に勤め、労組活動に熱心だった鈴木は、一九四七年の衆議院選挙で初当選した際には社会党に所属した。やがて吉田茂が率いる民主自由党に移り、自民党発足後は宏池会に所属して池田の側近となった。官房長官、厚生相、農相などを歴任した鈴木だが、とりわけ党総務会長を長年にわたってつとめたことで、調整型の政治家として異彩を放っていた。

「(宏池会は)大蔵官僚出身の官僚集団とみなされており、確かにそのような体臭があり、地方党員出身の政治家は加盟を躊躇する傾向があった」とは、鈴木自身の語りである。その中で鈴木は「池田会長の指示もあったので、内においては所謂閥務を、外に向かっては各派幹部との協調連携に専念した」。官僚出身者の多い宏池会の議員にとって、苦手な分野を担った形であった。

その結果、大蔵官僚出身の同派議員、黒金泰美(くろかねやすみ)が「鈴木君は、池田派では、最初、お手伝いさんだと思っておったんだが、いつの間にか信濃町(池田の邸宅:筆者)の奥座敷に胡坐(あぐら)をかいていて、われわれを指図しておった」と語るような地位を占めた。

大平が外相、蔵相、幹事長などの要職をつとめる間、宏池会の閥務はすべて鈴木に委(ゆだ)ねられていた。両者の関係は「主人と古くから店をとりしきっている老練な番頭という関係だった」と評されたが、総理総裁を目指さずに若手の相談に応じるなど、鈴木はわき役に徹した。他派閥ではしばしば、人脈と資金力を兼ね備えた党人派の政治家が派閥分裂の引き金を引いたが、派閥を束ねる一方で領袖たる大平を脅(おびや)かさない鈴木は、宏池会の存続にとって重要な役割を果たした[30]。

そうであれば、鈴木が本稿の冒頭で触れたように宏池会の理念に強いこだわりを持ったのも当然かもしれない。鈴木政権の外交には、それを反映した「鈴木カラー」が明確にあり、とりわけ鈴木は総合安全保障の発想に強い思い入れを持っていた。一九八〇年七月に首相に就任した鈴木は直後の記者会見で、「国の安全保障は国防、狭い意味での防衛力の整備だけでは確保できない」として平和外交を推進する重要性を強調し、さらに南北問題解決への積極的貢献や資源エネルギー、食糧問題なども「安全保障の大きな要素」だと訴えた。大平との比較でいえば、大平政権下の「総合安全保障」では自国の防衛だけでなく同盟関係や西側陣営なども視野に入れた多層的な安全保障を重視したのに対して、鈴木の「総合安全保障」は、軍事的な狭義の安全保障を相対化することに力点がおかれていた[31]。

鈴木の首相秘書官をつとめた外務省の谷野作太郎（たにのさくたろう）は「鈴木総理は初め社会党から立った方ですから、岩手で漁村、漁港をバックに。弱者に対する思いやりというのは、非常に強かった方です。強いものについては、巨大な軍事力も含めて、警戒心というか違和感というか、そういうものが非常に強かった」と振り返る[32]。

鈴木首相の初外遊は年が明けた一九八一年一月のASEAN（東南アジア諸国連合）五か国の歴訪であった。首相の初外遊は訪米というのが慣例化するのは参勤交代のようで好ましくないという宮澤喜一官房長官の意見や、大平がASEAN歴訪を果たすことなく逝去したこと、鈴木自身にASEANとの関係を固めてからの方が対米関係で発言力が増すといった判断もあったようである[33]。

歴訪で最後の訪問先、タイのバンコクで東南アジアに対する政策演説を行った鈴木は、その第一項目で日本は軍事大国にならないと、福田ドクトリン（一九七七年）の方針を踏襲したが、専守防衛は「過去の選択の重大な誤りに深く思いを致した結果」であり、「わが国に対して国際社会における軍事的役割を期待することは誤り」であると言い切るなど、一層、鮮明に踏み込んだものであった。

ASEAN諸国側にはソ連の脅威を念頭に、非核・専守防衛の枠内であれば日本の防衛力増強は容認するという意見が強かったが、鈴木はソ連脅威論について、経済的に疲弊しているソ連には欧州と極東の両正面で戦争をするだけの力はなく、とりわけアジアではソ連の脅威は潜在的なものにとどまるという認識であった[34]。ソ連の侵略的対外膨張を疑問視した大平のソ連観に通じるものがあるといえようか。

鈴木は五月には訪米して日米首脳会談に臨んだ。鈴木は訪米を前に、米側が防衛費の大幅増額を求める気配であったことに対して、日本の国情を無視した無理な注文や過剰な期待は受け入れられないと明言するなど強気な姿勢を記者に語った。その背後には、アメリカの要請に沿って防衛費を急増させれば自民党政権が危うくなり、それが日米関係のためにならないことはアメリカ政府も理解しているはずだという「読み」があった。

また鈴木は、レーガン新政権が進める軍拡路線によって米経済を回復させるのは無理だと考えており、レーガンの軍拡路線がいつまでつづくか分からないのに、日本がそれを真に受けて不必要な防衛力増強をする筋合いはないというのが「本音」であった。

しかし、このような鈴木の認識は、米側の強硬な姿勢の前に苦慮を強いられることになり、鈴木と伊東正義外相、外務省事務方との齟齬も相まって日米関係の混乱を招いたという認識が広がる。鈴木訪米時のレーガン大統領との二回にわたる会談は、鈴木も日本側の立場を力説するなど比較的穏やかに終わったが、日米共同声明に文書として初めて「同盟」という表現が盛り込まれた。これについて鈴木は記者に問われて、同盟に「軍事的意味合いは持っていない」と答えた。外務省事務方の事前の説明に基づいた見解だったが、その外務省は事前に漏れることを警戒して、この共同声明原案の微妙にして重要な意味合いを首相官邸に十分に説明していなかった。鈴木は、首脳会談よりも事務方が原案を練る共同声明が重視されることに疑問を呈した。政府内の不統一は野党の追及を受け、国会審議にも波及する。もともと大平直系で、鈴木とは関係のよくなかった伊東外相が混乱の責任をとって辞任するに至った。

鈴木政権期の外交といえば、この「同盟」をめぐる混乱が特記される形で記憶される。それは、その混乱を後継首相となった中曽根康弘が鮮やかに収拾し、レーガンと「ロン＝ヤス」と喧伝された親密な関係を築いて日本外交を安定させたというある種の「成功物語」と対をなす。

しかし、この時期の日本外交を実証的に分析した若月秀和は、このような半ば定説化した鈴木、中曽根両政権の対比は妥当ではないと指摘する。鈴木政権発足後の米側からの防衛費増額要求は、ソ連のアフガニスタン侵攻の衝撃を受ける形で、前年比で二桁近い増額を求めるもので、鈴木でなくとも日本側が受容できるものではなかった。

「ハト派」志向に基づく鈴木の抵抗や引き延ばしは日米関係を一時的に混乱させたが、政権二年目の一九八二年には防衛費増額やシーレーン防衛、対米武器技術輸出問題などについて日米間での摩擦は峠を越え、落としどころも明確になっていた。鈴木政権前半期の「突っ張り」が米側の対日姿勢の軟化をもたらし、中曽根の華々しい首脳外交はその下地があったので可能になったというのが若月の見立てである。

また鈴木は南北問題や軍縮に強い関心を持っており、一九八一年一〇月にメキシコのカンクンで先進国を含む二二か国が参加して南北格差を討議したカンクン・サミット（南北サミット）では、経済発展にとって重要なのは、自助努力と軍縮による余剰資源だと指摘して注目された。鈴木には、軍縮や和平によって生じる財の余剰を南北格差の解消に充てるという基本的な発想があったと見られる。しかし、このような鈴木の関心について、その後、十分なフォローアップが行われず、その場限りで終わってしまった[35]。

「同盟」をめぐる混乱ばかりが注目される鈴木政権だが、そこには日本外交が日米安保や新冷戦への対応を主軸としつつも、それにとどまらない広がりを模索する上で重要な足がかりが存在していたといえよう。中曽根首相が外交の与件とした新冷戦は八〇年代半ばには緊張緩和に向かい、その後、急速に冷戦終結へと向かったことも考えれば、冷戦以外の広がりも視野に入れた鈴木の関心は、なおさら大きな意味を持つ。

鈴木は自民党総裁再選が確実視されていたにもかかわらず、辞退して実質的に中曽根に政権を禅譲する。だが、首相の座に就いた中曽根は自らの政治的手柄を強調する意図もあって、鈴木首相の下で対米外交が行き詰まっていたことを繰り返し強調し、ことさら鈴木が無能であったかのような印象を振りまいた。

これに不快感を募らせた鈴木は、一九八四年秋の自民党総裁選に向けて、福田赳夫や公明、民社まで巻き込んで自民党副総裁の二階堂進を擁立することを画策する。「二階堂擁立工作」として知られる一件は、最終的に田中角栄が乗らなかったことなどから実現しなかったが、中曽根を震撼させるのに十分であった。鈴木の意図は、中曽根の総裁再選を阻み、二階堂政権で宏池会の宮澤を幹事長に据えて二階堂から宮澤へと政権をつなぐシナリオだったともいわれる[36]。「お公家集団」といわれる宏池会の中で、党人派の鈴木がその凄みを見せた一件であった。

5　宮澤喜一と国際安全保障をめぐる模索

鈴木善幸が「二階堂擁立工作」によって政権獲得の道筋をつけようとした宮澤喜一だが、実際に首相の座に就いたのは一九九一（平成三）年、宮澤は七二歳となっており、石橋湛山（たんざん）と並ぶ戦後最高齢での首相就任であった。

宮澤はサンフランシスコ講和会議に随員として出席し、以後も通産相、外相など要職を歴任して早くから首相候補と見なされた。漢籍や英語を自在に操り、政界随一の知性派と目された宮澤だが、その一方で「王道的思考には権力志向といったものはないのです」と、永田町の泥臭い権力闘争から距離をおくような高踏的な姿勢は、とくに田中角栄などから忌み嫌われた。大平急逝後に宮澤が後継に浮上した際も、田中が阻んだともいわれる(37)。

また、宮澤と大平の関係も微妙であった。池田や前尾との関係をめぐる両者間の齟齬や田中と大平が盟友であったこと、それに宮澤からすると同じ大蔵省とはいえ一橋出身の大平は傍流であり、大平からすると宮澤は「虫が好かんというか、嫌いだけれども、能力は評価する」といった具合である(38)。

政策面でいえば、宮澤は一九六〇年代から日本国憲法は国民に定着したと言い切り、自主憲法制定に冷淡な「ニューライト」の旗手として脚光を浴びた。この宮澤の姿勢は、吉田茂以来、池田勇人など吉田に連なる指導者たちが推進してきた経済重視、日米安保による日本の防衛という路線が、戦後日本の繁栄をもたらしてきたと捉える「保守本流」の強い自負心に裏付けられていた。[39]

一方で宮澤は一九七〇年代には三木武夫政権の外相として、サイゴン陥落とベトナム戦争の終結に沈むアメリカに向き合う。宮澤は米軍の東アジア駐留の継続を求める一方で、日本人としてアメリカのベトナムにおける努力が善意にもとづくものであったと信じていること、日本はアメリカのアジア政策立て直しの過程で積極的に協力する用意があることをキッシンジャー（Henry A. Kissinger）国務長官に語りかけて米側に感銘を与えた。

ソ連のアフガニスタン侵攻で一転して米ソ新冷戦の時代に突入すると、宮澤は「西側の一員」を鮮明にした大平を支持した。その一方で宮澤は、アメリカが日本の防衛力拡大に過大な期待を寄せることを警戒し、鈴木政権で官房長官に就くと米側に対して憲法など日本が制約を抱えていることを強調する。

鈴木の後を継いで中曽根政権が発足すると、宮澤は竹下登、安倍晋太郎と並んで「ニューリーダー」と称せられる。その中で宮澤は、一九八四年には『宰相吉田茂』（中央公論新社）を著して肯定的な吉田評価を定着させた高坂正堯（こうさかまさたか）と『美しい日本への挑戦』（文藝春秋、一九九一年）を刊行し、「資産倍増論」と並んで「平和協力外交」を提唱した。後者は発展途上国への経済協力や緊張緩和と軍縮の推進、国連の活動といった国際貢献への積極的参画を打ち出していたが、そこには当時の中曽根首相が中曽根流の「戦後総決算」を掲げて、防衛費のGNP一％枠の突破や靖国神社への公式参拝などを進めていることへの対抗という色合いもあった。[40]

結局、ニューリーダーの中では竹下がいち早く政権を掴み、安倍は病で他界した。一九八九年にリクルート事件で竹下政権の蔵相を辞任した際には「これでおれも終わったな」と漏らした宮澤であったが、党内の実権を握る竹下派が首相に担いだ宇野宗佑、海部俊樹が退陣すると、海部の指導力への不満もあって自ら政権を担う意欲を示すようになった。竹下派も国民からの期待の高かった宮澤を支持して宮澤政権発足となったのであった(41)。

宮澤は細川護熙政権の成立によって自民党が下野したことから五五年体制最後の首相となるが、在任中の最も重要な事績を挙げるとすれば、やはりカンボジアＰＫＯということになるだろう。米中ソ冷戦の代理戦争という色彩もあったカンボジア内戦が終結し、平和裏に総選挙を実施するために国連ＰＫＯが実施され、これに参加する自衛隊が創設以来、初めて海外に出ることになったのである。

宮澤にとって日本が国際的にいかなる安全保障上の役割を果たすのかという問いは、年来の課題であった。宮澤はその著作で「日本がしだいにゆたかになるにつれて、私は欧米の友人たちから『日本は平和至上主義をとなえるだけでいいのか』という疑問と非難をしばしば呈された」と記す。外務省幹部に対して、日本はどの国とも友好関係を結ぶことを方針としているが、その国が不正や非人道的行為をしても黙認するのなら、損得勘定だけの「モラリティのない外交」ではないかという問題提起をしたこともある(42)。

欧米の指導者と親交の深い宮澤は、自らが担い手と自負する吉田路線と国際政治の現実をどう架橋するかについて、深く考えを巡らせることも多かったに違いない。自民党内のハト派として知られた後藤田正晴について、宮澤が「通俗的な意味でのハト派としての発言はいろいろなときになされています」と痛烈な皮肉を放つのも、その辺りから来ているのだろう(43)。

そうした思索も踏まえたものなのだろう。宮澤は首相就任に前後して国連常設軍構想を掲げた。それは湾岸戦争での経験を受けて、当時、自民党の実力者であった幹事長の小沢一郎が、将来的な国連軍への参加を提唱していたことへの対案でもあった。国連常設軍に個々の日本人が国際公務員として参加するというのが宮澤の案であった。[44]

宮澤は湾岸戦争を契機として、日本も「カネ」だけでなく「汗」もかくべきだという国民的コンセンサスが生まれたことを高く評価した。だが、さらに進んで「血」を流す覚悟をするのか。「すこし理想にすぎる考え方かもしれないが」と断りつつも、宮澤は将来、国連常設軍が創設されたときの対応を考えておくべきだと訴え、「それは『血』の問題にたいする回答をさぐる作業でもある」と説く。「今後、国連がそのように育っていけば、私たちが長い間悩んできた『武力と平和』の問題にようやく一つの解決の道がひらけるのではないか」という宮澤だが、なぜ、そこまで国連にこだわるのか。単純な平和至上主義に対して違和感を抱えていた宮澤だが、一方で戦後の平和主義に対して「うかつに批判をくわえると、日本は戦前の失敗を再現するところまで突っ走ってしまうのではないか、という不安がある」と言う。仮に日本が国家としての決断によって「血」を流す道に進んだ場合、ナショナリズムの暴走につながる危険は皆無ではない。それを避けるために国連を通すのだというのが、宮澤の認識だったのであろう。[45]

宮澤はまた、将来的に日本が中国に対してある程度の安心感を持てるような関係を構築できないとき、「日本国民は敏感に反応しますから、核保有だなどと激発してしまう心配があります。それはアメリカの意に反してやることはないでしょうが、隣国が不安な国だということになると、日本国民は敏感に反応せざるを得ないでしょう」とも語る(46)。

戦後日本の平和と繁栄を支えた吉田路線に国際的な安全保障上の役割をつけ加えていく際、日本国内の世論や国民感情をどのように安定的に方向づけるのか。その辺りに宮澤の問題意識があったように思われる。そしてその背景にあったのは、「かつて日本は『天に代わりて不義を討つ』と称して中国をはじめアジアの諸国へ出兵した歴史をもっており、戦後の平和主義はそれに対する反省からうまれたものである」という歴史観であった(47)。

このような宮澤が、首相としてカンボジアＰＫＯで「血」という重い問題に直面することになったのは歴史の偶然のなせるわざというべきであろうか。カンボジアＰＫＯには自衛隊の他に、全国から募った文民警察官も派遣されていた。初の自衛隊の海外派遣という政治的インパクトを薄めるために文民警察官も派遣されることになったという指摘もある。自衛隊については何か起きては大変だと、最も安全な地域に配属されたのに対して、政治的に注意を惹かなかった文民警察官は、結果としてポルポト派の残党が活動する危険地帯で活動することを余儀なくされた。そして起きたのが文民警察官への襲撃と高田晴行警部補の死亡という事態であった(48)。

自衛隊のＰＫＯ参加の前提となる停戦合意が崩れたとして、世論だけでなく政府内でも自衛隊の撤収が議論された。宮澤はこの局面をこう振り返る。「一人、亡くなったからといって、国際的に約束した任務をやめて一斉に引き揚げたら、日本という国はいい加減な国だということになってしまう。そういう評価しか残らない。だから、引き揚げない」。とはいえ宮澤は「正直に言いまして、もしあのとき、もう一人亡くなっていたら分からなかったですね。マスコミや世論はとても収まらなかったでしょう」と振り返る[49]。

首相としての宮澤は、吉田路線を冷戦後も延命させるために、積み残された課題を解決することが自らの使命だと考えていたという。その最たるものが、宮澤が一九六〇年代から課題としてきたＰＫＯであった。一方で宮澤は「血を流す」ことを辞さない「普通の国」路線には終生、反対であり、政治による「血を流す」決断が国内社会にもたらす弊害を懸念として挙げていた[50]。どこか警世家めいた宮澤の言葉である。

6　宏池会の首相たちという系譜

ここまで池田勇人、大平正芳、鈴木善幸、宮澤喜一と、現職の岸田文雄を除く四人の宏池会の首相たちについて、外交面を中心にその足跡を辿ってきた。そこから浮かび上がる宏池会の首相たちの特徴として、何を挙げることができるだろうか。底流を貫いて流れるものとして、権力観と歴史観の二点を挙げることができるように思われる。

まず権力観である。宏池会は始祖である池田勇人の政権が終わった後も存続することで派閥としてのカラーを形成していく。大平、鈴木、宮澤に共通するのは権力に対する謙抑さという感覚である。大平はライバルであった福田赳夫が「政治は最高の道徳」だといい、政治の果たすべき大きな役割を説いたのに対して、経済や社会の自律性を重んじ、政治の役割は限定的な「お手伝い」の役割を超えてはならないと考えた[51]。

大平は福田の再選を阻止して総理総裁の座を摑むが、初閣議後の記者会見で「政治が甘い幻想を国民にまき散らすことはつつしまなくてはならない。同時に国民の方もあまり過大な期待を政治に持って欲しくない」と、政治指導者としては異例ともいえる発言をしたが、それも社会の果たす役割が大きいのだという認識の現れであった[52]。

三陸の漁村出身で当初は社会党に属した鈴木善幸が、弱者に対する強い思い入れと、強いものに対する本能的ともいえる警戒心を抱いていたことは既述の通りである。そして宮澤喜一は「日本のようなスーパータンカーみたいな国は、船長の顔は見えないかもしれないが、いないわけじゃない」と、国民を一定の方向に強く牽引していくようなリーダーシップのあり方を繰り返し、否定していた[53]。

もう一つの共通する特徴といえる歴史観とは端的にいって、戦争をめぐる日本の過去と、戦後という時代をどう捉えるかという問題である。

池田の秘書官として政治の世界に入り、その後も宏池会の中枢に関わり続けた伊藤昌哉(まさや)は、「吉田は戦後政治のかなめであり、戦後民主主義のまさに本流である。この衣鉢をついだのが池田勇人であった。この意味でこそ、池田が戦後保守の本命なのだ」と記したが、そもそも占領下の公職追放がなければ、大蔵省の傍流であった池田が大蔵次官から政界へと歩を進めることは難しかっただろう。政治家としての池田自体が、敗戦と占領を起点とする戦後の所産であった[54]。

その吉田の系譜＝吉田路線が曲がり角に差しかかっていると捉え、「戦後総決算」を掲げたのが大平だが、大平の側近であった森田一は同じく「戦後総決算」を唱えた中曽根との違いについて、「(大平には) 戦前に対する郷愁みたいなものが全然ないのですよね。そこが中曽根さんと違う」と語る[55]。

大平はまた、日本国憲法を「非常に理想的なヒューマニズムを打ち出した一つの芸術品」と評価し、戦後の民主化・民主主義を肯定的に捉えた[56]。

終戦時に三四歳だった鈴木は、当時を振り返ってこう記す。「国民は飢えにおびえ、焼け跡にたたずみながらも一筋の明るさがあったことを私は思い出す…（中略）…新憲法の基本的人権の尊重や平等の思想はまばゆいばかりの『自由』を実感させたからだ。従って国民は民主的改革を占領者、アメリカから強制されたものではなく、自ら備わるべき大切なものとして前向きに受け入れたと思う。私はここに日本の戦後政治の原点があると思ってきた[57]」。

そして宮澤は戦後政治のターニングポイントとして六〇年の安保騒動を挙げ、「いわゆる追放にあった政治家たちが、もう一度戦前の栄光を回復しなければといって努力し、またそういう内閣もできましたが、それは実際には大した成果を結ぶこともなく、岸さんのいわゆる安保騒動をもって、おしまいになったと思います。そういう意味では、そこで戦前回帰が終了したといえるのではないか。そして、新しいデモクラシーがそこから生まれたと言っていい」と語る[58]。

国家主導で「血」を流す決断に踏み込むと、日本は「戦前の失敗を再現するところまで突っ走ってしまうのではないか」と案じる宮澤に典型的なように、宏池会の首相たちに共通する抑制的な権力観と戦前・戦後についての歴史観とは表裏をなす面があった。

そして現実の政治外交についていえば、本稿で辿ってきた各首相の足跡から浮かび上がるのは、戦後日本が標榜してきた平和国家と、国際政治の現実とをいかに架橋するかに格闘してきた宏池会の首相たちの姿である。池田は敗戦国・被占領国という戦後日本の自意識に「自由主義陣営の三本柱」という新たな自画像を付与しようと注力し、大平は戦後国際秩序を支えてきたアメリカの力の衰えを補完し、支える一方で、総合安全保障や環太平洋連帯構想といった外交をめぐる思索を後世に残した。外交音痴で対米関係を混乱させたといわれ、これを収拾した中曽根政権の「前座」といった扱われ方をされがちな鈴木だが、軍縮と国際的貧困の撲滅を結びつけるといった発想は、日本外交に広がりをもたらすものとして、再評価されてしかるべきものであろう。そして五五年体制最後の首相となった宮澤が、その長い政治的履歴の中で知的に苦闘してきたのが、吉田路線と国際安全保障との兼ね合いであったのは既述の通りである。

このような首相たちを輩出した宏池会は、同じく吉田を始祖とし、佐藤栄作、田中角栄、竹下登と派閥内での下剋上を繰り返しつつ歩んできた経世会・平成研究会（現・茂木派）と並んで「保守本流」の担い手とされてきた。全盛期の田中派・竹下派は「総合デパート」と呼ばれ、大から小までさまざまな問題を手掛け、解決した上で自らの政治力強化に結びつけてきた。政治的活力にあふれる一方で、問題解決の手段としてカネとモノが絡むのも同派閥のカラーであったといえよう。

日中国交正常化を大平と二人三脚で成し遂げた田中角栄の「〔中国に〕テレビを一千万台でも送ってやり…（中略）…高速道路やトヨタの工場、それにミニスカートの姉ちゃんも映せばいい。そうしていれば、共産主義なんてそのうち崩れるさ」という言葉など、宏池会にはない田中派・竹下派の逞しさを感じさせる。(59)

大平と田中の盟友関係はよく知られているが、派閥レベルでも田中派・竹下派と宏池会の提携が「保守本流」の主柱であった。そして外交面でいえば、前者が「経済大国」、後者が「平和国家」という吉田路線の下での戦後日本の二枚看板をそれぞれ担っていたとも見える。田中派・竹下派がODAなどを含め日本の旺盛な経済力によって対外問題を解決していったのに対して、宏池会は平和国家と国際社会の現実との折り合いをめぐって知的営為を積み重ねた。大平─宏池会─戦後日本の政治外交という連なりを、そのように意味づけることができるだろう。

（1）「保守本流」の意識が最も強いのが宏池会だという指摘もある。小宮京『語られざる占領下日本』（NHK出版、二〇二二年）、二七〇頁。

（2）福永文夫「派閥構造から見た宏池会」『獨協法学』第六七号（二〇〇五年）、九〇頁。宏池会との対比で、竹下派が分裂に至る過程の熾烈な権力闘争を記録したものとして田崎史郎『竹下派死闘の七十日』（文藝春秋、二〇〇〇年）。

（3）福永、前掲、一一九頁。

（4）北岡伸一『自民党』（読売新聞社、一九九五年）、九一頁。

（5）宮城大蔵「自民党内派閥とアジア外交」宮城大蔵編『戦後アジアの形成と日本』（中央公論新社、二〇一四年）。

（6）福永、前掲。中西寛「下村治の経済分析と宏池会の軌跡」、村田晃嗣「宏池会の防衛政策」、中西、村田はともに五百旗頭真「『宏池会』の研究──戦後保守本流の政策に関する研究」（平成一一年度～平成一三年度科学研究費補助金、基盤研究〈B〉〈1〉）研究成果報告書。

（7）宏池会HP。https://kouchikai1957.com/（二〇二二年九月一〇日閲覧）

（8）北岡、前掲、七三─七四頁。

（9）伊藤昌哉『池田勇人とその時代』（朝日新聞社、一九八五年）、九六頁。
（10）中村隆英「池田勇人」渡邉昭夫編『戦後日本の宰相たち』（中央公論社、一九九五年）、一六一頁。中村は所得倍増計画について、政治的にみれば成功だったが、経済政策の観点からすれば「期限に追われた粗製品だった」と指摘する。
（11）吉次公介「池田勇人」増田弘編著『戦後日本首相の外交思想』（ミネルヴァ書房、二〇一六年）、一五八頁。
（12）吉次公介『池田政権期の日本外交と冷戦』（岩波書店、二〇〇九年）、三五―三六頁。
（13）『朝日新聞』一九六一年六月二三日。
（14）宮城大蔵『戦後アジア秩序の模索と日本』（創文社、二〇〇四年）、第二章。
（15）宮城大蔵「一九六〇年代における日本の援助とアジア国際秩序」渡辺昭一編著『冷戦変容期の国際開発援助とアジア』（ミネルヴァ書房、二〇一七年）、三四五―三五一頁。
（16）石井修『冷戦と日米関係』（ジャパンタイムズ、一九八九年）、一三八―一四〇頁。
（17）『朝日新聞』一九六〇年七月二一日。
（18）一方でそれを「敗戦国・被占領国」からの転換を図った「大国志向ナショナリズム」と捉えることも可能であろう。吉次、前掲「池田勇人」一七三頁。
（19）福永、前掲、八四頁。
（20）福永文夫『大平正芳』（中央公論新社、二〇〇八年）、一四六頁。
（21）服部龍二『増補版　大平正芳　理念と外交』（文藝春秋、二〇一九年）、五一頁。
（22）『朝日新聞』一九七二年六月二〇日。福永、前掲、『大平正芳』。福永文夫「大平正芳」増田弘編著『戦後日本首相の外交思想』二六九頁。
（23）服部龍二『中曽根康弘』（中央公論新社、二〇一五年）、ii―iii頁。

(24) 渡邉昭夫「国際政治家としての大平正芳」公文俊平・香山健一・佐藤誠三郎監修『大平正芳　政治的遺産』(大平正芳記念財団、一九九四年)、七一頁。

(25) 大平正芳「日本外交の座標」大平正芳回想録刊行会編『大平正芳回想録資料編』(大平正芳回想録刊行会、一九八二年)。

(26) 渡邉、前掲、九二―一一四頁。福永「大平正芳」二八五頁。

(27) 服部、前掲、二一七頁。川内一誠『大平政権・554日』(行政問題研究所出版局、一九八二年)、二二五―二二六頁。

(28) 大平の女婿かつ秘書官であり、衆議院議員として後継者となった森田一は、この点について「40日抗争のせいで(大平)内閣が続いていたって何もできませんでしたよ」「生きて総理を続けていたら、政治的にはもっとみじめでしたよ」と厳しい見立てである。森田一著、服部龍二・昇亜美子・中島琢磨編『心の一燈――回想の大平正芳　その人と外交』(第一法規、二〇一〇年)、二二八頁。

(29) 服部、前掲、二四二―二四三頁。

(30) 福永「派閥構造から見た宏池会」、八九―九四頁。

(31) 鈴木善幸述、東根千万億聞き書き『等しからざるを憂える。――元首相鈴木善幸回顧録』(岩手日報社、二〇〇四年)二三八頁。山口航『冷戦終焉期の日米関係』(吉川弘文館、二〇二三年)、一六一―一六七頁。

(32) 谷野作太郎『外交証言録　アジア外交』(岩波書店、二〇一五年)、七六頁。

(33) 若月秀和『冷戦の終焉と日本外交』(千倉書房、二〇一七年)、二八―二九頁。

(34) 宇治敏彦『鈴木政権・863日』(行政問題研究所出版局、一九八三年)、一三七頁。若月、同上、八八頁。

(35) 若月、同上、七五頁。

(36) 馬場周一郎『蘭は幽山にあり――元自民党副総裁　二階堂進聞書』(西日本新聞社、一九九八年)、『毎日新聞』一九九八年六月二三日。
(37) 清宮龍『改訂版　宮澤喜一・全人像』(行研出版局、一九九二年)、三三三頁。
(38) 森田、前掲、一六〇―一六一頁。
(39) 五十嵐武士「宮澤喜一」渡邉編、前掲、四二五頁。
(40) 宮澤喜一・高坂正堯『美しい日本への挑戦』(文藝春秋、一九九一年)。
(41) 村上友章「宮沢喜一」増田編、前掲、三四六―三四七頁。
(42) 宮澤喜一『戦後政治の証言』(読売新聞社、一九九一年) 二四〇―二四一頁、村上、前掲、三四三頁。
(43) 御厨貴・中村隆英編『聞き書　宮澤喜一回顧録』(岩波書店、二〇〇五年)、三〇九頁。
(44) 村上、前掲、三四七頁。
(45) 宮澤、前掲、二四一―二四三頁。
(46) 五百旗頭真・伊藤元重・薬師寺克行編『宮澤喜一　保守本流の軌跡』(朝日新聞社、二〇〇六年)、一八六頁。
(47) 宮澤、前掲、二四一頁。
(48) この間の経緯を詳述したものとして旗手啓介『告白　あるＰＫＯ隊員の死・23年目の真実』(講談社、二〇一八年)。
(49) 五百旗頭真他編、前掲、一六五―一六七頁。
(50) 村上、前掲、三五四―三五五頁。
(51) 福永『大平正芳』、一三四頁、二一二―二一三頁。
(52) 『朝日新聞』一九七八年一二月九日。

(53)『読売新聞』一九九三年七月二三日。
(54) 伊藤、前掲、九六頁。
(55) 森田、前掲、九四頁。
(56) 福永『大平正芳』、二六九頁。
(57) 鈴木、前掲、五六―五七頁。
(58) 御厨・中村、前掲、三三六頁。
(59) 若宮啓文『戦後70年　戦後保守のアジア観』(朝日新聞出版、二〇一四年)、三三二―三三三頁。

第二章

大平正芳の経済外交

鈴木宏尚

1　大平正芳と経済外交

本稿は、大平正芳の「経済外交」における思想と行動を検討し、その特徴を示すことを目的とする。大平に関する研究は少なくない[1]。しかしながら、「大平の経済外交」というテーマは、その重要性が認識されつつも、これまで十分に研究されてこなかったといってよい。たとえば、大平が首相であったときに秘書官として仕えた通産官僚・福川伸次は「大平首相の生前の活躍ぶりをみると、国内政治や国際政治のそれと比べると、経済外交は、あまり多くを語られていないが、その考えるところを着実に実行にうつしていたことを、我々は見落としてはならない[2]」という。また、大平の政策研究グループのひとつである環太平洋連帯研究グループのメンバーであった国際政治学者の渡邉昭夫は、「国際政治家としての大平正芳」の付記として、「国際経済政策に関する思想と行動が極めて部分的にしか扱われていないこと」を、同論考が不完全である点のひとつとして挙げている[3]。

ＧＡＴＴ（関税及び貿易に関する一般協定）加入やＯＥＣＤ（経済協力開発機構）加盟等、第二次世界大戦後の「経済外交」を担った外交官・萩原徹は、「経済外交」という言葉を「何か一般的な『外交』のほかに、特殊な外交があるような感触を与える」から、「あまり好まない」という[4]。外交は外交であって、「経済外交」などというものは本来ないのかもしれない。しかし、第二次世界大戦後の日本にとって、「経済」は極めて重要であった。それは、敗戦でぼろぼろになった経済を復興させねばならなかったし、また、憲法によって、「普通の大国」になることに制約を課せられた日本にとって、国家のパワーの主要な要素は経済に求めざるを得なかったからである。

したがって、本稿は、「経済外交」の第一義的な意味として、「経済を目的と考えて、外交という手段によって経済的利益の拡大をめざすこと」[5]を採用する。その上でまずはこうした「目的としての経済外交」における大平正芳の思想と行動を検討する。

一方で、大平の経済外交は「目的としての経済外交」にとどまらなかった。一九七〇年代も後半になると、日本の経済大国化と、それまで国際経済秩序を支えていた米国の相対的衰退によって、大平は、国際経済秩序ひいては経済大国日本を維持していくためには、日本が国際経済秩序の受益者から担い手の一国とならなければならないとの認識を持つようになる。そこで、首相となった大平の経済外交の課題として「国際経済秩序維持の負担分担」という問題が出てくるのである[6]。大平はこうした秩序の担い手を「国際的インサイダー」と呼んだ。

大平が外務大臣や総理大臣、時には通産大臣としてかかわった外交案件は多岐にわたる。本稿では、まず大平自身が「経済外交」をどのようなものとして捉えていたかを踏まえ、「経済的利益の拡大を目指す外交」と「国際経済秩序維持の負担」を中心として、検討していく。

本稿の構成について述べよう。大平は、読書家、文章家として知られており「哲人政治家」ともいわれる。第二節では、経済外交における大平の「行動」の前に、その「思想」を探る。大平の経済や外交、国際政治に対する考え方を概観しつつ、大平の経済外交思想を抽出する。

第三節では、池田勇人内閣の外務大臣として関わったGATT三五条対日援用問題と米国の利子平衡税問題、そして佐藤栄作内閣の通産大臣として取り組んだ日米繊維交渉を取り上げる。これら一九六〇年代の外交案件は、米国や西欧の自由貿易の原則から逸脱した対応に異議を申し立てることにより、日本の経済的利益の維持・拡大を目指すものであった。

第四節では、田中角栄内閣の外務大臣として対応した第一次石油危機と、議長国の総理大臣として、議長を務めた東京サミットにおける大平の行動を検討する。一九七〇年代初頭の国際経済秩序の動揺の中で、大平は、「経済大国」となった日本が、国際経済秩序の担い手、「国際的インサイダー」となるべきであるという認識の下、その在り方を模索した。

しかしながら、大平の経済外交は、一九八〇年代に入って間もなく大平の死によって突然の終わりを迎える。大平の経済外交は「未完」であった。

2 大平正芳の経済外交思想

(1)経済的自由主義と自由貿易主義

大平は、経済への国家／政府の関与や規制は少ない方がよいと考える、市場重視の経済的自由主義者であった。大平の女婿（じょせい）であり、秘書官を務めた森田一（はじめ）は「大平はもともと『小さな政府』論なのですよ。規制は最小限でいいという[7]」と回想し、池田政権の外相時代に秘書官を務めた外交官・菊池清明も「政治思想としては、彼は非常にはっきりした『スモール・ガバメント』の信奉者だった[8]」と述べている。しかしながら、大平は現在でいうところの新自由主義的な市場主義者ではなかった。大平の経済的自由主義は、ある種の倫理観に裏づけられていた[9]。たとえば、大平は、一九七〇年代後半、日本人が「飽くなき利潤を追求するエコノミックアニマル」と呼ばれることに強く反発し、日本企業の福利厚生や年功序列といった慣行をある種の平等化装置としてその社会的側面を評価している。[10]

大平は内政と外交は一体であるという考えの持ち主であった。大平によれば、「外交というのは、内政の外部的な表現であ」り、「内政が確立しないで秀れた外交ができるものでは」なく、また、「いい外交が内政に反映して内政の確立に寄与するようにしなければ」ならないという。こうして大平の経済的自由主義は、対外経済関係においては、自由貿易主義となって現れる。[11] 大平は、輸入制限や輸出自主規制といった措置に批判的であった。また、大平が自由貿易主義者であったのは、単に経済的自由主義を信奉していたからではなく、自由貿易と日本の経済発展が分かちがたく結びついているという認識からであった。大平は、資源の乏しい日本が経済的に発展していくためには、原材料の供給と製品の輸出が自由なことが不可欠であると考えていた。

ただし、自由化はあくまでも日本経済の状況とのバランス、すなわち国益を損なわない範囲において考えられた。たとえば大平は一九六六（昭和四一）年、「日本が自由貿易を提唱する以上は日本もみずからの経済を自由化しなければならないことは当然の責任であり、また利益」であるが、それは製品の話であって「資本の自由化はいまだし［まだその時期ではない］」と述べている。[12] このような大平の理念と利益、いい換えれば理想と現実の間のバランス感覚は、「楕円の哲学」とも重なる。「楕円の哲学」とは、物事には楕円のように二つの中心があり、その二つの中心が、どちらかに傾くことなく、均衡を保ちつつ緊張した関係にあるのがよいという、大平の考え方である。[13] 理念と利益、理想と現実の間で緊張しつつバランスをとることが、大平にとってのよい外交の条件であったのではないだろうか。

さらに大平は「スモール・ガバメント」の信奉者ではあったが、それは当然のことながら政府が経済にまったく関与しないということを意味しない。大平は「経済外交の主役は、むしろ経済界の指導者」であり、経済外交における政府の「主たる任務」は、「民間を指導監督するというよりは、むしろ民間人の活動にどのように有効に奉仕するかにある」[14]と述べている。大平にとって経済外交とは、第一義的には、政府が、日本企業が活動しやすいように対外環境を整備することであり、より具体的には自由貿易の体制を護りつつ、それに日本を漸進的に適応させていくことであった。

(2)複数の要素の繋がりと相互作用の視点

大平のものの見方、考え方の特徴として、全体と個、あるいは物事を構成する複数の要素の相互作用の相で捉えていたということが指摘できる。それはシステム的思考といってもよいかもしれない。すでに触れた「楕円の哲学」も二つの中心の相互関係を想定しており、そのひとつの現れといえよう。

大平は「物事の見方がすべて『世界の中の日本』みたいな視点[15]」であったといわれるように、経済外交についても、日本と世界経済との相互作用の中で考えていた。大平は、外交において自由陣営諸国との協調、とくに米国との関係を重視していたが、そこには二つの理由があったように思われる。第一に、日本が西側に組み込まれているという構造的側面である。大平によれば、「自由国家群特に米国との協力関係は、日本の立地や経済の構造に即した自然の道であり、〔略〕したがってこの立場は、われわれがその時の都合や好悪の感情によって勝手に取捨選択できるようなものではなく、ある意味において抜きさしならぬ宿命でさえ[16]」あった。

第二に、第二次世界大戦後の国際経済秩序である自由貿易体制の下での西側先進諸国との貿易によって、日本の経済成長が可能になったという認識である。「日本経済の原材料の安定した供給と、日本商品の安定した市場は圧倒的にこの地域〔自由国家群〕に依存して[17]」いた。

大平は、国際経済秩序についても様々な要素の相互作用の相で捉えていた。第一に大平は国際経済秩序を、通貨、貿易、資源といった複数の要素を相互に関連づけてみていた。米国の金・ドル交換停止や第一次石油危機による一九七〇年代前半の世界経済の混乱を、大平は次のように説明する。国際経済秩序の基盤は、ドル体制であり、ドルと金の交換停止によって通貨の価値基準が失われたために、資源の価格安定が失われ、石油価格が一挙に上昇した。そして価格が上昇しても安定供給が保障されないから、貿易も不安定になったというのである[18]。

第二に、大平は、国際経済秩序が、米国をはじめとした西側先進諸国間の協力によって支えられていると認識していた。「国際経済はそれを構成する主体の間における活発な競争の場である反面、国際的な協力と共同の努力がなければ、その発展が期待できるものでは」なく、その「国際協力」の基礎が国際経済機構であり、先進諸国間の協力なのであった。だからこそ、日本もそれに参加せねばならず、国際経済機構への加盟や、日本と西側先進国との外相級定期協議が重要であると考えていた[19]。

日本が西側に組み込まれたのは「宿命」であったかもしれないが、西側の国際経済秩序の下で、日本は経済成長を遂げ、そして日本の成長とともに今度は日本が国際経済秩序の維持に協力しなくてはならなくなる。こうして、日本が国際経済秩序の負担を引き受けることも、大平の経済外交の重要な課題となる。

3　自由貿易からの逸脱に対する異議申し立て——一九六〇年代

⑴ 自由貿易と日本の経済成長

大平は、第二次池田政権の外相として経済外交に取り組むことになる。日本は、一九五五（昭和三〇）年から高度成長期に入っていた。高度成長により、輸入が増えると国際収支（経常収支）が赤字となる。その場合、固定相場制の下では、外貨を増やすには、国内を引き締めるか輸出を増やすしかない。経済成長を持続させるためには、国内の引き締めを極力抑え、輸出を増やしていくということになる。しかしながら、池田政権が発足した一九六〇年当時、先進国市場では、米国がドル防衛策を進め、西欧諸国は日本に対してGATT三五条を援用し、日本を経済的に差別していた。いい換えれば、米国、西欧ともに日本に対して反自由貿易的な措置をとっていたのである。一方で、日本自身も、経済成長にともなって西側諸国、とくに米国から自由化を迫られ、一九六〇年六月に貿易・為替自由化計画大綱を決定していた。

大平は、一九六六年に行った講演で戦後の経済外交を振り返りつつ次のように述べている。経済外交においては、「国際信用」が「確立しなければ遂行でき」ず、また「国際信用の向上に奉仕」するものでなければならなかった。[20]そこで戦後日本の経済外交の力点は、GATT三五条対日援用問題を含め、「差別待遇の撤廃」に置かれていた。[21] そして日本は自らも自由化を進め、国際経済機構に加入し、西側先進諸国と協力していかなければならなかった。

大平のいうこの「差別待遇の撤廃」は、すなわち国際経済における自由主義の貫徹であり、一九六〇年代の日本の経済外交の重要な課題は、米欧諸国が日本に対して取った自由貿易の原則からの逸脱に対して異議を申し立て、日本の経済成長のために対外的な環境を整備していくことであった。

(2)差別待遇と日本のプレステージ——GATT三五条対日援用問題

日本は一九五五年にGATTに加入し、国際経済社会に復帰したが、英国、フランス、ベネルクス三国などの西欧諸国は、日本に対してGATT三五条を援用した。GATT三五条とは特定の国に対して、最恵国待遇等GATTの規程を適用しなくてもよいという条項である。つまり、GATT三五条を日本に対して援用している国は、日本製品に差別的待遇を与えていたのである。

一九六〇年七月に発足した池田政権は、国民所得倍増計画を打ち出し、経済成長を政治課題として掲げたが、その成否にとって輸出の拡大が重要であった。すでに一九五五年ごろから高度経済成長は始まっていたが、経済成長による輸入の増加が外貨を必要とし、外貨準備を増やすために輸出を拡大する必要があったからである。そこでGATT三五条援用撤回は、池田政権の重要な外交課題のひとつとなった。

また、日本のOECD加盟も課題となっていた。OECDは一九六一年に発足した、米国と西欧、カナダの西側先進諸国から成る、国際経済政策や途上国援助を調整する国際経済機構であった。日本はＯＥＣＤの下部機関であるＤＡＣ（開発援助委員会）に参加しており、また池田も国際的地位の向上のためにＯＥＣＤ加盟に意欲的であった[22]。米国は日本のＯＥＣＤ加盟を支持していたものの、西欧諸国は消極的であった。

第一次池田内閣で官房長官を務めた大平は、一九六二年七月、第二次内閣の内閣改造によって外務大臣に抜擢され、これらの課題に取り組むこととなる。

大平は一九六二年九月末から欧州を訪問し、各国首脳と会談する。この訪欧は、その後一一月に予定されていた池田訪欧の「露払い[23]」であった。会談で大平はGATT三五条の援用撤回や日本のOECD加盟への支持を申し出るが、ここで大平は日本のプレステージを持ち出す。大平は、フランスではＧＡＴＴ三五条は「日本国民の面子の問題で殆ど政治的問題に近い点を強調」し、イタリアでも「未だ厳しい対日輸入制限を残しているのは日本のプレスティジにもかかわる問題であるので右制限の早期撤廃を強く希望する次第」であると述べた[24]。西欧諸国がＧＡＴＴ三五条をはじめとする貿易差別を日本に課していることや日本がＯＥＣＤから排除されていることは、経済的問題であると同時に政治的問題でもあり、日本が自由主義陣営の一員として努力しているのにもかかわらず、経済的に差別されていることは、日本の威信にかかわるというのである。大平は、西欧諸国の首脳との会談で、経済の問題をナショナリズムと結びつけたのであった。

その直後の一一月、池田が欧州を訪問し、各国首脳と会談する。池田は、訪問したほとんどの国でＧＡＴＴ三五条援用撤回と日本のＯＥＣＤ加盟への支持について言質を得た。

⑶「利益の調和」の論理――利子平衡税問題

西欧諸国によるGATT三五条援用撤回の目処が立ったころ浮上するのが、米国の利子平衡税問題であった。一九五〇年代半ばから米国は国際収支の悪化に苦しんでおり、ドル防衛策をとっていた。ドル防衛策のひとつとして、ケネディ（John F. Kennedy）政権は、一九六三年七月、利子平衡税を打ち出した。利子平衡税とは、米国内で発行される外国証券に対して年率一％を徴収するものであり、米国からの資本流出を抑制することを目的としていた。米国の「特別な同盟国」カナダは、適用を免除されていた。利子平衡税が成立した場合、日本は米国からの資本調達が困難となり、それは日本の経済成長に影響すると思われた。

日本政府は、米国からカナダと同様の適用免除を得るために、宮澤喜一経済企画庁長官を米国に派遣することを決定したが、宮澤が急病となり、代わりに急遽大平が渡米することとなった。

訪米した大平は一九六三年八月一日、ラスク（Dean Rusk）国務長官やボール（George W. Ball）国務次官補と会談した。大平は、米国のドル防衛に対する理解と協力を示しつつも、利子平衡税の発表は日本経済にとって「予期せぬショック」であり、利子平衡税が課された場合は、日本政府の経済成長政策のみならず防衛支出や途上国援助にも大きな影響が生じかねないと述べた[25]。ボールは、大平に対して、利子平衡税の目的について説明し、日本への深刻な影響はないとの見解を示した。これに対し大平は、日本は米国が自由なドルを維持し、米国の資本市場へのアクセスを規制しないという前提のもとに経済政策を行ってきたので、利子平衡税の実施は、日本国内に深刻な影響を及ぼし、重大な政治的結果を招きかねないと懸念を示した。同席した武内龍次駐米大使は、多くの日本人は、米国が利子平衡税の日本への影響を慎重に検討していないと感じているると述べつつ、カナダと同様の適用免除が日本に対しても必要であることを示唆した[26]。

翌二日、大平はケネディ大統領およびディロン（C. Douglas Dillon）財務長官と会談した。ケネディは、ドルが西側諸国の金融システム全体の基盤であり、自由世界全体の利益を守るためにドルの価値の維持が重要であることを説明するとともに、日本への影響が最小限となる手段を探ることを保証した。これに対して大平は、日本は自由世界の繁栄のためにドルの価値を護ることの必要性を理解しており、現在の困難を克服するためにより緊密に米国と協力していきたい旨を述べた[27]。

一連の会談から浮かび上がるのは、利子平衡税が日本に与える影響に関する日米の認識のギャップである。米国側は日本への影響をそれほど深刻とは考えていなかった。そこで、大平は、利子平衡税の実施による日本経済への影響が、単に日本のみにとどまらず自由陣営全体や米国の冷戦政策にもかかわることであると示すことによって、米国から適用免除を獲得しようとした。日本の利益が米国や自由陣営全体の利益と調和するという論理である。しかし、米国側もドル防衛はまさに自由陣営全体の利益にかかわるという論理で日本の要求を退けたのである。

結局この問題は、佐藤政権になってからの一九六五年、日本が毎年一億ドルの利子平衡税適用除外を認められることで決着した。

(4)国益を守り抜く——日米繊維交渉

池田が病に倒れ退陣し、一九六四年一一月、佐藤政権が発足すると、大平は、しばらく無役であったが、一九六八年一一月、第二次佐藤内閣の通産大臣となる。
一九六九年一月、米国ではニクソン（Richard M. Nixon）政権が発足するが、ニクソンは、大統領選の際、米国に繊維製品を輸出する国に対して輸出自主規制をさせることを公約としていた。ニクソンは、繊維産業の盛んな南部を票田としていたからである。繊維製品はすでに一九五〇年代から日米間の問題になっており、一九五六年以来、日本は綿製品輸出の自主規制を受け入れ、政府間取り決めが結ばれてきた。ニクソンは、輸出自主規制を綿製品だけでなく毛・化合繊維を含めて全繊維品に拡大しようとしていることが、一九六九年二月、明らかになる。これは日本の繊維業界に衝撃を与えた。繊維業界及び通産省は自主規制に強く反対した。輸出自主規制反対の動きは国会も巻き込んで拡大していく。
このような状況の下、大平は通産大臣として、モーリス・スタンズ（Maurice H. Stans）米商務長官との交渉にあたった。一九六九年五月、スタンズが訪日し、佐藤首相、愛知揆一（あいちきいち）外相、大平らと会談した。スタンズ訪日の目的は必ずしも繊維問題についての交渉ではなかったが、大平との会談では繊維問題について意見が交わされた。大平はスタンズに対して、米国が輸出自主規制の要請によって問題の解決をはかろうとすることは「米国の prestige のためにも自由貿易推進のためにも悲しむべきことであり」、この問題は米国の国内政策により解決することを希望しつつ、自主規制に応じたり、自主規制を前提とした国際会議に参加することを拒否した。[28]
一九六九年七月末、東京で開催された日米貿易経済合同委員会に出席するために、スタンズが再び訪日する。七月三〇日、スタンズは合同委員会の会議において、ＧＡＴＴによる解決を退け、繊維問題についての柔軟性のある多国間協定とその下で二国間協定を結ぶことを、米国の立場として説明した[29]。同じ日の午後、大平とスタンズの個別会談が開かれた。スタンズは、大平に対して、「繊維問題は爆発寸前の情況にあり」、立法措置による輸入制限を避けるためにも年末までに多国間協定の締結を希望すると述べた。大平は、「爆発寸前」というが、「米繊維産業は生産、雇用、収益いずれも好況であり」、「多国間協定を必要とする問題があるということは納得でき」ず、「自主規制を前提とするテーブルに着くことはできない」[30]とスタンズの提案を拒否した。これに対してスタンズは、即答は求めないといいつつも継続して検討することを主張し、大平もこれに応じた。会談は、問題をさらに究明するテクニカルレベルの会合を九月中に開くことに合意して終わった[31]。

大平は、日本の自主規制を求める米国に対して、繊維問題はＧＡＴＴのルールに従って処理すべきだと主張して譲らなかった。それは、米国が主導して作ったＧＡＴＴのルールを無視した規制措置は、日米関係のためにも米国の繊維業界のためにもならないと考えていたからであった[32]。大平は、通産大臣として業界及び通産省の利害を代弁し、米国側の要求を明白に拒否した。

ニクソン政権は、繊維問題を佐藤政権の最大の外交課題である沖縄返還と絡めた。沖縄返還の代償として日本は繊維製品の包括的輸出自主規制を受け入れるという、いわゆる「糸と縄の取引」である。しかしながら、この「密約」について、佐藤は、大平に話すことはなかった。一九六九年一一月の佐藤＝ニクソン会談後、「糸と縄の取引」は噂になっており、大平はこれについて直接佐藤に問うたが、佐藤は否定した[33]。大平は、密約はないという前提で繊維問題に取り組み、米国の自由貿易を逸脱した動きにノーを突きつけ、佐藤首相に対して抵抗する姿勢を打ち出した[34]。沖縄返還を優先したい佐藤は、一九七〇年一月、第三次佐藤内閣において、繊維問題で譲らない大平を通産大臣から外し、後任に宮澤喜一を据えた。一九七〇年六月、宮澤通産相と愛知外相が訪米し、スタンズとの交渉にあたるものの、合意に達することはできなかった[35]。

一九七〇年七月、大平は、愛知・宮澤による交渉の結果を踏まえ、自らの交渉を振り返ってこう述べている。

わたし流の解釈だが、日本という国は世界が平和で、自由な経済の交流が保障されている状態でなければ、繁栄が期待されないのだから、経済がガット（関税・貿易一般協定）体制に象徴されるような自由な状態が望ましいわけだ。そういう体制を守り抜くことが国益なら、今回の交渉は国益を守ったと表現してもいい[36]。

大平にとって、自由貿易体制の維持は日本の国益であり、それを守り抜こうとしていたのであった。

また、大平は、繊維交渉において自由貿易のルールを逸脱し、なりふり構わず自主規制を迫るニクソン政権の「余裕に欠けた態度[37]」に苦慮するとともに、日本の経済大国化と米国の相対的衰退という経済面における日米の力関係の変化と、日本の国際経済に対する責任の高まりを感じていた。そして、そのような状況の中で、大平は、日米関係を良好に保つためにも、日本は「国際的なインサイダー」の中心になって働かねばならないという意識を持つ事が重要であると考えた[38]。日本はすでに一九六四年にＯＥＣＤに加盟し、「先進国の一員」になったといわれていたが、それはいわば名目上であって、必ずしも「インサイダー」になったことを意味しなかった。一九七〇年時点での大平の認識では、日本はまだ「アウトサイダーとインサイダーのボーダーラインぐらい[39]」であった。

日本が国際的インサイダーとなることは、相対的に衰退していく米国を日本が支えることによって、国際経済秩序の維持に日本が貢献するということを意味していた。そして、一九七〇年代前半に世界経済を襲った危機に直面し、大平は日本が国際的インサイダーにならねばならないという意識を強くする。

4　国際経済秩序の受益者から担い手へ——一九七〇年代

(1)日本の「経済大国」化と国際経済秩序の動揺

高度経済成長の帰結として、一九六八（昭和四三）年、日本は西ドイツを抜いて西側でＧＮＰ第二位となり、「経済大国」という自己認識が芽生える。一九七〇年代になると、この「経済大国」日本を危機が襲う。まずは一九七一年八月一五日のニクソン米大統領の新経済政策の発表である。ニクソン政権はドルと金の交換を停止し、国際金融体制が大きく動揺した。さらに七三年、第一次石油危機が生じ、一九五五年以来続いていた高度経済成長が終焉を迎える。大平は、こうした危機によって「高度成長を支えておった基盤が壊れてしまった」とし、「〝経済成長〟という観念でものを見るのは間違いじゃないか」「経済の時代は終わったという見方をしなければいけないんじゃないか」とまで

言っている。(40)

このような国内外の情勢変化に直面して、大平は経済成長を遂げた日本が、担い手の一国すなわち「国際的インサイダー」として国際経済秩序維持に携わらなければならないとの認識を持つ。そして、日本がインサイダーとして国際経済秩序を支えることが、すなわち経済大国日本を護ることにつながると考えていた。大平は、一九七一年九月、次のように述べている。

〔略〕対米協調に運命を委ね、ことさら国際政治への参加を避けてきたが、まさにドル体制の弱化の故に、険しい自主外交に立ち向かわなければならなくなってきた。国をあげて自らの経済復興に専念してきたが、まさにわが国の経済の成長と躍進の故に、国際的インサイダーとしての経済の国際化の担い手にならざるを得なくなってきた。〔略〕この転換期に処して、これからの方向を誤らないことが政治の使命である。(41)

日本は「経済大国」化によって、国際経済秩序の受益者から、その維持についての負担を分担する存在になった。それを象徴するのはサミット（先進国首脳会議）の創立メンバーとなったことである。ニクソン・ショックや石油危機といった国際経済の変動を受け、フランスのジスカールデスタン（Valéry Giscard d'Estaing）大統領の提唱で一九七五年、第一回サミットがフランスのランブイエで開催された。日本をサミットのメンバーに入れるようジスカールデスタンに進言したのは西ドイツ首相のシュミット（Helmut Schmidt）であり、シュミットには日本の西側からの孤立を防ぐという意図があった。[42]以下、この節では、田中政権の外相として対応した第一次石油危機と、議長国の首相として臨んだ東京サミットにおける大平外交について検討する。

(2)「国際的インサイダー」への第一歩——第一次石油危機と消費国間協調

一九七三年一〇月に始まった第四次中東戦争において、アラブ産油国は石油戦略を発動し、非友好国に対しては、石油供給を削減した。日本は、アラブとイスラエルの間で、曖昧な「中立」政策をとっていたものの[43]、アラブ諸国と敵対するイスラエルの友好国米国の同盟国であり、「友好国」とはみなされなかった。石油価格の上昇は狂乱物価ともいわれる物価高を招き、日本経済を直撃した。一九七四年の経済成長率はマイナスとなり、高度経済成長は終わりを告げた。

第一次石油危機が生じる前、すでに一九六七年の第三次中東戦争をきっかけに、資源・エネルギーの問題が日本外交の新たな課題として浮上しつつあった。[44]その流れの中で、一九七二年七月、田中角栄内閣が発足し、大平は外務大臣となった。

大平のエネルギー資源外交の考え方は二つの点で特徴的であった。まず、「量」よりも「価格」を重視する点である。それは、需給調整はなんとかなるが、産油国が相対的に強くなる傾向を踏まえると価格が下がるという展望が持てなかったからである。第二に大平は、資源問題を貿易や通貨といった国際経済秩序全体の中で考えていた。[45]

一九七三年一〇月、第一次石油危機が生じたとき、大平は外相として、首相の田中、通産相の中曽根康弘とともに対応にあたった。政府内には、石油供給を回復するためには、アラブ産油国から「友好国」として認められなければならず、そのために曖昧な中立政策をアラブ寄りに「明確化」することが外交課題として浮上する。しかし、アラブ寄りの「明確化」は、イスラエル寄りの米国の姿勢と袂を分かつことになる。対米自主的な志向性をもつ田中首相と中曽根は「明確化」に対して積極的であったが、日米関係が日本外交の基軸であると考える大平は、最後までこれに反対の立場をとった。[46]外務省内も「明確化」に対して積極派と反対派で分かれていた。

一一月五日、新たなＯＡＰＥＣ（アラブ石油輸出国機構）声明が発表され、日本に対する石油供給がさらに削減されることが予想されると、政府・外務省は「明確化」を進めることになる。しかし、「明確化」には米国の反対が予想されたため、米国との調整が必要であった。

一九七三年一一月一四日から、キッシンジャー（Henry A. Kissinger）米大統領補佐官が中東訪問の帰途来日し、大平、田中、中曽根らと会談した。キッシンジャーに対して「明確化」の必要性を強く訴える田中や中曽根に対して、大平は、米国の理解を得ることを重視した。米国との調整という意味で重要だったのは大平との会談であった。[47]大平は、中東政策の「明確化」に必ずしも「賛成はできなかったが、どうしても政府がやるというのであれば、事前にアメリカとの合意、少なくともアメリカの理解を得ておかねばならぬと考えていた」。[48]キッシンジャーとの会談では理解を得られなかったものの、[49]日本政府は一一月二二日、中東政策の「明確化」を内容とする二階堂進官房長官談話を発表した。大平は、その後も事務レベルで交渉させ、ついに国務省から「日本政府の中近東政策の修正には賛成できないが、かかる修正をせざるを得ないという日本政府の立場は理解できる」との声明を引き出した。[50]一二月二五日、ＯＡＰＥＣは日本を友好国と認定して危機は収束することとなった。

第一次石油危機の後、米国のよびかけで、エネルギー・ワシントン会議が開催される。[51]米国の目的は、会議の開催によって石油消費国の協調を確立し、産油国に対抗することであった。ＯＥＣＤ石油委員会ハイレベルグループの一員である日本は、英国、フランス、西ドイツといった西欧先進諸国とともに会議に招請された。日本は各国に先駆け参加を表明する。石油危機を一貫して「価格」の面から捉え、消費国間協調を重視していた大平は参加に積極的であった。

エネルギー・ワシントン会議は一九七四年二月一一日から開催され、大平と森山欽司科学技術庁長官が代表として出席した。大平は会議での演説で、石油価格の高騰が保護主義的な動向を招く危険性を指摘し、石油問題を貿易や通貨など国際経済秩序全体の問題として論じた。エネルギー・ワシントン会議から始まった消費国間協調は消費国機関の設立へとつながっていく。産油国との対立を招く危険はあったものの、大平は消費国機関の設立に前向きに取り組んだ。しかし、設立交渉の途中で、大平は、内閣改造により外務大臣から大蔵大臣に横滑りする。

石油危機への大平の対応からわかることは、大平が石油問題を、貿易や通貨を含めた国際経済秩序全体の問題として捉え、その秩序維持に対して先進国の協調を重視していたということである。そして、日本が国際経済秩序の受益者から秩序維持の担い手＝国際的インサイダーとなるべきだと考える大平にとって、石油消費国間協調への参画は、その第一歩であった。

(3)「インサイダー」の中の「アウトサイダー」の苦悩――東京サミット

大平は一九七八年一二月七日に内閣総理大臣に就任した。

翌一九七九年六月二八日に開催された東京サミットにおいて、日本は議長国を務めた。一九七五年にサミットが開始されてから初めての議長国である。大平はすでに三木武夫政権の大蔵大臣としてランブイエ、米国サンファンと二回のサミットに出席経験があったが、議長国を務める東京サミットには格別の意気込みを持っていた。大平のメモには「政治的見識、時代認識」とあり、議長国としての責任を強く意識していたことがうかがわれる(52)。

一九七九年一月に発生したイラン革命にともなう第二次石油危機を受けて、東京サミットの中心的議題となったのは石油問題であった。ＯＰＥＣ（石油輸出国機構）による石油価格の値上げが続き、これに対抗して先進諸国は石油輸入抑制の具体的目標を示す必要に迫られていた。ＥＣ（欧州共同体）では、東京サミットに先んじてフランス・ストラスブールで開催された首脳会議で、一九八〇年から八五年までの石油輸入量を一九七八年の実績以下に抑えることで合意していた。

一方で、日本は石油のほとんどを海外からの輸入に頼っていることもあり、日本経済への影響を考えれば長期の輸入量の抑制は避けなければならなかった。大平は、サミットにおいて一九七九年及び翌八〇年の石油輸入量に目標を設ける方向へと議論を進めようとした。

しかし、サミット初日六月二八日の会議でフランスのジスカールデスタン大統領が、各国が一九七八年をベースとして八五年まで石油輸入量の目標値を設定するという案を追加的に提出した。事前の連絡はなく突然のことであった。ジスカールデスタンは、ストラスブールでのＥＣの合意をサミットで持ち出したのである。サミット参加国のうち、ＥＣ加盟国である英国、フランス、西ドイツ、イタリアはフランス案に合意していた。フランス案をめぐって個人攻撃や激しい言葉の応酬もあり、会議の雰囲気はよくなかった。[53]

翌二九日午前の会議で、大平は「成長が急速な日本は、七年先の節約目標を定めるのは不可能に近」く「仏案を受け入れるのは困難である」と述べるが、他国は日本に数値目標の設定を迫った。[54] しかし、そうなれば日本は一日五四〇万バレルに抑え込まなければならなくなり、日本経済の成長を考えると到底受け入れられるものではなかった。大平は昼休みを使って事務当局と策を練った。日本の想定する一九八五年の輸入量は七〇〇万バレルとされたが、大平は、その席で明確な裁断を下さず事務当局に「全力をあげて巻き返しをはかってみてくれ」と指示を出した。[55] 大平は、議長国としての責任と日本の国益のはざまに立って神経をすり減らしていた。

午後、会議が再開され、大平は輸入量目標値として「六三〇万～六九〇万バレル」とする最終案を示した。[56] この数値は七〇〇万バレルを主張する日本に対して米国が示した妥協案であった。[57] しかし、まだなおジスカールデスタンは低い方の数値、すなわち六三〇万バレルを主張した。大平は水面下でシェルパの宮崎弘道にジスカールデスタンと交渉させ[58]、最終的には「より低い数値に近づくために努力する」の文言を挿入することで決着がつき、共同声明をまとめることができた。

実は二九日の会議が始まる前、仏案をめぐって仏、米、西独、英の四か国で調整がなされていた。「日本だけが蚊帳(かや)の外」だったのである。[59] 大平は、この情報に接し「烈火の如く」怒ったという。[60]

大平は、日本が初めてサミットの議長国を務めるにあたって、国際秩序維持の負担を請け負う「国際的インサイダー」として独自の国際的役割を模索した。大平は、日本にとっての国際関係の難しさ、国際的な日本の異質性を直視しつつ、「外から内へ」と独自の国際的役割を追求しようとした。[61]

しかし、明らかになったのは、こうした大平の意気込みとは裏腹に、サミットが米欧主導で世界の安定化を図る場であるということだった。大平が首相を務めた一九七〇年代末、日本はいまだ「国際的インサイダー」の中の「アウトサイダー」であった。

東京サミットの苦い経験からか、大平は翌一九八〇年のベネチア・サミットにむけて、米国との協調関係をより確固たるものとしようとした。大平は七九年一二月に起こったソ連のアフガニスタン侵攻を受けて、米国に同調してモスクワ・オリンピックのボイコットを決め、八〇年五月に訪米しカーター（Jimmy Carter）大統領と会談した。大平は会談で、サミットまでに日米両国間で「経済問題のみならず、政治問題についても協議」し、共通認識を持つ重要性を指摘した(62)。

大平は、東京サミットである意味期待を「裏切られた」米国との協調を固めて、ベネチア・サミットに臨もうとしていた。大平は、対米協調をテコにして「国際的インサイダー」としての在り方を模索していたように思える。そして、それは決して対米追従ではなく、米国が軍事的にも経済的にも国際秩序を支える覇権国であるという認識に基づいた、大平なりのリアリズムであったと評価できよう。

大平は、一九八〇年五月の訪米の後、引き続きカナダ、西ドイツなどを訪問した。帰国後、内閣不信任、解散などもあり体調を崩し入院する。六月一二日、体調が改善したこともあり、ベネチア・サミットへの出席の意向を固めるが、その夜病状が急変し、大平は、帰らぬ人となった。ベネチア・サミットへの出席はかなわなかった。

5 未完の経済外交——むすびに代えて

大平自身は、「個人の名前が外交につくのは、俺は賛成できない」と言っていたそうであり、[63]「大平外交」といわれることをよく思わないだろう。しかし、これまでの検討からやはり「大平らしさ」が指摘できるのではないだろうか。第一に大平の経済外交の根底には、「楕円の哲学」を見出すことができる。大平は、自由貿易の推進と日本の経済的利益の保護、日本と国際経済秩序といった、二つの要素の相互作用と緊張的均衡という構図の中で経済外交に取り組んでいたといえるのではないだろうか。

第二に、リアリズムというべき大平の外交感覚である。ここでいうリアリズムとは、国際政治や外交におけるパワーの要素を認識し、その中で理想や理念の実現よりも国益の追求を第一に考えるということである。大平は、対米協調を日本外交の基軸としていたが、そこには国際秩序は米国が支えており、米国との協調関係を維持することは日本の国益に資するという現実的な感覚があった。大平は、対米協調と日本の国益が衝突したときには、米国に異議を申し立て、日本の国益を護ろうしたが、それでもなお対米基軸を貫いた。

大平の経済外交は二つの意味で未完であった。ひとつは大平の経済外交は、大平自身が完結させたものが少なかった。利子平衡税問題は、適用免除を獲得したのは佐藤政権になってからであるし、繊維交渉も途中で通産相を外された。国際エネルギー機関の設立も、交渉の途中で外相を退いている。

大平は、自身がその問題を解決することにはこだわりがなかったように思える。ただし、東京サミットは違った。首相として、議長国として絶対に成功裏に終わらせなければならず、苦悩の中で共同声明の採択にこぎつけた。

ふたつめに、大平の経済外交は、大平の死とともに道半ばで終わってしまった。大平は、一九七〇年代も末になると「経済の時代」は終わり、「文化の時代」に至ったとの認識を示すようになる。大平は首相に就任して最初の施政方針演説で次のように述べている。

戦後三十余年、わが国は、経済的豊かさを求めて、わき目も振らず邁進し、顕著な成果をおさめてまいりました。〔略〕

しかしながら、われわれは、この過程で、自然と人間との調和、自由と責任の均衡、深く精神の内面に根差した生きがい等に必ずしも十分な配慮を加えてきたとは申せません。〔略〕

この事実は、もとより急速な経済の成長のもたらした都市化や近代合理主義に基づく物質文明自体が限界に来たことを示すものであると思います。いわば、近代化の時代から近代を超える時代に、経済中心の時代から文化重視の時代に至ったものと見るべきであります。[64]

大平は、一九八〇年代に向けて「文化の時代」あるいは「近代を超える時代」の経済外交[65]を構想していたと思われる。大平首相の政策研究グループに、「文化の時代の経済運営研究グループ」や「対外経済政策研究グループ」が設置されたことからもそれがうかがわれる。これらの研究グループの報告書は大平の死後に出され、必ずしも大平の考えが反映されているわけではないが、研究グループの会合での発言から、大平の考えの一端が垣間みえる。大平は、「わが国をはじめ世界各国は、今日相互依存の度を高め、地球上に生起するどのような問題も、相互に鋭敏に影響し、地球全体を前提に考えなければ、有効な対応ができなくなっている」[66]「世界経済のなかで大きな比重を占めるに至ったわが国経済は、もはや自国にかまけた経済運営を行うことはゆるされなくなっている」「産業調整、経済文化摩擦の解消、国内市場の一層の開放、対外経済協調の一段の拡充、幅広い経済・文化の交流の促進など、国際社会に受け入れられる経済運営に一層努めていかなければならないのではないか」[67]と述べ、国際社会の相互依存の進展の中で、国際協調の重要性がますます高まっているとの認識を示している。そして、大平は、国際協調に日本が積極的に関わっていかなければならない、すなわち国際的インサイダーとして国際秩序の維持に主体的に働きかけていかなければいけないという意識をますます強くしていた。このような認識と意識に基づいて、一九八〇年代、大平が首相として「文化の時代」の経済外交をどのように展開したのか。それは大平の突然の死によって永遠にわからなくなってしまったのである。

（1）枚挙にいとまがないが、代表的な評伝的研究として福永文夫『大平正芳――「戦後保守」とは何か』（中央公論新社、二〇〇八年）、服部龍二『増補版　大平正芳――理念と外交』（文藝春秋、二〇一九年）を挙げておく。

(2) 福川伸次「市場機能尊重の経済政策」公文俊平・香山健一・佐藤誠三郎監修『大平正芳——政治的遺産』(大平正芳記念財団、一九九四年)四四六頁。
(3) 渡邉昭夫「国際政治家としての大平正芳」公文他監修、前掲、一四五頁。
(4) 萩原徹監修『日本外交史30　講和後の外交(Ⅱ)経済(上)』(鹿島平和研究所出版会、一九七二年)三頁。
(5) 山本満『日本の経済外交——その軌跡と転回点』(日本経済新聞社、一九七三年)二八頁。
(6) さらにいえば、「経済外交」には「経済を手段だと考えてなにかの対外目標をもっぱらあるいは主として経済力に依存して達成しようとする」「手段としての経済外交」の側面もある(山本、前掲、二七頁)。具体的には途上国に対する経済協力がそのようなものとして挙げられるだろう。しかしながら、大平自身はそれを「経済外交」としては捉えていなかったようなので、本章では途上国援助は対象としていない。
(7) 森田一著、服部龍二・昇亜美子・中島琢磨編『心の一燈——回想の大平正芳　その人と外交』(第一法規、二〇一〇年)八八頁。
(8) C・O・E・オーラル・政策研究プロジェクト『菊池清明オーラルヒストリー　上』(政策研究大学院大学、二〇〇四年)一八九頁。
(9) 福川、前掲、四四五頁。
(10) 大平正芳、田中洋之助(対談)「複合力の時代」大平正芳著、福永文夫監修『大平正芳全著作集6』(講談社、二〇一二年)一六一一七頁。
(11) 福川、前掲、四四五頁。
(12) 大平正芳「春風秋雨」大平正芳著、福永文夫監修『大平正芳全著作集2』(講談社、二〇一〇年)一四七頁。

(13) 大平正芳「財政つれづれ草・素顔の代議士」大平正芳著、福永文夫監修『大平正芳全著作集１』（講談社、二〇一〇年）一一九頁、服部、前掲、三三―三四頁。
(14) 大平「春風秋雨」、一四六―一四八頁。
(15) 森田、前掲、五四頁。
(16) 大平「春風秋雨」、一〇四頁。
(17) 同上。
(18) 大平、田中、前掲、一一―一二頁。
(19) 大平「春風秋雨」、一〇五頁。
(20) 同上、一四六―一四八頁。
(21) 同上。
(22) 日本のＯＥＣＤ加盟については、鈴木宏尚『池田政権と高度成長期の日本外交』（慶應義塾大学出版会、二〇一三年）を参照。
(23) Ｃ・Ｏ・Ｅ・オーラル・政策研究プロジェクト、前掲、七五頁。
(24)「大平外務大臣訪欧の際の会談要旨」外交記録『大平外務大臣欧米訪問関係一件』（マイクロフィルム番号Ａ´０３５７）、外務省外交史料館（以下、外交史料館）。
(25) Memorandum of Conversation, August 1, 1963, National Security Archive ed., *Japan and the United States: Diplomatic, Security, and Economic Relations, 1960-1976* (microfiche), 00256, 高橋和宏『ドル防衛と日米関係――高度成長期日本の経済外交　１９５９―１９６９年』（千倉書房、二〇一八年）七七頁。
(26) Memorandum of Conversation, August 1, 1963, *Foreign Relations of the United States(FRUS), 1961-1963, Volume XXII, Northeast Asia*, pp.781-784.

(27) Memorandum of Conversation, August 2, 1963, *FRUS, 1961-1963, Volume XXII*, pp.785-786.

(28) 「大平・スタンズ会談（第二回会談：繊維問題）」外務省記録『日米貿易（スタンズ商務長官訪日）』（二〇一〇—三八八九）、外交史料館。

(29) I・M・デスラー、福井治弘、佐藤英夫『日米繊維紛争——〝密約〟はあったのか』（日本経済新聞社、一九八〇年）七九—八〇頁。

(30) 愛知大臣発米、英独、仏等大使宛電信第二七五六号「繊維品貿易規制問題（日米貿易経済合同委員会）」外務省記録『日米貿易経済合同委員会関係　第七回委員会　個別会談（カウンターパートランチ）』（E'2.3.1.17-8-6）、外交史料館。

(31) 前掲「繊維品貿易規制問題（日米貿易経済合同委員会）」「大平・スタンズ個別会談議事要旨」外務省記録『日米貿易経済合同委員会関係　第七回委員会　個別会談（カウンターパートランチ）』（E'2.3.1.17-8-6）、信夫隆司『若泉敬と日米密約——沖縄返還と繊維交渉をめぐる密使外交』（日本評論社、二〇一二年）二三—二四頁。

(32) 福川、前掲、四四六頁。

(33) 一九六九年一一月の佐藤＝ニクソン会談以降「糸と縄の取引」が噂になり、大平はこれについて佐藤に直接問い合わせ、佐藤は否定したという（森田、前掲、八八—八九頁、服部、前掲、一一三—一一五頁）。

(34) 佐藤英夫『日米経済摩擦1945～1990年』（平凡社、一九九一年）三九頁。

(35) 結局、繊維交渉は一九七二年一月、田中通産相のもとで政府間協定が結ばれ、日本側が自主規制を受け入れるとともに繊維業界に補助金を出すというかたちで決着する。

(36) 大平正芳、羽生三七（対談）「これからの日米友好への道」『読売新聞』一九七〇年七月六日、大平、福永『大平正芳全著作集6』、二〇七頁。

(37) 渡邉、前掲、一一八頁。
(38) 大平正芳、福田一、鈴木治雄（対談）「遠慮抜きで真の日米関係を」『日本経済新聞』一九七〇年六月二六日、大平、福永『大平正芳全著作集6』、二〇五頁。
(39) 同上。
(40) 大平、田中、前掲、一一一―一一二頁。
(41) 大平正芳「風塵雑俎」大平正芳著、福永文夫監修『大平正芳全著作集4』（講談社、二〇一一年）七六頁。
(42) H.シュミット著、永井清彦・片岡哲史・内野隆司訳『シュミット外交回想録　下』（岩波書店、一九八九年）二〇八頁、船橋洋一『サミットクラシー』（朝日新聞社、一九九一年）三八―三九頁。
(43) 白鳥潤一郎『「経済大国」日本の外交――エネルギー資源外交の形成　1967～1974年』（千倉書房、二〇一五年）一六五頁。
(44) 同上。
(45) 同上、一三九―一四〇頁。
(46) 同上、一九三―一九五頁。
(47) 同上、二〇七頁。
(48) 大平「私の履歴書」、九〇頁。
(49) ただし、キッシンジャーとしては理解を示したと思っていたようであり、後に「理解を示さなかった」という報道に憤懣の色をかくさなかったという（安川壮『忘れ得ぬ思い出とこれからの日米外交――パールハーバーから半世紀』（世界の動き社、一九九一年）二二一―二二二頁）。
(50) 大平「私の履歴書」、九〇頁。
(51) 以下、エネルギー・ワシントン会議についての記述は白鳥、前掲書に依拠している。

(52)「大平正芳手帳メモ」『大平正芳全著作集7』大平正芳著、福永文夫監修（講談社、二〇一二年）二〇六頁、大矢根聡「サミット外交と福田・大平の『世界の中の日本』像」福永文夫編『第二の「戦後」の形成過程――1970年代日本の政治・外交的再編』（有斐閣、二〇一五年）二五一頁。

(53) ジミー・カーター著、日高義樹監修、持田直武、平野次郎、植田樹、寺内正義訳『カーター回顧録上――平和への闘い』（NHK出版、一九八二年）一八七―一八八頁。

(54) 外務省経済局「第五回主要国首脳会議議事録（一九七九年、六月二八、二九日　東京、迎賓館）」外務省記録『第五回主要国首脳会議（東京サミット）』（2015―2097）、外交史料館。この資料の解題として白鳥潤一郎「外務省経済局『第五回主要国首脳会議議事録』」『立教法学』第九六号（二〇一七年）。

(55) 船橋、前掲、一二一頁。

(56) 外務省経済局、前掲「第五回主要国首脳会議議事録」。

(57) 川内一誠『大平政権・五五四日――自らの生命を賭けて保守政治を守った』（行政問題研究所出版局、一九八二年）一四四―一四五頁。

(58) C．O．E．オーラル・政策研究プロジェクト、前掲、二三五―二三六頁。

(59)「座談会　大平さんの東京サミットレポート（サミットに関する部分）」大平正芳著、福永文夫監修『大平正芳全著作集5』（講談社、二〇一一年）二二一頁。

(60) 大矢根、前掲、二五五頁。

(61) 同上。

(62) 同上、二五四頁。

(63) 森田、前掲、五四―五五頁。

(64)「第八十七回国会における施政方針演説」（一九七九年一月二五日）大平、福永『大平正芳全著作集

5』、二五―二六頁。大平は演説原稿の作成にあたっては、自ら筆を入れていたが、この演説はとくに念入りに推敲していたという（川内、前掲、一〇一頁、長富祐一郎『近代を超えて――故大平総理の遺されたもの　上巻』〈大蔵財務協会、一九八三年〉二頁）。

(65) 必ずしも大平の経済外交を対象としたものではないが、大平の政策研究グループに着目し、「近代を超える」時代という観点から一九七〇年代の経済外交を分析した研究として高瀬弘文『戦後日本の経済外交Ⅱ――「近代を超える」時代の「日本イメージ」と「信頼」の確保』（信山社、二〇一九年）がある。

(66) 「政策研究グループにおける発言（要旨）」大平、福永『大平正芳全著作集5』、三四四頁。

(67) 同上、三五三頁。

第三章

環太平洋連帯構想の淵源

大平正芳の国際政治観から

大庭三枝

1　大平構想の特異性とその思想的原点

大平正芳は学識豊かな政治家であり、首相在任中には彼の問題関心に沿って九つの政策研究会を立ち上げ、内政および外交において、長期的視点に立った数々の構想を提唱したことで知られている。その中の一つが環太平洋連帯構想である。(1)

この構想は、アジアにおける地域主義の展開、とくにアジア太平洋地域主義史の中でも重視されてきた。(2) ヨーロッパや中南米、アフリカなど他地域と比べた場合、戦後のアジアは地域主義が希薄であったが、それでもいくつか地域協力を進める動きは見られた。アジア太平洋地域主義の歴史的展開を論じた研究の中で、環太平洋連帯構想は重要な構想として位置づけられてきた。それは、この構想が契機となり、太平洋経済協力会議（ＰＥＣＣ）という半官半民の組織が設立されるという、具体的な成果をもたらしたからである。さらに多くの研究者はＰＥＣＣにおける協力が一九八九（平成元）年のアジア太平洋経済協力（ＡＰＥＣ）設立をもたらしたとみている。(3) 環太平洋連帯構想の形成やその成果について詳細に研究した田凱（ティエン・カイ）は、この構想を「アジア太平洋地域主義の発展史のもっとも重要な転換点」としている。(4)

他方、日本外交史研究の観点からは、首相がイニシアティブをとり提唱した地域構想として評価されている。すなわち環太平洋連帯構想は、対米協調を基調としながらも、それを超えるより広い視野と長期的視点からの構想であったという点が評価されてきた。田凱は「環太平洋連帯構想という新地域構想を打ち出し、アメリカと中国の問題で、二国関係だけでなく、環太平洋連帯構想に中国とアメリカを入れ、両国を地域の多国間協議の場に引き入れると考えていた」と論じた[5]。福永文夫はこの構想が、日米同盟に取って代わるのではなくむしろそれを補完、強化する目的があったことに言及しつつ、それが「ソト」にむかって開かれた地域主義を標榜し、相互依存関係を深化させ、また大東亜共栄圏のような日本の一方的な押しつけではない形での共生を図る、という特徴を持つ構想であったと総括している[6]。また若月秀和は、大平の目指す外交が対米基軸一辺倒ではなく、より広い視野を持つことを示すために、環太平洋連帯構想が提唱されたと論じている[7]。

河野康子は、戦後日本外交には、ＩＭＦ・ＧＡＴＴ体制の参加並びに貿易上の無差別原則の適用を求めるグローバリズム志向と、それとは別の「地域性」、すなわちアジアに対する政策的関心という、日本が関与すべき国際社会の枠組みを巡って二つの系譜が並列的に存在したと指摘し、後者の例として環太平洋連帯構想を位置づけた[8]。戦後日本外交において主流だったのは河野が指摘する前者のグローバリズム志向であったが、後者の地域主義的アプローチを取った例もいくつかある。たとえば岸信介首相の掲げた東南アジア開発基金構想や一九六六年に設立された東南アジア開発閣僚会議が挙げられる[9]。また、何らかの地域を設定し、その中での日本の役割を強調する構想として、三木武夫が外相だった一九六八年に提唱した「アジア・太平洋構想」、さらに一九八九年のＡＰＥＣ設立の契機となった日本通産省のアジア太平洋協力（ＡＰＣ）構想もその例としてあげられよう。

このように、環太平洋連帯構想の意義は、アジア太平洋地域主義史や日本の地域主義外交史の文脈の中に位置づけられてきた[10]。しかしながら、一九七八年一一月の自民党総裁選挙に臨んだ時期までの大平の演説や講演、論考において、地域主義への言及やそれを目指そうという志向性は非常に薄い。[11]

むしろ大平の外交や世界観に関する言説の中で目立つのは相互依存、すなわち今日的な発想でいうところのグローバル化への関心と、世界大の連帯を目指すグローバリズム志向である。渡邉昭夫も指摘しているように、すでに一九六〇年代半ば、相互依存という用語がそれほど用いられていない時期において、大平は世界経済の「相互依存性」という用語を用い、その中で日本が活路を見いだしてきたことの意義を強調していた。[12] さらに一九七〇年代に国際環境が大きく変動し、日本の経済大国化が顕在化する中で、日本の「自主平和外交」を論じるようになった。[13] しかし後述するように、彼の「自主平和外交」には、特定の地域——とくに日本外交の文脈では主にアジア——における協力や連帯の必要性を強調する、といった意味での地域主義的要素が希薄であった。

そして環太平洋連帯構想も、「太平洋地域」における連帯を論じながらも、それが世界に繋がっていることを強調している点で、本来地域主義に付随する「ウチ」と「ソト」との境界を極めて緩やかに規定している。[14] さらにこの構想は太平洋地域が先進国・発展途上国を含み、活力とダイナミズムに満ちていると論じつつ、その多様性にも言及し、この地域における文化、教育、貿易、資源開発とエネルギー、開発資金、および交通・通信といった幅広い分野の協力を通じた連帯強化を謳った。[15] と同時に、「単に太平洋諸国のためだけでなく、人類社会全体の福祉と繁栄のため」の構想であり、「世界に向かって開かれたリージョナリズム」であることが強調された。[16]

すなわち環太平洋連帯構想は地域主義についてのビジョン提示であったが、その根底にあるのは相互依存によって結びつく世界を前提として、それをいっそう推進すべしとするグローバリズムであり、むしろ地域性は薄い[17]。グローバルに広がり深化する相互依存の世界と、ある地理的範囲を区切ってそこでの協力や連帯を強調する地域主義は、矛盾する要素を孕む。環太平洋連帯構想は、その矛盾する要素を融合させたという点で特異な地域主義構想だったのである。

大平は首相就任前から、演説や講演録も含め、多くの論考や政策提言を発表し、自らの政治、経済、社会、外交についての見解や秩序観、国際政治観を打ち出していた。そして大平の諮問委員会である環太平洋連帯構想研究グループのメンバーたちは、大平の考える秩序観や国際政治観を核に、専門家から見た当時の「今日的課題」への対応を盛り込み、政策提言を作成したとされる[18]。よって大平の国際政治観は、環太平洋連帯構想のあり方を特徴づけたといえよう。公文俊平は、「大平独自の時代認識」の「基本部分」は、一九六〇年代の終わりから一九七〇年代の初めにかけてまず形成され、その後「激動の七〇年代を経験する過程で肉付けされた」と指摘している[19]。渡邉昭夫も公文が指摘する時代とほぼ同時期に大平の国際政治観が醸成されたとする見方を示している[20]。

本稿は、大平が自らの経験を踏まえ、その国際政治観を確立するに至った六〇年代半ばから七〇年代における彼自身の言説を材料として、環太平洋連帯構想に繋がった大平正芳の国際政治観の特徴を論じる。その際、当時の日本を取り巻いていた実際の国際環境と照らし合わせつつ、この特異な地域主義構想の発想の原点を探りたい。

2　大平のグローバリズムの系譜

(1)大平のグローバリズムの原点

大平正芳の大蔵省の後輩であり、かつ彼の秘書官を八年間務めるなど、公私共に極めて大平と近しい関係にあった森田一は、大平は「世界の中の日本」といった視点からすべての物事を見ていたと述べている[21]。そうした大平の見方を示す例は随所に見られる。大平がアジアにおける日本の役割を論じていることは皆無ではない。しかし全体的に見て、大平は、世界の一部としての「地域」より、むしろ世界全体の動きを包括的に捉える見方を優先させている。総裁選に臨む前に発表された政策要綱においても、「外交の基本」として「世界は一つの共同体」であることを筆頭に挙げている[22]。

大平は、世界における諸国民の関係が緊密化する中で、孤立しての繁栄はあり得ないという認識をすでに六〇年代から示していた[23]。前述したように、大平は当時すでに「相互依存性」という用語を用いて世界を特徴づけていた。一九六四（昭和三九）年一月、当時池田勇人内閣で外務大臣を務めていた大平は、衆議院における外交演説において「我が国経済と世界経済との相互依存性がますます増大し、我が国経済の発展が世界全体の協調繁栄の中にその道を見いださなければいけないことを物語る」と述べていた[24]。また、実質的に相互依存を意味する、国境を越えた諸国民間の関係が緊密化している様について、国際連合第一八回総会においてこう述べている。「今日の科学技術の発達が、人間生活のあらゆる分野における交流を促進したことは、誠に驚くべきものがあり、今や、一国民は、他の諸国民と政治的にも、経済的にも、文化的にも固くむすばれているのであります。個人が、国家の中で孤立して生活し得ないのと同様に、国家も、世界の中で、孤立しては存在し得ません」[25]。

ただし、上記の二つの演説の内、国連という国際舞台において展開された後者の演説には、文字通り先進国途上国を問わず世界を視野に入れたグローバリズムの片鱗が見えるのに対して、前者の演説がどこまでそうしたグローバリズムを体現していたかはいささか留保が必要である。というのは、ここで述べている「相互依存性」は、日本が主にヨーロッパ（ＥＥＣ諸国）やアメリカに対する輸出の増大についての言及に引き続いて使用されており、我が国の経済と相互依存性が高まっている「世界経済」とは、もっぱら欧米を中心とする経済を意味していたと考えられるからである。

この点に関連し、この演説の二年後の一九六六年四月、日本がなぜ自由陣営、すなわち欧米の西側先進国との協力を外交の基本としているかについて説明する中で、筆頭に経済的な理由を挙げていることが注目される[26]。大平は、一九六五年の日本の貿易の九四％が自由陣営向けであることを強調した。さらに大量の輸出入品の海上輸送の安全も自由陣営の国々によって守られていることを指摘し、まずは自由陣営との友好関係を保持することを「当然」であると論じる。また同時期の論考の中で、「自由国家群特に米国との協力関係は、日本の立地や経済の構造に即した自然の道」であるとし、その根拠として日本の当時の輸出入先の構成、すなわち、原材料の安定的な供給、また日本商品の安定した市場がこの地域に依存していることを論じている[27]。その際、戦前に日本が旧満州や中国大陸に勢力圏を確保していたときですら、大陸貿易に対する日本貿易の依存率が二五％を越えたことがなかったことにまで言及し、欧米市場の重要性を強調しているのである[28]。

「昭和四二［一九六七］年版通商白書」によれば、六〇年代に入り、日本の輸出商品構成において重化学工業化が進展し、かつ工業国間貿易が拡大したとされる。[29]そして日本の輸出市場の内、一九六六年には先進国市場が全体の五一％を占め、そのうちアメリカは三〇・四％を占めていたことが指摘されている。大平の当時の相互依存性への認識は、こうした現実の経済実態に裏打ちされていた。また、同白書によれば、当時発展途上であったアジアは、外貨不足や自由体制の確立などで市場としての割合が低下していたことも指摘されている。後にも触れるが、少なくとも当時の大平の世界観では、アジアを含む途上国はあくまで支援をすべき領域であり、「相互依存性」でくくられる範囲には入っていなかったと考えられる。

他方、すでに多くの論者が指摘しているが、大平の対米および西側先進国との連携重視の姿勢は必ずしも反共イデオロギーに立脚したものではなかった点も注目される。むろん、大平も「自由主義及び民主主義を国是としている国に日本国民がより大きい信頼感を持つのは当然」とし、日本が自由陣営との関係強化を基本とする理由として、経済的結びつきの次に、いわゆる西側的価値・規範の重要性を指摘している。[30]しかし大平全体のトーンとして、中国やソ連を敵視し、共産主義の脅威をことさら強調するようなロジックを用いていないことには留意が必要である。この点について、森田は大平について「冷戦のことは余り考えていないですね。冷戦思考ということについては、意識は強くなかったですね……（中略）……どうせ冷戦は三〇年か四〇年かしたら終わると、そんな感じの見方だと思います」と述べている。[31]

また、大平は、六〇年代半ば当時はいわゆる「自主外交」というコンセプトにも忌避感を表明していた。これは、彼の「外交は自主に決まっているので、本来自主外交という外交はない」という言葉にも示されている。[32] ここで大平が忌避する「自主外交」とは、いわゆる対欧米、とくにアメリカに対しての「自主」を目指す動きを指していた。これは、たとえば五〇年代にアジア開発基金構想を打ち出した岸信介とは異なるスタンスであった。むろん、戦後日本の歴代政権にとってアメリカとの同盟関係が外交および安全保障政策の基本であり、岸がそこからの逸脱を図ろうとしていたわけではない。[33] しかしながら、アメリカとの対等な関係を築くことへのこだわりが岸にはみられた。こうした意味での「自主」を目指す発想は、後にみるように「自主平和外交」を論ずるようになっても、大平には極めて希薄であった。

(2) 七〇年代の危機・変動と大平のグローバリズム

一九七一年四月、大平は宏池会会長に就任した。この七〇年代初頭においては、米中接近や中ソ対立などによって日本を取り巻く国際環境は大きく変容しつつあった。また、日本は一九六八年にGNPで西ドイツを抜き世界第二の経済大国となったが、それが故に大国としての責務を果たすよう欧米諸国からの強い圧力に晒(さら)されるようになっていた。一九七一年九月に宏池会議員研修会において大平が行った「日本の新世紀の開幕」と題した講演、また翌一九七二年五月八日に帝国ホテルで行った「平和国家の行動原則」と題した講演は、いずれもこうした七〇年代初頭の状況を彼がどう見ていたか、その上で今後の日本がどうあるべきかを示している。

「日本の新世紀の開幕」では「戦後日本の総決算」として、日本を取り巻く状況や日本自身の変化を受けての今後が示されている。ここで示される大平の現状認識は以下にまとめられよう。①戦後日本は確かに経済成長を遂げたが、それ故の社会の歪みが生じており、また海外からの厳しい視線にも晒されるようになってきた。②日本外交は対米協調を基軸としたが、ドル体制の動揺に象徴されるようにアメリカの力が低下している。[34]これらの現状認識を踏まえた上で、とくに外交政策に関連して大平が重要性を強調しているのは、世界大での「人間的連帯」の強化と、「自主平和外交」の展開である。「自主平和外交」は項を改めて後ほど論ずるが、ここではまず「人間的連帯」の意味するところを論じたい。

「人間的連帯」の議論の出発点は、高度経済成長に起因する、「経営と労働、老人と若者、上司と部下、教師と学生、医師と患者その他人間関係全般」など、日本社会内部において様々な「断絶と相克」をも乗り越えるため、人々の間の連帯感を回復することが重要であるという認識である。[35]そして大平は、家庭、地域（この場合は国内における一地域）、国家における「連帯」を促すと共に、さらにはそうした連帯を国家単位にとどまらずに国際社会にも広げていくべきであると論じる。大平の言葉で言えば、「人間的な連帯感の回復」の「方向」は、「同族的連帯から地域的なそれへ、地域から国家へ、国家から国債へと進む連帯感の発展でなければならない」。[36]この「人間的連帯」という発想は、国家間関係の強化を超え、「人」すなわち個々人を単位とした世界大のつながりを重視するという意味でのグローバリズムの表れであり、表現は異なるものの、前述したようにすでに国連総会での演説で示された世界観の延長線上にある。

さらに一九七二年の「平和国家の行動原則」の副題に「ナショナルからグローバルへ」というフレ

ーズがみられることは、大平のグローバリズムへの傾斜を示している。この講演でみられるグローバリズムは、少々観念的な「人間的連帯」よりも、当時の国際環境の変動・危機をより直接反映している。この講演では、単に経済的実態によって相互依存が進んでいるということを超え、むしろ核兵器、環境、資源など「今やナショナルをこえたグローバルな問題」が登場してきたことに言及している。[37]

また、彼は世界が「多極化」していることも指摘し、「まとまりの悪い多極化の世界」を前提として、人類の共通の課題に取り組むための新たなビジョンとシステムを構築することの必要性を論じている。[38] 彼のいう「多極化」とは、米ソ中の鼎立(ていりつ)を三極と捉える、また日本や西ドイツといった当時高度経済成長を遂げて経済大国となった国も含めて五極と捉える、といった大国間のパワーバランスの変化のみならず、植民地から独立した「ひ弱な多数の個性的独立国家」が「それぞれ厳しい生存を勝ち取るための苦闘を続けている」状況をも視野に入れている。いわば大平のグローバリズムは、単に経済的な相互依存の深化故に結ばれた西側先進国を中心とする世界を超え、途上国の存在も視野に入れるようになっていた。

一九七三年の第四次中東戦争の勃発と、それを契機とした産油国の輸出制限による石油危機は世界経済に大きな打撃を与えた。また、一九七四年四月に国連資源特別総会で、新国際経済秩序（NIEO）が途上国側から突きつけられるなど、南北問題が先鋭化していった。

そうした状況を受け、大平のグローバリズムは西側先進国のみならず共産圏や途上国といった多様な領域を含んだ全世界的な相互依存を強調するようになっていった。たとえば一九七四年一月の衆議院における外相としての演説の中で、朝鮮半島、インドシナ、中国、オーストラリア、ニュージーランドといった太平洋諸国、アメリカ、欧州、ソ連、アフリカ、中南米など世界中の各地の地域の国々との関係強化を論じた後、「われわれの生活の基盤は全世界に拡大し、相互依存関係は複雑化し、多様化しております」と論じている。[39] この時点で大平は明らかに六〇年代における範囲が限定された「相互依存性」とは異なる状況を念頭に置いていた。

(3)「自主平和外交」

もともと大平は「外交は自主に決まっているので本来自主外交などという外交はない」として、いわゆる「自主外交」を強調することに忌避感を示していた。つまりアメリカと距離を置き、そこからの自立を目指すという方向性を拒否していたとみられる。[40] 前述したように、大平は日本外交の柱としてアメリカをはじめとする西側先進国との関係の維持と強化をもっとも重視していた。よってアメリカ外交とアジア外交を対立的に捉えるべきではないという彼の語りの意味するところは、前者を軸に後者のあり方を考えるということでもあった。大平の「自由陣営との協力が我が国の外交政策の基本」という立ち位置は明確でかつ確固たるものであった。[41]

しかし前項で触れたように、七〇年代初頭、大平は日本が「平和創造国家としての役割を果す[42]」べきとして、「自主平和外交」を論じるようになった。アメリカの力の低下と日本の経済大国化を受け、「いわゆる対米依存の時代は終わり」、日本は外交や安全保障において「自主的な対応に迫られるようになった[43]」という認識がその前提にある。すなわちアメリカの力の揺らぎに加え、米中接近によって日本は日中ソの大国間関係の変化に翻弄されている一方、日本が経済大国となったことで一定の責務を負わねばならなくなった。こうした状況認識を前提とし、大平は日本が「国際的インサイダー」としての「まず自分を知り、世界を知り、世界の一員として、なすべきことをなし、なすべからざることをしない国」でなければいけないと論じた[44]。

ここには、世界全体を見渡した上で、その中で日本の役割を見いだそうという志向性が示されている。さらに、大平のいう「自主」とはアメリカと距離を置くということを意味していない。大平が具体的な外交政策の第一に挙げているのは「対米関係の改善」であった。当時のアメリカの力の揺らぎとともに、日米間で貿易摩擦問題が抜き差しならない対立を生んでいたことを背景に、むしろアメリカとの関係を「我が国の甘い被害者意識を清算し、対等の自立的立場になって、信頼と理解を深め、この不信の溝と理解の隔たりを埋めねばならない」と論じる[45]。大平のいう自主平和外交の最大の眼目は、新たな状況の中で、アメリカとの不和や不信を除去し、改めて関係強化することを、日本が「自主的」に選び取ることであった。また米中接近を受けて日米安保条約を破棄すべきとする議論に「私はそうは思わない」と明確に異を唱え、むしろ日米安保条約をアジアの平和を作り出す取り組みの一つと位置づけていた[46]。

日本はグローバルな視野を持ち、国際的インサイダーとしての役割を果たすべきという議論は、七〇年代の彼の他の言説の中でも繰り返されている。たとえば一九七二年三月に『パシフィックコミュニティ』に掲載された「日本の新しい外交」と題した論考においては、「世界が平和であり、世界大に自由な通商が保証されること」が日本の生存の死活的な条件となっている、という観点から、ＩＭ

F・GATT体制の維持強化に努めるべきことが明示されている。[47] さらに、日本はいずれの国とも交易を進め、交流を拡大すべきとし、その場合、国によって差別をしてはならないとして、「アメリカをはじめ、カナダ、オーストラリア、ニュージーランド、インドネシア等、太平洋をめぐる自由圏諸国はもとより、大陸にあるソ連、中国、インド等のアジア圏の国々、さらにはヨーロッパやアフリカ、中南米等の諸国とも無差別かつ平等に交流を進める」べきであると論じている。ここには日本が広いグローバルな世界を視野にいれた外交を展開すべきという開放的なグローバリズムの方向性が示されている。と同時に、この論考では、「太平洋圏の海洋国家」というアイデンティティを打ち出していることも注目される。[48] すなわち後年の環太平洋連帯構想につながり得る日本のアイデンティティの方向性も示唆していたのである。ただそれは、太平洋諸国のみで協力すべき、というより、グローバルに外に開かれた協力を志向しているのが印象的である。

3 太平にとってのアジアと「地域」設定

(1)アジア主義と日本の地域主義

敗戦によって、日本の「大東亜共栄圏」建設の試みは破れた。戦後の日本は負の遺産を抱えつつ、近隣のアジア諸国との関係の構築ないし再構築という課題を抱えて再出発した。戦後初期の対アジア政策は、日本の経済復興のために東南アジア諸国を輸出市場と資源供給地として確保するといった、経済的動機に大きく牽引された。しかし同時に、それは日本がいかに新たなアジアの中で居場所を確保するかという根源的な課題とも深く関連していた。そして戦後においても、日本の政策担当者や知識人らのアジアへの対応の中には戦前からのアジア主義的な色彩が濃厚に残っていた。それはとくに地域主義アプローチを取るときに如実に表れたのである。

竹内好（よしみ）はアジア主義を定義しがたいものであることを強調しつつ、「アジアの連帯（侵略を手段とすると否とを問わず）を内包している点」は共通しているとする。[49] 嵯峨隆は一歩踏み込み、アジア主義を「江戸期から明治期にかけての日本に起源を持つ思想潮流であり、初期においては『興亜論』の名でも呼ばれ、中国などアジア諸国と連帯して西洋列強の圧力に抵抗し、その支配からアジアを解放することを主な内容」としていると論じる。[50]

これらの議論を踏まえ、少なくとも日本から発せられたアジア主義の要素を抽出すると、以下の三つが挙げられよう。第一に、竹内好がいうように、「アジアの連帯」を目指す志向性である。アジアとは、ヨーロッパやそのアウトリーチとしてのアメリカ、すなわち欧米とは区別され、対比されるべき存在として位置づけられている。第二に、日本はアジアの一員であるが、近代化にいち早く成功するなど、他のアジアに対する優位性を持っているという認識である。そして第三に、故にアジアの連帯を実現するために日本が主導的な役割を果たすべきとする自負である。最後に、日本のアジア主義的発想からのアジアは、欧米が主導する普遍的な秩序ではなく、アジア的特性を備えた独自の秩序であるという想定である。[51]

むろん、こうしたアジア主義的な対アジア外交は、日本の敗戦によって表だっては議論されなくなった。しかしこうした日本の優位性、特異性とそれが故の主導権発揮、という要素を含んだアジア主義的発想は、日本の戦後における対アジア外交の底流に流れていた[52]。そしてそれは日本がアジアへの協力についての枠組みを提示する際に顕在化する傾向があった。たとえば前述の岸の東南アジア開発基金構想はその典型的な例である[53]。この構想は、冷戦構造という現実の中でアメリカからの資金提供を当てにした構想ではあったが、日本がアジアの経済発展に向けた協力を強化することで、アジアの「盟主」としての役割を果たすといった発想自体は濃厚であった[54]。また国連アジア極東経済委員会（ECAFE）やコロンボ・プランへの加盟及びECAFE域内協力への関与、アジア開発銀行（ADB）設立に向けての主導力の発揮、一九六六年の東南アジア開発閣僚会議の設立などもその底流にアジア主義的な発想が存在していたことは否めない[55]。

(2)「アジア外交」という発想への忌避感

大平も、とくに七〇年代において、経済大国日本の責務を追求するという志向性を示している点では、こうしたアジア主義的発想が皆無だったというわけではない。しかしそれは、六〇年代の高度経済成長を経ての日本の経済大国化や、世界の多極化とそれに伴っての日本を取り巻く地域情勢の流動化を受け、それに現実的に対応しなければならないという、プラグマティックなリアリズムから発出したものであった。他方、卓越した日本がその役割を果たすべき地域としてアプリオリにアジアを位置づけるという、アジア主義に見られる傾向は希薄である。

大平がアジア諸国と縁遠かったわけではないし、アジアの平和と安定に貢献することが日本にとっての重要な課題であるということを繰り返し言及している。また大平は、二度に及んだ外務大臣時代を中心に、政治家としてアジア関連の様々な重要案件に実際に関わった。田中政権下での日中国交正常化はその最たるものであるが、池田政権下での日韓交渉において果たした役割もよく知られている。さらに東南アジアに関していえば、ビルマ賠償再交渉問題の最終的な詰めの段階に大平は外務大臣として関わった(56)。

一方で、大平は、「アジア外交」という発想への忌避感を明確に示していた。一九六六年四月五日の自民党本部主催の政治大学での講演録をもとにした論考「日本外交の座標」において、彼は「アジア外交、アメリカ外交というように外交を地域的に分解する表現」があることについて、それらは切り離せるものではなく、「それらは相互に内面的連関」があるが故に一つのものであること、こうした表現をすることで「アジア外交という独特の部門があるように誤解され易い」として避けた方がよいと論じた(57)。このアメリカ外交、アジア外交というように地域的に外交を分割し、アジアとの関係強化とアメリカとの関係強化を対立的なものとして捉える姿勢を忌避する発想を、渡邉昭夫は後の環太平洋連帯に通ずる姿勢だと観る(58)。

さらに、「ヨーロッパという概念は一つの定立した内容を持っている」が、「アジアはそのように中身はまだ固まっていない」し、「アジア的なものの考え方、生活様式、政治制度も固まってない」、さらには「経済発展の段階もまちまち」であると述べている(59)。そして「ヨーロッパにはEECがあるがアジアでは考えられない」状況の中で、そうした状況を押し切ってアジアを「一括して処理するのはプリマチュア」であると断じている(60)。大平はアジア主義が標榜するように、「アジア」を一つのものと見なすことにも、また日本がその一員として連帯を図る、という発想についても懐疑的だった。

大平もアジアにおける日本の「先進国」としての卓越した地位やアジアに対して「与える立場」であることを論じていた。しかし日本が実際に、アジアにおいてどこまで役割を果たせるかについての判断は抑制的であった。大平に抑制的な姿勢を取らせる要因の一つとして、第二次世界大戦前から大戦中にかけての日本の帝国主義に基づく行動によって、日本はアジア諸国の信頼を得るには至っていないという認識がある。[61] 大平は中国や東南アジアにおける日本の負の遺産の重みについてはかなり自覚的であった。前述したビルマ賠償再交渉に関する論考にもそうしたトーンがみて取れる。欧米に対抗し、アジア人によるアジアの平和と繁栄を打ち立てるべきという方向性が、最終的には欧米との対決に帰着したことは、大平にとってなまなましい歴史的記憶であった。

そして大平は、「アジアの開発は、西欧の力を借りないでアジアだけの力でやろう」という考えを「偏狭な精神」として批判する。[62] そして「西欧と十分協力してアジアの開発に努めていく雰囲気と仕組み」を作ることが「特に日本の大きな責任だろう」と論じる。アジア人のアジア、といった考え方を避け、欧米先進国との協調による開発支援の必要性を強調する姿勢がここでは明確にみられたのである。

なお、六〇年代半ばの大平は、単独でアジアへの開発協力を行うというスタンスを取らなかっただけでなく、当時の日本経済の構造上、「後進国支援」を日本が行うことの困難さに自覚的だった。一九六四年の国連貿易開発会議におけるプレビッシュ報告に触れながら、[63] 大平は後進国の第一次産品の輸入を増大させたら日本の農業は甚大な損害を受けること、また日本は中小ないし零細な低生産部門を抱えていることから、後進国の軽工業化を無制限に助けることも日本経済の打撃となることを論じ、「日本は後進国援助に乗り出すには、その経済の構造からいって極めてむつかしい立場」であるとしている。[64]

すなわち大平は、「北」の国としての日本の責任に触れながらも、アジアを含む途上国支援についての議論は控えめであった。こうした大平のスタンスは、大平の経済実態を重視するプラグマテックな思考スタイルの反映であった。と同時に、当時の日本の開発援助に関する体制が整っていなかったことも念頭に置く必要があろう。

七〇年代に入り、多極化の中でアジアの情勢も大きく変化し、また南北問題によりフォーカスされるようになる中でも、大平のアジアへのスタンスは「アジアのことはアジアで」といった思考とは一線を画するものであった。前述したように、大平は七〇年代初頭に「自主平和外交」や「自主外交」を論じているが、アジアで役割を果たすというよりもむしろ視点はグローバルであり、またあくまでアメリカとの関係強化を軸に置いていた。

大平が七〇年代初頭のアジア情勢について議論を展開しているのは、前述の「平和国家の行動原則」である。彼は「多極化とアジアの平和」という項目の中で、米ソ中の三国及びそれらと接触し大きく影響を受ける経済大国日本、という四か国はお互い牽制し合う関係にあり、様々な矛盾をはらみながらも一定のバランスがとれているとする。[65]その上で大平は、アジアが経済的に貧しく、かつ政治的に不安定で、かつ多くの対立を抱え、また全体として経済的にも文化的にも宗教的にも一つではない、という認識を示している。大平は、そうしたアジアの不安定な状況がこの地域のバランスを崩す危険性があるとし、そうならないためには日米中ソがこの地域において平和の条件を作り、起こってしまった紛争に対してそれに対処する仕組みを構築することが重要であると論じた。その際、大平は日中の協力をとくに重要だとして日中国交正常化の必要性を説いているが、他方で日米安全保障条約はこの地域の平和にとって不可欠な存在であるとの立場を堅持している。[66]「平和国家の行動原則」は対外援助の問題についても論じているが、そこで日本の対外援助をアジア開発と結びつけていないのも重要である。大平は、「特定国の特定国に対する援助ばかりでなく、マルチナショナルなかたちの援助方式の強化に務めるべき」と論ずる。そして経済のみならず「広く教育、行政、衛生、文化等各般の領域に拡充」するべきであると主張している。ここにみられるのは、すでに言及した大平のグローバリズム的発想であり、その立場からの援助を重視する姿勢であった。

(3)「(環)太平洋」という地域設定

大平のグローバリズムの重視と、アジア主義的発想からの距離感は明らかであった。さらに七〇年代初頭から、大平が「太平洋(圏)」という用語を使用するようになったことも注目される。前述の『パシフィックコミュニティ』に掲載された「日本の新しい外交」では、日本は「アジアに位する海洋国家」であるとしつつ、日本自体の領土が狭く人口が乏しい上、「周辺のアジアは依然、安定を欠き貧困でもある」という彼のアジア認識が繰り返される。[67]すなわち「日本が必要とする資源と日本の求めるマーケットは、従って遠く海の彼方に広がっている」こと、よって海洋の安全が日本の生存と繁栄、安全と名誉にかかっていることが強調されている。[68]さらに日本の経済は「アジアのみならず地球全体を裾野にしたグローバルな規模」に広がっているとし、アジアに閉じこもる姿勢を排し、それを超えた世界に視線を向けている。[69] この大平のグローバリズム志向はすでに本稿でも指摘しているが、その前提の上で彼がこの論考で提示するのが「太平洋圏の海洋国家」というアイデンティティであり、かつとりわけアメリカに対する関係強化を図らねばならないという姿勢である。[70]

大平が「太平洋圏」という用語を用いている背景のひとつとして、すでに六〇年代から日本、オーストラリアの民間の経済人や知識人サークルの間で、太平洋協力の構想が協議されていたことが挙げられよう。一九六七年には太平洋経済委員会（PBEC）、一九六八年には太平洋経済協力会議（PAFTAD）といった民間レベルで太平洋協力について協議する枠組みが設立され、会合を重ねていた。[71] そうした中で、日本、アメリカ、カナダ、オーストラリア、ニュージーランド、すなわち太平洋先進五か国（P5）からなる太平洋自由貿易地域（PAFTA）構想や、P5が協力して貿易自由化に務めるとともに主にアジア諸国への開発協力を行うことを内容とする太平洋貿易開発機構（OPTAD）構想が発表されていた。またこの論考を発表した約半年後の一九七二年一〇月に、大平は外務大臣として第一回日豪閣僚委員会に他の閣僚ら（足立篤郎農林大臣、中曽根康弘通商産業大臣、佐々木秀世運輸大臣、および有田喜一経済企画庁長官、および大蔵省からの代表）を率いて出席した。[72] こうした経験から、大平は徐々にオーストラリアも視野に入れた「太平洋（圏）」という地域認識に親しんでいった可能性はある。[73]

さらに大平の外務大臣としての演説の中には「アジア太平洋地域」という用語、およびその一国としての日本という位置づけ方も散見されるようになる。「アジア太平洋」ないし「アジア・太平洋」という地域のくくりは日本外交の中では既出であった。たとえば一九六八年、当時外相だった三木武夫はアジア諸国と太平洋のP5を「同じボートの上に乗っている」とし、P5によるアジア協力強化とそれを通じた政治的連帯の強化による地域環境の安定化と繁栄を目指す「アジア・太平洋構想」を打ち出していた[74]。また前述の日豪を中心とする太平洋協力も、当初はP5の間の貿易自由化をはじめとする協力強化を謳っていたが、その後アジアもその支援の対象として視野に入れる中で「アジア太平洋地域」という地域呼称を使用することが多くなっていった。

そして外相として国会で行った三つの演説で、大平は「アジア・太平洋」ないし「アジア太平洋」に言及しつつ日本を取り巻く地域情勢について論じている[75]。これらの演説において、「アジア（・）太平洋」は、中国や韓国を含めた北東アジア、インドシナを含む東南アジア、そしてP5を地理的に包摂する概念として語られている。日中国交正常化の成果をはじめ、大平はその時々のアジア情勢について語りつつも、あくまでも日米関係が外交の基軸である、ということを繰り返し強調している。すなわち日米安全保障条約による「相互信頼関係」を維持増進すべきこと、またその相互信頼関係が「日本が外交を多角的に展開する際の基盤」であり、かつアジアや世界の平和と安全の維持に寄与すると論じている[76]。さらに、オーストラリアとニュージーランドを、アメリカと並べて、「アジア太平洋地域の平和及び繁栄の達成という共通の目的を追及するパートナー」と位置づけている[77]。これら三国は「共通の政治的信条に立脚」しているとされ、とくにオーストラリアとニュージーランドは食糧や資源の安定的な供給先でもあることに言及された[78]。

そして大平が外務大臣を務めた後も、アジア、オセアニア、北米を含む地域を「アジア（・）太平洋」と名づけ、日本がその地域での安定と繁栄において役割を果たすべきという議論が、首相や外相の演説の中で散見されるようになった。田中のあとを襲った三木武夫の首相時代の演説、同政権下での宮澤喜一外相の演説、また福田赳夫政権下での福田首相の演説、また鳩山威一郎（はとやまいいちろう）、園田直（そのだすなお）両外相の演説でも、「アジア太平洋」ないし「アジア・太平洋」への言及がなされている。これはそれぞれの首相や外相らの個人的な考えを超えて、当時の日本の政策コミュニティの中で「アジア（・）太平洋」が一般的になりつつあったことを示している。

このように、七〇年代にはすでに「アジア（・）太平洋」という用語が、少なくも外交政策策定に関わるサークルの中では一定程度定着していた。だとすれば、一九七八年の総裁選の直前に、何らかの地域を設定し、そこでの協力を提唱する際、「アジア（・）太平洋」ではなく、「環太平洋」を冠したのは、意図的な選択であっただろう。[79] またこの構想の中間とりまとめや最終とりまとめにおいても「太平洋地域」という地理的名称が使用されていた。こうした地理的名称の選択は、ひとつには大平の対米外交が基軸であるという見方の表れであった。また、七〇年代を通じ、アメリカ、オーストラリア、ニュージーランドを含むP５の国々との関係を強化することで南北問題に対応する、という発想が強まっていたことも影響しただろう。さらに、本稿でも再三述べた、大平がアジア主義的発想から距離を置きたいという志向性を有していたことも影響していると考えられる。

いずれにせよ、海洋を中心とする広大な地理的領域を想起させる「環太平洋」ないし「太平洋」は、大平のグローバリズム的発想と、経済大国日本がなんらかの役割を果たし得る「地域」の設定とを両立させ得るものであった。また、そこには日本を「海洋国家」でかつ「太平洋国家」であるとするアイデンティティ規定がうかがえる。

4 グローバリズムに立脚した連帯構想の今日的意義

大平が重視したグローバリズムは、デタントが基調となる一方で、ドルを基軸とする通貨体制が動揺し、二度の石油危機によって世界経済が打撃を受けるなど、南北間が対立しつつも相互に分かちがたく結びついていることが現実に示される中で、世界的な経済的相互依存関係に注目が集まった七〇年代の時代精神でもあった。加えて、大国としての責務を果たすという要請に応えるための具体的な方策の模索は、この時代の日本が直面した重要課題であった。日本が地理的に近接し、歴史的、経済的、かつ政治的にも密接な関係があったアジアにとくに注力し、連帯を掲げていくことはその課題に対応するための選択肢の一つであったろう。福田赳夫首相のマニラ演説で示されたいわゆる「福田ドクトリン」は、その選択に沿っていたと考えられる。福田も大平と同様、アメリカとの関係維持を重視していたが、当時のASEAN諸国とインドシナ諸国の架け橋となる、という「福田ドクトリン」の第三原則は、アメリカの対アジア政策とは一線を画した、日本独自の東南アジアへのアプローチだったからである。

しかしながら大平はアジアとの連帯、という選択を採らなかった。七〇年代に入り「自主平和外交」を論じつつも、大平はアジアに限定して役割を果たす日本というスタンスではなく、グローバリズムに立脚して日本の果たすべき役割を追求するという考えを示していたのである。しかしながら、日本がいかに当時経済大国になったからといっても、日本がグローバルな場で活動しえる具体的な機会や場は国際連合やその専門機関、一九七五（昭和五〇）年に始まった先進国首脳会議など限られていた。グローバリズムをより推し進めるべきという志向性と、日本の当時の国力の限界という現実への考慮の妥協点が、環太平洋連帯という「開かれたリージョナリズム」の提唱であった。

またこの構想が文化・教育・学術交流や観光振興を通じての相互理解の促進を重視する文化アプローチを取っていたことは、前述の「福田ドクトリン」が日本と東南アジアとの「心と心の対話」を提唱し、文化交流を重視したことと共通している[80]。ただ、「福田ドクトリン」で示された文化交流重視は、過去の負の遺産を背負い、当時日本に対する反発が顕在化していた東南アジアとの関係改善のための相互信頼の醸成がねらいであった。それに対し、大平が環太平洋連帯構想以前に示していた文化重視の姿勢は、高度成長期を経た日本人が、ひたすら成長を求める「経済重視」を転換し、「自然と人間との調和、自由と責任の均衡、深く精神の内面に根ざした生きがい」を規定し直し、「近代を超える」べきという発想に起因していた[81]。すなわち大平の「文化重視の時代」は日本人に内省を促し、目指すべき社会やアイデンティティのあり方についての発想の転換を迫るものだった。

環太平洋連帯構想の提唱から四〇年以上が経過した日本も、また日本を取り巻く国際環境もかつてとは様変わりしている。第一に、中国の台頭が大きく地域環境を変容させた。七〇年代の中国は国連の常任理事国となり、核兵器を保有するという意味では大国ではあっても、経済的には途上国でしかなかった。よって日本からの円借款などの経済協力を切望する中国と経済大国日本との関係は、上記の理由で中国が政治的な大国であっても、日本と他のアジア諸国との関係と近似していた。しかし現在、中国は経済的にも政治的影響力の面からも日本を凌駕する存在となった。第二に、七〇年代当時太平洋の連帯を揺るがしていたのは東西冷戦と、日米間の激しい貿易摩擦であった。現在は米中間の戦略的競争の激化がより深刻に太平洋地域を分断する危機を招いている。第三に、中国以外のアジア諸国および経済、具体的には韓国、台湾、東南アジア諸国も、グローバル化の波に乗って経済的に大きく発展した。韓国や台湾、シンガポールの経済は先進国並みとなり、東南アジアもかつてのような低成長にあえぐ地域ではなく、インドネシアなどは新興国といって差し支えないだろう。よって、日本との力関係も七〇年当時の援助する側、される側といった関係で語れるものではなくなっている。

このように日本の国力が相対化されてきているからこそ、他の国との連携によって日本にとって望ましい地域秩序を構築することの重要性は増している。実際、二〇一〇年代以降の日本外交は、「自由で開かれたインド太平洋（ＦＯＩＰ）」などによって、ルールに基づく地域秩序の維持強化に努めるという秩序構築者としての役割を積極的に打ち出すようになっている。このように環太平洋連帯構想が提唱された時代状況は今とは大きく異なる。しかしこの環太平洋連帯構想も、当時の新たな状況がもたらす危機・変動の中で、秩序構築者としての日本からの地域秩序ビジョンの提示であった。よってこの構想は、様々な危機や変動に見舞われている現代においても示唆的である。

米中の戦略的競争が激化する中、ロシア・ウクライナ戦争が勃発し、台頭するグローバル・サウスと先進国との立場の相違に焦点が当てられるなど、世界が分断の危機にさらされる厳しい時代が到来している。こういう時代だからこそ、世界はグローバル化しており簡単に断ち切ることも出来なければ断ち切るべきでもないという認識に立った上で、グローバリズムを掲げ続けることの重要性は増しているといえよう。

（1）環太平洋連帯研究グループ『大平総理の政策研究会報告書4：環太平洋連帯の構想』（大蔵省印刷局、一九八〇年）。

（2）アジア太平洋地域主義の歴史やその特質との関連で環太平洋連帯構想について論じている主な研究として以下を挙げる。Norman D. Palmer, *The New Regionalism in Asia and the Pacific*, Lexington Mass: Lexington Books, 1991; Lawrence T. Woods, *Asia-Pacific Diplomacy: Nongovernmental Organizations and International Relations*, Vancouver: University of British Columbia Press, 1993、菊池努『APEC――アジア太平洋新秩序の模索』（日本国際問題研究所、一九九五年）Korhonen, Pekka , *Japan and Asia Pacific Integration: Pacific Romances 1968-1996*, Routledge, 1998：大庭三枝『アジア太平洋地域形成への道程――境界国家日豪のアイデンティティ模索と地域主義』（ミネルヴァ書房、二〇〇四年）、渡邉昭夫編著『アジア太平洋連帯構想』（NTT出版、二〇〇五年）、Mark Beeson, Institutions of the Asia-Pacific: ASEAN, APEC and Beyond, Rougledge, 2009、渡邉昭夫編『アジア太平洋と新しい地域主義の展開』（千倉書房、二〇一〇年）、寺田貴『太平洋とアジア太平洋――競合する地域統合』（東京大学出版会、二〇一三年）、大庭三枝『重層的地域としてのアジア――対立と共存の構図』（有斐閣、二〇一四年）。

（3）多くの先行研究は、環太平洋連帯構想およびこの構想が契機となって設立された半官半民の組織であるPECCとAPECの連続性を強調する傾向がある。しかしこのような直線的な発展史観ではその時々の状況を受けて協力内容や協力すべき主体の範囲が定義、再定義されてきたことを看過する結果となる。またとくにPECC関係者が必ずしもAPEC設立に協力的ではなく、協力の方向性の違いや組織防衛の観点からAPEC設立にはむしろ否定的であったことも留意した上で、PECC協力とAPEC設立との関連を論じる必要があろう。詳細は大庭『アジア太平洋地域形成への道程』を参照。

（4）田凱「環太平洋連帯構想の誕生1――アジア太平洋地域形成をめぐる日豪中の外交的イニシアティブ」『北大法学論集』六三巻五号（二〇一三年）七頁。環太平洋連帯構想についての田凱の研究については この論文含め、以下にまとめられている。田凱「環太平洋連帯構想の誕生2――アジア太平洋地域形成をめぐる日豪中の外交的イニシアティブ」『北大法学論集』（二〇一三年）、六三巻六号、四一―八八頁、田凱「環太平洋連帯構想の誕生3――アジア太平洋地域形成をめぐる日豪中の外交的イニシアティブ」『北大法学論集』（二〇一三年）、六四巻一号、一四一―一七三頁、「環太平洋連帯構想の誕生4――アジア太平洋地域形成をめぐる日豪中の外交的イニシアティブ」『北大法学論集』（二〇一三年）、六四巻二号、四九―九八頁。

（5）田凱「環太平洋連帯構想の誕生4」八〇頁。

（6）福永文夫『大平正芳――「戦後保守」とは何か』（中央公論新社、二〇〇八年）、二五九―二六〇頁。

（7）若月秀和『「全方位外交」の時代――冷戦変容期の日本とアジア一九七一―八〇年』（日本経済評論社、二〇〇六年）。

（8）河野康子「日本外交と地域主義――アジア太平洋地球概念の形成」、日本政治学会編『年報 政治学一九九七』（岩波書店、一九九一年）、一三一―一三二頁。

（9）日本外交史の観点から日本の地域主義政策について論じたものとして、宮城大蔵『戦後アジア秩序の模索と日本――「海のアジア」の戦後史1957―1966』（創文社、二〇〇四年）、保城広至『アジア地域主義外交の行方1952―1966』（木鐸社、二〇〇八年）、権容奭『岸政権期の「アジア外交」――「対米自主」と「アジア主義」の逆説』（国際書院、二〇〇八年）、曺良鉉『アジア地域主義とアメリカ――ベトナム戦争期のアジア太平洋国際関係』（東京大学出版会、二〇〇九年）。Hamanaka, Shintaro, *Asian Regionalism and Japan: the politics of membership in regional diplomatic, financial and trade groups,* Sheffield Centre for Japanese Studies, Routledge 2010. 高瀬弘文『戦後日本の経済外交Ⅱ――「近代を越える」時代の「日本イメージ」と「信頼」の確保』（信山社、二〇一九年）。なお、日本の地域主義政策については、前述のアジア太平洋地域主義史に関する諸研究の中でも多く触れられている。

（10）国際政治や外交の文脈における地域主義とは、ある地理的範囲に位置している複数の国家によって、その域内の平和や繁栄の実現を目指し、そのための政策協調や協力を進めることで、単なる国家集合以上のまとまりを現出させようとする志向性を指す。大庭『重層的地域としてのアジア：対立と共存の構図』三三頁。この定義は、英語圏の地域主義研究において、ある特定の地理的範囲内における非国家主体による国境を越える経済社会活動の緊密化を指す「地域化 regionalization」と対比させ、政治主体（主に国家、政府）による政治的志向性とそれに基づく諸政策として地域主義を定義する流れに連なるものである。この二つのコンセプトについて明確に区別した代表的なものとして Gamble, Andrew and Anthony Paine, "Introduction: The Political Economy of Regionalism and World Order," in Gamble and Paine, *Regionalism and World Order,* Macmillan Press, 1996, p2.

（11）田凱「環太平洋連帯構想の誕生1」二三頁。

（12）渡邉は、大平が早期から「相互依存性」という言葉を用い、またその意味内容を実質的に意味する言説を展開している。渡邉昭夫「国際政治家としての大平正芳」渡邉昭夫編著『21世紀を創る――大平正芳の政治的遺産を継いで』（PHP研究所、二〇一六年）、八〇―八一頁。

（13）大平正芳「潮の流れを変えようシリーズⅠ：日本の新世紀の開幕」昭和四六年九月一日、大平正芳関係文書、文書番号〇四四五〇―一〇〇〇、六―八頁。

（14）地域主義が「われわれ」と「あいつら」を分ける「ウチ・ソト」の論理を内包していることについ

ては、大庭『アジア太平洋地域形成への道程』四八頁。

(15) 環太平洋連帯研究グループ『環太平洋連帯の構想』、一七―一八頁。

(16) 同上、一八―一九頁。

(17) 高瀬は環太平洋連帯構想について、「『相互依存』の世界を構築し持続させるという『新しい』日本の役割の「太平洋版」」であると指摘した。高瀬『戦後日本の経済外交Ⅱ』一二〇頁。また、環太平洋連帯グループのメンバーであった渡邉は、大平はグローバルな発想でものを考える傾向があり、リージョナルという発想は薄かったのではと述べている。渡邉昭夫に対する筆者インタビュー、二〇二三年二月九日。

(18) 環太平洋連帯構想の形成過程については田凱「環太平洋連帯構想の誕生2」および、環太平洋連帯研究グループにも深く関わった長富祐一郎や大平の秘書官を務めていた森田一の著作を参照。長富祐一郎『近代を越えて――故大平総理の残されたもの　下巻』大蔵財務協会（一九八三年）、森田一著、服部龍二・昇亜美子・中島琢馬編『心の一燈――回想の大平正芳　その人と外交』（第一法規、二〇一〇年）。

(19) 公文俊平「大平正芳の時代認識」渡邉編著、前掲、二五頁。

(20) 渡邉「国際政治家としての大平正芳」六六頁。

(21) 森田、前掲、五四頁。

(22) 政策要綱、二八―二九頁。

(23) 渡邉「国際政治家としての大平正芳」八一頁。

(24) 大平正芳、外交演説、第四六回常会、衆議院、一九六四年一月二一日。

(25) 大平正芳、国際連合第十八回総会における一般討論演説、一九六三年九月二〇日。

(26) 大平正芳「日本外交の座標」大平正芳著、福永文夫監修『大平正芳全著作集2』（講談社、二〇一〇年)、一二五頁。

(27) 大平正芳「経済自由化への道」大平、福永『大平正芳全著作集2』一〇四頁。

(28) 同上、一〇四頁。

(29)『昭和四二年版通商白書』一九六八年、第二部、第三章、第一節「比重を増す先進国市場」。

(30) 大平「日本外交の座標」一二五―一二六頁。

(31) 森田、前掲、六三頁。

(32) 大平「日本外交の座標」一二三頁。

(33) 岸の東南アジア開発基金構想は、アメリカの資金を活用し、東南アジアへの支援をするという構想であり、前提としてアメリカとの連携が想定されていた点で、アメリカの影響力から距離をおこうという構想ではない。他方、岸政権の安保改定は、旧安保条約を対米従属的と捉えた上で、日米を対等な関係に位置づけ直すことを目指していた。

(34) 大平「日本の新世紀の開幕」二頁。

(35) 同上、五頁。

(36) 同上、六頁。

(37) 大平正芳「潮の流れを支えようシリーズⅢ：平和国家の行動原則」一九七二年六月六日、大平正芳関係文書、文書番号〇四四五―一〇〇〇、四頁。

(38) 同上。

(39) 大平正芳、外交演説、衆議院第七二回常会、一九七四年一月二一日。大平は田中角栄政権で、一九七二年七月に再び外務大臣に就任していた。

(40) 大平「日本外交の座標」一二二頁。

(41) 同上、一二五―一二六頁。

(42) 同上、一〇頁。

(43) 大平「平和国家の行動原則」、三頁。

(44) 同上、六―八頁。

(45) 同上、七頁。

(46) 同上、一四頁。

(47) 大平正芳「日本の新しい外交」(『パシフィックコミュニティ』春号) 大平正芳著、福永文夫監修『大平正芳著作集4』(講談社、二〇一一年)、三五〇頁。

(48) 同上、三五三―三五四頁。

(49) 竹内好「解説――アジア主義の展望」『現代日本思想体系9　アジア主義』(筑摩書房、一九六三年)、一四頁。

(50) 嵯峨隆『アジア主義全史』(筑摩書房、二〇二〇年)。

(51) 戦前の一部の知識人らの普遍的国際秩序観から地域主義的秩序観への傾斜については酒井哲哉『近代日本の国際秩序論』(岩波書店、二〇〇七年)。

(52) 大庭『アジア太平洋地域形成への道程』七八―八一頁。

(53) 同上、九〇―九一頁。

(54) 岸の東南アジア開発基金構想を含め、一九五〇年代から六〇年代にかけての日本の地域主義が、対米自主というよりもアメリカの資金提供を前提としたものであったことを実証的に論じた研究として保城『アジア地域主義外交の行方』一二一―一七六頁。さらに保城は、その底流にアジア主義が存在していたことも指摘している。前掲、一四三頁。筆者も、アメリカの資金に依存するというプラグマティズムと共に、日本がアジアの盟主として他のアジアを助け、その発展を促すべきであるといういわゆるアジア主義的発想は濃厚であったと考える。

(55) 大庭『アジア太平洋地域形成への道程』九一―一〇二頁。

(56) 一九五九年四月、すでに一九五四年に賠償交渉と国交樹立が実現していたビルマが、日本がフィリピンとインドネシアとの間で合意した賠償額と比較して賠償額が少なすぎるとして、日本政府に賠償の増額を求めてきていた。一九六三年一月にビルマからの代表団が来日して大平をはじめとする日本側の代表との非公式会談において交渉が行われ、一億四〇〇〇万ドルの無償援助をはじめとする同国への追加支援の合意で決着するが、大平はこのときのビルマの代表団団長だったアウン・ジー准将とのやりとりを後に論考に残すと共に、「謙抑で、純朴なア准将の素朴な行蔵と、どこか寂しい憂いを湛えた表情が、私には今なお忘れられない」と記している。大平正芳「春風秋雨――前編」大平正芳著、福永文夫監修『大平正芳全著作集2』(講談社、二〇一〇年)七二頁。

(57) 大平正芳「日本政治の座標」昭和四一年四月五日、大平、福永『大平正芳全著作集2』一二二頁。

(58) 渡邉「国際政治家としての大平正芳」九三―九四頁。

(59) 大平「日本外交の座標」一三八頁。これは本文内にある講演の記録を元に加筆した論考である。

(60) 同上、一三八頁。

(61) 渡邉「国際政治家としての大平正芳」八二頁。

(62) 大平「日本外交の座標」一三九頁。

(63) プレビッシュ報告は、後進国の第一次産品に対する関税や非関税障壁の撤廃ないし軽減、後進国の輸出品の市場と価格を商品協定を結んで保証すること、さらには低開発国の幼稚産業保護のための、先進国側の特恵関税を認めること、という三つの提案を先進国側に突きつけた。この第一回UNCTADでは、南北間の極めて対決的な姿勢が目立ったという。

(64) 大平「日本外交の座標」一四九―一五一頁。

(65) 大平「平和国家の行動原則」五―六頁。

(66) 同上、一三一一四頁。
(67) 大平「日本の新しい外交」三五〇頁。
(68) 同上、三五〇頁。
(69) 同上、三五〇頁。
(70) 同上、三五六頁。
(71) 当時の一連の太平洋協力についての議論の進展については大庭『アジア太平洋地域形成への道程』一五四―一七六頁。
(72) 「第一回日豪経済委員会共同コミュニケ」キャンベラ、オーストラリア、一九七二年一〇月一三日、外務省『外交青書』17号、五〇八―五〇一一頁。
(73) 服部によれば、このときに大平は「環太平洋諸国間の協力促進について言及したという。服部はこれを後の環太平洋連帯構想に結実するものだと位置づけている。しかし筆者は、この発言が外相であるという立場を超え、どこまで大平自身の関心を示すものであったかは定かではないと考える。服部龍二『大平正芳――理念と外交』(岩波書店、二〇一四年)、一一七頁。
(74) 大庭『アジア太平洋地域形成への道程』二〇九―二二二頁。
(75) 大平正芳、外交演説、衆議院第七〇回(臨時会)、一九七二年一〇月二八日、大平正芳、外交演説、衆議院第七一回(特別会)、一九七三年一月二七日、大平正芳、外交演説、衆議院第七二回(常会)、一九七四年一月二一日。
(76) 大平、外交演説、衆議院第七一回(特別会)。
(77) 同上。
(78) 同上。
(79) 環太平洋連帯の英語名は Pacific Basin community であるが、渡邊によれば、「環太平洋」をそのまま英語に訳すとPacific Rimとなり、それではP5しか意味しないということになるので、途上国も包含することを示すために英語名はPacific Basinとしたという。筆者による渡邉昭夫へのインタビュー、二〇二三年二月九日。よって、アメリカをはじめとするP5のみのまとまりを志向していたわけではないが、それでも途上国が入ることがより明確でかつ当時は一般的になりつつあった「アジア（・）太平洋」を用いていない点に留意すべきだろう。

(80) 福田赳夫「福田総理大臣のマニラにおけるスピーチ（福田ドクトリン演説）」マニラ、フィリピン、一九七七年八月一八日『外交文書』二二号、二二六―二三〇頁。

(81) 公文、「大平正芳の時代認識」四四―四八頁。長富『近代を超えて』三〇二―三三九頁。

第四章

大平外交の出発

日韓請求権問題の妥結

金恩貞

1　大平・金合意における政治決着の背景

日韓国交正常化交渉（以下、「日韓会談」）は、一九五一（昭和二六）年一〇月に開始された予備会談から一九六五年六月に会談が妥結するまで、約一四年の歳月を費やした難交渉であった。日韓会談における諸議題の中で両国が最も対立したのは請求権問題であった。

一九六二年七月一八日、大平正芳は第二次池田第二次改造内閣で外相に就任した。そして、その年の一一月一二日、大平は、韓国の軍事政権で朴正熙(パクジョンヒ)に次ぐ実力者であった金鍾泌(キムジョンピル)ＫＣＩＡ（韓国中央情報部）部長との間で、請求権問題を経済協力方式によって解決することに合意した。一般に大平・金合意として知られている。これによって、日韓請求権交渉及び日韓会談はようやく妥結の土台が作られた。その後の日韓請求権交渉は、一九六五年に日韓会談が最終的に妥結するまで、民間借款の最低限額が増額されたことを除けば、この大平・金合意の枠がほぼ維持された。

大平は二度にわたる外相在任中に際だった外交業績を残した。大平の外相としての業績は、日中国交正常化を中心とする対中外交の分野が注目されがちであるが、実は大平外交は、難交渉だった日韓請求権問題の解決を契機として本格的に始まったといっても過言ではない。韓国側の大平・金合意への歴史的評価は厳しく、今日でも韓国国民の反感は強い。だが、大平・金合意後に日韓会談が大きく進展したことを踏まえれば、大平が日韓関係の改善に多大な役割を果たした政治家であることは間違いないといえよう。

大平・金合意の形成過程を検討した先行研究は多数あるが、同合意における大平の政治的決断を評価する一方で、大平がこの合意を決定した政治的背景や彼の外交姿勢については十分考察されていない[1]。本稿では、大平外交の出発点たる大平・金合意に至る過程を再検討し、大平が外相として果たした役割を明らかにしたい。

まず、日韓会談が始まった当初から大平が外相に就任するまでの時期の請求権問題をめぐる日韓間の争点と日本政府内の議論について、時系列に沿って概観する。その上で大平が、外相として日本政府内の意見を調整しつつ、対米協調と対韓交渉のバランスを考慮しながら日韓請求権交渉を前進させ、金鍾泌との間で政治的妥結に至った過程を解明する。

2 大平外相就任前、日韓会談の状況

(1) 請求権問題をめぐる日韓間争点

一九五〇年代の日韓会談は、請求権問題をめぐる日韓間の法律論争のため中断と再開を繰り返した。

戦前、植民地朝鮮で形成された日本の国公有資産及び日本人の私有財産は、日本の敗戦によって日本人が本国へ引揚げる過程で、動産、不動産を問わず朝鮮半島に残置された。これらは、一九四五（昭和二〇）年一二月六日付で駐韓米軍政庁が発した軍政令第三三号によって米軍政庁に帰属され、韓国政府が成立した直後の一九四八年九月、韓国に移譲される。この一連の措置によって処分された

戦前の日系資産を在韓日本財産という。

日韓会談が開始されると同時に、日本と韓国は在韓日本財産をめぐって激しい法律論争を引き起こした。日韓間の法律論争の主な争点となったのは、韓国内で行われた在韓日本財産の処分を、対日講和条約第四条の枠内でいかに解釈すべきかであった。そもそも、同四条には矛盾する内容の(a)項と(b)項が併記されていたため、日韓両国は自国に有利な規定のみを強調し、会談でそれぞれの法的論理に基づいて、互いに相容れない主張を展開した。日本は韓国に対し、在韓日本財産に関する権利を主張し、これを日本の対韓請求権として、韓国の対日請求権と相殺することを目指した。これに対して、韓国は日本の主張を否定し、過去清算の性格を持つ対日請求権を要求した(2)。

在韓日本財産をめぐる日韓両国の法律論争は歴史認識とも連動していた。一九五三年一〇月に行われた第三次日韓会談では、日本側が戦前の朝鮮植民地支配を正当化し、対韓請求権の主張が妥当であると主張した。そのため、両国の激しい対立となり、会談は決裂するに至った。その後、日韓会談は約四年半に及ぶ長い中断期を挟むこととなった。一九五七年に政権の座に就いた岸信介首相は日韓関係改善を打ち出し、日本の対韓請求権主張を撤回して、在韓日本財産をめぐる論争を引き起こさないことを約束した。その結果、一九五八年四月に第四次日韓会談が開始されたが、請求権問題をめぐる日韓両国の思惑には依然大きな隔(へだ)たりがあった。結局、岸政権下でも在韓日本財産をめぐる両国間の法律論争は事実上続けられ、一九五〇年代後半も日韓会談はほぼ進展しなかったのである(3)。

ところが、一九六〇年代に入ると、日韓会談の進展に向けた新局面を迎えた。

韓国では、一九六〇年四月一九日に起こった学生革命によって李承晩(イスンマン)政権が倒れ、その後張勉(チャンミョン)政権が成立した。張政権は、国内経済逼迫の解決を最優先課題とし、反日を基調とした前政権の対日政策から、日本との経済関係改善を重視する方向へと舵を切った。そして、日韓間の諸懸案を早急に解決して両国間の国交を正常化すべきであり、請求権問題の解決は日韓両国の経済的共存共栄の土台になると言明した(4)。

請求権問題を至急解決して、経済回復に必要な資金を日本から調達しようとした張政権の思惑は、第五次日韓会談で明確に示された。しかも、張政権は、日本の安全保障上韓国の共産化防止は重要であり、日韓の国交を正常化することにより反共の防波堤は拡大かつ強化されるという反共の論理を強調し、日本からの経済協力を積極的に求めるようになったのである(5)。

同年七月一九日、日本でも池田勇人政権が発足した。周知の通り、池田政権の対外戦略の基調は、岸政権の日米安保条約改定の過程で混乱した日米関係を立て直すとともに、対欧米外交を強化し、自由主義陣営のフル・メンバーになることであった。これを実現するために、経済路線を重視する外交を展開し、日本の軽武装と日米安保体制に依存する吉田路線を継承した。

池田政権における対韓戦略もこのような基調が貫かれていた。もともと日韓会談に消極的だった池田であったが、首相就任後は対米協調の側面から日韓関係の改善に踏み出した。また、韓国の張政権が打ち出した経済論理と反共論理は、池田政権にとっても好都合であった。池田政権は、日韓会談に埋め込まれた政治対立や歴史論争を避けて、経済的側面から日韓請求権問題を解決することを目指した。そして、一九六〇年九月、日本の閣僚として戦後初めて韓国を公式訪問した小坂善太郎外相は、韓国に対する日本の経済協力を表明したのである(6)。

こうして一九六〇年代の日韓会談では、日韓両国間の法律論争は自制されるようになり、経済協力方式による請求権問題の解決が図られていくのである。

(2)日韓会談に対する思惑の交錯

小坂外相の訪韓を契機に一九六〇年一〇月二五日、第五次日韓会談が始まった。日韓両国は、一九五〇年代のような法律論争を避け、経済協力方式により請求権問題を解決することに歩み寄った。第五次日韓会談の開催に伴って韓国国内では日韓会談が妥結するであろうという楽観論が広がり、日本の文学や文化を中心とする日本ブームも起こっていた。[7]だが、いざ会談が開始されると、請求権問題のみならず漁業問題、李承晩ライン、在日コリアンの北朝鮮送還問題などの重要な懸案が次々と浮上し、第五次日韓会談はほとんど進展しなかった。[8]

とくに、会談妥結の上でカギとなると思われた請求権交渉は、一般請求権委員会に日本代表団の交渉実務者として参加していた大蔵省の強硬姿勢のため、実質的に進展しなかった。大蔵省は、韓国の対日請求権の範囲を個人請求権に限定し、韓国代表団に対して、請求リストの法的根拠などを厳しく問い詰めた。交渉が無難に妥結すると楽観し、請求権交渉によって日本から受け取る請求権金額に期待を寄せていた韓国代表団は、日本側の予想外の攻勢に対応出来なかった。日本代表団は、こうした韓国代表団の態度を準備不足だと批判し、交渉妥結に否定的な姿勢を示した。[9]

日韓代表団間の会談が停滞する一方で、日韓経済協力に関する議論は別のルートで進んでいた。米国の仲介によって、日本の外務省、自民党の日韓会談推進派議員、韓国政府の間で経済協力方式に関する地慣らしが行われていたのである。

外務省は、東京とソウルの両米国大使館の仲介をえて、一九六一年五月六日から一二日まで、日韓会談推進派の有力な自民党議員八名の訪韓を実現させた。議員団に随行した伊関佑二郎アジア局長は、韓国政府に対し経済協力方式の枠組みとして、請求権、無償経済協力、有償経済協力という項目を提示し、韓国政府の同意を得た。そして、経済協力のための日本経済使節団の訪韓についても暫定的に合意した(10)。

自民党議員団の訪韓を契機に日韓両政府では請求権交渉妥結への期待が高まったが、これに水を差すかのように、訪韓議員団が帰国した四日後の五月一六日、韓国で軍事クーデターが起こった。これによって張政権は崩壊し、第五次日韓会談も中止された。

韓国国内の政変で日韓会談は中断されたが、韓国情勢を綿密に分析した日本は、韓国のクーデター勢力が、破綻した国内経済の再建と社会不安の打開を優先課題に掲げることで軍事政権の正統性を確立し、そのため日本との関係改善を打診してくると予想していた。予想通り、韓国側は日韓会談の再開を要請してきたが、軍事政権に対する日本国内の反感を意識した日本政府は、軍事クーデター以降の韓国情勢を慎重に判断するため、日韓会談再開の申し入れには応じなかった(11)。ただ外務省は、軍事政権が民主的基礎を継承しているのであれば会談再開は可能であるという見通しを有していた(12)。

一方米国政府は、韓国のクーデター直後にこれを否認する声明を出したが、日本政府には軍事政権の承認問題とは関係なく、日韓交渉を継続するよう勧告していた。ケネディ（John F. Kennedy）大統領は、一九六一年六月に訪米した池田首相に、米国は軍事政権である状況でも韓国を積極的に援助すると述べて、日本も韓国との交渉を続け早急に日韓関係を改善することを促した。池田首相は元来日韓問題について慎重な立場であったが、政治的関係より経済的側面に重点を置くという前提で、韓国軍事政権との関係改善を約束した[13]。

この時期、米国では、東アジア地域における日本の政治的経済的役割を拡大し、相対的に同地域に対する米国の負担を軽減しようとする対外戦略が台頭していた。こうした文脈の下、米国は日韓関係の改善に期待を寄せた。日本政府も、このような米国の対外戦略に配慮する必要があると考えていた。池田は、韓国軍事政権の民政移管を条件として対韓経済支援の用意があると返答し、日韓関係の再開も示唆した[14]。だが、池田は帰国後も日韓会談再開へ積極的に踏み出したわけではなかった。

こうした中、一九六一年七月、軍事クーデターの実質的指導者である朴正熙が国家再建最高会議議長となり、軍事政権内で名実ともに権力を掌握した（以下、「朴政権」と称する）。朴政権は、早々に日韓会談を開催したいという希望を持って、韓国の親善使節団を日本へ派遣した[15]。

朴政権が、経済を優先する立場と反共論理を前面に打ち出し、破綻した経済再建の突破口として日本からの経済協力資金の確保を急いだことは周知の通りである。これは、張勉前政権の対日政策をそのまま維持したものであり、なお第五次日韓会談の内容を引き継ぐことを意味した。その後、朴政権下で行われた第六次日韓会談において、韓国側は張勉政権より積極的に経済論理と反共論理を強調し、日本の決断を迫った。

また朴政権は、軍事政権に対する米国の支持を獲得し、他方で諸外国の憂慮を払拭するため、反共戦線における韓国の貢献をアピールし、経済再建や選挙を通じた民政移管などを約束した「革命公約」を発表する。軍事政権の民政移管への公約は、米国がクーデター勢力を承認しやすくする効果を持った。米国政府は、朴政権の「革命公約」発表後、韓国の軍事政権を承認し、対韓援助を継続することを約束する。[16]

朴政権の「革命公約」は、池田首相と日本政府内の慎重論にも影響した。日韓会談に関する政府内の打合せの際、外務省側は、もはや韓国の軍事政権を否定出来ないことを前提に説明を行った。伊関アジア局長は、米国が対韓援助における日本の責任分担を望んでいることや、日本の安全保障上韓国の共産化を防ぐことが必要であり、そのためには韓国への経済協力が求められることを強調し、日韓会談再開に関する政府内の慎重論を説得した。また伊関は、池田首相が訪米の際にケネディ大統領に対して日韓会談の進展を約束したと述べ、池田首相としても日韓会談の中止状態をこれ以上放置出来ないと語った。[17]

このような経緯で第六次日韓会談が開始された。ここでは、日韓交渉をめぐる様々な思惑を斟酌し、調整を行って、交渉を妥結へと導くような政治的な力量が強く求められることになっていったのである。

3　日韓請求権問題をめぐる日本政府内の政治過程

(1) 外務省と大蔵省の軋轢

初期日韓会談から大平・金合意が成立するまで、日本政府内でも日韓請求権問題をめぐる意見対立が存在した。中でも外務省と大蔵省の意見は、主に韓国への請求権支払いをめぐって大きく分かれていた。

大蔵省は、国家財政の厳しさを理由に戦後処理に関する財政支出には慎重であった。対日講和条約の条文に基づいてなされた東南アジア諸国への賠償支払いこそ否定しなかったが、韓国に対しては、賠償の性格や在韓日本財産に関する法的論理を厳格に問い、韓国への請求権支払いを否定した。大蔵省は、韓国への支払いを回避するため、法的論理の強化を強く主張するなど、政府内の対韓強硬論の先鋒に立っていた[18]。

これに対して外務省は、外交的側面から日韓関係の正常化は必至であり、そのためにも韓国への請求権支払いは避けられないと考えていた。外務省は、大蔵省の強硬な態度が日韓会談を停滞させるだけでなく、米国世論の対日イメージを悪化させる恐れがあると憂慮した。そして、一九五三年春には、外務省内で、請求権の名目ではない経済的概念によって請求権問題を解決することを骨子とした「相互放棄プラスアルファ」案が形成された[19]。

外務省の「相互放棄プラスアルファ」案は、戦前日本の朝鮮植民地支配や日本の対韓請求権に関する主張を正当化した上で、韓国への支払いを構想しているものである[20]。そのため、韓国との歴史論争の火種を含んでいるが、当時の日本政府内の対韓認識に鑑みるとかなり進歩的な構想であった。

吉田政権と鳩山政権の時代は、政権の韓国への関心が低かったことに加えて、日本政府内でも対韓強硬論が支配的だったため、外務省の「相互放棄プラスアルファ」案は支持を得られなかった。だが次第に、日本政府内では韓国への請求権支払いを認めることが現実的であるという認識が広がり、大蔵省が主導する対韓強硬論は後退していった。そして、岸政権が日韓関係改善を打ち出して、日韓会談再開を積極的に推進すると、日本政府の対韓政策は外務省の構想に収斂されていく[21]。

一九五八（昭和三三）年四月から岸政権下で開催された第四次日韓会談は、日本政府が推進した在日コリアンの北朝鮮送還問題のため日韓関係が悪化し、会談は実質的に進展しなかった。こうした中、外務省アジア局は米国を通じて、請求権金額に関する韓国政府の意見を把握しながら、四～六億ドルという線での請求権金額の総額を想定していた[22]。

岸政権以降の日本の対韓交渉戦略は、経済的概念によって日韓請求権問題を解決するという外務省の構想を基本としていた。この頃になると大蔵省も韓国への支払いを否定しなくなっていた。だが、支払い金額をめぐっては、外務省と大蔵省との間で依然として大きな開きがあった。

先述した通り、第五次日韓会談は、経済協力方式による請求権問題の解決を前提に開始された。そして、韓国国内では請求権問題妥結に対する期待が高まっていた。そのため、一般請求権委員会での議論の進捗を待たずに、韓国国内では日本から受け取る請求権総額が六～一〇億ドルであるという新聞報道も出された[23]。これに対して、大蔵省は、日本政府内で合意していない具体的な金額が公に出されたことに反発し、外務省に対して「六億ドルの半分で（ママ）あっても大蔵省としてはお付き合い出来ない」と断言した[24]。

この時期、大蔵省は一般請求権委員会で韓国側を厳しく問い詰めていたが、外務省はこれとは別に韓国政府と米国政府との間で非公式接触を重ねていた。それゆえ、大蔵省は、韓国国内の報道内容が、外務省や米国大使館側と連動していると疑わざるを得なかったのである。その後も大蔵省は、

「請求権問題については譲れないものは譲れない」、「韓国側にwishful thinkingを与えることは問題だ」として、外務省が韓国政府に宥和的な態度をとることへの警戒を隠さなかった[25]。

これに対して、日韓会談の成否は対米協調の文脈とアジア外交全般への影響のみならず、戦後日本外交にとっての重大な試金石であるという外務省の信念は固かった[26]。一九六一年五月の自民党議員団の訪韓直後、韓国内の軍事クーデターのため日韓会談は再び中止となったが、外務省は次なる日韓交渉に備えて、省内で形成されつつあった韓国への支払い総額の範囲で、請求権、無償経済協力、有償経済協力に関する資金の割り振りも定めていた[27]。

第六次日韓会談を控えて外務省と大蔵省間の打ち合わせが開かれ、請求権金額に関する討議が行われた。大蔵省は、韓国の請求権に対して支払えるのは、韓国が提出している「対日請求八項目」のうち、旧朝鮮人官僚や被徴用・徴兵者など個人請求権に該当する項目に限られ、また証明可能なケースのみであるとした[28]。しかし、韓国は、北朝鮮と韓国に分かれた状況で個人の所在が不明なケースが多く、また朝鮮戦争やその他の事情により支払い根拠となる資料が多く失われていた。そのため、大蔵省の考えに基づけば、韓国への支払い額は少額に留まることになるのだった。

外務省は大蔵省に対し、韓国は大蔵省の求めるような証明のための根拠を把握出来ないため、個人請求権に固執することは望ましくないと指摘した。また、大蔵省は請求権を個人に直接支払うことを主張していたが、外務省はこの方式についても懐疑的であった。そして、個人への直接支払いよりも、日本が支払い得る金額を算定して、韓国の経済開発五か年計画を支援するための経済協力として韓国政府に支払う方が合理的であると大蔵省側を説得した[29]。つまり、外務省は大蔵省が個人請求権として算定している金額にプラスアルファをしてその総額を政府間の経済協力資金として提供することを考えていた。だが、請求権金額に関する大蔵省の主張は依然として固く、外務省にとって、大蔵省の主張とどのように折り合いを付けるかが大きな課題であった。

⑵池田首相の消極的態度

一九六一年一〇月、池田政権と朴政権の間で第六次日韓会談が開始された。会談再開を控えて韓国側は、請求権問題を政治的に妥結すべく、大物政治家であり、自民党内で日韓会談早期妥結を主張していた岸元首相や石井光次郎元通産相が日本側の首席代表として就任することを希望していた。外務省も、岸を韓国へ派遣して政治折衝を進めることに肯定的であった[30]。だが池田首相は、政治家が介入して政治的折衝を行う場合国内で政治的問題を引き起こす恐れがあるとし、韓国政府の希望に反して、関西財界の杉道助(すぎみちすけ)日本貿易振興会理事長を日本側首席代表に任命した[31]。

この人選に対し、自民党内の派閥対立を意識した池田が、日韓会談妥結という外交上の果実が岸らの手に渡ることを避けようとした、という解釈が広く知られている。一方、池田自身も蔵相時代に日本の戦後処理のための財政支出に厳しい態度を示したこともあり、多額の経済協力を要する日韓会談の妥結を急がなかったとも考えられる。また、日韓会談に埋め込まれた政治色を避けて、経済的側面から日韓請求権問題を解決することを目指した池田首相の思惑が、財界人である杉の首席代表任命を通じて鮮明に現れている。

第六次日韓会談は、日韓両代表団の実務協議と並行して政治的妥協や調整のための政治会談も進められた。その一環として、一九六一年一一月、池田と朴との間で首脳会談が行われた。朴の訪日を控えて日本国内では、自民党の吉田元首相、岸元首相、石井元通産相などの大物政治家たちが日韓会談の早期妥結を積極的に主張する一方、池田の側近にはまだ慎重論があると報じられていた。[33] 政府与党内部に、日韓会談への賛否両論が存在する中で、最終的に池田首相自身がどのような決断を下すのかに注目が集まった。[34]

しかし実際の会談において、池田首相は朴に対し、日韓の間で暗黙に棚上げされていた法的論理を持ち出した上、大蔵省の考えに基づいて韓国側の請求権を制限した。すなわち、恩給、引揚者見舞金、郵便貯金、簡易保険金などの個人請求権を中心に、法的根拠のある項目についてのみ支払うとした。そして、日本が請求権として支払うこれらの項目だけでは韓国の経済復興のための資金として不十分であるため、長期低利の経済援助方式を考慮していると述べた。また、現金支給を渋っていた池田は朴に対し、資本財などの物質供与を中心とする請求権の支払いを提案している。[35]

この池田・朴会談が記録されている公文書をみる限り、池田側の説明は曖昧であり、個人請求権の想定額や無償援助の性格が明確に述べられていない。このことは朴に請求権問題に対する誤解と期待を抱かせた。交渉妥結を楽観し、池田の真意を把握出来ていなかった朴は、池田の提案をほぼそのまま受け入れた。[36]

朴との会談後、池田は自分の提案を朴がすべて受け入れたと述べて、この会談は成功だと自賛した。だが外務省は、この会談を両首脳が各々自分に都合のいい解釈をし、「意思の疎通があったかどうかは疑わしい」と酷評していた。外務省は、朴が池田の提案を受け入れたのは個人請求権をめぐる認識不足のためであり、請求権交渉が池田首相の思惑通りには進まないと判断していた[37]。

事実として、池田と朴との間の温度差はすぐ明らかになった。大平内閣官房長官と伊関アジア局長が陪席する中で行われた、池田とライシャワー（Edwin O. Reischauer）駐日米国大使との話合いで、ライシャワーは会談妥結に向けた米国政府と韓国政府の期待を伝えた。すると池田は、朴が韓国の請求権名目と無償経済協力を断念したとし、個人請求権を中心に最大五〇〇〇万ドルで日韓請求権問題を解決出来ると明言したのである。日韓会談の早期解決を期待していたライシャワーが、池田の発言に戸惑ったことは想像に難くない。同席していた伊関は、朴は経済協力としての無償援助を放棄したものであり、また個人請求権を放棄しても広義の請求権として十分な無償経済協力を確保出来ると考えていると説明した[38]。

池田の消極的な態度には国内世論への配慮もあった。当時日本国内では、米国が日韓請求権交渉を妥結させ、対韓援助の負担を日本に転嫁しようと考えているのではないかという疑念が広がっていた。これについて駐日米国大使館側は、米国の対韓援助縮小や日本の肩代わり説を否定した。むしろ日本の対韓援助は、韓国の経済発展のための決定的要因となり、さらに日本が同地域において米国とともに重要な貢献をすることになると強調した。そして、バーガー（Samuel D. Berger）駐韓米国大使と韓国政府との間で日本の支払い総額を五億ドル以下に落とすように調整していると伝えて、日本政府もこの線で妥結することを打診した[39]。

しかし、請求権金額に対する池田首相の考えは頑なであった。米国側は、将来の対韓経済進出と安全保障の両面から、日本にとって韓国との経済協力には利点が多いと述べ、池田は当面の経済的損得のみを計算して対韓交渉に消極的だと批判した[40]。

状況を打開するため、一九六二年二月に金鍾泌が訪日し、池田に面会して政治的決断を促した。だが池田は、事実関係に基づいて請求権を決定するという方針を繰り返し、韓国の希望する政治折衝や請求権問題の早期妥結に消極的であった[41]。同年三月、東京で開催された日韓外相会談や首席代表間の交渉においても、小坂外相と杉代表は池田首相がとる立場から一歩も譲らず、交渉はともに膠着したままであった。

本節で検討したように、日韓請求権問題は、日韓間の駆け引きのみならず、日本政府内でも論争となっており、実務交渉を通じてだけでは解決出来ないことが明らかとなった。

4 大平外相の政策決定過程

(1) 外務省への一元化

一九六二（昭和三七）年七月一八日、第二次池田第二次改造内閣が発足した。この内閣で外相に就任した大平は、就任直後の記者会見で「外交は素人です」と謙虚に述べたが、実は外交問題に深い関心を持っていた。内閣官房長官在任中、武内龍次外務事務次官から外交関係に関するレクチャーを受けており、外交懸案の解決をめぐる池田首相からの信任も篤かったようである。大平の外相としての任務は、国交の樹立が実現していない国々との交渉を前向きに進め、残された戦後処理問題に決着をつけると同時に、日本が国際社会の「一人前のメンバー」として世界に認知されることであった[42]。

外相に就任した大平は、早々に日韓問題に取り組んだ。池田と大平は、日米関係を基軸にしながら中国、台湾、韓国との複雑な関係を解きほぐすことを課題としたが、日中関係については池田の関係改善への意欲が目立っていた。しかし、米国は日中接近を警戒し日韓関係の改善を積極的に望んでいた[43]。ライシャワー駐日大使は、大平が外相に就任した直後の七月三一日、大平に会って、今回の交渉が失敗したら今後数年間は解決し得ないという展望を語り、これからの数か月が最後のチャンスであると述べた。ケネディ大統領も、八月二三日付で池田首相宛に、日韓会談の妥結を期待する旨の書簡を送った[44]。

一方、大平は、官房長官時代に赴任してきたライシャワーと親交を深めた。大平はライシャワーのことを対米関係のパートナーとして最も信頼していた。大平が外相に就任するとライシャワーとの関係も一層緊密となり、友情も深まっていったという[45]。大平としては、ライシャワーとの親交や対米協調の側面から日韓会談を妥結せざるを得なかったが、同時に大平自身も、大蔵官僚出身として請求権問題を自ら解決する自信を示していた[46]。

大平外相は、七月二四日、外務省幹部会議を開いた。この会議には、大平外相、杉首席代表、武内外務次官の他、中川融(とおる)条約局長、伊関アジア局長とその後任に内定していた後宮虎郎(うしろくとらお)駐タイ公使、日韓交渉の主管課長である前田利一(としかず)北東アジア課長など、日韓会談の推進を積極的に主張していた外務官僚が一堂に会した。

大平は外務省側の参加者に対し、日韓会談に関する諸懸案と今後の請求権交渉戦略について幅広く質問した。とりわけ請求権問題について、外務省は、事実関係が立証出来る請求権金額は少額であるが、事実関係と法律関係の立証が困難なものについても支払う必要があるとし、そのための工夫として経済協力の概念が導入されたと説明した。また、請求権とする場合は将来の北朝鮮との交渉が問題となるが、無償援助とする場合は北朝鮮との法的問題も生じないと説明した。支払い総額については、現在韓国側は五～六億ドルを要求し、外務省は四億ドルを考えているが、これを政治的に折衝すべきだと述べた(47)。

日韓会談代表団の首席代表である杉は「首相も外相も今度こそ本当に妥結させようという気持ちを持っていただきたい」と述べ、日韓会談の妥結を強く申し入れた。大平は、池田首相の対韓態度には「何か距離があるという感じ」だとし、池田が韓国問題に消極的であることを認めたが、「もうこれ以上日韓会談を延ばす方便(ママ)はない。早急に総理と相談して肚を決める」と述べ、会談妥結に向けた強い意思を示した(48)。

かつて大蔵省は、「請求権問題については理財局長が主査であり、外務省は理財局長の指示により討議すべきだ」と述べていた(49)。池田首相も外務省に対し、韓国への支払額について「大蔵省との協議と調整を経た金額を提示」するように求めていた(50)。日韓請求権問題についての池田首相の考えが大蔵省側に傾いていることは疑いの余地がなかった。そのためこれまで請求権問題における大蔵省のコミットメントは大きかった。

しかし、この外務省幹部会議は、大平が日韓会談妥結への決意を固めるターニングポイントとなったことに加えて、請求権及び経済協力方式についての具体的な政策と交渉戦略が外務省に事実上一元化されるきっかけとなった。大平外相の就任後、米国政府や韓国政府との意見調整、政治会談の準備などは、外務省アジア局のイニシアティブの下で進められることになった。一九六二年九月に韓国へ派遣された経済視察団も、アジア局長率いる外務官僚が中心であった。出張後、外務官僚は日韓関係の回復及び日本の対韓経済開発支援の必要性を強調している[51]。

大平の女婿であり後に秘書官も務めた森田一によると、この頃大平と外務省との関係は良好で、相互に信頼していたという。韓国問題については、アジア局長である伊関と後宮、韓国通の前田と綿密に打合せをしていたという[52]。

この外相と外務省との信頼関係が日韓交渉に与えた意味は大きかった。七月二四日の外務省幹部会議について、当時北東アジア課長だった前田は、この日の会議は外務省案が日本側の方針として明確化された点で非常に重要であったと述べている。前田は、それまで外務省内の一つの試案だったものが、果たして日本政府の統一した案として実現されるかについて自信がなかったが、「大平新大臣にすっきり」受け入れられたと回想している。また前田は、大平が外相に就任して「性急すぎるくらいのタイムテーブルでこの方針が決っている」と語り、大平外相の決断で外務省案に基づいて日本の対韓交渉が推進されるようになったと評価している[53]。

一九六二年八月から、政治会談に向けた日韓代表団間の予備折衝が行われることになった。この段階になると大蔵省側からの発言はほぼみられなくなった。大平外相のリーダーシップで請求権問題に関する政府案が外務省案へ収斂されたことの裏腹に、大蔵省の日韓交渉への関与が抑止されたことは想像に難くない。

これと関連して興味深い記録がある。池田はこの内閣の組閣名簿の作成を当時官房長官であった大平に依頼していたが、この際大平は、自ら外相就任を望むと同時に長年の盟友関係である田中角栄を蔵相に勧めたという[54]。そして大平が、後述する金鍾泌との合意後、田中蔵相に電話をして、この決定について「大蔵省の事務当局がいろんなことを言っているが抑えてくれよ」と述べると、田中が「よしや(ママ)」と賛成したという。大平はこの時の「田中君の勇断はえらいと思った」と述懐している。大平が田中蔵相を通して大蔵省を説得もしくは統制したと推測出来る逸話である。後宮アジア局長も、大平・金合意に対する最終的な承認にあたって「池田首相、大平外相、田中蔵相の間で決断が下された」とし、田中蔵相の役割に言及している[55]。

また、田中自身も日韓関係に関心があったようである。田中は、一九六一年五月の訪韓議員団の一員として韓国を訪問し、韓国側と討議を行った。この際、日韓両国の国民間に相互不信があるからこそ両国の国交を早急に正常化すべきと述べた。そして、「両国の外務省が仕事をしやすいようにしてやるのがわれわれ政治家の仕事だと思う」と語り、外交交渉における外務省のイニシアティブを尊重する姿勢を見せている[56]。

(2) 請求権金額に関する池田首相の裁可

池田首相は、韓国への支払額について外務省と大蔵省とが調整をして示すことを求めていたが、その本音は大蔵省と同様、証拠資料に基づく個人請求権を中心とした、少額の支払いを想定していた。これに対して、外務省は、考え方が根本的に異なる大蔵省との調整から入るのは不可能であり、まず韓国側を説得し得る範囲で総額を決めて、ここから名称、根拠、区分けなどに関する交渉を開始することが適切だと考えていた。総額さえ決まれば、大蔵省との調整も、日韓間の調整も可能になると外務省は判断していた[57]。

外務省幹部会議の後、外務省は、請求権を含む無償経済協力と長期借款による有償経済協力を組み合わせた合計三億ドルを韓国へ供与して請求権問題を解決する、という案をまとめた。大平は、この外務省案をもって池田首相の了解を得た。そして、政府内で、「高い次元」で解決をはかりたいと述べ、日韓請求権問題の政治的妥結を示唆した[58]。大平が外相に就任して約一か月後の一九六二年八月半ば頃である。

しかし、池田はまだ大平の提案を快く受け止めていなかったようである。

池田が総額三億ドルを最終的に許可したのは、大平・金鍾泌会談のわずか五日前の時点であった。池田は、韓国への請求権支払いを現金支給ではなく役務や物質供与を中心に提供することを条件に総額三億ドルを裁可した[59]。そしてこの時、「内政問題のプラス面マイナス面からみても妥結しないことのマイナスの方が大きい、対米関係を十分考慮する必要がある、対共産圏外交推進のためにも先ず対韓関係を処理するべきである」と語り[60]、この決断の理由を対米外交の文脈と反共論理に求めていた。

いずれにせよ、これまで大蔵省と池田首相が五〇〇〇万ドル程度に固執していたことを考えると、大平が池田から韓国と協議するための最小限度の金額として総額三億ドルという了承を得たことは、請求権交渉の進展に大きな意義がある。

外相就任直後から日韓請求権問題に関する政府内の意見調整を進めてきた大平を次に待っていたのは、国会答弁であった。大平外相と外務省は、国会への対応戦略を綿密に検討して国会答弁に立った。伊関アジア局長は政府委員として出席し、大平の発言を補足した。

韓国との政治会談を控えて八月から一〇月の間に開かれた外務委員会において、大平は社会党議員から、日韓国交正常化によって南北朝鮮の統一が阻害され、ひいてはアジアの平和に脅威を与える結果になるのではないかと追及された。請求権金額、無償経済協力と請求権との関連についても問われた。大平は、韓国との国交正常化が大局的にみて必要であること、請求権問題が解決出来なければ国交樹立も不可能であることを強調しながら説明している(61)。また、日本が米国の対韓援助削減のための肩代わりをすることになるのではないかという指摘には、韓国に対する経済協力は先進国としての責務であると答えている(62)。

注目すべきは、この時期、国会でも日韓会談妥結に対する合意が形成されていたと見られることである。与党議員からの質問はほぼ控えられ、社会党議員からの質問も日韓会談妥結を前提とした原則論的なものに留まっている。

本節で検討したように、大平は前任者の小坂とは異なり、外相としてリーダーシップをとって政府内の調整を積極的に行っている。池田首相に日韓問題に関する報告や説明を行っていた伊関は、この頃日韓問題に対する池田首相の態度について「随分迷われた」と回想している。伊関によれば、池田は日韓請求権問題について「やろうという気になってみたり、また迷ったりした」という。池田自身は日韓会談を妥結させようと考えたようだが、「まだ早すぎる」や「金額が大きすぎる」といった国内世論を意識して、外務省と大蔵省との間の調整に決定を下せず、政治的決断が出来なかったと指摘している。ところが、大平が外相になってから大平が池田に対する説明役を果たし、伊関は「非常に楽になった」と述懐している。[63]

大平外相に対する外務官僚及び外務省内の評価はかなり高かったようである。そして、日韓問題について、池田と比較して、大平の「調整者」たる政治力や決断力が政府内で高く評価されたことがうかがえる。

5 請求権問題の決着

⑴金額をめぐる駆け引き

池田が大平との話合いを通じて韓国への支払い総額を三億ドルとする決心を固める中、日韓両代表団の間では一九六二（昭和三七）年一〇月に予定された大平と金鐘泌との政治会談のための予備折衝が行われた。議論の焦点は請求権及び経済協力資金の総額と支払い方式に絞られていた。

杉代表は韓国側に、合計三億ドルの枠内で、無償経済協力一億五〇〇〇万ドル、借款形式の有償経済協力一億五〇〇〇万ドルの案を提示した。杉は、請求権という名義は用いないものの、無償経済協力が実質的に請求権を意味すると述べた。また、個人請求権を立証するための複雑な議論を避けるため「つかみ金」方式で支払うと説明した。韓国側の裵義煥（ペウィファン）首席代表は、「つかみ金」方式には同意したが総額には納得しなかった。とくに、総額の半分が借款による経済協力であることについて「借金の取立てにきて借金をして帰る」と難色を示した。また、韓国側は請求権という名目を完全にあきらめてはいないと述べ、請求権と無償援助を分割することを求めた。[64]

これについて伊関は、韓国が請求権を主張する場合は明確な証拠が求められるが、法的根拠が弱いために総額は数千万ドルに留まると説明した。その代わりに、請求権名目について、日本国内では請求権という言葉を使わずに経済協力を行ったと説明するが、韓国国内では「請求権の解決」だと説明してもかまわないとした。ただし、本交渉が妥結すれば日韓の請求権問題は一切解決されたことになると強調した。(65)

朴政権は、国内において無償経済協力を請求権の解決だとして説明出来るという解釈論を受け入れつつ、総額の増額を狙った。そして、対韓交渉を後押ししていた岸に接触し、総額五～六億ドルで調整出来るか否か打診した。これに対して岸は、池田首相を説得したが、請求額の増額については池田が一貫して消極的であると回答している。(66) 外務省も、日本が提示可能な総額はあくまで三億ドルだとして増額についての回答を避け、有償経済協力を通じて韓国の経済開発五か年計画に協力することを強調した。(67) しかし朴政権は、韓国側の請求額が李政権時代には二〇～二五億ドルと言われたが現在は五億ドルまで下がったとし、今後これ以上下げることは出来ないと断言した。そして、無償三億ドルとこれを含めた総額を五億ドルにする案を続けて提示した。(68)

日韓間の予備交渉で経済協力方式による解決については事実上合意したが、支払い総額に関する両国の主張は縮まらず、その後の予備折衝においても迂遠な攻防が繰り返された。残る問題が総額に絞られると、米国側は水面下で総額に関する交渉を積極的に仲裁しようとした。

ラスク（Dean Rusk）国務長官は大平外相に「無償三億ドルならまとまると思う」と述べた。また、米国政府は別のルートからも、無償三億ドルと有償二億ドルなら確実にまとまると外務省に伝え受けとることを考えていると伝えている。[71]バーガー駐韓大使は、韓国政府は無償三億ドル以下では満足しないことを強調し、今回の金鍾泌との会談で韓国の希望に近い金額を提示するよう忠告した。[70]そして、財政負担に対する池田首相の懸念に対し、日韓会談妥結に積極的な朴政権は、現金支払いを渋る池田の意に沿って、資本財と役務で受けとることを考えていると伝えている。[71]

この時期の米国の介入について、大平は、米国務省が日本の消極的な態度に不満を示し、日米間で接触する度に、米国の対日政策・対アジア政策の一環として日韓関係の正常化を強く希望してきたと回想している。日米関係を重視する池田政権は、対米協調の文脈から日韓関係の正常化を目指したが、この時大平は、米国の要請を理由に日韓国交正常化を進めることには抵抗を感じたという。[72]

しかしながら、大平と外務省は、一応三億ドルの枠内で、無償経済協力資金を二億五〇〇〇万ドルまで上げ、大平はこれを腹案として金との会談に臨むことになる。[73]注目すべきは、無償経済協力を二億五〇〇〇万ドルと想定したことであろう。すなわち、無償の引き上げによって有償借款の金額も上がる可能性が高いため、大平はこの時点ですでに請求権総額を五～六億ドルで解決することを覚悟していたかもしれない。

(2) 韓国との政治的妥結――大平・金合意

一九六二年一〇月、金鍾泌が請求権問題を決着するため訪日した。金は、最高決定者である池田首相と会談して請求権問題に決着をつけることを望んでいたが、池田は、外相の大平を金の交渉相手として指名した。大平は官房長官時代訪日した金のカウンターパートを務めた経験があるので、大平と金は旧知であった。だが、これまで日本外相との会談がつねに成果なく終わってきたことから、金は大平外相との政治会談の成否に疑問を感じていた。

訪日した金は、大平外相と二回、池田首相と一回会談を行った。一回目の大平と金との会談は、一九六二年一〇月二〇日に行われた。大平は、請求権及び経済協力資金の性格を、韓国の独立に対する祝い金であると述べた。すなわち、旧宗主国の日本が新生独立国となった韓国の経済自立のために協力資金を与えるものとして、請求権名目での支払いを否定したのである。日本との論争を避け、まずは総額に目途をつけることを目指していた金は、植民地支配に対する歴史認識がにじみ出たかのような大平の発言に敢えて反論しなかった。金は、無償三億ドルの他、有償借款を加えて六億ドルの数字に近づけたいと述べて、総額に関心を向けた[74]。

この後池田と金との面会が予定されていたこともあり、大平は金の総額六億ドル要求に対して回答をせず、会談は終了した。池田と金との会談は形式的な面会で終わり、訪米を予定していた金は再訪問を約束して米国へ発った。一方、大平と外務省は、「3プラスアルファ」、「6に近づけたい」という金の提案を受け止めていた。つまり、無償は三億ドルを限度とするが、プラスアルファとして有償経済協力を活用し、金が希望する総額六億ドルに近い金額を提供することにした。そして、この金額を、韓国では請求権だとして説明をし、日本では低開発国である韓国へ経済協力を提供するものとして説明する、という説明戦略も立てていた[75]。

再度訪日した金は、一一月一二日、大平と三時間半に及ぶ二回目の会談を行った。この時、池田首相は、ヨーロッパ諸国歴訪中であり、日本を不在にしていた。そのため、大平が単独で金との折衝にあたった。この際外務省は、大平外相が政治的決断を下すことと、これによって請求権問題が一段落することを確信したようである。アジア局長は金に、大平外相が今度は交渉を妥結させて首相の承認を得る自信があると述べた、と伝えている。[76]

実際にこの会談で請求権問題の最終的な妥結がはかられた。大平と金は、「無償供与三億ドル、有償借款二億ドル、民間借款一億ドル以上」という、経済協力方式と金額で合意し、メモを交換する。これが、いわゆる大平・金合意である。大平と金は、請求権名目を排除して、その引き換えに総額六億ドルでの合意を取りつけた。[77]

よく知られているように、この六億ドルという数字は、池田との協議のない、大平の独断的な決定であった。外務省は、内部的に六億ドルまでは想定していたが、それにしても大平の決断は予想外だったようである。伊関前アジア局長は、大平外相が首相の了解なしにあの数字を出したことは「大胆」だったと回想している。そして、大平が日韓請求権問題に関して「肚をきめていた」として、大平の決断を評価している。[78]

一方、外務省は、大平・金合意の内容が、池田の裁可した限度を大きく超え、しかも首相の不在中に決定されたことから、その後の成り行きを懸念した。外務省が憂慮した通り、一一月二五日にヨーロッパ諸国訪問から帰国した池田首相は、大平が韓国に甘い態度をとったと激怒した。大平は池田の説得にかなり苦心したようである。大平は、大平・金合意になかなか了解を与えようとしない池田に対し、「こんなもの安いもんです。もっと先に行けばもっと余計になりますよ」と述べ、このあたりで手を打つべきだと説得したという。大平は、「池田さんはよくやったなんてほめてくれず、終始不機嫌で最終的には渋々ＯＫしてくれた」と述懐していた。[79]

池田に対する説得には、大平だけではなく、韓国との裏交渉にあたっていた大野伴睦（ばんぼく）自民党副総裁など党内の重鎮も加わった。大野は、一九六二年一二月の訪韓後、大平とともに池田を説得していた。[80]この後、池田は大平・金合意を最終的に承認した。

大蔵省は、大平・金合意の内容が財政上の負担となり、他のアジア諸国を刺激する恐れがあると指摘したが、韓国の請求権が消滅したことは評価し、大平外相の決定を事実上受け入れた。[81]先述したように、田中蔵相が大蔵省内の反発を抑え、大蔵省も外務省案に基づいた大平外相の決断を受け止めざるを得なかったのだと考えられる。

6　大平・金合意の光と影

大平・金合意に対する評価は現在でも賛否が分かれている。日本外交の成果並びに戦後日韓関係の出発点という側面からすれば、大平が日韓請求権問題に決着をつけたことは評価すべきであろう。一方で歴史の清算の側面からすれば、過去に対する日本の謝罪の機会が失われたという批判は避けられない。請求権名目と経済協力資金を引き換えにして妥協した大平・金合意は、日本の朝鮮植民地支配や戦争遂行のため犠牲になった朝鮮人被害者に対する賠償と歴史の清算を棚上げにしたからである。

それゆえ、現在の日韓関係の悪化や日韓条約の不合理性を批判する時に、大平・金合意はその原因とされる場合が少なくない。しかし、歴史問題を不問にする日本の態度は、大平のみならず当時の日本政府や日本人の絶対多数の認識であった。しかも、連合国の戦後処理過程において、連合国側は戦勝国と敗戦国とを問わず戦前の植民地主義に対する反省や責任を不問にした。このことが、日韓会談において日本が歴史問題を棚上げにする口実となり、韓国にとっては歴史の清算を強く追及しえない構造的要因になったことは否めない[(82)]。したがって、大平のみに歴史認識に対する責任を問うことは適切ではなかろう。

本稿で注目したいのは、大平のリーダーシップである。経済協力方式と総額五〜六億ドルを基本枠とする大平・金合意の内容は、一九五〇年代初期から外務省内で形成されてきた対韓政策案に基づいていた。すなわち、大平・金合意は大平が独自で考えた構想ではなかった。

しかし、大平の役割で最も重要であったのは、外相就任直後に合意に向けて政府内の調整を迅速に成し遂げた点にある。大平は、外務省の対韓政策案を受入れ、同省に対韓交渉推進の窓口を一元化しつつ、自らが推薦した田中蔵相を通じて大蔵省事務当局の対韓強硬姿勢を抑えた。また、池田首相に請求権交渉に必要な三億ドルという数字を確約させ、池田の外遊中に請求権総額について大胆な決定を下した。そして、渋る池田を説得して最終的に大平・金合意に対する政府承認を取り付けた。決断力と忍耐強さを兼ね備えた大平の政治的力量は、韓国側との交渉だけではなく、日本政府内の意見調整において存分に発揮されたといえよう。

最後に日韓請求権問題の妥結は大平にとっていかなる意味があったのか。大平は、金鍾泌との合意後、次はいよいよ中国との国交正常化だと、ひそかに気を引き締めていたという[(83)]。大平は、韓国との交渉妥結を契機に中国との関係改善にも自信がついたのだろう。大平の日韓関係正常化への努力は、対米協調という動機だけではなかったのである。アジアとの関係改善を重視し、日本の「戦後処理」に終止符を打つという目的から、韓国、後には中国との国交正常化に奔走した、ここに大平の外交に対する信念を垣間みることが出来るだろう。

（1）太田修『新装新版　日韓交渉——請求権問題の研究』（クレイン、二〇一五年）、吉澤文寿『新装新版　戦後日韓関係——国交正常化交渉をめぐって』（クレイン、二〇一五年）、高崎宗司『検証日韓会談』（岩波書店、一九九六年）。これらの文献は、日韓会談について通史的論述の一部として大平・金合意に触れている。なお、李鍾元の論文（「日韓の新公開外交文書に見る日韓会談とアメリカ㈢」『立教法学』第七八号〈二〇一〇年〉一五五—二〇五頁）は、大平・金合意に至るまでの日韓交渉に焦点をあてながら、日韓間の政治的妥協における米国の影響を強調している。

（2）在韓日本財産をめぐる日韓両国の法的論理及び、請求権問題と連動した日韓間の法律論争については、以下を参照。金恩貞『日韓国交正常化交渉の政治史』（千倉書房、二〇一八年）第一章、同「日韓国交正常化交渉における日本政府の政策論理の原点」『国際政治』第一七二号（二〇一三年）二七—四三頁。

（3）岸政権の対韓請求権主張撤回に至る政治過程については以下を参照。金『日韓国交正常化交渉の政治史』第3章。

（4）아 주 과［亜州課］「1—1、第1次、1960.11.10」韓国外交文書、718『제5차 한일회담 예비회담, 일반청구권 소위원회 회의록［第5次韓日会談、一般請求権小委員会会議録］、1—13次、1960—61』。

（5）北東アジア課「日韓会談情報13　日韓国交問題と赤化防止」一九六〇年一一月一八日、戦後外交記録「日韓条約及び諸協定関係　交渉経緯関係　日韓会談情報　第一巻」B'.5.1.0.J/K(S)1-2-10（一巻）、外務省外交史料館、東京：「韓国日報（一〇月二六日社説）」戦後外交記録、同上。

（6）北東アジア課「小坂大臣訪韓の際の尹大統領、張国務総理との会談中注目すべき諸点（局長の口述されたもの）」一九六〇年九月九日、情報公開法に基づく日本外務省開示文書（以下、外務省文書）、二〇〇六―五八八（請求番号）―五一二（文書番号）。

（7）北東アジア課「日韓会談情報14」一九六〇年一一月二一日、戦後外交記録、前掲、B'.5.1.0.J/K(S)1-2-10（一巻）。

（8）北東アジア課「日韓会談情報12」一九六〇年一一月一四日、戦後外交記録、同上：北東アジア課「日韓会談情報31」一九六一年三月六日、戦後外交記録、同上：「日韓会談情報32　日韓会談の展望」一九六一年三月一五日、戦後外交記録、同上。

（9）北東アジア課「［不明］の日韓会談に対する見方に関する件」一九六〇年一一月二八日、外務省文書、二〇〇六―五八八―三五〇。

（10）「伊関局長・金溶植次官会談要旨」一九六一年五月九日、外務省文書、九五〇六―五八八―五一七。

（11）「総理訪米史料　日韓関係」外務省文書、二〇〇六―五八八―一七九二。

（12）条約局「日韓予備会談再開の場合に生ずべき法律的問題について」一九六一年五月三一日、外務省文書、二〇〇六―五八八―一四一五。

（13）李鍾元「日韓の新公開外交文書に見る日韓会談とアメリカ㈠」『立教大学』第七六号（二〇〇九年）一一―一五頁。

（14）木宮正史「一九六〇年代韓国における冷戦外交の三類型」小此木政夫、文正仁編『市場・国家・国際体制』（慶應義塾大学出版会、二〇〇一年）九八頁。

(15) 北東アジア課「武内次官、崔徳新韓国親善使節団長会談記録」一九六一年七月五日、三五七。
(16) 木宮正史『国際政治のなかの韓国現代史』(出川出版社、二〇一二年)五三―五四頁。
(17) 北東アジア課「第六次日韓会談再開に関する日本側打合せ」一九六一年八月二九日、外務省文書、二〇〇六―五八八―一四一八。
(18) 金『日韓国交正常化交渉の政治史』四三―五一頁。
(19) 金恩貞「1950年代初期、日本の対韓請求権交渉案の形成過程」『アジア研究』第六二巻第一号(二〇一六年)九―二三頁。
(20) 同上。
(21) 金『日韓国交正常化交渉の政治史』一五二―一五五頁。
(22) 同上、二一〇―二一二頁。
(23) 北東アジア課「日韓会談情報20」一九六〇年一二月二三日、戦後外交記録、前掲、B'.5.1.0.J/K(S)1-2-10(一巻)。
(24) 北東アジア課「一般請求権問題に関する件」一九六〇年一二月一三日、外務省文書、二〇〇六―五八八―九六。
(25) 北東アジア課「日韓会談日本側代表団の打合せ会議概要」一九六一年一月二五日、外務省文書、九五〇六―五八八―一四一一。
(26) 亜五課「朝鮮問題(対朝鮮政策)一、平和条約の調印」一九五六年二月二一日、外務省文書、二〇〇六―五八八―六六七。
(27) 「(付)伊関局長の所見、考え方および指示事項(五月一五日)」外務省文書、九五〇六―五八八―五一七。
(28) 北東アジア課「日韓請求権問題に関する外務省大蔵省打合せ会要旨」一九六一年九月八日、外務省文書、二〇〇六―五八八―一三五九。

(29) 同上。

(30) 北東アジア課「第六次日韓会談に臨む日本側代表打合せ会議概要」一九六一年一〇月一七日、外務省文書、二〇〇六―五八八―一四一八。

(31) アジア局長「日韓会談今後の選び方に関する件」一九六一年一二月二七日、外務省文書、二〇〇六―五八八―一四二〇。

(32)「第一二国会衆参両院の平和条約及び安保条約特別委員会における答弁抜粋」外務省文書、二〇〇六―五八八―一〇四七。

(33)『朝日新聞』一九六一年一一月七日。

(34)『読売新聞』一九六一年一一月一〇日。

(35) 北東アジア課「池田総理、朴正熙議長会談要旨」一九六一年一一月一二日、外務省文書、二〇〇六―五八八―九六八。

(36) 同上。

(37)「第一七八回外交政策企画委員会記録」一九六一年一一月一五日、外務省文書、二〇〇六―五八八―一三六八。

(38) 北東アジア課「池田総理・ライシャワー大使会談要旨」一九六二年一月五日、外務省文書、二〇〇六―五八八―一七九五。

(39) 北東アジア課「池田総理、ライシャワー大使会談等に関する米大使館員の内話の件」一九六二年一月五日、外務書文書、二〇〇六―五八八―一七九六。

(40) 北東アジア課「日韓関係に関する在京米大使館の内話の件」一九六二年一月一二日、外務省文書、二〇〇六―五八八―一七九六。

(41) アジア局「池田総理、金鍾泌韓国中央情報部長会談要旨」一九六二年二月二一日、外務省文書、二〇〇六―五八八―一八二一。

(42) 大平正芳回想録刊行会編『大平正芳回想録』(鹿島出版会、一九八三年)二一九―二二一頁。

(43) 福永文夫『大平正芳――「戦後保守」とは何か』(中央公論新社、二〇〇八年)一〇一―一〇二頁。

(44) 「2.(3)米国の関心と要請」外務省文書、二〇〇六―五八八―一八八二『IX 日韓会談予備交渉―請求権処理大綱の決定と漁業問題の進展』。

(45) 大平正芳回想録刊行会編、前掲、二一九―二二一頁。

(46) 福永、前掲、一一一頁。

(47) 北東アジア課「日韓会談の進め方に関する幹部会議概要」一九六二年七月二四日、外務省文書、二〇〇六―五八八―一三三八:外務省「日韓会談の進め方に関する件」一九六二年七月二六日、外務省文書、二〇〇六―五八八―一三三八。

(48) 北東アジア課「日韓会談の進め方に関する幹部会議概要」外務省文書、同上。

(49) 北東アジア課「日韓請求権問題に関する外務省大蔵省打合せ会要旨」一九六一年九月八日、外務省文書、二〇〇六―五八八―一三五九。

(50) アジア局長「日韓会談の今後の進め方について」一九六二年一月一六日、外務省文書、二〇〇六―五八八―一三三三。

(51) 経済局アジア課「韓国の経済開発五カ年計画を中心とする経済情勢について―出張報告―」一九六二年一〇月一〇日、外務省文書、二〇〇六―五八八―二九三。

(52) 森田一著、服部龍二・昇亜美子・中島琢磨編『心の一燈――回想の大平正芳 その人と外交』(第一法規、二〇一〇年)五五頁。

(53) 「1.日韓会談の進め方についての幹部会議」外務省文書、二〇〇六―五八八―一八八二、前掲。

(54) 森田、前掲、五一―五四頁。
(55) 「3．(3)第2回会談」外務省文書、二〇〇六―五八八―一八八二、前掲。
(56) 「訪韓議員団と鄭外務部長官との会談要旨」一九六一年五月八日、外務省文書、二〇〇六―五八八―五一七。
(57) アジア局長「日韓会談の今後の進め方について」一九六二年一月一六日、外務省文書、二〇〇六―五八八―一三三三。
(58) 「(八)第六次会談」外務省文書、二〇〇六―五八八―一六四七、参議院外務委員会調査室『日韓基本条約及び諸協定等に関する参考資料』一九六五年一〇月。
(59) 在タイ大江大使「日韓会談再開に関する漢字紙論説報告の件」一九六二年八月二一日、外務省文書、二〇〇六―五八八―六六八。
(60) 「池田総理・大平大臣話し合い結果」一九六二年一〇月一五日、外務省文書、九五〇六―五八八―一八二四。
(61) 「第四十一回国会衆議院外務委員会議録第二号」一九六二年八月二三日、日本国会会議録検索システム（http://kokkai.ndl.go.jp）（二〇二三年四月検索）。
(62) 「第四十一回国会参議院外務委員会会議録第四号」一九六二年八月二九日、日本国会会議録検索システム、同上（二〇二三年四月検索）。
(63) 「1．日韓会談の進め方についての幹部会議」外務省文書、二〇〇六―五八八―一八八二、前掲。
(64) 「(八)第六次会談」外務省文書、二〇〇六―五八八―一六四七、前掲。
(65) 北東アジア課「日韓予備交渉第一回会合記録」一九六二年八月二一日、外務省文書、二〇〇六―五八八―六五〇。
(66) 아주과［亜州課］「韓日予備交渉に関する政府の訓令」韓国外交文書、737『제6차 한일회담 제

2정치회담 예비절충［第六次韓日会談第二政治会談予備折衝］：本会議、1—65次、1962.8.21-64.26. 全5巻、4—21次、1962.9.3-12.26』。

(67) 亜州課「予備折衝第四回会議録、1962.9.3」韓国外交文書、同上。

(68) 亜州課「予備折衝第六回会議録、1962.9.13」韓国外交文書、同上。

(69) アジア局「日韓会談における請求権問題の解決方策について」一九六二年一〇月二日、外務省文書、二〇〇六—五八八—一七六八。

(70) 北東アジア課「バーガー駐韓米大使の情勢判断等に関する在京米大使館よりの通報」一九六二年一〇月一六日、外務省文書、二〇〇六—五八八—一八〇六。

(71)「2.(3)米国の関心と要請」外務省文書、二〇〇六—五八八—一八八二、前掲。

(72) 同上。

(73) アジア局「一〇月二〇日の大平大臣・金鐘泌部長会談における大平大臣の発言要旨（案）」一九六二年一〇月一五日、外務省文書、九五〇六—五八八—一八二四。

(74)「大平大臣・金鐘泌韓国中央情報部長会談記録要旨」一九六二年一〇月二〇日、外務省文書、九五〇六—五八八—一八二四。

(75)「大平・金会談（一〇月二〇日）の結果に関する伊関局長のコメント」一九六二年一〇月二二日、外務省文書、九五〇六—五八八—一八二四。

(76) 亜州課「予備折衝第一四回会議録、1962.11.9」韓国外交文書、737、前掲。

(77)「3.(3)第2回会談」外務省文書、二〇〇六—五八八—一八八二、前掲。

(78) 同上。

(79)「3.(4)大平・金合意事項に対する池田総理の態度」外務省文書、同上。

(80)「4.大野自民党副総裁の訪韓と請求権処理大綱の決定」外務省文書、同上。

（81）理財局「日韓の請求権の処理について」一九六二年一二月五日、外務省文書、二〇〇六―五八八―一七七五。

（82）金恩貞「日韓間歴史論争の構造化」吉澤文寿編『日韓会談研究のフロンティア』（社会評論社、二〇二一年）六一―九六頁。

（83）辻井喬『茜色の空――哲人政治家・大平正芳の生涯』（文藝春秋、二〇一三年）二六〇頁。

第五章

中華民国から見た大平正芳訪華（一九六四年七月）

日華間の「一九六四年体制」の形成

川島　真

1　日華間の「一九六四年体制」

大平正芳は、池田勇人政権の外務大臣に一九六二（昭和三七）年七月一八日に就任し、以後二年間その職にあった。退任の直前、一九六四年七月、大平は池田勇人内閣の外相として中華民国（台湾）を訪問した。その年、日華関係は「断交の危機」に陥っていた。一九六三年に生じた池田政権による対中ビニロン・プラント輸出に日本輸出入銀行融資を使用するという決定、またその後に生じた周鴻慶事件により、日華関係が大いに悪化していたからだ。他方、中華民国外交から見れば、一九六四年は対日関係だけでなく全体として極めて厳しい一年であった。フランスが中華人民共和国と国交を正常化させて、国際的地位が危ぶまれただけでなく、同年夏に中華人民共和国が核実験を成功させて核保有国となり、軍事安全保障面でも不安が生じていたのであった。

池田政権の下で大平外相は、改めて「中国問題に関する外務省見解（一九六四年三月）」などを通じて日華関係を最定位した、といえるだろう。それは、池田の国連重視外交を前提として、国連における中国代表権問題を軸にして日本と中華民国、中華人民共和国との関係性を決定していく、という方針を定めたことであり、一九六四年段階では中華民国が国連議席を有している以上、日本は中華民国と外交関係を有していくということを明確に示すことであった。このことは、後述するように、中華民国側から特段反対はされなかった。また、大平の中華民国訪問は、周鴻慶事件やビニロン・プラント問題が一定の決着を見、中華民国から日本へも大使が再派遣されるという関係改善の集大成として行われたのだが、他方で大平の帰国後、日本から中華民国への円借款の問題が議論され、日華間の経済関係が改めて形成されていったという点でも、新しい日華関係に向けた象徴的な訪問であったことがわかる。[1] そして、同年二月の吉田茂の訪問から七月の大平の訪問の時期に、日本側が（公式には）「（蔣介石への）恩義論」に触れなくなったという点でも日本側としては新たな関係性を形成しようとしていたことが指摘できる。[2] これらの点に鑑みれば、大平外相は、あるいは大平が外相を担当していた時期の日本は、日華関係を改善しながら、「一九六四年体制」とでもいうべき日華関係の新たな枠組みを形成したということもできるだろう。[3] これは、「中国問題に関する外務省見解」に基づいて承認問題を管理しつつ、恩義論を相対化し、対華援助など、経済面を重視した日華関係を目指すものであった、といえる。この後、日本と中華人民共和国政府との間で様々な試みがなされるが、それは日華関係が比較的落ち着いていたからこそ可能となったのであり、それを可能としたのもこの体制であったと考えられる。

だが、一九七一年の中華民国の国際連合からの脱退は、いわば「国連における中国議席」を基軸とするこの「一九六四年体制」の破綻をも意味していた。そして、大平は、一九七二年七月に成立した田中角栄政権の外相として日中国交正常化を成し遂げることになったのである。このように考えれば、大平の中華民国訪問は、実際何かの「談判」がなされたわけではないにしても、関係改善過程の集大成として象徴的な意味を持っていたということにもなるだろう。なお、大平の外交人生の中で、台湾を訪問したのは一九六四年の一度だった。

本稿は、その大平の中華民国訪問およびそれに至る過程を、主に中華民国側の史料に基づいて考察するものである。この時期の中華民国の国際的地位をめぐる問題や、日華関係の「断交の危機」をめぐる状況については、少なからず先行研究がある。(4) とくに、昨今、一九六五年のアメリカから中華民国への「米援」の終結と相前後して、日本から中華民国への経済援助が開始され、日華関係が経済関係へと軸足を移したという視点が提起されるなど、新たな歴史像が示されつつある。(5)

また、一九六四年の状況については、吉田茂の訪問に焦点を当てた清水麗の研究や「一つの中国論」に着目した陳冠伶の研究がある。(6) ただ、多くの場合、大平の訪華には焦点が当てられていなかったり、日本外務省の記録を中心とした分析が主であったりする。それは、大平訪華が関係改善の最終段階で行われた象徴的な訪問であり、その会議の場で何か大きなことが決定されたわけではないことにも由来しよう。だが、外相としての大平の外交を考える際には、この訪問で大平が述べたことなどもまた重要な考察対象となろうし、また史料という面でも中華民国側の史料、あるいは日華双方の史料を使用した研究もまた必要となろう。

そうしたことを念頭に、本稿ではとくに一九六四年七月の大平外相の台湾訪問およびそれに至る過程に焦点を当て、主に中華民国側の外交文書に依拠して、日本側の史料も加えつつ、中華民国側が大平訪問をいかに捉え、大平に何を述べ、それに対して大平が何を述べたのかということを、先行研究の成果を踏まえて考察してみたい。

一九六四年七月に大平に会った蔣介石は、「蔣介石日記」において、大平の印象について「日本の大平に会い、一時間話をした。打ち解けられたと言って良いのだろう。大平についての感想は、会う前よりは良いものだった」と記している。(7) 果たして中華民国側はどのように大平の訪華を捉えていたのであろうか。

2 大平正芳外相の中華民国(台湾)訪問への道程

前述の通り、大平が外相であった一九六二(昭和三七)年からの二年間、日華関係は極めて厳しい状況に陥り、断交の可能性まで懸念されていた。中華民国から見れば、輸銀融資によるプラント輸出は対中経済援助に他ならなかった。周鴻慶事件は、中国から来日した周が亡命を希望したものの、最終的に中国に帰国することを求めたために日本政府が中国に帰国させた事件であり、中華民国からすれば、自らに引き渡すべき、と認識されていた。一九六四年一月、周が帰国すると、中華民国は駐日大使を召喚、大使館幹部も帰国させただけでなく、日本製品の政府買付を停止するという経済的報復をも実施したのである。他方で、同月に中仏間で国交の正常化がなされた。これもまた中華民国にとって衝撃的な事件であり、日本に対しても対中接近についての疑念が向けられるようになった。

一九六四年一月一日、岸信介前総理が蔣介石総統宛に書簡を送った。二月の吉田訪問や七月の大平訪問時の日本側が恩義論から距離をとったのとは異なり、岸の書簡は、蔣介石の「寛大さ」に感謝をしつつ、日華間の危機的な状況を憂慮し、また周鴻慶事件は日華間を分断させようとする計略ではないかとも示唆して、「華日両国の国交が断絶するが如き事態は絶対に避けねばならぬと考えます」などと、蔣介石に自重を求めた(8)。

このような状況の中で、日本政府は大平外相の中華民国訪問を視野に入れ、吉田茂をまず中華民国に派遣することを準備し始めたのであった。[9] ただ、ここで重要なのは、陳冠伶前掲論文も述べているように、一月末の国会の政府答弁において、一九六四年三月五日付で策定される「中国問題に関する外務省見解」にもつながる中国問題に関する政策がすでに述べられ始めていたということである。これは日華関係対策というよりも、中仏国交正常化を踏まえて外務省内のワーキンググループが策定したものであったが、この方針の策定が日華関係改善にとっても一定の意義を持ったと考えられる。

池田勇人首相は、一九六四年一月二一日の衆議院本会議で、「中国大陸が、わが国と一衣帯水の地にあり、広大な国土に六億余の民を擁しておることは厳然たる事実であり、一方、中共政権に関する問題は、国連等の場における世界的な問題であります。私は、これらの認識のもとに、国民諸君とともに、現実的な政策を慎重に展開していきたいと思います」と述べた。[10] この発言は国会の会期中数回繰り返された。そして、二月一二日の衆議院外務委員会において「国連におきまして中共政府が国連に加盟される、世界の祝福の中にそういう事態が起こりますならば、当然わが国として重大な決心をせなけりゃならぬのは、これは理の当然だと私は思います」と述べ、[11] 明確に中華人民共和国が国連に加盟すれば、日本としても「決心」しなければならないと述べたのだった。この内容は、一九六四年三月五日の「中国問題に関する外務省見解」に盛り込まれ、「国民政府と中共政権をめぐる問題は、国連を中心として十分に審議され、世界与論の背景の下に公正な解決策を見出す以外に方法はないと考えるものであり、従来もその方針に沿って国連において努力してきたし、今後もその努力を続ける考えである」と表現されたのであった。

二月二三日、関係改善のため吉田茂が中華民国を訪問した。筆者がかつて述べたように、この頃、日本外務省では中華民国との関係について「日華新関係」が想定され始めていた。これは、戦後二〇年を迎え、またフランスの中華民国との断交を踏まえて、蒋介石恩義論から離れた、より「現実的」な日華関係を構築すべきだとの見解に基づいていた。吉田は、恩義を縷々述べる蒋介石に対して、「以徳報怨」に類する発言はしなかったとされる。[12] このような新しい関係を想定していたことの一つの背景には、蒋介石の政治姿勢が台湾内部で批判されつつあり、外省人に代わって本省人（台湾人）が政治の主人公になることが日本外務省においても予見できていたからでもあった。[13]

一九六四年二月末、外交部の「日本通」として知られ、当時はトルコ大使であった邵毓麟が国際情勢に関する意見書を外交部に提出した。[14] そこで邵は、吉田の訪問後に緊張が緩和された日華間の雰囲気の下で、大平外相の早期中華民国訪問を求め、中華民国の外交部長との外相会談でいくつかの具体的な問題について原則的な了解を得てから、直ちに駐日大使を再派遣し、その大使に全権を与え、人事・経費面でも支持を与えて駐日大使館を正常化させた上で、中華民国国内、また日本の様々な民間組織を領導して、日本の関連組織との密接な連携の下に活動させて、七月の自民党総裁選でも中華民国に有利な候補が当選するように仕向けるべきだ、などとしたのだった。

邵は、中共の日本社会への浸透が強く、自民党左派を支持しようとする動きが中共にあることを指摘していた。この意見書がどのように政府に参考にされたかはわからないが、中華民国内部では日本に対する「中共の浸透」を重視する傾向にあったことは確かであろう。

周知の通り、吉田の中華民国訪問に際しての交渉は一定の合意を得ることになったが、その内容は張群によって「中共対策要綱案」としてまとめられた。その後、それを確認する書簡が、三月四日に張群から吉田茂に送られた。その後も何通かの書簡のやり取りが続くが、一九六四年三月三〇日付の吉田の（木村大使宛）書簡では次のように記されていた。[15] この吉田からの書簡については先行研究であまり取り上げられていないので、ここで全文を記しておきたい。[16]

拝啓

二十二日付貴翰拝誦しました。実のところ張群秘書長より三月四日付で来翰あり、これに対する回答として同秘書長宛の書翰を先月貴使を煩わして転達方取計って頂いた筈であるが、その内容は概ね次の通りであり、貴使御申出の線に沿ったものであり、御趣旨も略これにて尽きていると思われるので、右にて御了解願います。

「蔣総統との会談内容については帰国後直ちに、池田総理並びに関係各方面と連絡し、その実現方努力中でありますが、日本政府の真意が誤り伝えられたとも思われる節がありますので池田総理に確認したところ、

一、ビニロン・プラント輸出は当分の間これを許可しない方針には変化なく、大平大臣訪台によって両国の関係が正常化された後、両国政府間で充分話合うことを希望すること

二、大平大臣訪台の方針には変更なく、その打合せ等の必要もあり、中国側の新任大使の派遣を希望すること

以上の二つの点ははっきり確認出来ましたので、このことを蔣総統にも御伝達願い度く、両国関係の正常化に御努力願い上げます。

昭和三十九年三月三十日

吉田　茂」

木村大使殿

右は吉田茂氏より本使に宛てたる電報書翰の写であります。

木村四郎七（署名）

昭和三十九年三月三十一日（木村が記す）

私信ではあるが、大使を経由することで半ば公的な性格を有する文書になった、ということになろう。これは、第二ビニロン・プラントをめぐる問題について、福田一（はじめ）通産大臣の発言が中華民国側の疑義を生んでいたところ、それを払拭する上での一定の効果があった。無論、先行研究が取り上げている三月二〇日の吉田から張群への書簡では第二ビニロン・プラントの件について「当分の間」許可しないとされていたから、中華民国側は再開される可能性があるものとして相応の疑念を抱いていた[17]。なお、ここで取り上げた三月三〇日の書簡でも、大平の訪台と中華民国の新日本大使の赴任とが「正常化」に向けてのパッケージになっているということは確認しておきたい。そして、四月四日、張群から吉田宛の三月四日の書簡への返答が送られた。これについては、中華民国側は高く評価したものの、日本政府としては法的拘束力を認めていなかった。しかし、一定の役割を果たした[18]、と言えるだろう。

こうした書簡の他にも、人的な往来も継続的に行われていた。三月一二日、毛利松平（もうりまつへい）外務政務次官が台湾を訪問した。ここで毛利は外務省の策定した「中国問題に関する外務省見解」に触れ、「ここから日本が中共の陰謀と脅威を理解していないというわけではない、ということがわかるでしょう。中華民国に対して始終支持しているのです。日本では、目下第二ビニロン・プラントの中国への売却の議論があり、また大平首相の来訪についても、議会の関係があって未だその時期が定まっていない。それに対して中華民国政府が不満を持つのは当然のことだ。総統閣下には、日本の現状について理解し、暫時お待ちいただき、また弾力性のある対応をしていただければと考える」などと述べ、さらに中華民国政府の日本に対する政府調達規制の解除、また駐日大使の再派遣などを検討するよう求めた。

蔣介石は、「目下の具体的な問題から見れば、日中関係の悪化は、日本が倉敷ビニロン・プラントを中国に売却することに起因している。日本は一面で悪化した中華民国との関係を改善しようとしていながら、他面でさらにもう一つのビニロン・プラントを中共に売却しようとしている。これは全く中国人民（中華民国の人民のこと――筆者注）の感情を考慮しない行為であるし、また道理的にも話が通らないことだ。昨年、このような難局が生じた時、吉田先生が調停案を提起して、当方も当時それを受け入れた。しかし池田総理が単独行動を取れば、吉田調停案は実現しない」などと述べて、吉田調停案に従って対応するように日本政府に求めた。

毛利は、帰国後にビニロン・プラント案件を可能な限り阻止し、大平外相の訪問を促すとしながらも、「池田は優柔不断で、前途は楽観できない」などと述べたのだった。

興味深いのは、蔣介石が日本の「中国問題に関する外務省見解」を踏まえて発言をしていることである。「日本がもし中国（中華民国）と絶交したとしても、（中国にとって）その被害は甚大ではない。しかし、日本にとっては異なる。日本がもし一度中国と国交を断絶したら、国内の左派勢力が拡大して、匪共が浸透し、収拾がつかなくなるであろう。それはアジアの各反共国家にとっても好ましくない事態だ。だからこそ、中国自身が対日断交に踏み出さないのは、日本の地位と利益を顧慮してのことなのだ」と日本の断交は恐れないといい、さらに「中国が国連に居続けることには負担が大きく、また時に侮辱も受ける。それについてはすでに忍び難い状態だし、たとえ中国が国連から脱退しても、中国の立国にとって損はない。中国が侮辱を受けても国際連合にとどまっているのは、実際にはアメリカの願いなのだ。中国がいったん国連から脱退すれば、国連における自由陣営と共産陣営との間の力のバランスが均衡を失い、この国際組織に影響を与えることになる。これこそアメリカが深く恐れるところなのだ」とも述べ、中華民国としては、国連離脱は厭わないがアメリカが願うから居続けていると述べた[19]。

この蔣介石の発言は蔣介石的な「レトリック」ではあるが、重要なのは、国連議席を根拠にして中華民国と外交関係を持つという日本の姿勢について、苦言はいうが、問題視はしないということを示している、と考えられる。また、外交ルートを通じても、この「中国問題に関する外務省見解」に対する反論が中華民国側から寄せられた形跡は確認されない。中華民国としては、日本との国交の維持、また国連代表権に関して日本の支持を取り付けることが主眼であったから、外務省の見解に反対するロジックはなかったものとも考えられる[20]。

3　大平訪問以前の中華民国（台湾）側の捉え方

大平正芳外相の中華民国訪問は、日華関係改善のプロセスとして吉田茂訪華の後に行われるものとして計画されていた。関係が悪化して中華民国側の駐日大使不在、大使館幹部の帰国という事態に陥っていたことから、中華民国からの新大使赴任もまた日本側の望むところであった。この点、中華民国内部では一九六四（昭和三九）年五月一五日に蔣介石が魏道明（ぎどうめい）と何応欽（かおうきん）のうち一人を候補者として日本側に選ばせてはどうかと提案していた。[21] 実際に赴任することになったのは前者の魏であった。

大平外相の中華民国訪問の可能性は報道などでも伝えられていたが、正式に中華民国側に通知されたのは一九六四年六月一七日であったようだ。この日、日本に一時帰国していた木村四郎七大使が東京の中華民国大使館を訪れ、大平外相の訪問が原則決定し、目下池田勇人首相の裁可を待っている段階だということ、訪問時期は七月三日から五日であること、魏大使が六月三〇日前後に着任するというのは時期的に極めて相応しいこと、そしてこれは戦後日本の外相の最初の中華民国訪問であること、さらに木村大使自身は六月二一日に台北に帰任するということを伝えた。[22]

前述の通り、大平の訪華と中華民国駐日大使の派遣は一つのパッケージとして進められてきたことであった。一八日夜、外務省の毛利松平政務次官はある宴席で中華民国大使館員に木村大使の帰任が二三日か二四日にずれ込むこと、また魏大使の着任について六月三〇日を超えるのは好ましくないことを伝えたという。[23]

六月二〇日、「大平訪華与我方応付方針（大平の訪華と我が方の対応方針）」という文書が外交部において作成されている。[24] 日本通として知られた崔万秋（さいばんしゅう）（六月二〇日）と、当時、外交部亜細亜太平洋司の司長であった劉宗翰（りゅうそうかん）の署名（六月二八日）がある文書である。ここでまず議論されているのは、大平が「蟬聯（せんれん）外相か否か」という点だ。「蟬聯」というのはある職に長くいる官僚をいう中国語だが、近く予定されていた自民党総裁選で池田が勝ち続けるか、佐藤に変わるのかということが不明であるために、大平の地位も不明だということだった。すぐ辞めるかもしれない外相を手厚くもてなすのかという問題提起をした、ということだ。結論として、この文書はともかく現職の外相である以上、私人ではなくて国家を代表しているし、後任の外務大臣も大平の決定を継承するのだから、中華民国としては相応の礼遇を以て応じるべきだとしている。

また、この文書では、中華民国側として大平に行うべき提案として、①アジア情勢、②日華関係、③日匪（ひ）（中華人民共和国）関係という三点が挙げられ、他方で大平外相が提起すると考えられる問題が記されている。それぞれの内容をみると、①のアジア情勢では、諸問題に関する日華間の協力が唱えられる。そこには、ラオスやベトナムでの共産主義の脅威に対して日華双方が援助を行うこと、また経済が困難で政情不安の韓国に対する経済支援なども含まれる。また中華民国としては日韓間の外交関係について決着をつけるよう求めようとしていた。このほか、マレーシア、インドネシア、フィリピンの領土問題などについて和平解決を求めることも指摘されている。とくにインドネシアについては、共産主義に接近して、「東アジアのキューバになる可能性」が指摘され、日本にそれを防ぐよう依頼しようとしていた。

②の日華関係については、蔣介石への恩義論を踏まえた友好関係の継続発展を前提として、日本に対して国連における中華民国の代表権の維持、「二つの中国」不支持、台湾独立運動の取り締まり、その関係者の国外退去、アジア・アフリカ諸国が中華民国を支持するよう日本がその影響力を用いて働きかけること、などが挙げられていた。

③の日匪関係については、日華関係が膠着している原因がまさにこの日匪関係にあるとし、「日本の対匪政策は何事においても我々の期待を裏切ってきたようだ」とする。具体的には、延払輸出問題、ビニロン・プラント問題、さらには連絡員の常駐問題などをあげている。そこで、大平の訪問に合わせ、貿易連絡員、記者などの交換、大使級会談の実施、また郵政・航空・漁業・気象などに関する政府間協定締結、日本における「匪」の国旗掲揚などについて議論し、声明を発することを目指すとしている。

大平が提出するであろう問題については、今回の訪問が懸案解決のためではなく「親善」目的であることを指摘した上で、大平が「日本側が匪との貿易を拡大させざるを得ない立場」にあることを説明し、だからこそ貿易で発生する問題に対処するために、「匪と貿易連絡員、また記者の交換」などが必要だとして中華民国側の了解を求めてくるだろう、と予測している。また、中華民国が世界から多くの支持が得られるように努めるとか、「ある国が匪共を承認しても、中華民国として直ちに相手と絶交しなくてもいいことなどを述べて、間接的に我が国が『二つの中国』への道を歩むように勧めるのではないか」ともしている。このほか、具体的な問題として、中華民国が政府機関に対して日本製品購入停止を命じた禁令を解除することや、台北の日本大使館が頻繁に提起している、台湾での日本映画などに対する差別待遇の停止、日本書籍の輸入禁止解除、台湾での布教の自由を認めることなどを提起するかもしれないと予想している。最後の布教というのは創価学会による布教をめぐる問題を指していると思われる。

六月二九日、魏道明大使が着任した（国書捧呈は七月）。大平外相と魏大使は三〇分程度会談し、「友好合作」を強調した。[25] また、三〇日には閣議で大平外相の中華民国訪問が正式決定し、後宮虎郎アジア局長から魏大使に電話でその旨が伝達された。そのことは台北にも打電され、副総統、行政院長（厳家淦、蒋経国）に伝えられるとともに、張群にも伝えられた。[26] 大平の訪問の正式決定を受けて、中華民国外交部は「日中友好関係にとって極めて益のあることである」として歓迎する意向を示したのであった。[27]

中華民国の外交部は大平外相の中華民国訪問の際に予定されている会談内容などについて駐日大使館に尋ね、同館は陳公使を後宮のもとに派遣した。後宮は大平が記者団に語った内容として、第一に今回の訪問は goodwill tour（友好訪問）であること、だからこそ特定の問題について議論するために訪問するのではなく、主にアジアを中心とした国際情勢、日華関係全般について意見交換を行うことが目的だと伝えた。[28] 台北では、大使館の中田豊千代参事官が外交部を訪れ、大平外相の訪問目的を伝えたが、そこでは「東南」アジアを中心とする国際情勢、また日華関係全般の意見交換、そして日本と「匪」との関係もその日華関係全般に含まれるとの説明がなされたという。[29]

訪問目的や大平の求める議論の内容などをおよそ把握した中華民国外交部は、メディア向けの「宣伝通報」を作成した。当時の中華民国は戒厳令下にあり、報道の自由はない。だからこそこうした

「宣伝通報」によってニュースが配信されていたのである。そこでは、「一般的な友好関係の増進、いかにしてともに反共を行うかといったことをより多く論じ、日中経済協力などの具体的な問題については何ら推測などを行わないようにするのがいい」という指針を示したのだった。[30]

この時期、外交部以外の系統からも情報が外交部に集まっていた。たとえば、七月一日、国家安全局の陳鼎科長から外交部に対して、日本にいる同局の局員が入手した情報として、大平が中華民国に到着してから発表するとされている声明の内容が伝達されている。その内容もほぼ「正しい」ものだといえるだろう。[31] また、七月三日には国民党の陳建中から東京にいる陳昭凱からの情報として、毛利次官が今回の訪問の目的が関係改善にあるという原則の下でなされること、また随行する記者団の中にいる産経新聞の阿部穆が大平の親戚であるので、特別の接待を要すると述べたということなどが台北側に伝えられていた。[32]

4　大平外相訪華後の活動

七月三日、台北の松山空港に到着した大平外相は、午後、陳誠副総統、厳家淦行政院長と会見した。[33] 陳副総統との会談での話題は、第一に自民党の総裁選挙であり、保守政党としての自民党の政策が堅持されるか否かということであった。大平は、自民党総裁選について、それは「選挙」だが、「対外的な基本姿勢は絶対に変更しない」と述べた。興味深いのは、大平が陳に対して、その土地改革における業績を讃え、陳が台湾での土地改革の理念を大平に説明したりした点であった。

七月四日朝、大平は沈昌煥（しんしょうかん）外交部長と外交部で会談した。この外相会談では、日本側の記録にあるように、吉田茂の中華民国訪問、その後の往復書簡などで確認された合意事項に基づいて関係を調整していくことが確認された。また、吉田からの申し送り事項として台湾の法的帰属について日本は何ら「ヴォイス」を持つものではないことを確認した。外相会談の後、大平は総統府で蔣介石総統と会談した。この時の会談記録はすでに日本側の記録で明らかにされているが、必ずしも中華民国側の記録と付合するわけではない[34]。たとえば、会議冒頭の新潟に関する話題でも、日本側の記録では、「新潟県は私の第二の故郷のようで当時の同僚や長官もおり、特に今回の震災の被害には関心をもっています。自分の昔の小隊長であつた小山田という人も現に新潟におる筈である」とされているが、中華民国側の記録では「往年、自分が高田の連隊にいた時、週末には常に新潟に行っていた。かつての上官や友人で新潟に住んでいる者も多い。新潟は自分の第二の故郷であり、だからこそ特に関心があるる」となっている。

また、中華民国側の記録では、蔣介石が「自分が最も関心を持っているのは日韓会談問題だ。現在の日韓間の交渉はどのようになっているのか」と大平に尋ねたとされ、それに対する大平の回答も中華民国側の記録の方が詳細に、かつ明確に記されている。

日韓交渉は十二年にも及んでいるものの、いまだに共通了解を得るには至っていない。韓国側は、日本が韓国を長年にわたって不正に占拠し、韓国が物質的にも精神的にも受けた損害は極めて大きく、日本がより多くの賠償を支払わなければそれらに見合わないとしているのに対して、日本側は韓国で各種の建設に従事し、それが韓国に利益をもたらしただけでなく、日本の韓国における私有財産が接収されたのだから、韓国に対してこれ以上の賠償をするべきではないとしており、双方が争ったままになっている。自分が外相になってから、互いに過去を忘れて将来について考えようということで、また日本が韓国の独立を祝って贈り物をするという考えに基づいて、韓国に対して無償で三億米ドル、有償で二億米ドル供与し、十年で償還するということを提案した。韓国側もこれについてすでに同意の意思を示し、日韓交渉はすでに難関を超えたと言っていいと思う。漁業問題、日本における韓国人の地位問題、および竹島の帰属問題については、日本としては一括で解決することを希望している。交渉が進行している時に、韓国国内の反対党と学生とが問題を発生させて、日韓交渉は暫時停止している。しかし、日本の基本的な態度は変わっておらず、継続的に韓国と交渉することを望み、目下再度の交渉のための準備をしており、今後随時韓国と交渉していく予定である。韓国国内が早く安定を回復させ、日韓が再び交渉を行うことができるようになることを望んでいる。

このように、中華民国側の記録の方が大平の発言を詳細に記しているように見える。そしてその後段で、蔣介石が「日韓の問題はアジア全体から見て極めて重要である。早く解決することを望む」と述べたが、その直後の発言については日本と中華民国の記録の間で大きな異同がある。日本側の記録では、「李承晩時代は別とし、朴大統領は話のわかる人物につき話し合い再開は可能と思う」などと大平が述べたとされるが、中華民国側の記録では、「李承晩総統の執政時代は、全く日韓交渉などは考えられなかったが、現在の韓国の朴大統領は日韓交渉の進展を願っており、もし両者が了解し、相互に協力できれば必ずや解決に向かいやすくなるだろう。だが、日本の左派と日本共産党はこのことに対して、強く反対しているようだ」と蔣介石が述べたことになっている。中華民国側の記録では、蔣の発言に対して大平は次のように述べたとされている。

韓国の朴大統領は日韓交渉が早々に行われることを望んでおり、現在準備している。その準備が整い、交渉が始められたら、必ず順調に合意が得られるだろう。日本の左派と日共が反対しているが、昨年、国会において十分に日韓問題について討議しており、論理的にはすでに争いの余地はない。従って、安保条約締結の時のような騒動を引き起こすことはないだろう。

大平は日韓交渉に向けて自信を見せている。その後、蔣介石はアジア情勢について大平に尋ねた。ここでの大平発言は、およそ日本側の記録と重なるが、それに対する蔣介石発言部分は日本側とはやや異なる。蔣介石は、「中日両国が近隣であるだけでなく、利害も共有しており、韓国、南ベトナム、ビルマ、インドなどがみな中共からの脅威にさらされている現在、こういった情勢について慎重になる注意が必要である。我々は、アジアの国であり、決してアジアから離れられないのだから（脱亜できないのだから）、アジアの友邦とは必ず相互に扶助しあい、生死成敗を共にするべきだ。日本はアジアで最も豊かな大国であり、自ずから特別の責任が生じている」などとして、日本と中共との経済関係の緊密化に警鐘を鳴らしたのであった。

蔣介石は日本に再び「脱亜」しないように求めつつ、そのアジアを自由主義陣営の「アジア」に限定することで、中共と日本との接近を牽制しようとしたのだった。

七月四日午後、二度目の外相会談が実施された。ここでは、世界情勢について広く話し合われた。そして、同日夜、台北市の士林官邸で蔣介石総統による招宴が開かれた。この場での会談記録については、日本側で簡単な記録が作成されただけであるが、中華民国側は総統府が比較的詳細な記録を作成している[35]。

夕食前、カクテルの時間に蔣介石が大平に対して、今回の訪問や東アジア問題について意見を求めた。それに対して大平は、今回二度蔣介石に会い、その謦咳に接したことで、訪華の任務は果たせたと考えている、などと応じた。また、日本は戦後、再び国際社会に復帰したが、時間的にはまだそれほど経っていない。だが、復興は迅速で、経済は発展し、今後隣国をいかに支援、協力していくか、いかにアジアに対して責任を負っていくのかということが最大の課題である、などと大平は述べたとされている。同日午前の蔣介石からの問題提起に応じた発言であったともいえるだろう。

また、会食後には蔣総統が大平を別室に案内し、そこで一時間二〇分、話をしたとされている。中華民国外交部の記録によれば、蔣総統は次の様に述べた、とされる[36]。

東アジアの政情不安は、匪共の存在がその原因である。共匪には、今日、この東アジアにおいて成し遂げねばならない目標が二つある。一つは、我が中華民国を消滅させることだ。それができなければ、彼らが世界でその国家としての真正たる地位を得ることはできない。今ひとつは、日本を赤化することだ。それができなければ、彼らは東アジアにおいてその共産国家としての基礎を強固にすることができない。それは、ソ連が東欧全体を赤化しなければならないのと同じである。だからこそ、彼らにとって日本を赤化するという目的を達成しなければならないということと、中華民国を消滅させなければならないという謀略とは、その歩みの面で両者が相前後することもあろうが、その敵対的な性質という面で、軽重の差はない。だからこそ、中華民国と日本の両国は、共匪に対する基本的な立場という点で、運命を同じくする不可分の存在なのである。この点について日本側が特に注意することを望みたい。共匪による東アジアの赤化は、すでに彼らの一貫した不変の陰謀であり、共匪とソ連との分裂によっても何ら変化が生まれるものでもないし、別の角度から見れば、共匪とソ連との分裂は共匪のその陰謀の推進を加速させたのではないかと思う。だからこそ、共匪が滅亡しなければ、この東アジアの安定と繁栄はないということになり、真正なる世界平和もまた語ることができないということだ。中華民国の反攻復国は単純に中華民国自身の問題なのではなく、全世界に対する貢献にも関わる問題である。しかし、中華民国とアメリカの双方には条約上の義務があり、反攻の時期や方法などについては、その同盟国と十分に協議しなければならない。中日両国は東アジアの重心であり、また中枢にある国家であり、中国（中華民国）がなければ日本もなく、中国（中華民国）のためになることはまた日本のためにもなることである。中華民国が反攻する時、日本のあらゆる人的な、また財力面での援助は不要だが、我々が必要なのは、ただ日本の精神的、道義的な支持なのである。

蔣介石総統はまさに昼間に行われた会談の時とほぼ同じ趣旨の話を、踏み込んだ形で述べたのだった。中華民国側の記録では、大平は次のように応じたとされる。

日本もまた、もし共匪問題が解決できなければ、世界が安寧ではいられないし、極めて危険にさらされることになることはわかっている。だからこそ、日本は中国全体がこの自由世界の側にある様になるのを見てみたいと考えている。言葉を換えれば、日本としては中華民国の反攻復国の成功を極めて願っているということだ。日本は、本質的には反共であるが、ただ戦後の若干の時期に、制度の面で一つの開放的な国家（open country）になっており、また一切の方法やプロセスについて、ただ人民と世論に基づいて進む先を選択していくことになった。客観的に述べれば、このような（日本における新たな）制度は一種の大胆な実験ではあるが、しかし目下のところこのような実験が失敗であったということも証明されてはいない。また、この様な方法以外に別の方法があるわけでもない。なお、中華民国に対する精神的、また道義的な支持については、日本として喜んでそれを行うものである。

この中華民国側の記録における大平の発言が正しければ、外務省の記録には後半部だけが記録されていたということになる。次いで蔣介石は次の様に述べた。

ここで述べた精神上、道義上の支持というのは、日本側の態度や姿勢のことであり、あらゆる面で中華民国の利益を顧慮するということだ。たとえ中国に対して利益がないようなことであっても、日本はそれを中国に損がないようにしなければならない。

これに対して大平は次の様に応じたとされている。

そのことは当然のことである。日本のこれまでの所作について、中華民国にとって好まざることがあったかもしれないが、それは各種のやむを得ざる原因によって生じたもので、故意にそうなったものではない。今後はさらに注意したい。

そして蔣介石は最後に吉田茂の名を挙げながら、今後の関係性について言及した。

先に吉田茂先生が来訪したが、そこで中日両国間の基本問題について、数点協議を行った。吉田先生は老成した、国家の計を考えることができる政治家であり、日本全体から尊敬され重んじられている。また自分も推崇している。今後の両国間の友好協力については、自分と吉田先生との間で協議した路線に従って進めていくこととし、もし問題があれば吉田先生を中心にして調整して処理する。このことについて貴大臣の同意が得られれば、帰国して池田総理に報告してほしい。

これに対して大平は承知したとされている。この点で、吉田との間のやりとりの記録である「中共対策要綱」は大平によっても容認されたと、少なくとも中華民国側は理解しただろう。

大平の帰国後、七月八日、魏道明駐日大使は鈕乃聖(ちゅうだいせい)参事官と共に大磯の吉田茂宅を訪問した。吉田は、今回の大平の訪華を高く評価し、「三か月前とは空気が大きく変わった」と述べ、また「反共の最も良い方法は台湾と日本が繁栄し、自由の風を大陸に吹き入れることだ」などと述べたのだった。魏大使が日華間のさらなる関係強化などを提起すると、吉田は「あなたの秘密顧問になろうか」などと冗談で応じたという(37)。

七月一〇日、自民党総裁選が行われて池田勇人が勝利し、外相も椎名悦三郎へと変わる。翌八月、張群が日本を訪問したが、中華民国側は吉田を通じて、日本政府との間で借款交渉を再開しようとしたのだった。

5 「日華断交の危機」から「日華一九六四年体制」へ

本稿は、「日華断交の危機」といわれた一九六四(昭和三九)年の大平外交、とりわけ同年七月の大平の中華民国訪問とそれへの過程を、主に中華民国側の史料を用いて考察した。この大平の生涯唯一の中華民国(台湾)訪問は、ビニロン・プラント問題や周鴻慶事件によって悪化した日華関係を改善させていくプロセスの最終段階に位置づけられた象徴的な行為であった。中華民国側は、吉田茂を重視し、吉田の訪問、およびその後の往来書簡を通じて形成された合意に基づいて関係を改善させようとしていた。

だが、この大平の訪華は単に「日華断交の危機」を収拾させた象徴というだけではなく、「一九六四年体制」とでもいうべき、新たな日華関係の形成を象徴づけるものであったとも考えられるだろう。大平が外相であった時期、池田政権は中国問題についての「国連主義」を明確化し、中国承認問題をもその国連主義に関連づけることが「中国問題に関する外務省見解」によって明確化された。日本は国連における中国代表権問題と、自らの中国政策を紐づけたのであった。中華民国側もこれに疑義を呈さなかった。

また、この時期には日本と中華民国との関係の重点が次第に経済関係へと移行する時期にもなっており、実際に大平の中華民国訪問以後になって日本から中華民国への借款交渉が本格化していくことになった。これは中華民国側が望むところでもあった。そして、日本側はとくに「(蔣介石への)恩義論」からの脱却を図っており、吉田も大平も共に蔣介石との会談で「恩義論」に言及しなかった、と考えられる。このように、一九五二年四月の日華平和条約で始まった戦後の日華関係は、一九六四年七月に一つの区切りを迎え、そこで形成された「体制」が一九七一年末に国連でアルバニア案が採択されることによって基盤(の一部)、すなわち外交に関わるその根拠を喪失したことになったのであった。

大平は、この一九六四年の新たな日華関係の形成を外務大臣として主管するとともに、中華民国訪問によって関係改善を印象づけた。そして、その七年後の一九七二年九月に、日中国交正常化、日華断交を外相として主管することになるのであった。

（1）許珩『戦後日華経済外交史　1950―1978』（東京大学出版会、二〇一九年）。

（2）川島真「思想としての対中外交――外交の現場から見る蔣介石・中華民国・台湾」酒井哲哉編『日本の外交　第三巻　外交思想』（岩波書店、二〇一三年）。

（3）清水麗も、「六〇年代の日台関係は、七一年の国連における中国代表権問題において逆重要事項指定決議案の共同提案国となった佐藤首相の決断へと結びついていった」などと指摘している。清水麗「『第二次吉田書簡（1964年）』をめぐる日中台関係の展開」『筑波大学　地域研究』一九号（二〇〇一年）一八五頁。

（4）たとえば、石井明「一九六〇年代前半の日台関係――周鴻慶事件から反共参謀部設立構想の推進へ――」『国際法外交雑誌』一〇一巻二号、（二〇〇二年）、清水麗『台湾外交の形成――日華断交と中華民国からの転換』（名古屋大学出版会、二〇一九年）、劉冠麟「一九六〇年代前期中華民国対日外交之研究」国立師範大学歴史学系碩士論文（二〇〇九年）、陳嘉伶「中華民国対日外交政策分析：以沈昌煥部長前期的対日外交為主軸（一九六〇―一九六六）」私立中国文化大学日本語文学研究所碩士論文（二〇〇九年）など。

（5）許珩、前掲。

（6）清水麗、前掲。陳冠伶「同床異夢の日台関係――日台断交危機（一九六三―六四年）の再検討」『国際公共政策研究』二〇巻二号（二〇一六年）。

（7）「一九六四年七月四日」（July 1964 box 71 folder 1、Chiang Kai-shek Diaries［蔣介石日記］, Collection Number 2006C37, Hoover Institution Library & Archives, Stanford University）。

（8）「岸信介函蔣中正有関周鴻慶事件及日本親中共派要求中日間之信頼理解基礎協力亜細亜的自由繁栄平和」（一九六四年一月一日、蔣中正総統文物、張群先生文巻、張群先生文巻――張群個人保存之文件資料〇一四、国史館所蔵、002-110400-00001-014)。

(9)石井修・我部正明・宮里政玄監修『アメリカ合衆国対日政策文書集成8　日米外交防衛問題1964年』第二巻、(柏書房、二〇〇一年)、一九三頁。

(10)「第四六回国会　衆議院　本会議　第三号」(一九六四年一月二一日)。

(11)「第四六回国会　衆議院　外務委員会　第二号」(一九六四年二月一二日)。

(12)川島、前掲。

(13)川島、前掲。また、一九六四年三月一八日付の笹川武男によるSオペレーション:「台湾報告」もまた、台湾社会内部の本省人と外省人との相違を意識すべきであり、日本と中華民国(外省人)ではなく、日本と台湾との関係性が重要であり、吉田の台湾訪問は本省人の台湾と日本との経済関係の活発化をあと押ししたという点を指摘している(和田純編「オンライン版 楠田實資料」丸善雄松堂、二〇一六年)(E―一―一〇)。確かに吉田の訪台以後に、台湾から日本への肥料買付などもなされるようになっていた。なお、笹川の訪台報告は外務省の動向と連動していたわけではなく、佐藤栄作のブレーンが当初「二つの中国」、「一つの中国、一つの台湾」のラインを想定していたことと関係していた。このことは佐藤自身に受け入れられなかったとされる。井上正也『日中国交正常化の政治史』(名古屋大学出版会、二〇一〇年)。

(14)「邵毓麟呈蔣中正今後国際局勢之瞻望與政府応有之対策」(一九六四年二月二七日、蔣中正總統文物、特交檔案、国史館所蔵、002-080106-00003-014)。

(15)「張群呈蔣中正有関日本駐華大使木村四郎七面交吉田茂対我方盼勿再考慮出售工廠設備並與吾人諒解以利事情進行等去信答覆之原函抄本及訳文」(「外交――中国與美国同盟関係」、蔣経国総統文物、国史館所蔵、005-010205-00042-004)。

(16)清水、前掲、では、同じ内容を三月一〇日の書簡だとして引用している(一八一頁)。これは同じ書簡が二度送られたためであろう。

(17) 丹羽文生「池田内閣の対中台外交における政策決定過程」『作新総合政策研究』八号（二〇〇八年）一〇五頁。

(18) 程蘊「日華紛争における政治力学：外務省、親台湾派及び国府（一九六三―一九六四）」法政大学大学院　大学院紀要七四号（二〇一五年三月）。

(19)「総統接見日本外務政務次官毛利松平談話簡要紀録」（一九六四年三月一二日、蔣中正総統文物、其他、張群先生文巻、張群先生文巻─総統與日人談話紀錄（一）〇一七、国史館所蔵、002-110400-00005-017）。

(20) 黄天才『中日外交人與事』（聯経出版、一九九五年、八四―八五頁）、清水『台湾外交の形成』一八二頁。

(21)「蔣中正函張群応即選定大使交日本同意人選以魏道明何応欽二人選定一人請転沈昌煥部長核議」（一九六四年五月一五日、蔣中正総統文物、張群先生文巻、張群先生文巻─張群個人保存之文件資料〇一二、国史館所蔵、002-110400-00001-012）。なお、蔣介石は別の日付未定の張群宛書簡で、日本への大使派遣については第二ビニロン・プラントを中共側に売却しないということを交換条件とすると明確に記している。「蔣中正函張群代擬之復日方人士函我方可尊重閣下之提議擬派駐日新大使赴任但亦須池田勇人政府尊重双方原則共同諒解以恢復両国関係為前提」（日付未定、蔣中正總統文物、張群先生文巻、張群先生文巻─張群個人保存之文件資料〇一三、国史館所蔵、002-110400-00001-013）。

(22) 一九六四年六月一七日外交部収、陳澤華公使より外交部長・次長宛電（中華民国外交部檔案、１４５　大平正芳訪華専巻　中央研究院近代史研究所所蔵、11-EAP-01018、以下史料A）。

(23) 一九六四年六月一九日外交部収、陳澤華公使より外交部長・次長宛電（史料A）。

(24)一九六四年六月二〇日、外交部亜東太平洋司作成「大平訪華与我方応付方針」(史料A)。
(25)一九六四年六月二九日外交部収、魏道明大使より外交部宛電(史料A)。
(26)一九六四年六月三〇日外交部収、魏道明大使より外交部宛電(史料A)。
(27)一九六四年六月三〇日外交部発、外交部より魏道明大使宛電「日外相大平正芳訪華」。
(28)一九六四年七月一日外交部収、魏道明大使より外交部宛電(史料A)。
(29)一九六四年七月二日外交部亜東太平洋司作成「大平来訪談話要綱」(史料A)。
(30)一九六四年七月二日、「宣伝週報(第三五六号)」(史料A)。
(31)一九六四年七月一日外交部亜東太平洋司より外交部長・次長宛(史料A)。
(32)一九六四年七月三日外交部収、陳建中より外交部長宛(史料A)。
(33)一九六四年七月三日、「陳誠接見日本外務大臣大平正芳談話紀要」(「副総統接見外賓談話紀要(一)/〇一四」、陳誠副総統文物、文件、専/著與講詞、講詞言論訓詞政論、副総統接見外賓談話紀要(一)〇一四、国史館所蔵、008-010301-00185-014)。
(34)一九六四年七月四日、「総統接見日本外務大臣大平正芳談話紀録」(史料A)。
(35)一九六四年七月六日沈昌煥外交部長より外交部亜東太平洋司宛、一九六四年七月一一日外交部発、沈昌煥外交部長より総統府張群秘書長宛函、日付不明「総統招宴請日本外務大臣大平正芳談話簡要紀録」(史料A)。
(36)日本側の記録では、「総統は午前中会談の際述べられたその主張即ち中共を倒さざる限り日本を含む東亜の安定も繁栄もなき旨を一層強い言葉で強調された。これに対し大臣は最も進んだ民主政治体制を採っておる日本政府としては、政治は国民とともに行わざるを得ず、政府の意思を国民に押しつけ強要することは出来ない。共産主義も弾圧でなく、大きく呑み込み解毒しつつ消化しなくてはならぬ。これは日本としても大きな試練であり経験であり、一抹の不安なきに非ざるも斯くせざるを得ざる日本の事情を諒とされたき旨を強調しこれに答えた」とされている。服部龍二「史料紹介　大平・蔣介石・沈昌煥会談記録―一九六四年七月」『外交史料館報』第二七号（二〇一三年一二月、一二一頁）。

（37）一九六四年七月九日外交部収、駐日大使館より外交部宛電（史料A）。

第六章

中国から見た大平正芳

二度にわたる外務大臣時代を中心に

杉浦康之

1　中国は大平外務大臣をどうみていたのか

大平正芳は、池田勇人内閣期の一九六二（昭和三七）年七月から一九六四年七月までと、田中角栄内閣期の一九七二年七月から一九七四年七月までの二度にわたり、外務大臣を担当している。池田内閣期の大平外相はLT貿易成立や貿易事務所の相互設置などに尽力したとされている。そして、田中内閣期の外相として大平は日中国交正常化を実現し、日中航空協定の締結に貢献したことで知られている。そのため、大平は現在の中国の研究者の間では、所謂（いわゆる）「井戸を掘った人々」の一人として、高く評価されている(1)。

しかしながら、こうした大平外相への評価は、当時の中国共産党指導部や中国政府の評価に基づくものではなく、多くは大平の関連文書を中心とする日本側の資料や研究に依拠している。その結果、池田政権の大平外相への評価は、田中政権の外相としての大平の評価や、首相としての大平の対中政策のイメージから構成された点が多分にあり、当時の中国側の史資料に依拠して、中国の大平へのイメージ・評価を研究したものは少ない。

本稿は、二度にわたる大平外相の中国政策と彼個人に対して、当時の中国側がどのように認識し、如何なる評価を下していたのか明らかにすることを目的とする。一九五〇年代、中国は日本の首相と外相を必ずしも同じ意見を持っているものと見ず、ときには両者の見解の相違を重視し、そこに積極的な対日工作を展開し得る余地を見出そうとしていた。たとえば中国は鳩山一郎首相と重光葵（しげみつまもる）外相との間の対ソ・対中政策をめぐる意見分岐に注目した。[2] 岸信介政権でも岸首相と藤山愛一郎外相を同一視せず、長崎国旗事件により日中民間交流を全面的に停止した後も、主たる攻撃対象を前者に絞り、後者には日中関係改善への期待感を有していた。[3] この点を踏まえれば、中国が外務大臣としての大平にどのような認識と評価を持ち、対日工作の中でどのように位置づけていたのかを考察する意義は大きい。

本稿では、池田内閣期と田中内閣期の大平外相評価において、どのような相違点と連続性があるのかを解明し、それらの理由を考察することを重視する。何故ならば、中国の大平への評価は、一九六〇年代から一貫していたとはいえないからである。池田内閣期の大平外相が日中関係の改善に関心を持っていたのは事実だが、同時に大平は日韓関係国交正常化にも奔走していた。そして、中国は後者を否定的にみていた。また高碕達之助、松村謙三、石橋湛山といった他の自民党の有力政治家と比べたとき、大平は日中関係促進の前面に立っていなかった。そのため、中国は大平を自民党内のいわゆる「親中派」国会議員の一人として位置づけていなかった。こうしたことを踏まえれば、中国がどの時点で、どのような理由により、大平の対中姿勢を評価するようになり、対日工作における主要対象としていったのかを解明することが求められる。

本稿は、主に『人民日報』、中国外交部外交档案館所蔵史料、各種公刊資料（中国共産党指導部の文選・年譜、対日工作者の回顧録など）に依拠して分析する。また、日本外務省の外交文書や日本側の回顧録・個人文書における中国側の発言にも注目する。

2　池田政権の外務大臣としての大平正芳に対する評価

(1) 二つの重要な前提と就任当初の大平への評価

一九六二（昭和三七）年七月、第二次池田勇人内閣第二次改造内閣で大平は外務大臣に就任した。(4) このときの中国の大平外相への評価を考察する上で、二つの重要な前提がある。それは、①中国の池田政権への強い警戒感と、②中国が注目していた自民党政治家の傾向、という問題である。こうした前提を踏まえて中国は大平外相への評価を行った。

①中国の池田政権への強い警戒感

一九六〇年六月、安保闘争で日本が混乱に陥っている中、「日本国とアメリカ合衆国との間の相互協力及び安全保障条約（新安保条約）」が承認されると、岸信介首相は辞意を表明した。そして岸後継の自民党総裁選挙で池田勇人が石井光次郎（みつじろう）、藤山愛一郎らに勝利し、一九六〇年七月、池田政権が始動した。(5)

現在の中国での戦後日中関係史研究において、池田政権への評価は、岸政権・佐藤政権と比較すると、日中関係に一定の改善をもたらしたとの好意的な記述が存在する。(6) しかし、当時の中国共産党指導部の池田勇人への評価は、岸と比べても、低いものであった。一九五九年三月三日、毛沢東（もうたくとう）は訪中した宮本顕治（けんじ）・日本共産党書記長に対し、「池田が最右派であり、岸が中間派で、河野〔一郎・筆者注〕は比較的良いのではないか」と尋ねていた。(7)

実際、中国は池田政権発足当初、その性格は基本的に岸政権の路線を引き継いでいるものとみなし、警戒していた。一九六〇年八月、周恩来（しゅうおんらい）は、訪中した鈴木一雄・日中貿易促進会専務理事との会見で、政府間協定、民間契約、個別的な配慮の三つの方法を日中貿易三原則として提示した。そして、政府間協定の実現には、日本政府が、「中国敵視政策」と米国と共謀した「二つの中国」を作り出すことをやめ、日中国交正常化に意欲を示す必要があると指摘した。その上で、「新しい日本政府については、池田首相にせよ、小坂外相にせよ、最近のいくつかの談話はよくない」と非難した。[8]

一方、安保闘争の結果、米国の日本への信頼性が損なわれたと考えていた池田政権にとって、日米関係の改善が当面の外交政策における至上命題であった。[9] このとき池田政権にとって、国連代表権問題で米国と歩調を合わせることは重要な課題であった。[10]

中国はかかる池田政権の中国政策を痛烈に批判した。一九六一年七月、『人民日報』は、池田政権が米国の提案する「継承国家案」を支持しようとしているとの報道に際し、アメリカが「『二つの中国』を作る陰謀を推し進めるのを積極的に支持している」と非難した。[11] 同年八月にも「池田内閣は米国の中国敵視政策に歩調を合わせて、米国が中国の国連における合法的議席の回復を阻む案のために知恵をしぼり献策している」と批判した。[12] 同年一二月、「重要事項指定方式」で中華民国の国連代表権が確保されると、中国外交部は、米国を批判し、それに同調する国家として日本を、「最も恥知らずに振舞っている」と咎めた。[13]『人民日報』社説も、「池田政府は既に誰はばかることなく立ち上がり、米帝国主義の中国敵視政策の急先鋒になっている」と痛罵した。[14]

中国は、一九六二年に入ると日本との長期貿易協定に関心を示すようになる。ただし、この中国の対日姿勢の変化は池田政権への評価が好転した結果ではなかった。中国は、中小企業を中心とした友好貿易では獲得困難であったプラントや化学肥料などを獲得するために大企業との貿易が不可欠だと考えたため、長期貿易協定を欲したのであった[15]。

LT貿易成立直前の段階でも、中国は池田政権への警戒感を解いていなかった。一九六二年九月、周恩来は訪中した松村謙三に対し、一九五八年以来の政治三原則、一九六〇年以来の貿易三原則の重要性を指摘し、経済関係は政治関係に影響を及ぼすと発言した。その際、(ア)政府の銀行延べ払いへの支持、(イ)貿易品目における政府の輸出許可、(ウ)大型取引に関する保証人、の必要性に言及し、池田政権への注文を明確に伝えた[16]。

松村謙三訪中団が帰国した直後、中国外交部は、ソ連、ブルガリア、ルーマニア等の駐中国大使館に、日中関係の現状を以下のように説明した[17]。まず、池田政権の対中政策は、米国に追随し、中国を敵視するという、岸政権の対中政策を継承していると指摘した。そして、具体的な問題として、(ア)「二つの中国」の陰謀に積極的に参加している、(イ)中国による中台統一を妨害するため、台湾への経済援助を行おうとしているほか、小坂善太郎前外相は、「法律上、台湾の帰属は未確定である」と発言した、(ウ)東南アジア各国と連携し、反共陣営を構築しようとしている、ことに言及した。その上で、「池田は、経済的な思惑から日中貿易拡大に意欲的な姿勢を見せているが、それは池田が岸よりも狡猾なことを表している」との評価を伝えた。

さらに現在の中国の対日政策方針は、(ア)日本人民の独立・民主・平和・中立を勝ち取り、日中友好を求める勢力の発展を大いに支持・促進し、中間勢力を積極的に勝ち取り、日本人民が反米愛国統一戦線を拡大することを支持する、（イ）親米独占資本に攻撃を集中し、米国が日本軍国主義勢力を復活させていることを暴露し、日米の政策上の矛盾を露わにするとともに日本の統治階級の分断を促すことにある、と説明した。また政治三原則、貿易三原則、政経不可分を堅持するとして、政経分離を否定した。

このように、中国は松村訪中においてLT貿易体制に同意したが、池田政権への強い警戒感に変化はなかった。そのため、大平が外相に就任した当初、日中関係は改善とは程遠い状況にあった。

②中国の自民党政治家に対する強い関心

当時、中国の注目していた自民党政治家は二つに分類される。第一は自民党内の有力政治家、とくに派閥領袖クラスの政治家である。その中には首相である池田のほか、佐藤栄作、河野一郎、藤山愛一郎、三木武夫らが含まれていた。これらの派閥領袖クラスの有力政治家は、中国外交部の報告書にしばしば登場していた[18]。中国はとくに河野一郎に注目し、一九六三年に来日した孫平化（そんへいか）が河野と接触した[19]。

中国が注目していたもう一つの自民党政治家集団は親中派議員である。松村謙三、石橋湛山、高碕達之助、田川誠一、古井喜実、宇都宮徳馬（とくま）などがこれらに該当する。これらの議員は自ら訪中し、また中国の対日工作者が来日した際に接触していたこともあり、中国外交部の報告書や『人民日報』などへの登場も多かった。とくに松村謙三は中国政策で池田と密に連携していたこともあり、中国にとって最も重視すべき政治家であった[20]。

大平はどちらの分類にも属していなかった。池田が率いる宏池会では有力な政治家であったが、大平はなお党全体では中堅議員といってもいい存在であった。第二次池田内閣第一次改造内閣が「実力者内閣」と呼ばれたのに対し、大平が外相に就任した第二次池田内閣第二次改造内閣は「秘書官内閣」と称され、軽量級内閣とみられていた[21]。

大平はその内心はともかく、この時期はまだ親中派議員と呼べるような存在でもなかった。LT貿易交渉に対しても大平は慎重な姿勢を崩さなかった。一九六二年一〇月、LT貿易交渉に出発する前、高碕達之助が延べ払いの期間に対し、塩安(塩化アンモニウム、窒素肥料に用いられる)を二年、鉄鋼は三年、プラントはソ連並みに五年と申し入れた。だが大平は関係閣僚会議で決定されたことを理由として、塩安一年以内、鉄鋼は一年半(二年)以内、プラントは棚上げという線を譲らなかった[22]。

③外相就任当初の大平への評価

管見の限り、中国の大平外相への初めての評価は一九六二年九月に『世界知識』に掲載された紹介記事であった[23]。「新聞人物(ニュース人物)大平正芳」と題されたこの記事は、大平を「池田の最も信頼する腹心」、「宏池会の主要なメンバー」であると指摘した。また日本の報道に基づき、池田内閣の「低姿勢」を大平の発案だと説明した。同記事は大平が官房長官として前任の小坂善太郎よりも外交に精通し、日本政界では「池田—大平外交」とも呼ばれていると紹介した。さらに就任記者会見における、「戦後保守政権の外交姿勢を保持し、米国を中心とする自由主義陣営との協力を基調とする」、「共産主義諸国との貿易は、一線を越えないことが最も重要である」との大平の発言に注目し、大平は日韓国交正常化を最優先課題としていると指摘した。

『人民日報』も大平外相の発言を徐々に報じるようになった。一九六二年九月一六日の『人民日報』は、大平が、日本と米国の密接なパートナーシップを更に発展させ、強化させるといいながら、経済問題では米国の日本製品への規制強化を批判したことに注目した(24)。

だが中国の大平外相への評価は、池田政権の対中政策と同様、批判的な言説が目立った。一九六二年九月二四日『人民日報』は、国連総会での中国国連代表権問題における大平の対米支持発言を、「中国の国連における合法的な権利の回復を阻害している」と批判した(25)。

このように中国にとって大平は大きな期待を寄せられるような政治家ではなかった。中国は大平とのパイプを有しておらず、その対中姿勢も未知数であった。他方、日本の外相としての大平の発言は中国も注視していた。とくに中国は大平が日米経済問題で対米批判を展開していたことに注目した。だが、同時に中国国連代表権問題での大平の対米支持発言を批判していたように、大平への評価は必ずしも好意的ではなかった。

(2) 大平評価の好転に関する二つのポイントと池田後継問題

こうした中国の大平への評価は一九六三年に入るとやや好転していく。好転の要因となったのは、①大平の対中発言と日米経済問題への姿勢、②LT貿易協定で約束されていたビニロン・プラント輸出承認に対する大平外相の努力、であった。こうした変化を踏まえ、中国は宏池会における池田の後継者としての大平にも注目していった。

①大平の対中発言と日米経済問題への姿勢

一九六三年一月、大平は日米安全保障協議委員会終了後の記者会見で日米間には中国問題で幾つかの意見の不一致があると発言したが、中国はこれに直ちに注目した[26]。中国はその後も大平の中国問題をめぐる日米の分岐に関する発言を重視した[27]。

また中国は大平が経済問題において米国の姿勢を躊躇なく批判したことにも注視した。一九六三年二月、ギルパトリック（Roswell L. Gilpatric）国防副長官が来日し、日本の防衛力強化を求めたとき、大平は、日本は既に防衛力強化の努力をしており、経済上の独立は軍事上の役割と比べてもより差し迫ったものであると発言したと『人民日報』は報じた[28]。中国は大平がライシャワー（Edwin O. Reischauer）駐日米国大使との会談で米国の日本製綿製品への輸入規制を批判したことにも注目した[29]。その後も中国は大平の経済問題における対米批判発言に関心を向けた[30]。

このように中国は中国問題や経済問題での大平外相の対米自立性を注視した。しかし中国は大平に過度な期待を寄せてはいなかった。日本国内で米国原子力潜水艦寄港への反対運動が広がる中、大平は日米安全保障条約の規定に照らし、拒絶する理由はないとして日米安全保障体制を堅持する姿勢を示したが、中国はその点も見逃してはいなかった[31]。

②ビニロン・プラント輸出承認における大平の努力

一九六二年一一月、高碕達之助率いる代表団が北京を訪れ、廖承志（りょうしょうし）をトップとする中国側代表団との間で「日中総合貿易に関する覚書」を締結し、LT貿易体制が発足した[32]。この後、中国は池田政権が同協定の履行、とくに中国が強く希望したプラント輸出にどのような対応を示すのかをその対中姿勢を判断する試金石とした。

一九六三年一月、陳毅外相は平塚常次郎を団長とする日中漁業協議会の訪中団と会見した。陳毅は大平・ライシャワー会談の中で日中貿易により中国にプラントや技術資料を与えることは危険だとする発言がなされたことに対し、これを「間違い」だと指摘した。そして池田内閣がLT貿易の履行を妨害しないことを希望すると述べ、池田の「日本は必ず中国との貿易が大事であり、米国は干渉できない」との発言に敬意を持っていると発言した。その上で池田は最近やや動揺していると警戒感も伝えた。[33]このように中国はLT貿易の履行、とくにプラント輸出への日本輸出入銀行（輸銀）の資金の使用の可否に注目していた。中国はその後も高碕達之助事務所で中国問題に従事していた大久保任晴を通じて、日本側のプラント輸出問題に関する動きを逐一入手しようとした。[34]

外務省はプラント輸出に関して高碕達之助に商談しないように指示していた。しかし中国政府がプラント購入の内談を持ちかけると、高碕は即座にこれを受け入れた。その結果、この問題はLT貿易履行における最大の焦点となった。このとき争点となったのは倉敷レイヨンによるビニロン・プラント輸出であった。[35]

この問題をめぐって大蔵省は延べ払い輸出を問題視し、プラント条項の無効を主張した。一方、通商産業省は積極的な姿勢を見せた。結局、池田がプラント輸出に支持を与え、一九六三年八月、倉敷レイヨン製のビニロン・プラントの輸銀融資による延べ払い輸出が承認された。[36]

一九六三年七月、大久保任晴は北京にいる孫平化に電話し、ビニロン・プラント問題をめぐる日本国内の政治状況を伝えた。大久保は、「ビニロン・プラント輸出に関して、自民党内で異論があったものの、大平外相と高碕の努力によって、賀屋興宣政務調査会長は意見無しとなった」と伝えた。この内容は国務院外事簡報として中国共産党指導部にも報告された[37]。中国共産党指導部のこの報告への評価は不明のため、大平への評価が一変したか否か判断することは難しい。しかし中国共産党指導部は発言のみならず行動においても、約束の履行を果たす信頼し得る人間だと大平を認識し始めたものと思われる。

ビニロン・プラントの輸銀資金による延べ払い輸出の実現を契機として、中国の池田政権への態度は改善されていった。一九六三年八月、周恩来は在外公館及び在外の中国人記者が私人の資格で日本側と接触することを許可した。そして、同年九月五日、中国外交部は在外公館に対し、一九五八年五月の長崎国旗事件以来禁止していた日本の在外公館との接触を、限定的ながらも許可する電報を発出した。このとき外交部は、LT貿易体制の成立とビニロン・プラントの輸銀資金による延べ払い輸出の許可という成果を重視した。これらの成果をもって池田政権は自主的な精神で対中貿易を拡大しようとしていると指摘し、今後、日中の半官的な往来が継続的に発展することが望ましいと説明し、これまでの方針を転換するよう指示した[38]。

周恩来を含む中国共産党指導部の大平への発言も徐々に軟化していった。一九六四年五月、周恩来は訪中した北村徳太郎、川崎秀二(ひでじ)、松本俊一(しゅんいち)、徳田与吉郎(よきちろう)らと会談した。このとき周恩来は第二回アジア・アフリカ会議準備会に日本が参加しなかったことを理由に、池田首相には軟弱なところがあると批判したが、池田は岸とは違うと指摘した。そして、「日中関係の」発展は必ず池田を一歩前に進めるだろうと述べ、池田政権への期待感を伝えた。さらに周恩来は日中の外交接触は可能であると提起し、中国側としては香港での日本総領事館と新華社との往来や、第三国での日中大使級交流も認める方針だと池田と大平に伝えるよう要請した[39]。周恩来のこうした発言は、池田政権の外相としての大平をある程度信頼し始めていた証左といえよう。

一九六四年七月、大平は外相として中華民国（台湾）を訪問した。中国側はこの大平の訪華を注視し、その動向を逐一追っていた[40]。しかし中国は『人民日報』紙上で大平訪華を批判することを控えた。こうした姿勢も中国が大平外相にある程度の信頼を寄せていたことを示唆するものであった。

③池田後継問題における大平への認識

一九六四年九月、同年七月の自民党総裁選挙で佐藤栄作らに勝利した池田勇人は病気入院した。自民党内は、池田後継をめぐる政局へ突入したが、大平は池田との関係悪化もあり、外相を退任し、自民党筆頭副幹事長に格下げされていた[41]。

このとき中国は廖承志辦事処東京連絡事務処（以下、東京連絡事務処）を開設したばかりだった。中国は一九六三年八月、日中双方が相手国に常駐事務所を設置することを提案し、幾度かの交渉を経て、一九六四年八月に東京連絡事務処開設のために、孫平化をトップとする五名の人員を送り出した。中国が東京連絡事務処を設置した目的は、日本における対日情報収集の拠点を構築することにあった。そして東京連絡事務処は池田後継をめぐる日本の政局の情報を積極的に収集した[42]。

一九六四年九月一五日、東京連絡事務処は自民党内の親中派議員の一人である田川誠一より池田の病状と宏池会内部に関する情報を獲得した。田川は「現在池田派では池田に代わり内閣を掌握しているのは鈴木善幸、池田に代わり党を掌握しているのは大平」と伝え、池田の病状が回復し政権を維持することは難しいと述べた[43]。この情報は国務院外事辦公室編『外事簡報』第一〇二期（一九六四年九月二六日）として、中国共産党上層部に伝達された。[44]中国側は池田の病状が悪化する中、大平を宏池会のキーパーソンの一人だと認識していた。

一九六四年一一月、池田は佐藤栄作を後継者に指名し退陣した。新たに発足した佐藤政権で大平は自民党副幹事長に据え置かれた。大平はその後も佐藤政権下で冷遇され、一九六七年一一月に自民党の政務調査会長に就任するまで隠忍自重（いんにんじちょう）の日々を余儀なくされた。[45]こうした背景の下、『人民日報』に大平の名前が登場することはなくなった。中国が再び大平に注目するのは佐藤政権末期の一九七一年になってからであった。

3　田中内閣の外務大臣としての大平正芳への評価

(1)佐藤後継問題における大平への注目

①大平の対中姿勢の明確化と中国の反応

一九七一（昭和四六）年四月、大平は前尾繁三郎より宏池会の会長を引き継ぎ、派閥領袖となった。そして、大平は中国問題に意欲を示すようになった。[46]一方、中国の大平への注目も再燃していた。一九七一年四月、中国卓球代表団の副団長として来日した王暁雲（おうぎょううん）は、古井喜実の斡旋で大平と会談した。このとき大平は、古井の勧めにより、中国を唯一の正統政府として認め、台湾問題を処理して日中国交正常化を実現する意欲を伝えた。[47]

一九七一年七月、米国政府はキッシンジャー（Henry A. Kissinger）国家安全保障問題担当大統領補佐官の秘密訪中と翌年のニクソン（Richard M. Nixon）大統領の訪中を電撃的に発表した。こうした動きはニクソン・ショックと呼ばれ、日中関係と佐藤栄作の後継問題を中心とする日本の国内政治にも大きな影響を与えた[48]。このとき大平は佐藤政権の中国国連代表権問題における逆重要事項指定方式を公然と批判した[49]。『人民日報』はこうした大平の発言に注目し、紙面で取り上げた。『人民日報』は、大平は「北京政府は中国を代表する唯一の合法政府」と述べ、佐藤政権に「一つの中国」原則に基づき、その中国政策を変更するよう求めたと報じた[50]。

②東京連絡事務処による情報収集

佐藤後継をめぐる自民党内の政局が一層激化していく中で、王泰平を中心とする東京連絡事務処は、周恩来の指示に基づき対日情報収集を活発化させた[51]。一九七二年一月に帰国した王泰平は周恩来に直接呼ばれた。周恩来は王泰平に一時間にわたり日本の政局について尋ねた。王泰平は角福戦争の現状を伝え、田中角栄、大平正芳、三木武夫、中曽根康弘の四大派閥連合が形成されつつある中で、形勢は田中に有利になっていると報告した。周恩来は王泰平に今後一層日本の政局に関する情報収集を行うよう指示した[52]。

同年四月に日本に戻った王泰平は、朝日新聞の政治部記者である古川万太郎と会談した。この会談で王泰平は、田中角栄、大平正芳と古井喜実の会談内容に関する情報を入手した。王泰平は、「田中と大平の関係は親密である。ふたりはすでに、総裁選の際、票が多かったものを支持するという約束をしている」と日記に記した[53]。

同年五月、王泰平は田川誠一を通じて、佐藤派の国会議員・木村武雄と密談した。木村は総裁選での田中の勝利は間違いないと述べ、「田中は今、大平正芳を新内閣の外相に、三木武夫を副総裁にと考えている」と伝えた。[54] 同じ月に訪中した古井喜実も周恩来との会見で、「十中八、九分佐藤内閣の後には田中内閣が生れる。その時は間違いなく、外務大臣は大平氏である」と伝えた。[55] 同年七月、東京連絡事務処の首席代表として東京に着任した蕭向前は到着後、直ちに藤山愛一郎と会った。このとき藤山愛一郎は、「田中内閣の大枠は決まっており、大平正芳が外相になる。接触を開始してもよいでしょう」と伝えた。[56]

　このように中国側は自民党総裁選をめぐる政局情報を収集する中で田中角栄が勝者となる可能性が高いと認識するようになっていた。そして中国は、大平は田中支持に回り、また田中内閣で外相という重要ポストに就任するとの情報を得た。その結果、中国にとって日中国交正常化に向けて大平の重要性は高まっていたと言えよう。

③周恩来・三木武夫会談

　他方、中国は大平の対中姿勢をこの時点で完全に信頼しきっていたわけではなかった。それは中国が提示していた「国交回復三原則」[57]に対して、大平がその承諾を明言していなかったことに起因していたと思われる。

　自民党の派閥領袖クラスでいち早く「国交回復三原則」の承諾に意欲を見せたのは三木武夫であった。一九七一年八月、三木は松村謙三の葬儀に参加するために来日した王国権と会見した。このとき三木は訪中を希望する旨が記された周恩来宛の手紙を手渡し、㋐中華人民共和国は中国の唯一の正統政府であり、台湾は中国の領土である、㋑日中間には戦争状態が法的に存在しているが、これは両国にとってきわめて不幸なことで、一日も早く終結させ、国交正常化を実現したい、㋒日台条約(原文ママ)をいま一挙に廃棄することはできないが、日中国交回復が実現した場合は、当然日台条約(原文ママ)を清算しなければならない、と発言した。王国権は、「三木先生のご意見を、私たちは非常に評価している」、「三木先生の訪中希望は、帰国後周恩来首相に伝え、よく検討します」と回答した[58]。

一九七二年四月、三木は訪中し周恩来と会談した。三木は中国側指導部との会見で「国交回復三原則」の受諾を表明する意向であった[59]。周恩来は三木に対し、「田中・大平連合の内閣ができた場合は入閣されるか」と尋ねた。これに対して三木は、「中国政策その他重要政策に対する態度による」と答えた。周恩来は「それは正しい態度だと思う」と返した。その後、三木は日中国交正常化の手続きとして、日本側が日華平和条約の無効を宣言する方法を提起し、周恩来は「無効であれば、存在しなくなる。故に廃棄ということですね。日本政府の責任において」と応じた。三木は中国との戦争終結宣言や平和条約締結への意欲も伝えた[60]。

このように三木は「国交回復三原則」を受諾する意向を示し、田中・大平もそれを支持するか否かを入閣の条件とするかのような発言を行った。周恩来もその点に関心を見せた。三木の姿勢に比べれば、中国にとって大平の「国交回復三原則」受諾の姿勢は必ずしも明らかではなく、その点に不安もあったものと思われる。

(2)田中訪中以前の日中極秘会談

一九七二年七月五日、自民党総裁選挙で田中角栄は福田赳夫らに勝利し、田中政権が発足した。大平は大方の予想通り外相に就任した。外相就任直後、大平は橋本恕外務省中国課長に日中国交正常化の準備を開始するよう極秘裏に指示した。[61]

他方、大平は日中国交正常化に対して慎重な姿勢も見せていた。その理由は、㋐これまで日中関係者や親中派議員から伝えられてきている中国側の非公式な感触が、どこまで〝本音〟なのかもう一つ詰め切れない、㋑総裁選の結果、「国交正常化」という大勢は明らかになったものの、党内に多くの慎重論者が存在する中でコンセンサスをどのように固めていくか、㋒ニクソン訪中があったにせよ、いまだ中国との国交が成立していない米国が日中国交正常化に対してどのような反応を示すか明らかでない、というものだった。[62]

一九七二年七月二二日、大平は田川誠一の斡旋により、蕭向前、及び上海バレエ団団長として来日した孫平化とホテルオークラで秘密会談を行った。冒頭、大平は田中が孫平化に会えないことを釈明し、自分が田中と一心同体であると主張し、中国側の理解を求めた。孫平化は、自民党総裁選挙や新政権発足後の田中及び大平の対中姿勢を評価し、「田中先生・大平先生が北京に行かれ直接首脳会談を行う考えならば、中国側は歓迎を表明する。今回、私たちは非公式会談だが、今、お話ししたことは責任を持ってやる」と発言した。

さらに、「田中先生・大平先生が北京に行かれれば、私たちの側は難題を出したりしない。『三原則』の問題は当然、最終的には解決しなければならない。さもなくば国交は回復できない。しかし、中国側は日本政府首脳の訪中に対して、『三原則』の承認を前提として求めたりしない」と述べた。こうした中国側の発言に対し、大平は「私たちが表明している姿勢を中国側に十分理解していただき、非常に感謝している」と答えた。そして、現在の問題は自民党内部にあると指摘し、「孫先生が先ほど言われた基本線に沿って事を進めれば、党内の理解を得ることができる」と、「国交回復三原則」を前提条件としない孫平化の発言を重視する姿勢を示した。最後に大平は「互いに何かを探ったり、腹のうちを疑ったり、嘘をついたりしては、ことは成しえない」と述べ、日中国交正常化交渉で信義を重んじる姿勢の重要性を伝えた。この段階で中国側が「国交回復三原則」を田中訪中の前提条件としないと告げたことは、佐藤政権末期の対日姿勢を振り返れば、画期的な譲歩であった[63]。

大平や田中の中国への懸念を払拭させたのは、七月二五日に訪中して周恩来と会談した竹入義勝からもたらされた「竹入メモ」であった。竹入は七月二七日から合計三回、周恩来と会談した。周恩来は竹入に対し、㋐中国側が、日米安保には触れず、一九六九年の佐藤・ニクソン共同声明にも言及しないこと、㋑戦争による「賠償請求権」を放棄すること、の二点を明らかにした。

また日華平和条約について、日中の共同声明や宣言に盛り込まないことを提案した。さらに周恩来は、田中訪中時の日中共同声明に盛り込む八項目、台湾に関する黙認事項三項目[64]を読み上げ、竹入に全て記録させた。

帰国後、竹入は八月四日に首相官邸で田中と面会した。竹入は周恩来から示された項目のみを記した草案を田中に提示した。翌八月五日、竹入は再び田中と会談し、周恩来との詳細な会談記録を持参した。この会談記録を一読した田中は、その内容の正確さを竹入に確認すると、ついに訪中の決意を固めた。田中と大平は「竹入メモ」を極秘事項とし、大平はメモをポケットに入れ、橋本に渡し、外務省内の討議に供された[65]。

八月一一日、大平は再び孫平化と蕭向前と会談した。大平は田中首相がまもなく中国を訪問することと、上海バレエ団の帰国前日に首相が両者と会談することを伝えた(66)。さらに田中訪中の前に、自民党国会議員を中心として、外務省の二名の事務官を加えた訪中団を派遣し、田中訪中の具体的な日程について打ち合わせを行うことを提案した(67)。翌八月一二日、姫鵬飛外交部長は、「周総理は田中首相の訪中を歓迎し、招請する」と発表した(68)。

(3)日中国交正常化交渉における大平の役割

一九七二年九月二五日、田中角栄、大平正芳らは北京に到着した。空港で周恩来の出迎えを受けた訪中団は、午後から直ちに人民大会堂で首脳会談に入った。日中国交正常化交渉は、四日間という短期間に集中的に首脳会談と事務レベル協議が重ねられ、一挙に共同声明案の発表による国交正常化を実現させたことを特徴とした(69)。

こうした短期間の交渉で妥結に至ったことは、交渉が順調に終わったことを意味するものではなかった。多くの場面で日中間には意見の相違があり、交渉は決裂寸前にまでなった。このとき大平は外相として日本政府の立場を堅持しながら、中国と粘り強く交渉した。

大平がとくに意識したのが日華平和条約の位置づけであった。大平は中国の指摘する同条約の「不法にして無効」との立場に理解を示しつつ、日本政府がその見解に同意すれば、「日本政府は過去二十年間にわたって、国民と国会を騙し続けたという汚名を受けねばならない」と述べた。そして、「日華平和条約は国交正常化の瞬間において、その任務を終了したということで、中国側のご理解を得たい」と主張した。その後、高島益郎・外務省条約局長も日華平和条約が「無効であったとの立場」を取ることはできないと発言した[70]。

中国側は日本側が日華平和条約の合法性の確保を必要としていることを、三木・周恩来会談、竹入・周恩来会談で聞いており、その重要性は理解していた[71]。しかし中国は、かかる日華平和条約の合法性を前提とした説明に強く反駁した。中国側が重視したのは、戦争状態がいつ終了したのかを明確化することであった。中国側はこの点について竹入・周恩来会談でも固執していた。田中・周恩来の首相会談、大平と姫鵬飛の外相会談において、この問題をめぐる日中交渉は難航を極めた[72]。

日中国交正常化交渉が暗礁に乗り上げつつある中、大平は、万里の長城に向かう車中で姫鵬飛と非公式な会談を実施したいと申し入れた。この車中会談で姫鵬飛は「日中国交回復三原則を明記したい」と伝えたが、大平は「原則のみを記入したく、日本国内の事情をご理解願いたい」と回答し、譲歩しなかった。また両者は戦争終結をめぐる表現に関しても意見を交換した[73]。

車中会談に同乗した中国側の通訳、周斌によれば、大平は「私は一番肝心なのは例の戦争の問題だと思う。率直に言いますと、私は個人的にはほぼあなた方の考えていることに同意します」と発言したという。その上で大平は、「外務大臣の立場、日本が置かれている状況や世界の情勢、それにアメリカとの間には同盟関係がある。中国側の要求をすべて共同声明に書き入れるのは無理である」、「中国側の要求をすべて受け容れるのは無理だが、最大限の譲歩はする」と述べた。そして田中と大平の日中国交正常化への決意を周恩来に伝えて欲しいと要請した。このとき大平は涙ぐんでいるように見えたという[74]。

この問題は、橋本恕が提案した「不自然な状態」という表現を基にした「不正常な状態」が終了したとの表現で妥結した。中国側はこれにより戦争状態の終結は時間上の制約を受けなくなり、日中双方で異なった解釈を行いうる余地が生じると主張した。中国側の示した修正案は日華平和条約の法的根拠との整合性を満たしており、日本側にとって受け入れられるものであった[75]。

周斌は、大平が「日本国政府はかつて日本が戦争を通じて中国人民にもたらした大きな災いに対して、責任を痛感し深く反省する」というメモを提示し、これを日本側ができる最大の譲歩だと伝えたと回想している[76]。日本側の外交記録では、実際にこのようなやりとりがあったのか確認することはできないが[77]、大平は日華平和条約の整合性について譲歩しなかった見返りとして、戦争責任問題では最大限、中国に配慮したのかもしれない。

日華断交の実施は、日中共同声明の発表前日に行われた四回目の田中・周恩来の首相会談でも話題となった。周恩来は大平が調印の後の記者会見で日華断交を発表することに対し、「大いに歓迎する。田中・大平両首脳の信義に感謝する。中国も言ったことは必ず実行する。『言えば必ず信じ、行えば必ず果たす』という諺が中国にある」と発言した[78]。大平は周恩来との約束通り、共同声明発表の直後、直ちに日華平和条約の終了を宣言した[79]。

一連の交渉を通じて、中国側は、大平は、日本の国益や立場を堅持しつつも、中国との約束を必ず守り、実行する政治家との評価を固めていった。周恩来は、大平の行動に満足し、世界を見てもこれほど約束をきちんと守る政治家は非常に少ないと評した。そして「内秀（内に秀でた）」、「真誠（誠意ある）」、「可信（信頼できる）」人物だと認めた。大平のカウンターパートとして議論を交わした姫鵬

飛も、「彼は固く信義を守る人物で、かつて約束をたがえたことはない」、「信義を固く守る政治家である」と評価した。(80)

4 信義を重んじた政治家・大平正芳

本稿の結論は以下のように纏められる。一九六二（昭和三七）年七月に大平が第二次池田内閣第二次改造内閣の外相に就任した段階では、池田政権の中国政策への警戒感もあり、中国の大平への評価は必ずしも高くはなかった。一九六三年に入ると、中国は過度な期待こそ持っていなかったが、中国問題や経済問題での大平外相の対米自立性を注視した。そして池田政権の対中姿勢を判断する試金石としたLT貿易協定の履行、とくにビニロン・プラント輸出の実施に際し、大平の努力が伝えられたことで、中国の大平への姿勢も軟化した。しかし大平が佐藤政権のなかで隠忍自重の日々を過ごしたこともあり、中国の大平への注目はその後表面的には姿を消していった。

一九七一年四月、大平は宏池会会長となり、自民党派閥領袖の一角に名を連ねた。時を同じくして、中国は大平への接近を開始した。翌年七月、キッシンジャーの訪中が発表されると、大平は佐藤政権の中国政策とは一線を画す対中姿勢を明らかにした。中国もこうした大平の動きに注目した。

その後、中国は佐藤後継をめぐる自民党政局情報の収集に傾注していった。その際、中国は田中政権誕生のあかつきには大平が外相に就任する見通しが高いという認識にいたった。そして大平を日中国交正常化交渉でのキーパーソンの一人と評価するようになった。

だが中国にとって大平は手ごわい交渉相手であった。三木とは異なり、大平は中国の主張する「国交回復三原則」の受諾を明言しなかった。また大平は日華平和条約の合法性の確保を重視し、中国に妥協しなかった。他方、大平は日本の戦争責任問題では中国側に配慮し、最大限の譲歩を示した。また中国側との約束を遵守し、日中共同声明の発表直後に日華断交を宣言した。

このように大平は、外相として日本の国益を守るために原則を堅持しつつ、交渉相手である中国への配慮を忘れなかった。そして、LT貿易の履行や日中国交正常化交渉において、常に約束を遵守する姿勢を示した。大平は自ら述べた通り、中国との関わり合いのなかで信義を重んじた。周恩来・姫鵬飛を含む中国共産党指導部もこうした大平の姿勢を称賛し、信頼できる政治家として評価するようになった。こうした中国の評価は大平にとっても貴重な政治資産となったものと思われる。

（1）黄尊厳「大平正芳与戦後中日関係」『斉魯学刊』（一九九〇年）第三期、三一―三六頁。陳本善・丁英順「大平正芳与中日正常化」『東北亜論壇』（一九九二年）第三期、九―十三頁。呂乃澄「架起中日友好之橋―紀念日本前首相大平正芳」『外交評論』（一九九二年）第四期、三二―三八頁。劉毅「中日邦交正常化与大平正芳」『遼寧大学学報』（一九九三年）第四期、三―六頁。王俊彦『中日関係掘井人　記四十五位中日友好的先駆』（北京：世界知識出版社、二〇〇九年）、二九三―二九八頁。劉江永「大平正芳的人生与中日関係―紀念大平正芳誕辰一百周年」北京日本学研究中心編『大平正芳与中日関係』（北京：中央編訳出版社、二〇一一年）、三二―五一頁。

（2）中共中央党史研究室張聞天選集伝記組編・張培森主編『張聞天年譜　下巻（修訂本）』（一九四二―

一九七六)』(北京：中央党史出版社、二〇一〇年)、七一六—七一七頁。

(3) 杉浦康之「中国の『日本中立化』政策と対日情勢認識——「断絶」情勢下での自民党分断工作(1958年5月—1959年11月)」『安全保障戦略研究』一号二巻(二〇二〇年一〇月)、一一九頁。

(4) 大平正芳回想録刊行会『大平正芳回想録 伝記編』(鹿島出版会、一九八二年)、二一六—二一九頁。服部龍二『大平正芳——理念と外交』(岩波書店、二〇一四年)、一〇一頁。

(5) 鈴木宏尚『池田政権と高度成長期の日本外交』(慶應義塾大学出版会、二〇一三年)、三三—四一頁、五八—六十頁。

(6) 林代昭著、渡邊英雄訳『戦後中日関係史』(柏書房、一九九七年)、一四四—一四九頁。田桓主編『戦後中日関係史』も、池田政権の対中政策は、吉田茂以来の「二つの中国」または「一つの中国、一つの台湾」から抜け出すことはなかったとしつつも、LT貿易体制の成立を「穏健な発展を得た」と評価している。田桓主編『戦後中日関係史』(北京：中国社会科学院、二〇〇二年)、一八五—一八七頁。

(7) 中国外交部外交档案館(以下、外交部档案館)「毛沢東主席会見日本共産党総書記宮本顕治的談話記録」一九五九年三月三日(一〇五—〇〇六六七—〇一)。

(8) 「対日貿易三原則—周恩来総理、鈴木一雄日中貿易促進会専務理事会見記録(一九六〇年九月一三日 人民日報)」外務省アジア局中国課『中共対日重要言論集(第六集)—一九六〇年二月より一九六一年一月末まで』(外務省アジア局中国課、一九六一年二月)、一七一—一七四頁。

(9) 池田政権による日米関係の修復に関しては、鈴木、前掲、九〇—一二三頁。

(10) 池田政権による中国国連代表権問題に関しては、井上正也『日中国交正常化の政治史』(名古屋大学出版会、二〇一〇年)、一七一—一九四頁。

(11) 「日本政府、『二つの中国』の陰謀に加担(一九六一年七月一三日)」外務省アジア局中国課『中共対日重要言論集（第七集）―一九六一年二月より一九六二年一月まで』（外務省アジア局中国課一九六二年三月、以下『重要言論集　七』）、二二六―二二七頁。

(12)「中国の国連における合法的議席の回復を阻む池田政府（一九六一年八月二九日）」『重要言論集七』、二二九頁。

(13)「国連における中国代表権、チベット問題両決議における中国外交部声明（一九六一年一二月二二日、人民日報）」『重要言論集七』、二三九頁。

(14)「さらけ出した池田政府の真面目（一九六一年一二月三〇日）」『重要言論集七』、二四〇頁。

(15)大澤武司「戦後初期日中関係における「断絶」の再検討（一九五八―一九六二）―「闘争支援」と「経済外交」の協奏をめぐって」添谷芳秀編著『現代中国外交の六十年』（慶應義塾大学出版会、二〇一一年）、一〇三―一〇八頁。

(16)田川誠一『日中交渉秘録　田川日記　十四年の証言』（毎日新聞社、一九七三年）、三九―四九頁。「周恩来総理、陳毅副総理同松村謙三会談摘要」（一〇五―〇一一五二―〇四、一九六二年九月一六日―九月一九日）。

(17)外交部档案館「向蘇聯、保加利亜、羅馬尼亜等国駐華使館介紹中日関係状況談話稿」（一〇五―〇一五三〇―〇三、一九六二年一〇月二三日）。

(18)杉浦、前掲、一一五―一三七頁。

(19)孫平化『日本との三十年　中日友好随想録』（講談社、一九八七年）、一一九頁。外交部档案館「孫平化、王暁雲関于日本状況的報告（国務院外事簡報）」（一〇五―〇一八六三―〇三、一九六三年六月九日）。

(20)中国の自民党親中派工作に関しては、程蘊「自民党内日中友好派と中国の対自民党工作（一九六〇―一九六一）」『中国研究月報』六十八巻四号（二〇一四年四月）、一―一三頁。程蘊「相互作用としての日中関係――池田内閣期の日中関係研究――」法政大学博士学位請求論文（二〇一五年）、六四―八一頁、などを参照。

（21）池田慎太郎「池田外交と自民党――政権前半期を中心として」波多野澄雄編著『池田・佐藤政権期の日本外交』（ミネルヴァ書房、二〇〇四年）、四一頁。

（22）程蘊「相互作用としての日中関係」一四二頁。

（23）雅宝「新聞人物　大平正芳」『世界知識』（一九六二年）第十六期、二十四頁。

（24）「美国損人利己　日本自食悪果　日外務大臣抱怨美国限制日貨進口」『人民日報』一九六二年九月一六日。

（25）「蘇聯外交部長和阿富汗外交大臣在聯大発言　要求恢復中国在聯合国的合法権利　葛羅米柯還対古巴局勢、裁軍問題、徳国問題等表述意見」『人民日報』一九六二年九月二四日。

（26）「美国継続要日本幇同反華　日外相説日美対中国看法有分岐」『人民日報』一九六三年一月二三日。

（27）「以限制美進口対付美限制日綿製品進口　日本紡績協会決定採取報復措置施《毎日新聞》節日本官方人強烈不満美国対日政策」『人民日報』一九六二年二月二六日。

（28）「日美会談表明双方存在分岐　美国防部副部長到東京駆策日本加緊拡軍反華　日外相表示日本経済独立比軍事努力更為迫切」『人民日報』一九六三年二月九日。

（29）「日本強烈不満美国限制日綿組品進口　池田政府正式提出抗議　各界輿論一致譴責美国損人利己」『人民日報』一九六三年二月一七日、「日本強烈反対美限制日綿製品入口　日美双方矛盾難以協調談判陥于僵局」『人民日報』一九六三年二月二一日。

（30）「肯尼迪特使赫脱在東京碰壁　日政府和経済界拒絶降低進口関税」『人民日報』一九六三年四月一三日。

（31）「日本各階層人民日益広泛地動員起来参加闘争　反対美国核艦闘争迅速拡展　日共号招掲露外務省

有関美核潜艦的欺瞞性報告」『人民日報』一九六三年六月九日。

(32) 井上、前掲、二五六―二五七頁。

(33) 外交部档案館「陳毅副総理接見日本日中漁業協議会訪華大代表団談話記録」(一〇五―〇一二一六―一四、一九六三年一月二一日)。

(34) 外交部档案館「国務院外辦外事簡報：高碕辯事処大久保和孫平化通話要点」(一〇五―〇一五九一―〇一、一九六三年一月二二日―一九六三年一一月四日)。

(35) 井上、前掲、二五七―二五九頁。

(36) 井上、前掲、二五九―二六〇頁。

(37) 外交部档案館「国務院外辦外事簡報：高碕辯事処大久保和孫平化通話要点」(一〇五―〇一五九一―〇一、一九六三年一月二二日―一九六三年一一月四日)。

(38) 外交部档案館「関于我駐外使館同日本外交官接触状況及指示」(105―01217―01、一九六三年一月一〇日―一九六三年一月一一日)。

(39) 外交部档案館「周恩来総理改憲日本外賓北村徳太郎、川崎秀二、松本俊一、徳田与吉郎的談話記録」(一〇五―〇一二九三―〇二、一九六四年五月一四日)。

(40) 「大平将于三日去台湾活動」『参考消息』一九六四年七月一日、「大平去台湾活動」『参考消息』一九六四年七月三日、「大平抵台并同陳誠、厳家淦会談」『参考消息』一九六四年七月四日、「大平結束在台湾的活動回東京　在台時曾同蒋介石等進行会談」、「中央社報道　大平離台前対記者発表談話」『参考消息』一九六四年七月六日、「共同社報道　大平在台湾活動後回到東京」『参考消息』一九六四年七月七日、「大平在日内閣会議上匯報台湾之行」、「共同社評大平台湾之行　認為蒋幇由于処境孤立所以以〝友好〟拉攏日本」『参考消息』一九六四年七月九日。

(41) 福永文夫『大平正芳――「戦後保守」とは何か』(中央公論新社、二〇〇八年)、一一六―一一八頁。服部、前掲、七七、八〇―八一頁。

(42)杉浦康之「知日派の対日工作――東京連絡事務処の成立過程とその活動を中心に」王雪萍編著『戦後日中関係と廖承志――中国の知日派と対日政策』（慶應義塾大学出版会、二〇一三年）、一四一―一四六頁。

(43)外交部档案館「廖承志辦事処駐東京連絡事務所代表来信」（一〇五―〇一六五九―〇一、一九六四年八月二八日―一九六四年一二月七日）。

(44)外交部档案館「中国駐東京廖承志辦事処来信滙報有関日本政局状況」（一〇五―〇一二九六―〇一、一九六四年九月二六日）。

(45)福永、前掲、一二八―一三一頁、一三四―一三五頁。服部、前掲、八二―八七頁。

(46)福永、前掲、一五〇―一五三頁。服部、前掲、一〇〇―一〇一頁。

(47)田川誠一『日中交流と自民党領袖たち』（読売新聞社、一九八三年）、三九―四一頁。

(48)井上、前掲、四二〇―四二一頁、四四〇―四四三頁。

(49)福永、前掲、一二八―一三一、一三四―一三五頁。服部、前掲、八二―八七頁。

(50)「追随美帝製造〝両個中国〟的陰謀、頑固地与中国為敵　佐藤政府在国内遭到強烈反対空前孤立」『人民日報』一九七一年九月九日。

(51)杉浦、前掲、一四一―一四六頁、一六七―一六八頁。

(52)王泰平著、山本展男監訳・仁子真裕美訳『あのころの日本と中国――外交官特派員の回想』（日本僑務報社、二〇〇四年）、八一―八四頁。

(53)王泰平著、福岡愛子監訳『「日中国交回復」日記　外交部の「特派員」が見た日本』（勉誠出版、二〇一二年）、四三三―四三四頁。

(54)王泰平、前掲、四五五頁。

(55) 古井喜實『日中十八年　一政治家の軌跡と展望』(牧野出版、一九七八年)、一二二頁。
(56) 蕭向前著、竹内実訳『永遠の隣国として――中日国交回復の記録』(サイマル出版会、一九九七年)、一五五頁。
(57) 一九七一年六月に中国が公明党との共同声明の中で提示した、日中国交正常化の前提条件。①中国はただ一つであり、中華人民共和国は中国を代表する唯一の合法政府である。「二つの中国」と「一つの中国、一つの台湾」をつくる陰謀に断固として反対する、②台湾は中国の一つの省であり、中国の不可分の領土であって、台湾問題は中国の内政問題である。「台湾帰属未定」論には断固反対する、③「日台条約(日華平和条約)」は不法であり、破棄されなければならない、を内容とした。田中明彦『日中関係　一九四五―一九九〇』(東京大学出版会、一九九一年)、七〇頁。
(58) 田川、前掲、五二―五六頁。
(59) 「中国首脳者との会談要領案」「『オンライン版　三木武夫関係資料』」(丸善雄松堂、二〇一九年)、五三九五―〇四。
(60) 「三木武夫・周恩来会談記録」「『オンライン版　三木武夫関係資料』」(丸善雄松堂、二〇一九年)、五三六三―一四。
(61) 井上、前掲、四九二、四九六―五〇〇頁。服部龍二『日中国交正常化――田中角栄、大平正芳、官僚たちの挑戦』(中央公論新社、二〇一一年)、五三―五八頁。
(62) 大平正芳回想録刊行会、前掲、三二三頁。鹿雪瑩『古井喜實と中国――日中国交正常化への道』(思文閣出版、二〇一一年)、二二五頁。
(63) 井上、前掲、五〇四頁。王泰平、前掲、四九三―四九八頁。
(64) 台湾に関する黙認事項三項目は以下の諸点であった。①台湾は、中華人民共和国の領土であり、台湾を解放することは、中国の内政問題である、②共同声明が、発表された後、日本政府が、台湾から、その大使館、領事館を撤去し、また、効果的な措置を講じて、蔣介石集団の大使館、領事館を日本から撤去させる、③戦後、台湾における日本の団体と個人の投資及び企業は、台湾が解放される際に、適当な配慮が払われるものである。石井明・朱建栄・添谷芳秀・林暁光編『記録と考証――日中国交正常化・日中平和友好条約締結交渉』（岩波書店、二〇〇三年）、三三―三四頁。

(65) 福永、前掲、一六八―一六九頁。石井他編、前掲、三―五一頁、一九七―二〇六頁。井上、前掲、五〇五―五〇七頁。服部、前掲、六一―六六頁。

(66) 孫平化、前掲、一六一頁。

(67) 王泰平、前掲、五〇四頁。

(68)「姫鵬飛外長受権宣布　周総理歓迎并邀請田中首相訪華」『人民日報』一九七二年八月一二日。

(69) 井上、前掲、五二三頁。

(70) 石井他編、前掲、五四―五五頁、一一〇―一一六頁。井上、前掲、五二六―五二八頁。

(71)「三木武夫・周恩来会談記録」、五三六三―一四。石井他編、前掲、一二一―一二三頁。

(72) 石井他編、前掲、二九頁、五四―五六頁、八四―九〇頁、一一〇―一一六頁。井上、前掲、五二六―五三二頁。服部、前掲、一三二―一三三頁、一四五―一五四頁。

(73) 石井他編、前掲、九一―九三頁。

(74) 周斌著、加藤千洋・鹿雪瑩訳『私は中国の指導者の通訳だった――中日外交　最後の証言』（岩波書店、二〇一五年）、一〇二―一〇三頁。

(75) 石井他編、前掲、九七―一〇〇頁、二二〇―二二二頁。井上、前掲、五三四頁。

(76) 周斌、前掲、一〇四―一〇七頁。

(77) 石井他編、前掲、九六―九七頁。

(78) 石井他編、前掲、七一―七二頁。

(79) 服部、前掲、一九〇—一九三頁。
(80) 周斌、前掲、二四九—二五〇頁、二五二頁。

第七章

大平正芳と日中国交正常化

古井喜実との関係を中心に

鹿雪瑩

1 日中国交正常化における大平正芳と先行研究

大平正芳は、一般に吉田茂から池田勇人への政治的系譜に連なる、「保守本流」の嫡子と見られている。政治家としての歩みをたどっていくと、彼が戦後政治の中心に位置しており、戦後日本の岐路となった歴史のさまざまな節目に立会い、少なからぬ役割を果たしてきたことが分かる。そして、彼はその位置づけ以上に「戦後保守」の演出家として、あるいは体現者として大きな足跡を残してきた。[1] 外交を政治家としてのライフワークとしてきた大平は、日米関係とアジア外交との均衡を常に重んじてきた。日中関係に対する大平の言動にも彼の理念的な特徴が明確に表れている。

大平と日中国交正常化に限っても、日中両国で多くの研究が存在する。日本では、倪志敏(にいじみん)、小池聖一(せいいち)、服部龍二らによるものが挙げられる。

倪志敏は外務大臣としての大平に焦点を当て、日中外相会談を中心に彼の役割を論じ、日中国交正常化における大平の貢献を研究した。[2] 小池聖一は「大平外交」の形成を中心に、日中国交正常化をめぐる日本外交の相克を検討している。[3] 服部龍二は『日中国交正常化――田中角栄、大平正芳、官僚たちの挑戦』において、外交記録やインタビューなどに基づき、日中国交正常化交渉の過程を掘り起こし、田中角栄、大平正芳らのリーダーシップに着目して、政治家と官僚たちの動きを精緻に追っている。また、服部は『大平正芳――理念と外交』でも、様々な資料を駆使して、関係者へのインタビューをも交えながら、大平の理念と外交を系統的に跡づけ、その実像を丁寧に描き出し、戦後日本政治そのものを問い直している。[4]

一方、中国における大平正芳に関する研究は一九九〇年代に始まった。大平と中日国交正常化、大平の中国観と外交実践、台湾認識と「告別外交」など様々な角度から研究が進められている。[5] たとえば、大平の中国観の形成について、田慶立（でんけいりつ）は、大平自身の体験や中国に対する深い理解、日本の侵略戦争に対する反省に由来すると述べている。大平は中国との友好協力関係の発展を重視しており、日中関係の発展が両国のみならず、アジアの平和と安定のために重要であると考えていた。[6] また黄忠（こうちゅう）の研究によれば、大平は保守本流の嫡子であり、彼の政治理念と外交思想は、吉田茂元首相の外交思想に強く影響された親欧米的なものであったとする。国益の観点から、大平は当初、共産主義中国に強い警戒心を持ち、暗に「二つの中国」、「一つの中国、一つの台湾」の事実化を企てた。だが、一九七〇年代に入ると、国際情勢の変化に応じて、その立場を調整し、「一つの中国」を認めるようになり、田中角栄内閣の外相として積極的に日中国交正常化を推進し、台湾に対して「告別外交」を行ったという。[7] そして、大平正芳生誕百周年にあたる二〇一一（平成二三）年には、北京日本学研究中心の編集による『大平正芳与中日关系』が出版され、大平研究に関する様々な成果が収められた。[8]

以上の先行研究を踏まえた上で、本稿では日中関係改善の先駆者の一人であり、大平の親友でもあった古井喜実と関連づけながら、大平の対中外交理念とその行動の特徴、及び日中国交回復における大平の役割と位置づけを再考したい。

2　日中貿易を推進する

一九五二（昭和二七）年四月にアメリカの占領下から独立した日本は、台湾における国民党政府を中国の正統政府として認める一方、民間経済交流を通じて、一九四九年に成立した中華人民共和国との関係を打開しようとした。一九五〇年代を通じて日中間では四つの民間貿易協定が締結されたが、一九五八年五月二日に起こった長崎国旗事件により、日中関係は中断した。[9]

古井と大平は一九五二年一〇月に、それぞれ改進党と自由党の公認候補として衆議院議員に初当選して政界に入った。古井は池田勇人を通して大平正芳と知り合った。古井と池田は、それぞれ内務省と大蔵省と入省先こそ異なっていたが、同期入省であったことから戦前からの知り合いであった。一九四三年、茨城県知事を務めていた時代に古井は、池田との親交を深め、彼を通して大平とも知り合った。[10]一九五六年八月、地元の青年の政治的関心を喚起するために、古井が選挙区で「夏期自治大学」[11]を開催した際、講師陣として松村謙三、藤山愛一郎、大平正芳ら政治家を招いている。その後、岸信介内閣期の一九五七年四月四日、古井は党内の刷新を図るために、衆議院の院内各派二〇人と語らって「吾友会」という組織を結成して代表世話人を務めた。この時、大平も世話人の一人となっている。[12]

当初、古井は中国問題に大きな関心を示していなかった。一九五五年二月の総選挙において、「アメリカ一辺倒の外交から自主独立の外交に転換し、中ソとの国交を打開調整しなければならぬ」との政見を公にした。[13] これは古井が初めて中国問題に言及したものである。古井と中国との関係が始まったのは、一九五九年秋、民間交流が中断していた日中関係を打開するために訪中した松村謙三に同行した時からである。訪中後の一九六〇年初めに、古井喜実、宇都宮徳馬らは日中関係打開に向けたグループを結成した。[14] それ以来、古井は日中国交正常化を自らの最大の政治目標に定めたのである。

一九六〇年七月一九日、第一次池田内閣が成立すると、大平は内閣官房長官に就任し、古井も厚生大臣に就任した。一九六二年七月一八日、大平は第二次池田再改造内閣の外務大臣に就任したが、この時古井は閣僚に入らなかった。これ以後、大平は閣僚として、古井は自民党内の日中関係打開派の一人として、それぞれ政府と民間の立場から日中貿易の再開を目指すことになる。

長崎国旗事件以来中断していた日中貿易再開の気運は、池田政権成立とともに高まってきた。その背景には英・独・仏などの西欧先進国の対中貿易が増加の勢いを示していたことがあった。日本国内では、大陸市場をこれらの国々に奪われるのではないかという焦慮が出てきたのである。また革新陣営も日中貿易の再開を政府に迫っていた。一方、日中貿易再開のインセンティブは中国側にも強かった。こうした日中両国の思惑が一致した結果、一九六二年一一月に廖承志と高碕達之助の間で日中長期総合貿易に関する覚書（LT貿易協定）が調印された。この時、松村謙三に同行して再び訪中した古井も大きな役割を果たしたが、池田政権の外相であった大平も日中貿易の促進を支援し、LT貿易協定の成立に尽力している。

LT貿易に対してはアメリカや台湾の反発が懸念された。アメリカは、好戦的な中共と日本との貿易は、直接、間接の両面で中共の戦力増強に寄与することになると認識しており、この動きを歓迎しなかった。大平の考えでは、この貿易再開はチンコム（対中国輸出統制委員会）のような国際協定に違背するものではないので、アメリカが正面から日本に中止を要請できる性質のものではなかった。そのことから、大平は米国首脳と会談する毎に、貿易再開は日本国民の大多数がこれを欲する以上、民主的な政府としてこれを拒否する立場にないこと、さらにはこれを認める方向に施策することが、日本における民主政治の定着に寄与することになると繰り返し説明した。また、日中貿易は現状では民間の商業ベースで行われるものであるとして、政府はとくに貿易を奨励するものでもなければ、否定するものでもないと強調している[15]。

一方、台湾はアメリカ以上にこの貿易再開を歓迎していなかった。一九六二年一〇月一七日、張厲生駐日大使は大平外相を訪問して、日本政府が四省庁次官会議において、五年の長期総合バーター、延べ払いという方針、延べ払いは西欧並以上に弾力的に行うと決定したことについて大平に質し、その通りだとすれば、余りに中共を優遇することになるため、その力を増大させる怖れがあるという懸念を示した。それに対し、大平は次のように答えている。

①日本の方針は、共産圏との貿易は政治とは別とし、経済、文化の交流は差し支えないとの建前である。共産圏貿易について、本来そう大きく伸びるとは思っていない。ただ、政府が抑えているとの印象を国民の一部がもつので、輸出入をやらせてみて、これだけしかできないということを納得させる必要がある。

②自由諸国の他にソ連に対し延払いをしているのに、中共にはなぜできないかという反論がある。

五年で計画を立ててやってみて、しかしバランスは取れ、西欧並みの水準を超えるなという内容である。これは本当のところ子守歌であるが、国民に子守歌とは言えない。そこで「前向き」といっているのである。

③高碕さんが行くとしても政治関係の話には一切立ち入らない。今度の中共の態度は純経済的だとは思わないが、政治的意図があろうから慎重にやる。[16]

その後、倉敷レイヨンのビニロン・プラント輸出に対する日本輸出入銀行による対中延べ払い融資が問題になると、台湾側はさらに反発を強めた。張厲生大使は再三、大平にこの案件を進めないよう強く要請した。一九六三年八月二二日、大平大臣を訪問した張大使は、本国政府からの訓令によるものだと前置きして、日本政府によるビニロン・プラントの対中延べ払い輸出許可は中華民国における朝野の感情を刺激し、将来における日華両国間の友好関係に「ひび」を生ずるものとして、許可の取り消しを申し入れた。これに対し大平は次のように説明し、日本の真意を張大使から本国政府に伝達するように要請している。

①日本は中共貿易について政経分離の原則を堅持すべきである。
②ココム・チンコムの規定する戦略物資については国際間の原則によって処理されるべきである。
③プラントの対中共延払い輸出も貿易の一部と見做さるべきで、これを貿易の枠外とする理由に乏しい。

④対中共延払い輸出条件は他の自由主義諸国向きのそれよりも優遇するものでない。
⑤将来も対中共向信用供与には一定の限度を設けておくこと等の基本原則に背馳していないとの見地から行われたもので、従来の国内外における賛否両論をも充分考慮し、やむを得ず最大公約数的措置を採った苦心の作である。
⑥自分としては決して日華間の友好関係を軽視するが如き考えは毛頭持っていない[17]。

大平の説明にもかかわらず、張大使は繰り返しビニロン・プラントの延べ払い輸出許可を再考するよう強調した。だが、大平は撤回は極めて困難だと回答している[18]。結局、このビニロン・プラント輸出は実行に移され、張厲生は間もなく駐日大使を辞任することになった。

一九六四年四月、松村謙三、古井喜実らの訪中により、日中LT貿易連絡事務所の相互設置並びに代表の相互派遣が決められた。台湾の反発は具体的な行動へと結びつき、日本との輸出入及び、日本における政府の買付等を停止または制限することを決定した。この後、第五章で述べられるように、悪化した日台関係を修復するために、一九六四年七月三日から五日まで、大平は外相として台湾を訪問している。台湾要人との会談では、LT貿易連絡員の派遣問題やビニロン・プラント問題について実質的な討議は行われなかったが、蔣介石は反共主義の立場を繰り返し、日本は中国問題に厳しい態度をとるべきだと説いた。

これに対して大平は、反共において双方は一致しているが、現実的なやり方では台湾と異なる。日本は民主主義体制の国家であり、中国問題について国民全体の理解と支持を得る必要があると答えた。[19]大平は、台湾の立場に理解を示しつつも、日本固有の事情から現実的なやり方で中国問題を処理することを強調したのである。

台北での記者会見で、中国からのLT貿易連絡員の日本派遣問題を質問された大平は、これは貿易連絡事務を目的とする個人の入国を認めたに過ぎず、中共の「政府機関」あるいは機関から派遣された事務所を日本政府が承認したものではないし、連絡員の活動範囲は厳格に限られているため、日本政府が「政経分離」の基本方針を変更したことを意味するものでないと答えている。[20]

一九六四年一一月九日に佐藤栄作内閣が登場すると、中国向け延べ払い輸出の輸銀資金不使用を約束した吉田書簡問題の影響もあって、日中関係は徐々に悪化した。池田内閣時代に発展したLT貿易は、当初五年間と定められた期限が一九六七年末に満期を迎え、一九六八年からは毎年更新される覚書貿易として再出発することになった。その後、覚書貿易交渉は年々難航するようになったが、古井喜実が老齢の松村謙三に代わって日中関係打開の舞台に登場することになり、覚書貿易を存続させるべく中国側との政治会談に臨んだ。

一方で大平正芳は、佐藤内閣期に筆頭副幹事長、政務調査会長を経て、一九六八年一一月の内閣改造で通産大臣に就任した。だが、その後一九七〇年一月の内閣改造で通産大臣を辞任し、佐藤内閣と距離を置くようになった。

この時期の大平の考えは次のようなものである。中国をはじめとする共産圏諸国との関係はあくまでも貿易によるものであり、他の自由圏諸国との貿易がそうであるように競争的に行われているものであるから、政府が共産圏貿易だけを特別に取り扱うべきではない。国際的な規制を除けば、共産圏貿易にだけ特別な規制をかけるべきではないし、特別に奨励すべきでもない。中共向けプラント輸出に輸銀資金を使うかどうかは、本来なら問題になるべきものではない[21]。長期の延べ払い決済は貿易の大勢であり、日中貿易にプラントの延べ払い輸出があっても不思議ではないし、これに輸銀資金を使うことも不自然ではない。とはいえ、日本政府が対中延べ払い輸出に輸銀資金を使用することは、国民政府には許しがたい背信行為と映っている。そのため、日本の選択肢は、国府の反発を振り切って延べ払い輸出に踏み切るか、従来通りの貿易を続けるかの何れかになるが、延べ払い輸出が、国府の政治的反発を振り切る大義名分と実益を日本にもたらすかどうかの判断は、政府に委ねられている。その判断や決意を整えることなく、「前向き」と称して、いたずらに思わせぶりの主張や希望を繰り返すことは、日本の名誉と利益のために百害あって一利もないと大平は主張するのである[22]。

一九七〇年四月に発表された覚書貿易協定の政治会談コミュニケは、敵視政策、安保条約の問題、日本軍国主義の復活、沖縄返還問題などに関する、中国側の様々な対日非難が織り込まれた。大平は、覚書貿易協定を苦心してまとめた古井喜実の行動を肯定する一方、日本としては状況を冷静にみるべきで、言葉のやりとりによる神経戦は止めて、平和国家、アジアの一員としてなすべきことを考え、静かな行動で時間をかけて対処すべきであると述べている。一方、覚書貿易の存続について、大平は政治的パイプとして機能している覚書貿易が一旦切れると再開のきっかけが摑めなくなり、相当長い断絶が続く恐れがある。だから、切らずに続けるべきであると古井喜実と同様の認識を示している[23]。

3　日中国交正常化に対する態度

古井喜実らは、日中国交正常化を念頭に置きながら、覚書貿易ルートを維持してきた。もちろん、古井は日中国交正常化だけを目標に掲げたわけではなく、それを世界の中での日本外交と結びつけて考えていた。すなわち、中国問題は世界平和の問題であり、日本は自由主義国家としての立場を守らなければならないが、同時に自由主義の一つの国であるアメリカに従属せねばならない理由もない。中国問題の解決のため、他の自由主義国を啓蒙し、引っ張ってこそ、独立日本の立場があると古井は主張していた。[24]

一九六七（昭和四二）年、LT貿易協定が存続の危機に直面した時、古井はベトナム戦争の終結とその後に予想される極東情勢の変動から日本が取り残されることを心配していた。とりわけ、一九六八年三月三日にジョンソン（Lyndon Johnson）大統領が、北爆停止と次期大統領選の不出馬を表明して以来、彼は米中の雪解けは近いと予測するようになった。一九七〇年に入ると、古井は、ベトナム戦争の収拾は、米中両国が接近して初めて可能になると述べ、米中和解が成立すれば、日本の政治路線は変わり、二年後には日本政治に大きな変動が起こると断言するようになった。そして、予想される国際情勢の変化に対応して、日本人は自らの進むべき道を見出さねばならないと主張したのである。[25] その後の国際情勢はまさに古井の予見通りに推移した。一九六八年から一九七一年に至るまでの、覚書貿易交渉の政治会談で、古井らは「政経不可分」、「一つの中国」、台湾に関する中国側の原則を認めるようになり、会談コミュニケに盛り込まれたこれらの原則は、後に中国側によって日中国交正常化の前提条件として提示された「復交三原則」の基礎となった。

古井に比べて、大平は日中貿易の発展を支持する点では一貫していたが、国連における中国代表権問題や日本の中国承認問題に対する態度は必ずしも明確ではなかった。この時期は大平が消極的から積極的な態度へと転換する過渡期であった。

一九六四年二月の衆議院外務委員会において、大平は、中国政府が世界の祝福を受けて国連に迎えられれば、日本も国交正常化を検討するという趣旨の答弁を行った。つまり、大平は、日本の中国承認の前提は、国連中国代表権の解決にあると考えていた。しかし、彼は中国の国連加盟をすぐに進めるべきと考えていたわけではない。一九六六年四月当時の国連中国代表権問題に対する大平の認識は次のようなものである。中華民国政府は、国連創設以来、有力なメンバーとして、その義務を忠実に果たしてきたため、よほどの理由がなければその代表権を剝奪することはできない。他方、朝鮮戦争以後、中華人民共和国政府は、しばしば国連でその好戦性を非難されてきた政権であるため、国連において中国を代表する政府と認められるには、よほどの理由がなければならない。また国連中国代表権問題は、世界平和の観点から重要であるのみならず、国連憲章や国連政策から見ても厄介な問題であり、国連の存廃にも関わることから、この問題を日本が重要事項だと判断することは当然だと大平はみていた[26]。

さらに日本の中国承認についても大平は慎重であった。大平は、日本にも北京政府を中国の正統政府として認めるべきという主張があるが、そのことは直ちに台北との断交につながると考えていた。

日本にとって、台北との断交は外交面のみならず内政面でも重大な問題になるため、よほどの理由と名分がなければ踏み切れないと主張している[27]。

一九六八年五月当時も、大平は中国問題について静観する構えであった。自民党内では中国政策をめぐって積極論と慎重論に割れていたが、大平は、北京政権をどう取り扱うかは結局、台湾問題とは切り離せず、台湾を捨てる決心さえつければ、延べ払い輸出の輸銀使用はもとより、日中国交正常化も可能になるが、日本と台湾とは貿易関係のほかに、南シナ海での海上安全などの安全保障上の問題にも関わるため、なぜ台湾を捨てるかという明確な理論付けがなければ積極的に動けないというのが大平の考えであった[28]。

一九七〇年四月になっても大平の姿勢は大きく変わっていない。大平は、中国との国交調整は、中国側で「二つの中国」が一つになるか、それとも日本が台湾と断交して、北京政府と結ぶ以外には考えられないが、いずれの選択肢も当面は望めないため、日本としては、機が熟するのを辛抱強く待つほかないと主張している。そして、早急で軽率なアプローチをとれば、北京の侮りと台北の不信を買うだけであるとして、日本としては国連中国代表権をめぐる国際世論の趨勢を見極めながら、慎重に対応を考えるべきであると主張していた[29]。

ところが、一九七〇年秋以来、国連における大勢は、北京に中国代表権を認める方向へと急速に傾斜した。北京と外交関係を持つ国も徐々に増えてくる中で、日本の世論も大きく動くようになった。電撃的な米中接近が行われた後の一九七一年九月一日、大平は、いわゆる中国問題に決着をつける時が来たと判断し、政府は日中友好の精神と原則を踏まえて、なるべく速やかに、北京との間で政府間接触を開始すべきであると主張するようになった。そして、当時、外務省が進めていた国連での逆重要事項指定案（中華民国の国連追放を重要事項に指定する決議案）の提出は、世論の大勢に逆行しているので、これを慎むよう要望したのである。[30]

この時期になると大平は、国連において検討されていた逆重要事項指定方式や二重代表制は、世界の大勢に逆行していると明確に主張するようになった。また、中国承認についても、国際信義を盾に国府との国交を守るか、国際情勢の変化の中で中国との国交をとるか、その二者択一であるが、国府があるからというだけでは現状から一歩も出られない、逆に基本的なところで踏み切れば、後はその路線に沿ってやっていけると主張するようになった。[31] そして、一九七一年秋、国連中国代表権問題が劇的な解決をみると、大平は中国問題処理の機が熟したと判断して、日中国交正常化への政府の決断を促そうとしたのである。

日中国交正常化は、日本政府にとって大きな外交課題であると同時に困難な国内政治問題でもあった。それだけに、大平はこの問題の処理は、内外にわたって十分納得のいく公正なものでなければならず、その実行も時期を選ばねばならないと考えていた。日中国交正常化に際して、大平のもう一つの心配は、日本が日米安保条約を堅持する中で、中国が国交正常化に乗ってくるかどうかであった。中国側はこれまで、日米安保条約に対して批判的な言明を繰り返していたからである。サンフランシスコ平和条約体制を損なわず、国連における中国代表権問題の帰結が明らかになった今こそこの問題に取り組まねばならないと大平は考えるようになっていた。

4 日中国交正常化における行動

(1)外相になるまでの動き

前述したように、一九七一（昭和四六）年秋の国連中国代表権の解決以後、中国問題をめぐる大平の考えは積極的になった。中国承認について、アメリカの政策に寄り添ってきたこれまでの路線ではなく、日本が自国の責任で自主的に考える必要がでてきたためである[32]。

大平が中心となった日中国交正常化の政治過程において、注目すべきは古井喜実の果たした役割である。古井は日中関係が悪化する中で、覚書貿易ルートをつなぎ止めたことで、中国側の信頼を得ていた。その古井は日中国交正常化の実現を大平に託し、協力を惜しまなかった。一九七二年二月頃から、古井は大平と中国問題についてしばしば意見を交換している。また大平に働きかけて、四月二一日には田中角栄、大平、古井による秘密会談を開いている[33]。大平と古井は、田中に日中関係に対する考え方を話し、これに田中も同意して「復交三原則[34]」を承認する決意を固めた。田中はもし自分が首相になったら、すぐさま北京に飛んで、その際には「日華条約」の廃止を宣言すると言った。そして、もし代理を派遣する場合にでも、代理に「日華条約」廃止を宣言させて、自分は支持を表明する形をとってもかまわないが、本当に廃止するならば、少なくとも半年の準備期間が必要であると語ったという[35]。

当時、記者として日本に駐在していた王泰平は、五月二〇日付の「内部報告：今期自民党総裁選の焦点と観点」で、次期総裁選をめぐる日本の政治情勢について次のように記述している。

①〔略〕大平と田中は池田内閣以来の親密な間柄で、二人はどちらも強烈な反福田感情を持っている。福田を撃退するために、田中は昨年以来大平との連合に力を入れてきた。昨年末、田中は「我々の友情は鋼鉄よりもダイヤモンドよりもかたい」と公言し、大平との親密な関係をことさらに強調した。その後、田中・大平両派の幹部はずっと親密な接触を保ち続け、定例会議も招集している。日本のマスコミは、「田中・大平両陣営の関係は蜜月時代に入った」と論評している。古井喜実も五月十日に「今回の総選挙では、田中と大平を一人とみなしていいだろう」と言った〔略〕。

②〔略〕今年から、田中と三木、大平と三木がいずれもしきりに接触している。〔略〕彼らは、田中の自民党参議院議員の票集めはすでに功を奏している、と言う〔略〕。

③〔略〕日中問題では、各方面の見方を総合して分析すると、もし福田が政権をとった場合、日中関係の正常化はかなり困難となる。もし田中・大平・三木が政権をとった場合、積極的な手順をふんで日中関係改善に着手する。しかし、すぐさま日中国交回復三原則を受け入れるかどうかは疑問である[36]〔略〕。

一九七二年五月一八日、周恩来の招きに応じて古井は秘書を伴って訪中した。古井は周恩来との会談で次期政権について語り、十中八九で佐藤内閣の後には田中内閣が生まれる。その時は間違いなく、外務大臣には大平がなり、田中・大平のコンビが実現すれば、必ず日中問題をやるので信じて間違いないと断言した[37]。この会談で古井は、中国側が早期の国交正常化を望んでいること、そして、中国側がそのために日本の次期首相ができるかぎり早く北京に来るのを歓迎するつもりであり、復交三原則についても、原則は曲げないが、適用に幅を持たせる用意があると考えていることを摑んだ[38]。中国側の考えを知った古井は、これによって日中国交正常化の実現が間違いないことを確信したのである。

一九七二年六月五日と九日、大平は古井と面会して日中国交正常化について話し合っている。大平の手帳メモによれば、①日中国交正常化を「出来ルダケ早ク、且慎重ニ」行うこと、②復交三原則について「明確ナ態度ヲ表明スルヤウ望ム」、③申し入れ段階で、新政権の行動は早期を希望し、政府側として総理、外相、特派大使が乗り込むか、などが二人で話し合われたことが分かる。また大平がメモに「三木政権ノ場合ハ自分ガノリコム」と記している点も興味深い[39]。

(2) 外相としての動き

古井が予想した通り、一九七二年七月七日に田中内閣が成立し、大平は外相に就任した。しかし、田中も大平もまだこの段階で日中国交正常化に向けた最初の一歩を踏み出すつもりはなかった。その理由は主に次の三点である。①これまで日中関係者や親中派議員から伝えられてきている中国側の非公式の発言が、どこまで〝本音〟なのかもう一つ詰め切れていなかった。②総裁選の結果、「国交正常化」という大勢は明らかになったものの、党内に多くの慎重論者が存在する中でコンセンサスをどのように固めていくかが不明確であった。③ニクソン（Richard M. Nixon）訪中があったにせよ、いまだ中国との間で国交が成立していない米国が、日中国交正常化にどのような反応を示すかが明らかでなかった。[40]

逡巡する大平に対して、古井は、正常化を具体的にどう展開するかまでは述べる必要はないが、とにかく日中国交正常化をやるという明確な考えだけは第一声として打ち出すべきだと進言した。[41] 七月七日の初閣議後、田中首相は、中華人民共和国との国交正常化を急ぐとの談話を発表し、国交正常化に取り組む意思を明らかにした。これに応えて、七月九日には周恩来総理が、田中内閣の成立と国交正常化を目指す政策に歓迎の意を表明したのである。

田中内閣成立後、日中国交正常化にむけてどのようなスケジュールを立て、いかなる案を持っていくかについて、古井は大平と幾度となく会談を重ね、田中首相の了承を求めることも繰り返された。[42] ここで検討されたのは、①日米安保条約の存続を前提として中国が果たして国交正常化に応ずるかどうか、②国交正常化後も台湾との間で経済的、文化的関係を維持していくことができるかどうか、③日華平和条約がその締結時にさかのぼって無効とされるのではなく、将来に向かってのみ効力を失うとする措置で中国側が同意するかどうか、④膨大な額にのぼると思われる対日賠償要求を中国側が放棄するかどうか、などである。[43] 七月一六日夜、大平は田中首相と極秘会談している。これに関する大平メモの記述は短いが、交渉ルートとして竹入義勝、古井喜実の名前が書かれている。[44]

同じ時期、中国側も日中国交正常化を準備するために、周総理自らが指揮をとって、日本班を組織し、廖承志をはじめとする文化大革命で失脚していた知日派を続々と呼び戻していた。七月三日には、新しい中日備忘録貿易弁事処東京連絡処首席代表として蕭向前を送り込んだ。また、七月四日には前首席代表の孫平化（中日友好協会副秘書長）を団長とする上海バレエ団一行を日本に派遣して、積極的な対日工作を展開した。孫は蕭向前とともに各友好団体の責任者や財界、政界、新聞など各界の友人や関係者と会談し、日中関係についての意見交換を行った。こうした中、七月二〇日には日中国交回復促進議員連盟会長の藤山愛一郎が、孫平化と赴任間もない蕭向前のための歓迎パーティーを開き、ここに政府要人が多数出席した。この場所で大平外相、三木武夫副総理らも孫平化、蕭向前と歓談して、政府・与党幹部が足並みを揃えて歓迎の熱意を表した[45]。

そして、七月二二日、大平外相は孫平化、蕭向前と秘密会談を行っている。孫平化は周総理の指示に従い、日本政府首脳の訪中実現を促すため、次のように述べた。

①早くは田中内閣成立以前、総裁選の際に、田中先生・大平先生は日中関係問題について積極的な姿勢をとられており、日中関係正常化問題をできるだけ早く解決したいと願っておられた。〔略〕再三にわたり両国関係を打開する機はすでに完全に熟していると発言されている。田中内閣の〔略〕姿勢と誠意を、私たちは肯定的に評価した。なので、私たちの側も積極的な姿勢をとるべきで、双方が共に努力し、前進し続けなければならない。田中先生・大平先生が北京に行かれ直接首脳会談を行うお考えならば、中国側は歓迎を表明する〔略〕。

②〔略〕田中先生・大平先生が北京に行かれれば、私たちの側は難題を出したりしない。「三原則」の問題は当然、最終的には解決しなければならない。さもなくば国交は回復できない。しかし、

中国側は日本政府首脳の訪中に対して、「三原則」の承認を前提として求めたりしない。〔略〕私は、最終的にこの目的（「三原則」の実現）を達成するための具体的な措置や方式・方法は容易に決着すると思う。そうすれば、あなた方〔日本側〕の党内での意見調整も幾分か容易になるだろう。

③両国政府首脳が直接会談を行えば、日本側が難しいと感じている問題を解決する方法が難なく見つかる。〔略〕これまで直接話し合ったことがなかったが、今、機は完全に熟した[46]。

これに対して、大平は、中国側の訪中要請に謝意を示して受け入れ、「復交三原則」について孫平化の示した基本線に沿って進めれば、党内の理解を得ることができると語った。また、北京に行ったらまず謝罪せねばならないという田中首相の発言に対し、孫平化と蕭向前は日本側の懸念を打ち消すために、北京に来ても謝罪する必要はない、友好について話し合えば良いのであって、後ろ向きになる必要はないと補足した。大平は、今回の会談を踏まえて、次の会談時に日本側の考えを伝えると述べ、今後は外務省アジア局中国課と中日覚書貿易事務所東京連絡処を通じて相互に連絡を取り合うことを定めた[47]。

七月二九日、大平は再び古井と会談した。大平の手帳メモには日中国交正常化問題について次のように記述されている。

①敗戦国、国府支持、当方より要求はできぬ。

②過去を清算し、両国が理解と信頼に立って、将来に向って、善隣友好とアジアの平和を打立てたい。
③正常化の仕事は権利義務のとりまとめでなく、外交関係を樹立し、「理解と信頼」の出発点としたい。
④政府首脳の訪中より始まる。「率直且真剣に」やりたい。
⑤たしかめて頂くことはやるべきではない。孫〔平化〕が懇切に言って頂いておるので、孫氏とやりたい。
⑥交渉――何が起こるか判らない――諸々の協定が生れるに違いない。その時は頼む[48]。

この間、七月一二日に社会党前委員長佐々木更三が訪中し、七月二五日には竹入義勝公明党委員長が北京を訪れた。竹入の回想では、日本に戻ってきた佐々木が大風呂敷を広げたために、二番煎じのような気がして、中国に行こうか行くまいか考え込んでいたところ、古井が、竹入に対して野党で責任のない自由な立場から遠慮なしにぶつかって、向こうの考えを引き出してくるようにと訪中を強く勧めた。それもあって竹入は訪中の決心を固めたのだという[49]。その結果、訪中した竹入は、日中国交正常化に関する中国原案と周総理・竹入会談の内容を克明に記述したいわゆる「竹入メモ」を持ち帰ることになった[50]。

竹入は訪中前に古井と会っており、北京滞在中も国際電話を入れて、古井に状況を連絡していた。古井はこれを大平に伝えている[51]。大平は、八月一日に古井、同三日に竹入と古井と会っている。そして、同四日には竹入から持ち帰った「竹入メモ」を預かっている。[52]この日、竹入は周恩来との会談内容を記したメモを田中首相と大平外相に委ね、「田中さんに恥をかかせませんから、安心して来てください」という周恩来の要請を伝えたのである。[53]

「竹入メモ」をみると、竹入が日本国内の政治情勢を率直に伝えるとともに、前述した田中・大平が抱いていた疑問を率直にぶつけて、中国側から賠償請求権の放棄、日米安保体制の容認など数多くの情報を引き出していたことが分かる。これによって田中・大平は日中国交正常化交渉に入る最後の決断を下したのである。

八月一一日、大平外相は再び孫平化、肖向前と会談を行った。大平は二人に、田中首相は周総理の招請に感謝しており、「喜んで訪中する」という田中の言葉を伝えた。この会談で、双方は今後の段取りについて突っ込んだ話し合いを行った。会談の内容が北京に伝わると、外交部長の姫鵬飛（きほうひ）は、周総理の命を受けて「周総理は田中首相の訪中を歓迎し招請する」と発表した。[54]

八月一五日、田中首相が自ら孫平化、蕭向前と会見した。田中は周恩来総理の訪中招請に感謝するとともに、正式に訪中受諾の意を表明し、中国側の都合がよければ、九月下旬か一〇月初頭に中国を訪問するつもりであると述べた。また、自民党内の意見をまとめるために、田中訪中前に自民党所属の国会議員からなる訪中団を事前に中国へ派遣することに対して、孫平化は正式に歓迎の意を表明した。[55]

事態が急速に動き始める中、八月いっぱい、古井は大平との間で、いつ訪中するか、田中首相自身も訪中するのかどうか、何をどこまで交渉するかといった具体的問題の検討が続いた。八月二〇日から二六日までの大平の手帳メモによれば、八月二五日に大平は古井と会って、①日中関係の過去と将来、②国際情勢の展望、③国交回復の基本問題（台湾問題〔三原則〕、賠償問題、その他）、④国交回復の方式と内容（共同宣言か声明、戦争状態終結の表明、外交関係樹立、日台関係の消滅）、⑤回復後の両国関係（平和五原則、両国間の平和の確保と世界平和の推進、内政不干渉の問題、安保問題、日台事後関係）、⑥平和条約（国交回復に伴う条約協定）など、日中国交正常化問題について包括的に話し合っている。[56] 八月三〇日、大平は再び古井に会って日中コミュニケの内容について意見を聞いた。この週には、共同発表の検討を行うと同時に、日中国交正常化協議会（八月二九〜三〇日）が開かれている。[57]

一方、細部の詰めは外務省当局で行われたが、中国側原案には外務省としてのめない点がいくつかあった。

第一に、「戦争状態の終結」という表現である。条約論からいえば、日本と中国との戦争状態は、日華平和条約で既に終了したことになるため、外務省は、中国案の「戦争状態」という表現は受け入れられず、北京での交渉時に、中国側に表現を変えるよう求めることになった。そして、中国側があくまで「戦争状態の終了」という字句にこだわる場合は、中国側が一方的に戦争状態の終了を宣言するのを認めることで、妥協をはかることになった。

第二に、復交三原則では、中華人民共和国政府は中国を代表する唯一の合法政府であること、台湾は中華人民共和国の領土の不可分な一部であること、「日台条約」は不法・無効であり、廃棄されなければならないとあるが、日本側は、日華平和条約の締結自体は有効という立場をとっているので、共同声明で復交三原則全部に理解を示すのは無理があると考えていた。結局、復交三原則を分離し、第一原則はそのまま承認し、第二原則についても、日本が「理解し、尊重する」ことを声明するが、第三原則は、日中共同声明からは削除し、共同声明発表と同時に、日本政府が独自の立場から日華平和条約の失効の意思表示をすることで処理する立場で臨むことになった[58]。

第三に、第五項の覇権条項の扱いについて、覇権という表現は曖昧すぎて、できれば共同声明から削ったほうがよいとの意見が外務省条約局から出された。最終的な処理は先方との話し合いの結果をみて判断することになった。

第四に、第七項において、中国案は「賠償請求権」という字句を使っているが、それだと中国に日本に対する請求権が存在することを認めることになる。そうなれば、中国の対日賠償請求権の放棄を規定した日華平和条約と矛盾するため、これも中国案にある「請求権」から「権」の文字を削ることを要求することになった[59]。

(3) 古井喜実による日中国交正常化の地ならしと日中国交正常化の実現

こうして日本案の大枠がまとまったが、これを中国側に伝えた上で、対立する箇所を調整せねばならない。田中内閣としては、当初は古井喜実と田川誠一を含めた三、四人からなる少数の訪中団を派遣して、事前に折衝させるつもりであった。しかし、この話が外部に漏れると、一時は一〇〇人にも達する同行希望者が名乗りをあげる結果となった。そのため名目を変更して、八月三〇日に古井、田川、松本俊一の三名が、覚書貿易交渉の名目で訪中することが決定された。彼らの実際の目的は、九月末に予定された日中首脳会談の討議内容について最終的な詰めを行うこと、とくに復交三原則をはじめとする台湾問題についての意見をすり合わせ、共同コミュニケの案文を事前に調整することであった。[60]

一方、自民党からも小坂善太郎を団長とする議員団が中国に派遣された。しかし、大平は、小坂に対して中国で国交正常化交渉の実質的な内容には触れないように伝えていた。小坂訪中団の目的は、党内の意見の相違が大きかったことから、多くの議員に中国を見聞させることに主眼が置かれていた。国交正常化に向けた事前折衝は、実質的に古井らに託されていたのである。[61]

九月九日、古井は田川と松本を伴って訪中した。翌日に一行は廖承志の自宅を訪ね、日本政府の草案の要点を口頭で説明した。九月一二日、周恩来は歓迎宴を設け、日本政府の「共同声明」素案作りにおいて古井の果たした役割を高く評価し、「貴方は、決して表に出られることなく、中日両国の関係改善に奔走されておられました。中日両国の影武者とは、正に古井先生のことです」とその功績を讃えた。[62] その後、席を改めて、日本案に対する中国側の立場を説明した。それは、①中日国交正常化は排他的なものではないことを明確にしておく、②戦争状態の終結についての日本側の声明は、中国側の考えと完全に合わない点がある、③復交三原則に対して、日本側の総括的な態度表明が望ましい、④日華平和条約廃棄問題については、日本政府が一方的措置をとるという考え方に同意してもよいが、日本政府はいつどこで、どういう形での表明を考えているのか知りたい、という内容であった。[63] そして最後に周恩来は、前文と本文を含めた共同声明の表現については、田中と大平の訪中時の会談で詰めたいが、解決は決して困難ではないという考えを示している。[64]

中国側はこれらの意見を古井に話し、同時に蕭向前を通して大平外相に伝達している。大平の手帳メモには、上述の意見に対する大平の考えが次のように記述されている。

①前文三点ＯＫ　会談の時表現打合
②本文　八項目　基本的に同意
但し戦争状態終結についての問題提出の仕方
復交三原則に対する態度表明
日本と台湾との外交関係を打ち切ることを如何に表現するか
双方の案が未だ距離がある
東南アジア各国特使
いくつかの文章の書き方についても進んで検討する要あり
以上の諸点は両国首脳会談の折、互に相談して、円満な解決を求められると考える。[65]

九月一九日の深夜一二時から二時過ぎまで、周恩来は古井一人を招いて会談し、中国側の方針を詳しく説明した。古井も重ねて意見を述べている。このやりとりを通じて、古井は、基本的には双方の間に克服できない困難はなく、問題は表現上の点にあるという確信を得た。古井が周に「中国側の考えはよく分った。このあとどう進めましょうか」と尋ねると、周は、「田中首相が訪中されてから決めても問題はないが、ただ、貴方を通じて問題をはっきりさせてもいい。私たちは、どのやり方で進めても良い」と答えている。[66]

会談終了後、古井は大平にこれまでの経過を詳しく説明した手紙をしたため、それを外務省の橋本恕アジア局中国課長に託した。橋本は日中国交正常化交渉の先遣隊として北京に来ており、九月二〇日に帰国予定だった。手紙の最後で古井は、これから先の詰めは困難ではないと思うので、田中総理や大平外相がこちらに来てから正式会談で決めたらよいと思うが、それとも私の手でさらに詰めるか、暗号電報で意向を連絡してほしい旨を伝えた[67]。これに対して二二日夕方に大平から「重要な任務、ごくろうさま。あとの交渉は、首相訪中後に政府が行う」との暗号電報が届けられた[68]。さらに同日夜、外務省からも北京の日本覚書貿易事務所に一通の暗号電報が入ってきた。それは「田中首相一行の北京滞在中、古井ら二人は別行動をとってほしい。これは党内への配慮にもとづくものである」という内容であった[69]。これを受けて古井らも、このまま中国にいるわけにはいかず、急遽二四日の全日空特別機で帰国したのである。

ここまで苦労しつつも日中国交正常化に尽力してきた古井であったが、肝心の表舞台に出ることなく帰国せざるをえなかった。この背景には、前述した小坂訪中団に参加した一部の議員が、古井らが北京で田中訪中の地ならしをしていることを快く思っていないのではないかという大平の心配があった。さらに問題はそれだけにとどまらなかった。日中交渉が意外なスピードで進んだために、これに反対する動きも日を追って高まっていた。とりわけ、外相である大平の自宅には脅迫状まがいの物が投げ込まれるようになり、周囲の者が身の危険を案じる程であった[70]。また、自民党内では台湾との外交関係断絶に対する右派議員の抵抗が激しくなっていた。自民党内の意見を調整するために、田中首相は、党内最右派の集団である素心会や、親台湾派の外交問題懇談会とも接触を持たなければならなかった。「党内への配慮」とはこうした自民党内の事情に他ならなかった。

さらに古井自身も「党内の焼き餅と外務官僚の面子意識から私を排除したい空気が強く、田中・大平両氏も、もうこの上用はないと思っている様子に響いてきた[71]」と回想するように、田中、大平や外務省には、古井らが国交正常化まで中国に滞在すれば、自分たちの功績がぼやけてしまうことを心配する気持ちもあったのではないかと思われる。

古井らにすれば、国交正常化を目前にして、長い間苦労してきた自分たちが排除されたことに強い不平をもったとしても不思議ではない。だが、他方で自分たちの役割を確実に果たせたという点で悔いはなかったように思われる。帰国した古井は、大平外相と会って、周総理との二度にわたる会談内容を詳細に報告した。大平は、古井の報告を通じて周の考え方を具体的につかみ、日本政府の共同声明素案をどう修正するかについて、田中首相と相談した。

日中国交正常化を前にしたアメリカへの事前説明については、八月三一日と九月一日にハワイで行われた日米首脳会談で、日米安保条約を維持することが再確認された。さらに台湾への事前説明は、椎名悦三郎自民党副総裁が首相特使として派遣された。こうして、田中訪中に向けた地ならしは全て整い、九月二一日、日中両国政府は「田中首相は周首相の招きを喜びをもって受け入れ、日中国交正常化について交渉し、解決するため、九月二五日から三〇日まで中国を訪問する」との内容を同時に発表した。一九七二年九月二五日、田中首相と大平外相は、二階堂進内閣官房長官及び五二名の政府職員と共に専用機で北京に到着し、九月二九日に日中両国政府の共同声明調印式が行われた。

日中共同声明の内容をみると、古井が九月九日に周恩来総理に説明した日本側の意見がほとんど受け入れられていることが分かる。戦争終結問題は、「戦争状態」ではなく、「不正常な状態」という文学的な表現で処理された。また復交三原則は共同声明の前文と正文に分けてそれぞれ配置され、第一項を認めながら、第二項すなわち台湾の帰属問題については、日本側は「ポツダム宣言第八項に基づく立場を堅持する」という表現で明言を避けている。第三項の「日台断交」については、大平が別個に「外相談話」として処理した。さらに、戦争賠償については、「請求権」を「請求」に変更することで決着した。[72]「覇権問題」については、後に日中平和友好条約交渉で大きな外交問題として浮上することになるが、共同声明に盛り込まれなかった。この共同声明によって、日中間の懸案であった戦争終結、台湾、日米安保条約などの問題点はすべて乗り越えられたのである。

5 対中外交の遺産

古井喜実と大平正芳は、それぞれ民間と政府の異なるルートから日中国交正常化の道を歩んできた。古井は自民党内において積極的な日中国交正常化論者であり、十数年にわたって、民間貿易を通して日中間を往来し、中国側との深い相互信頼関係を築いて、日中国交正常化における両政府の橋渡し役を果たした。それに対して、大平は池田内閣と田中内閣における重要な閣僚であり、その言動は政府の意思表示につながるため、日中関係に関する彼の見解は古井に比べて慎重であった。しかし、自民党内における古井のような対中外交に積極的な「親中派」や、台湾を支持する「親台湾派」と比べて、大平は国際情勢の変化を見ながら行動する中間派的な存在であった。

当時、日本の保守政界では「二つの中国」の立場を支持する政治家は多かった。だが、大平は「二つの中国」の見解を支持せず、中国自身がこの問題で何らかの決着をつけることを期待していた。しかし、それが難しい以上、何らかの権威を持った国際機関が、中国を代表する政府が北京と台北のいずれであるのかを決めるのを待ち、日本として取るべき措置を考えるというのが大平の考えであった。一九七一年秋の国連総会で、中国の代表権問題は劇的な解決を見たが、この決定が大きな契機となり、大平も日中国交正常化に取り組む上で機が熟したと判断したのである。[73]

日中国交正常化は、日本側にとって幾多の難点を抱えていた。サンフランシスコ平和条約体制の枠組みの下で日華平和条約が締結され、さらに中国大陸と台湾に存在する二つの政権が、互いに自らが中国の正統政府であると主張する状況で、日本は中華人民共和国の建国から国交正常化まで約二三年の歳月を費やさねばならなかった。大平もまたサンフランシスコ平和条約体制を堅持し、それとの調和が図られた形でなければ日中和解はできないと考えていた。[74]

一九七二年二月のニクソン大統領の訪中によって、日中国交正常化とサンフランシスコ平和条約体制との調和が可能になり、日本側の懸念は払拭された。田中内閣組閣後の八月末、田中首相と大平外相はまずハワイに赴いて、日米首脳会談に臨んだ。この会談で田中と大平は、日米安保体制を堅持することをアメリカ側に約束するとともに、日中国交正常化を行う旨を表明して、アメリカの理解を得た。中国の日米安保条約に対する態度が柔軟になってきたことから、大平は長年の懸案である日中国交正常化を今こそ解決すべきだと考えた。実際、中国側は日米安保条約を軸とするサンフランシスコ平和条約体制に現実的な対応を示したことで、国交正常化交渉はスムーズに進んだのである。[75]

日中国交正常化における困難は技術面でもあった。戦争終結や賠償請求の放棄という問題は、中国側にとっては解決すべき重要な問題であるが、日本側にとっては既に日華平和条約で解決済みとしていた。この両者の立場をどのように調整するか、更には台湾への領有権を主張する中国と、サンフランシスコ平和条約で台湾の領有権を放棄した日本の立場をどのように両立させるかも容易ではなかった。幸いに日中双方は、小異を捨てて大同につき、見解の相違をそのまま併記したり、ヤーヌス（ローマ神話の門口の神。体は一つであるが顔は二つあった）的な表現を駆使したりすることで、歴史的な日中共同声明は出来上がった。

大平は日中国交正常化を導いた要因を三つあげている。第一に、日本の国内世論が国交正常化に向けて熟し、日中和解の方向が固まってきたこと。第二に、中国が国連中国代表権の復帰によって自国の外交政策に自信を持つようになり、外交政策が現実的かつ弾力的になったこと。そして、第三に、サンフランシスコ平和条約体制の枠組みを維持しようとした日本に対して、中国が異議を唱えず理解を示したことである。[76]

日中国交正常化によって両国は懸案を一応解決できたが、大平もいうように、これは単に両国間に外交関係が樹立されたに過ぎなかった。大平は、両国の暗い過去を清算し、これから両国間で何をなすべきか、何をやってはいけないかを真剣に協議する必要があると考えていた。そして、言えば必ずこれを信じ、行えば必ず結果ありという姿勢であれば日中関係に未来が開けると信じていた。[77]大平のこの言葉と所信は、日中国交正常化から五〇年を経た現在でも強く響いている。

（1）大平正芳著・福永文夫監修『大平正芳全著作集1』（講談社、二〇一〇年）三九五頁。

（2）倪志敏「田中内閣における中日国交正常化と大平正芳」一・二・三『龍谷大学経済学論集』四五（五）・四六（五）・四七（三）（二〇〇六〜二〇〇七年）。

（3）小池聖一「『大平外交』の形成」『国際協力研究誌』一四巻二号（二〇〇八年）。

（4）服部龍二『日中国交正常化――田中角栄、大平正芳、官僚たちの挑戦』（中央公論新社、二〇一一年）。服部龍二『大平正芳――理念と外交』（岩波書店、二〇一四年）。

（5）陳本善、丁英順「大平正芳和中日邦交正常化」『東北亜論壇』第三号（一九九二年）九―一三頁、劉毅「中日邦交正常化与大平正芳」『遼寧大学学报』（哲学社会科学版）第四号（一九九三年）三―六頁、汪祖徳「大平正芳与中日友好関係」『江西師範大学学報』第四号（一九九六年）七〇―七七頁、劉莉「大平正芳与当代中日関係」『東北亜論壇』第三号（一九九九年）二一―二六頁、高暖「論大平正芳的〝楕円哲学〟」『河南大学学報』（社会科学版）第五号（二〇〇二年）一一八―一二三頁、許暁光「大平正芳与日中邦交正常化」『四川師範大学学報』（社会科学版）第五号（二〇〇二年）一二五―一三二頁、田慶立「大平正芳的中国観及外交実践」『北华大学学報』（社会科学版）第三号（二〇一〇年）七八―八二頁、劉江永「大平正芳的人生与中日关系――記念大平正芳誕辰一百周年」『史学集刊』第五号（二〇一〇年）一二―一七頁、黄忠「大平正芳対台認識的変化与〝告別外交〟」『外国問題研究』第四号（二〇一九年）一〇八―一一四頁、黄忠、李欣「論大平正芳的〝中国観〟」『公関世界』第一二号（二〇二〇年）七〇―七一頁。

（6）田慶立、前掲。

（7）黄忠「大平正芳対台認識的変化与〝告別外交〟」。黄忠、李欣、「論大平正芳的〝中国観〟」。

（8）北京日本学研究中心編『大平正芳与中日关系』（中央編訳出版社、二〇一一年）。

（9）これは、一九五八年五月二日、長崎市の浜屋デパートで開催中の中国製品展覧会の会場で、日本の反共青年が中国の国旗を引きずり下ろした事件である。警察は、外交関係のない国の国旗なので刑事事件にはならないとの見解を示し、犯人を釈放した。岸信介内閣成立以来の反中国的な姿勢に対する不満がここで噴出し、同九日に陳毅外相が、「岸政府は中国を侮辱した」と激しく非難した。外務省と岸は中国非難の逆攻勢に転じ、一一日、陳外相は日中経済、文化交流の全面中断を宣言した。

（10）三人の関係については、居安正『ある保守政治家――古井喜実の軌跡』（御茶の水書房、一九八七年）四九―五〇頁、古川万太郎『改訂・増補新装版　日中戦後関係史』（原書房、一九八八年）八五頁にも記されている。

（11）これは、古井が名誉会長をしている財団法人地方自治協会主催により、山陰の霊峰大山の山麓で、一九五六年八月六日から三日間にわたって開催したものである（「古井喜実文書」京都大学大学院文学研究科）。

（12）古井喜実『政界第五年――保守の脱皮をめざす』（一九五七年）四九頁（「古井喜実文書」）。

（13）古井喜実『政治生活第三年』（一九五五年）一六頁（「古井喜実文書」）。

（14）『朝日新聞』一九六〇年二月一一日。

（15）大平正芳著・福永文夫監修『大平正芳全著作集2』（講談社、二〇一〇年）九四―九五頁。

（16）「張中国大使、日本の対中共貿易に関し大平大臣来訪の件」（一九六二年一〇月一七日）行政機関情報公開法に基づき開示された外務省文書（開示請求番号二〇〇八―〇〇三六六―〇〇二二）。

（17）中華民国木村大使宛大平大臣発「対中共向ビニロン・プラントの延べ払い輸出許可に関する張大使・大平大臣会談に関する件」（一九六三年八月二四日）行政機関情報公開法に基づき開示された外務省文書（開示請求番号二〇〇九―〇〇一三二一―〇〇〇六）。

(18) 同上。

(19) 「訪台、一応の成果　大平外相今夕帰国」『朝日新聞』一九六四年七月四日。

(20) 「大平外相の記者会見」（於グランド・ホテル、一九六四年七月五日）戦後外交記録「大平外務大臣中華民国訪問関係（一九六四．七）」（A'.1.5.1.8）外務省外交史料館。

(21) 「日本外交の座標」一九六六年四月五日、大平、福永『大平正芳全著作集2』一四四―一四五頁。同文書は自民党本部主催の政治大学で大平が「わが党の外交政策」という題目で行った講演の速記録である。

(22) 「中国と日本」『国際時評』昭和四三年七月一日、大平正芳著・福永文夫監修『大平正芳全著作集3』（講談社、二〇一一年）一二九―一三〇頁。

(23) 座談会「日中打開をどうするか」『朝日新聞』一九七〇年四月二五日、大平正芳著・福永文夫監修『大平正芳全著作集6』（講談社、二〇一二年）一七八―一七九、一八一頁。

(24) 古井喜実『政界生活第八年――諸国に旅し、わが外交を思う』（一九六〇年）四三頁、六三頁（「古井喜実文書」）。

(25) 『県政新聞』（鳥取県）一九七〇年五月下旬号（二五日発行）、『日中漁協情報』九号（一九七〇七月三一日）、『みなと新聞』一九七〇年八月四日。

(26) 大平、福永『大平正芳全著作集2』八六―八七頁。

(27) 同上。

(28) 「インタビュー〝七〇年〟安保の問題点」『東京新聞』一九六八年五月二〇日、大平、福永『大平正芳全著作集6』四五〇―四五一頁。

(29) 「第七回三菱トップゼミナーにて」昭和四五年四月八日、大平、福永『大平正芳全著作集3』一〇六―一〇七頁。

(30)「潮の流れを変えよう――日本の新世紀の開幕」旧宏池会議員研修会での演説・於箱根「湯の花ホテル」昭和四六年九月一日、大平正芳著・福永文夫監修『大平正芳全著作集4』（講談社、二〇一一年）八一頁。

(31)「『田園都市国家』こそ不況、外圧を乗り切る道」『週刊ポスト』昭和四六年一〇月一日、大平、福永『大平正芳全著作集6』四七三―四七四頁。

(32)「新しい日本の進路」国民政治研究会講演、昭和四七年二月七日、大平、福永『大平正芳全著作集4』三一四―三一五頁。

(33)「古井証言」（時事通信社政治部編『ドキュメント　日中復交』時事通信社、一九七二年）六〇―六一頁。

(34)日中国交正常化に際し、周恩来が掲げた「復交三原則」を指す。中華人民共和国は中国の唯一の合法政府、台湾は中国の不可分の一部、日華平和条約は不法であり、破棄されるべきである、の三つである。

(35)王泰平著・福岡愛子監訳『「日中国交回復」日記――外交部の「特派員」が見た日本』（勉誠出版、二〇一二年）四三三頁。

(36)同上、四六一―四六九頁。

(37)古井喜実『日中十八年』（牧野出版、一九七八年）一一二頁。

(38)時事通信社政治部編、前掲、六一頁。

(39)大平正芳著・福永文夫監修『大平正芳全著作集7』（講談社、二〇一二年）四七―四九頁。

(40)大平正芳回想録刊行会編『大平正芳回想録　伝記編』（大平正芳回想録刊行会、一九八二年）三三三頁。

(41)古井喜実「日中国交正常化の秘話（特別手記）」『中央公論』二七巻一二号（一九七二年）。

(42) 時事通信社政治部編、前掲、六三―六四頁。
(43) 大平正芳回想録刊行会編、前掲、三二四―三二五頁。
(44) 大平、福永『大平正芳全著作集7』四九頁。
(45) 王、前掲、四九二―四九三頁。
(46) 同上、四九四―四九五頁。
(47) 同上、四九五―四九八頁。
(48) 大平、福永『大平正芳全著作集7』五一頁。
(49) 時事通信社政治部編、前掲、六四頁。
(50) 「竹入メモ」は、一九八〇年五月二三日付の『朝日新聞』朝刊特集欄で紹介され、永野信利『天皇と鄧小平の握手――実録・日中交渉秘史』(行政問題研究所出版局、一九八三年)二九―三〇頁に記載されている。その後、二〇〇一年六月に情報公開法に基づく文書開示請求によって外務省から原本が公開され、石井明・朱建栄・添谷芳秀・林暁光編『記録と考証 日中国交正常化・日中平和友好条約締結交渉』(岩波書店、二〇〇三年)四―四二頁にも採録された。
(51) 時事通信社政治部編、前掲、六四頁。
(52) 大平、福永『大平正芳全著作集7』五二頁。
(53) 「竹入証言」石井明他編、前掲、二〇五頁。
(54) 王、前掲、五〇〇頁。
(55) 同上、五〇一―五〇六頁。
(56) 大平、福永『大平正芳全著作集7』五五―五六頁。
(57) 大平、福永『大平正芳全著作集7』五八頁。
(58) 日中復交三原則に外務省がどのように対応したのかは以下を参照、栗山尚一「日中国交正常化」

『早稲田法学』七四巻四号（一九九九年）。

(59) 永野信利、前掲、三六―三八頁。

(60) 田川誠一『日中交渉秘録――田川日記～14年の証言』（毎日新聞社、一九七三年）三五三―三五四頁。

(61) 王、前掲、五一八―五一九頁。

(62) 王泰平著、青木麗子訳『大河奔流――戦後の中日関係を振り返って』（奈良日日新聞社、二〇〇二年）一〇九頁。

(63) 古井「日中国交正常化の秘話」。

(64) 田川誠一、前掲、三六七頁。

(65) 大平、福永『大平正芳全著作集7』五八―五九頁。

(66) 王、前掲『大河奔流』一一〇頁、古井「日中国交正常化の秘話」。

(67) 古井「日中国交正常化の秘話」。

(68) 田川、前掲、三七七頁。

(69) 田川、前掲、三七八頁。

(70) 大平正芳回想録刊行会編、前掲、三三三頁。

(71) 古井『日中十八年』一二七頁。

(72) 「日本国政府と中華人民共和国政府の共同声明」（https://www.mofa.go.jp/mofaj/area/china/nc_seimei.html：二〇二三年四月八日アクセス）。

(73) 随想「中国問題へのアプローチ」昭和四七年一一月三日、大平、福永『大平正芳全著作集4』二五六―二五七頁。

(74) 「日中正常化交渉を終えて」内外情勢調査会講演・於帝国ホテル　昭和四七年一〇月六日、大平、福永『大平正芳全著作集4』一二〇頁。

(75) 大平正芳「私の履歴書」大平正芳著・福永文夫監修『大平正芳全著作集1』(講談社、二〇一〇年)八三―八四頁。

(76)「日中正常化交渉を終えて」内外情勢調査会講演・於帝国ホテル　昭和四七年一〇月六日、大平、福永『大平正芳全著作集1』一二三―一二五頁。

(77) 同上、一二五頁。

第八章

日中航空協定と大平正芳

井上正也

1 日中航空協定交渉はなぜ長期化したのか

日中航空協定は大平正芳が生涯で最も苦しんだ外交交渉の一つであった。一九七二（昭和四七）年九月の日中国交正常化交渉で、日中両国政府は、まず航空、貿易、漁業、海運からなる実務協定を締結してから、平和友好条約締結へ進むことに合意した。これを受けて、両国政府ではまず航空協定から取り組むことになった。ところが、当初短期間でまとまると思われた交渉は難航し、一九七四年四月に北京で協定が締結されるまで、実に一年半以上の期間を要したのである。

協定交渉が難航した第一の理由は台湾問題であった。台湾の法的地位をめぐる両国の立場は、日中国交正常化に際して発表された日中共同声明に示されていた。しかし、国交正常化後の日本と台湾との間で実務的な関係をどのようにするかは明確な合意が存在しなかった。そのため、日中両国間で航空協定交渉が開始されると、それまで日本と台湾との間に存在した実務関係の処理が大きな争点として浮上したのである。

第二の理由は、自民党内の権力闘争と協定交渉が連動したためである。一気呵成に日中国交正常化を成し遂げた田中角栄政権であったが、一九七二年一二月の衆議院総選挙で、自民党が予想外の苦戦を強いられると、党内で田中批判が強まり始めた。こうした中、日中航空協定交渉が開始されると、若手・中堅議員からなる青嵐会は激しく田中政権を攻撃するようになった。日中国交正常化で決着したはずの台湾問題は、田中政権の権力基盤が揺らぎ始めたことで、再び外交争点として浮上してきたのである。

日中航空協定については、従来、台湾外交や日台関係の文脈から交渉過程を分析する研究が多くを占めていた。これに対して、日本政府内部でいかなる交渉方針が立てられていたかは、史料的制約もあって不明な点が多かった[1]。しかし、近年、外務省外交史料館で「日中航空協定」のファイルが公開された。それにより、日本政府の政策決定過程を詳細に検討することが可能になった。また外交文書だけでなく、当時の政治家の私文書や日記の公開が進んだことで、航空協定交渉をめぐる自民党内の動きも詳細に分析できるようになった。

本稿はこれらの史料を用いて、日中航空協定交渉を国内政治の観点から分析する。外交問題であった日中航空協定が内政問題化していく過程で、日本外交の司令塔であった大平正芳がいかに交渉を進めようとしたかを明らかにしたい。

2　日中国交正常化における党内調整

日中航空協定をめぐる国内政治の紛糾を論じるためには、まず一九七二（昭和四七）年七月の田中角栄政権の成立から、九月末の日中国交正常化までの、自民党内の調整過程を見ておかねばならない。

日中国交正常化に際しての大きな難関は、与党自民党内の対立をいかにまとめるかであった。一九七二年七月の段階で、日中国交正常化は避けられないという意見は世論の大勢となっていた。しかし、自民党内では、国交正常化に際して台湾の中華民国との関係をいかにするかについて大きく意見が割れていた。田中政権の発足まもない七月一三日、自民党役員会は、それまで党内に設置されていた中国問題調査会を、総裁直属の日中国交正常化協議会（以下、正常化協）に拡大改組することを決定した。会長には小坂善太郎元外相が就任した。この正常化協には、衆参両議院四三一人中、実に二四九人が参加し、親中国派のみならず親台湾派も名を連ねていた(2)。そのため、この正常化協が日中国交正常化をめぐる激しい論戦の舞台となったのである。

田中政権で外相に就任した大平正芳もこの正常化協で親台湾派と対峙することになった。大平はかつて池田勇人政権で外相を務めた時に、中国人通訳が台湾への亡命を希望した周鴻慶（しゅうこうけい）事件の処理をめぐって苦労した。その時の経験から、親台湾派の主張を受け入れれば、日中国交正常化は実現できなくなると考えていた。そのため、大平は、自身の責任で党内の反対を押し切る覚悟を固めていた。こうした大平の決意は、八月二日に外務省内で開かれた会議で「政界の方の交通整理は私がやるので、厄介なことは私に言ってほしい」と語っていることからもうかがえる(3)。

当初は台湾問題に直接触れずに議論が進められていた正常化協で、大平が日台断交に初めて言及したのは、八月三日のことである。大平は周恩来総理から、田中首相に宛てて正式に訪中招請を受けたことを明らかにした。そして、「国交正常化問題に関し、日中間に合意が成立し、外交関係が樹立されるはこびになれば、その当然の帰結として、中華民国政府とわが方の外交関係は持続し得なくなる」と発言したのである(4)。

これに対して、親台湾派は強硬に反発した。彼らは総論として日中国交正常化に賛成する一方で、各論において日華平和条約の消滅に異議を唱え、台湾と断交した場合の在留邦人の生命や財産の保護を理由に慎重な姿勢を求めた[5]。八月一七日の正常化協幹事会では、親台湾派の怒りは最高潮に達し、国会答弁で日華平和条約を「日台条約」と呼んだ大平外相を激しく突き上げた。またこの頃から右翼団体も大平を攻撃するようになる。自宅にも脅迫状まがいのものが投げ込まれ、周囲の者が身の危険を案じるほどになっていた[6]。

親台湾派の強い抵抗に直面した正常化協の執行部は、政府の方針に矛盾せずに、かつ親台湾派の面子を潰さない形で党議をまとめようとした。親中国派の代議士であった古井喜実によれば、日中国交正常化の際に発出する文書を、日ソ国交回復の時のように国会での批准を伴う「共同宣言」にするか、国会にかけない「共同声明」にするかで議論があったという。政府と正常化協では、当初は前者の方針で行く考えが強かったが、親台湾派が国会採決の時に態度を明白にせねばならなくなることを回避するために、八月二〇日頃に「共同声明」方式で行くことが決定されたという[7]。

それでも、党内親台湾派を説得するのは容易ではなかった。小坂会長が示した党議案は親台湾派の反対に遭い、逆に彼らが小坂ら執行部に対する不信任動議をつきつける有様であった。そのため、党内調整は行き詰まったまま、正常化協の常任幹事会は閉会してしまったのである[8]。

その後、正常化協内での親台湾派の抵抗は、九月五日に「日中国交正常化基本方針」（以下、「基本方針」）が出されたことで一応の決着を見た。この日、小坂によって示された「基本方針」案に対して、賀屋興宣ら親台湾派の長老代議士は、依然強硬な姿勢であった。しかし、台湾擁護の立場をとっていた中川一郎、渡辺美智雄、浜田幸一ら若手・中堅代議士が、一転して宥和姿勢に転じたのである。中川は小坂会長案を字句修正で承認することを提案し、浜田は小坂会長不信任案の取り消しを申し出た。

彼らが姿勢を変えたのは、田中角栄首相の説得によるところが大きかった。田中が説得に用いた論理は、この時期ただよい始めていた解散・総選挙ムードを絡めたものであった。さかのぼれば、一九七二年七月の自民党総裁選で、中間派に属する若手・中堅議員たちが田中を支持したのは、田中による金権攻勢もさることながら、来る総選挙には佐藤亜流と見られた福田赳夫よりも、若さと行動力で定評のある田中角栄をかついだ方が有利だという見立てがあった[9]。最終的に彼らは、日中国交正常化を成功させて年内に衆議院解散というシナリオを描いていた田中に従ったのである。

小坂の示した「基本方針」は、九月八日の正常化協総務会で党議決定が行われた。親台湾派は、最後の抵抗として、「基本方針」に盛り込まれた台湾との「従来の関係」に「外交関係を含む」かどうかを明らかにすることを求めた。だが、小坂はこの点を最後まで曖昧にし続けた。結局、台湾との「従来の関係」に、中華民国政府との外交関係を含むとも含まないとも解釈できる両義的な内容のまま、基本方針が党議として決定されたのである[10]。

日中国交正常化に向けた党内調整の過程で、大平は終始親台湾派の批判の矢面に立ち続けた。しかも、彼が外交当局の代表として日台断交を押し切ったことは、台湾との関係を維持したいと考える親台湾派の怒りの矛先を、田中以上に大平へと向けさせる要因になった。親台湾派の代議士であった浜田幸一の「俺はオヤジ（田中）のシンパだったが、日中国交回復には断固反対だった。オヤジの名前を書くわけにはいかないので、ゴルフのボールに大平と書いて打っていたよ」という発言は、当時の雰囲気をよく物語っている[11]。大平が党内の反対を押し切って日中国交正常化を実現させたことは、親台湾派の不満を蓄積させ、続く日中航空協定交渉に暗い影を落とすことになったのである。

3　日中航空協定交渉の開始

(1) 予備交渉

田中政権の失速は早かった。田中の足をすくったのは、皮肉にも得意の経済政策であった。総裁選の公約として掲げた「列島改造論」と田中政権による積極財政が引き金となり、急速な物価上昇と土地高騰が始まったのである。田中政権への世論の失望は、一九七二（昭和四七）年一二月一〇日の衆議院総選挙で如実に表れた。日中国交正常化の成果をもって解散総選挙に打って出た田中は、前回よりも一一人多い三三九人を公認する強気の姿勢に出た。だが、各地で候補者を乱立させたことが裏目に出て、自民党は解散前より一三議席を減らした。これに対して社会党は前回選挙で失った議席のほぼ半数を取り戻し、共産党は三八議席を獲得して、自民党、社会党に次ぐ第三党へ躍り出た。公明党や民社党といった中道政党が後退する中で、社会党と共産党が躍進したことは、自民党に強い危機感を抱かせたのである[12]。

日中航空協定交渉が本格的に開始されたのは、まさに田中政権の勢いが翳り始めた時であった。一九七二年一一月末から一二月初旬にかけて、東郷文彦外務審議官を団長とする外務・運輸両省からなる交渉団が北京に派遣され、具体的交渉が行われた。通常であれば、交渉は日本側の示した協定案文に、中国側が対案を示して議論が交わされる。ところが、日中航空協定交渉が異例であったのは、最初に中国側が、日本と台湾との航空関係のあり方についての両国の認識を共有し、それに基づいた処理を求めてきた点であった。すなわち、日本側交渉団と会見した姫鵬飛外交部長は、中国と台湾の飛行機が同じ空港で翼を並べることを問題視し、日本側に何らかの形での対応をとることを求めてきたのである。[13]

一九七三年三月に北京で日中航空協定の予備交渉が開始されると、中国側は日本政府に対して、改めて日本と台湾との航空協定を破棄する旨を正式に声明すべきであると主張した。そして、中国と台湾の航空機が同じ空港を使用するのは認めがたいとして、東京と大阪の二拠点への乗り入れを求めた。

前者の声明については協議の結果、一九五五年に交わされた日本と台湾との航空に関する交換公文は、日中国交正常化の結果として失効したことを確認する旨の口上書を日本側が提出することで解決をみた。しかし、年間三六万人にのぼる航空輸送が存在した日台航空路線の取り扱いについては合意に達することができなかった。[14]

その後、日中両国の大使館設置が完了した四月中旬になって、中国側は航空協定を含めた実務協定に対する考え方を示して、北京での交渉を呼びかけてきた。これを受けて、東郷外務審議官を団長とする交渉団が四月末に改めて訪中した。しかし、この交渉でも中国側の姿勢は堅いままであった。日本側は、航空機の発着時間帯を分けることで中国と台湾の航空機が同時に翼を並べることを避ける案を示した。これに対して、中国側はこの妥協案を拒否し、台湾に就航している日本航空がそのまま中国路線に就航することにも異議を唱えたのである。[15]その後、航空協定交渉は数か月間停滞することになる。最大の要因は、この後も日中平和友好条約の締結まで断続的に続いた中国側の国内政治事情のためであった。[16]

(2) 親台湾派の活発化と青嵐会の結成

中国側との交渉が行き詰まる一方、日本政府は台湾に対する説得工作を本格化させていた。日本政府は、交流協会の堀越禎三(ていぞう)会長を通じて、台湾側に中華航空という社名を変更できないかを打診している。しかし、名を捨てて実をとることを勧める日本側に、台湾側は面子に強いこだわりを見せた。この時期、台湾海峡を挟んだ共産党と国民党による中国の正統政府をめぐる闘争は依然続いていた。日中国交正常化によって、日本との外交断絶を余儀なくされた台湾側であったが、従来の外交チャネルを見直し、これ以上の中国の影響力拡大を阻止するために、対日工作を強化しようとしていた。こうした中で浮上してきた日中航空協定問題は、単なる実務問題にとどまらず、中台双方による外交闘争の主戦場となったのである。[17]

日中国交正常化後、自民党内でも新たな動きが起こっていた。台湾側の働きかけに呼応して、親台湾派の動きが再び活発になったのである。一九七三年三月一四日、自民党本部において、日華関係議員懇談会（以下、日華懇）の設立総会が開催された。同会には衆議院議員九九名、参議院議員五三名の合計一五二名がメンバーに加わることが発表された。日華懇設立の契機となったのは、中華民国駐日大使館の跡地問題であった。日中国交正常化後、日本政府は中華民国大使館の敷地と建物を中華人民共和国に明け渡す方針を示した。これに親台湾派は強く反発したのである。結局、親台湾派は日本政府の方針を変えられなかったが、次なる目標を日中航空協定問題に定めた[18]。台湾側もまた航空協定問題への対応を日華懇に委ね、彼らを通じて国会の決定に影響を及ぼそうとしたのである。

航空協定交渉にさらに重大なインパクトをもたらしたのは、七月に自民党内で結成された青嵐会であった。青嵐会は、中尾栄一、石原慎太郎、浜田幸一、中川一郎ら三一人で結成された派閥横断的な議員集団である。日華懇とは異なり、もともとは外交問題をめぐって活動する目的ではなく、将来的な中川一郎の新派閥結成を視野に入れた集団であった。彼らの大半は自民党総裁選で田中角栄を支持したが、若手登用を約束したはずの田中政権の人事処遇が彼らの期待に添うものでなかったことに加え、日中国交正常化における政府の対応に不満を抱いていた。そのため、彼らは反田中の姿勢をとるようになり、憲法改正や外交政策におけるタカ派路線を強く打ち出したのである。そして、彼らが政権批判を行う上で格好の標的になったのが日中航空協定であった[19]。

(3) 大平外相による非公式ルートによる折衝

日中航空協定交渉が停滞する中、外務省は、航空協定の早期妥結に消極的であった運輸省の立場に配慮しつつ、中国側との間で政治的に合意可能な案をまとめた。それは日中を主として日台を従とする姿勢を明確に打ち出し、成田国際空港と羽田空港を中国と台湾で使い分ける案であった[20]。

事務レベルでの折衝を横目に、大平は非公式ルートを通じて中国側の真意をはかろうとしている。

一九七三年五月一〇日夜、大平は古井喜実を同席させて訪日中であった廖承志と秘密裏に会見している[21]。廖承志は国交正常化以前から中国の対日工作に大きな影響力を持っていた実力者である[22]。この会談で大平は、成田国際空港が開港すれば、羽田はローカル空港になる。羽田を台湾の航空機が使うのであれば、中国が主、台湾が従であり、日本と台湾の航空関係が地域間の関係であるべきとする中国側の考え方に反しないのではないか、という趣旨の説明を行った。これに対して、廖は羽田と成田の使い分けについて理解を示したという[23]。

その後大平は、七月二六日に、月末から中国を訪れる予定であった河野謙三参議院議長に対して、中国側の意向を打診するよう依頼した。八月二日、北京で周恩来と会見した河野は、中国側の具体的提案を示すように求めたところ、翌日になって廖承志を通じて周恩来からメモが手渡された。中国側の示した「周恩来メモ」の内容は以下のようなものであった。


一．中日間は、国家間の航空協定で、日台間は民間の、地域的な航空往来を行なう。

二．日本側で日台間にもとあった「航空業務に関する交換公文」は失効した旨公に声明し、別途民間取決めを結ぶ。

三．日台航空路線に就航する双方の航空会社は、「国家」を代表する航空会社であってはならない。

四．蔣集団が日本において航空代理店を設置しまた飛行場の地上勤務用員を派遣・駐在することは許さない。

五．日本に飛来する台湾の航空機は、「国旗」の標識をとりはずさなければならない。

もし日本側で以上の五点を実施するならば、われわれの航空機と台湾の航空機とが同一空港に翼を並べられないという問題は存在しなくなる。[24]

この「周恩来メモ」の要点は、日本に飛来する台湾の航空会社の名称に、「中華民国」といった、台湾を国家と見なすような表現が入ってはならないという点と、台湾の航空機から、中華民国の国旗の標識を外すという点であった。これ以後、中国政府関係者の発言は「周恩来メモ」を基準に統一されるようになり、航空協定交渉における中国側の狙いが、台湾の航空会社の名称と国旗の問題に絞られていることが明らかになってきたのである。[25]

(4) 運輸省との調整

日中航空協定をまとめる最善の策は、いうまでもなく、中国側の要望を丸呑みすることであった。しかし、台湾側に航空会社の名称や旗の変更を強いることは難しいように思われた。七月一四日、台湾側は航空協定に対する中華民国政府の立場を表明した。それは、もし日本政府が中国の圧力に屈するような場合、中華民国政府は、日台航路の権利を放棄することも厭わない。また日本の民間航空機の台湾への飛来や領空通過を許さず、台湾の防空識別圏を通過する日本の航空機は不明飛行物体として処理するという強硬なものであった。[26]

それでも八月上旬、大平は、交流協会理事長の板垣修(おさむ)を通じて、台湾の中華航空公司に対し、中華航空の名称変更と、日本に乗り入れる飛行機に青天白日満地紅旗をつけない案を日本に提出することが可能であるかを水面下で打診している。大平が台湾側の自発的措置という形を求めたのは、台湾側からの提案であれば、自民党親台湾派が反発する根拠を失うからであった。しかし、板垣を通じた提案を台湾側は断固として拒否した[27]。日本側がこれを強要しようとすれば、日台間の航空関係が断絶することは明らかであった。

次善の策として、外務省が検討したのは、日本政府が一方的に取れる措置を実施することであった。九月二一日に国廣道彦アジア局中国課長が作成したペーパーは、（一）日台間にかつて存在した「航空業務に関する交換公文」が日中共同声明と同時に失効していることを公に声明する。（二）日本航空がそのままの形で日台路線に就航しないようにする。（三）成田開港と同時に中国の国際線を運用する中国民航は成田へ移るが、中華航空は羽田に残る。大阪には当分新空港ができないので、大阪空港は中国民航に提供し、中華航空は他の空港に移転させる。大阪旗」として取り扱うものではない旨を公表する、などを骨子としていた。

この外務省案は中国側の要求に全面的に応えるものではなかった。だが、日本政府が一方的にとれる措置については積極的な姿勢を示すことで、中国側の理解を得ようとしたのである[28]。

ところが、この外務省案に航空行政を主管する運輸省は難色を示した。なぜなら、当時日台双方の離着陸航空便数は双方合わせて週五八便（中華航空が台北―東京・大阪間を二一便、日本航空が東京・名古屋・大阪・福岡・那覇―台北便を三七便）に達しており、日台航空路線は収益性の高いドル箱路線だったためである。そのため、運輸省は「日台交通需要を無視してまで日中航空協定を急ぐ必要はない」と考えていた[29]。

大平は新谷寅三郎運輸大臣との間で水面下の協議を行っていたが、新谷がとくに難色を示したのは、大阪からの中華航空の移転であった。この運輸省を説得するために大平が期待したのは田中首相の力であった。一〇月二三日午前、大平は田中と日中航空協定に関する打ち合わせを行った。これまでの交渉経緯を説明した大平は、「総理の権威を借りる必要がある」として、田中から運輸大臣に働きかけてもらうことを求めた。

大平の期待通り、田中の働きかけは運輸省の姿勢を一気に変える。一〇月二七日午後、新谷運輸相は田中と面会した後、大平と会見した。新谷大臣は、「今朝総理から相談があって、大阪空港をどうかできるのかという話があった。これに対して自分は台湾との路線は運輸大臣の行政許可でやっているものであるから、本来大阪だけでなく、何でも運輸大臣の権限で行ないうるものであるが、今回のような国内事情を考えて荒ケズりなことをやるのはどうかと慎重を期していたが、総理が大阪から中華航空を追い出すことに決心するのなら、もとより自分としても決心しましょう」と述べて、運輸省の事務当局に判断資料を作らせると答えたのである。(30)

4 大平訪中

(1) 親台湾派の牽制

運輸省の同意をとりつけたことで、ようやく外務省は航空協定案を中国側に示せるようになった。一〇月二七日、北京において小川平四郎駐中国大使から韓念龍外交部次長に対して、一方的声明と空港使い分け案を組み合わせた日本政府案が提示される。[31] 残された課題は、日中交渉と並行して、航空協定に反対する親台湾派への説得をどう進めるかであった。

この時期、外務省では党内工作をどのように進めようとしていたのか。外務省アジア局中国課が作成した資料によれば、日台航空路線の取り扱いについては、まず中国側と内々に話し合って、その同意を得る目途をつけてから、基本的な点で自民党の了承を求める方針であった。そして、今後の予定として、一一月半ばまでに中国側と日台航空関係の話を詰めた上で、一一月後半に政府の方針を自民党で協議する。その上で一一月下旬に中国側と本格的な交渉を開始することを予定していた。[32]

しかし、外務省の見通しは甘かったと言わざるを得ない。台湾側は、同じ頃、『産経新聞』などの日本のメディアを通じて、航空協定をめぐる中華民国の立場を説明する宣伝工作を進めていた。[33] またそれに呼応して自民党親台湾派の動きも活発になっていた。九月三〇日から一〇月三日にかけての四日間、灘尾弘吉会長以下、日華懇メンバーを中心とする国会議員訪台団が台北を訪れて、蔣経国行政院長と会談を行った。日華懇は訪台団の帰国後に開かれた総会で、「日中航空協定問題にからんで日台空路の現状を変更することはしない」という方針を確認し、政府・外務省に働きかけることを申し合わせたのである。[34]

親台湾派の抵抗拠点となったのは、自民党の政策や方針を打ち出す場である政務調査会であった。一〇月一七日、政務調査会の航空対策特別委員会が開かれたが、外務省の意図を見透かしたかのように、親台湾派から露骨な牽制がなされた。委員会に出席した外務省の中江要介アジア局参事官は、中国側との航空協定交渉は何ら進捗していないと述べたが、これに対して北沢直吉議員は「我々が知らないうちに外務省だけでやっているように見受けられる。事実を話していただきたい」と詰め寄った。また加藤六月議員も、過去に締結された日ソ航空条約の前例に触れた上で、「党と事前に十分相談してもらわねば困るし、政府が前広に相談しない場合、総務会でも国対でも本件協定を国会にださせない場はいくらでもある」と、政府・外務省が内々に中国側と交渉を進めることを強く牽制したのである。

親台湾派は、日中航空協定交渉に入る前に、政府と党との間での実質的な協議を求めた。これは明らかに日中国交正常化交渉で田中政権が党の反対を強行突破した前例を念頭に置いていた。航空協定は国会批准が必要となる。彼らはもし田中政権が独断で交渉を進めれば、党内審議で協定を国会にかけることを阻止するという覚悟を示したのである(35)。

田中首相や大平外相もこうした党内情勢を無視できなかった。一〇月二三日に大平から報告を受けた田中は、「日韓の問題と日中の問題は一体として考えて行くべきである。一方の処理が他方にからむ」と述べている。日韓関係ではこの年の八月八日に金大中事件が発生していた。日本に滞在中であった野党政治家が韓国中央情報部によって不法に拉致され、韓国に連行されたこの事件によって、与野党を超えた韓国政府への批判が広がり、田中政権も日韓定期閣僚会議を一時延期した。自民党の親韓派と親台湾派は多くが重複していたことから、田中は、日韓と日台の危機が重なる中で、彼らを一層刺激することを警戒していた(36)。

親台湾派への配慮が必要と考えるのは大平も同様であった。大平は外務省事務当局に対して、交渉方針を政府で固めた後、「党に対して、〝これで中国側と交渉してみる。但し中国側がどういう反応を示すか分らないので、結果如何によりまた相談する〟と言って一度挨拶するのは如何」と詰問している。[37]しかし、外務省事務当局は、交渉内容について党の事前了承を得るに等しい大平の方針に反対した。彼らの言い分は、中国側が日本側の構想に理解を示すか否かが分からない段階であり、仮に党の了承を得たとしても、中国側がこれを拒否する可能性がある。その場合、党内では強硬派が政府に対して、これ以上中国に譲るなという圧力を強めることになり、日中両政府間に対決ムードが作り出されてしまうというものであった。また自民党で説明すれば、非公開で審議を行う秘密会であっても必ずその情報が新聞に漏れて、中国側に伝わってしまうという機密保持の点でも懸念があった。[38]そのため、親台湾派に交渉内容を事前に伝えようと考えた大平に対して、外務省事務当局は「政府としては方針を極秘裏に決めて先ず中国側に当るべきである」と主張したのである。

⑵ 大平訪中の決定

日本政府から協定案の提示を受けた中国政府も動き始めていた。一一月一二日、陳楚（ちんそ）駐日大使は大平外相と会見して「日本案を基礎にして更に一歩進んで話し合うことに同意する」と述べ、関税や租税の専門家の派遣を歓迎すると回答した。

この日の会見で重要であったのは、中国側が年内の大平外相訪中を求め、その前に航空協定問題を解決したいと申し入れてきた点である。前述した五月に東京で廖承志と会談した時、大平は自ら訪中する意向を中国側に示していた。この年の夏から秋にかけて、田中首相の訪米、訪欧、訪ソが予定されており、大平の訪中は、一連の首脳外交をふまえて中国との間で国際情勢を議論することが目的であった。これに対して、九月一七日に陳楚大使が姫外交部長の親書を持参し、大平を正式に中国に招請したのである。中国側の意図は明白であった。大平訪中と日台航空問題を結び付けて、航空協定妥結に向けた大平の政治決断を引き出そうとしていたのである[39]。

この後、一一月から一二月にかけて、橋本恕中国大使館参事官と王暁雲アジア局次長との間で事務レベルでの予備折衝が行われた。橋本は日中国交正常化の時の中国課長であり、中国側の信任も厚かったことから、北京での折衝を担うことになったのである。

ところが、調整は最後まで難航した。この折衝で、国旗の問題については、日本側が「認識」を発表することで中国側が当面了承し、成田・羽田の使い分け問題についても中国側から「考慮する」という言質（げんち）を引き出した。しかし、日本に就航する台湾の航空機が「中華航空」という名前を使用することについて、中国側は最後まで反対し続けた[40]。台湾側に会社名の変更を強要すれば、日台空路の断航をもたらす可能性が高いため、この点に関しては日本側も容易に譲歩できなかった。

事務レベル協議が膠着する中、大平自ら訪中せねば、交渉の決着はつかないという観測が政府内でも強まりはじめていた。外務省内では妥結の目処が立たないまま、外相が訪中することに対する慎重論もあったが、最終的には大平の判断によって、一月初旬に訪中することが決定された[41]。

(3) 苦難の大平訪中

一九七四年一月二日、大平は羽田空港を出発して香港へ向った。香港で一泊した後、広州へ向かい、中国政府が用意していた特別機で北京に向った。大平が訪中した時点でまだ航空協定が妥結できるかは不透明であった。そのため、対外的には外交問題一般の協議であると公表されていた[42]。

姫外交部長との会談は一月四日午前から始まった。大平は政府内で事前調整した案に沿って、中華航空の社名と旗に関する日本側の認識を示し、その変更について引き続き努力はするが、台湾側にそれを強制することはできないと主張した。しかし、中国側の姿勢も固かった。同日午後に行われた周恩来首相との会談では、航空協定などの具体的争点は論じられなかったが、周恩来は自民党親台湾派の姿勢を批判するなど強硬な態度に終始した[43]。

翌五日、大平は毛沢東と会談している。この会談で毛沢東は周恩来に対して、「少し譲ってあげたらどうでしょう」と協定交渉の歩み寄りを示唆したと言われる[44]。通例では最高指導者の毛沢東との会談が実現した時は、交渉がまとまるシグナルであった。だが、この時はそうではなかった。毛沢東との会談直後に大平と姫外交部長との第二回会談が行われたが、姫外交部長はもう一度、周恩来と話し合って欲しいと述べるに留まった。第二回の大平・周恩来会談は、夕方に行われる予定であったのが大幅にずれこみ、同日夜一一時半から始まった。しかし、周の姿勢は変わらなかった。それは当時の中国国内の政治対立の中で彼が置かれていた厳しい立場を示していた。「四人組」の監視下で交渉せざるを得ない周にとって、たとえ毛沢東の示唆があっても、日本への安易な譲歩は自らへの攻撃材料になり得たのである[45]。

一方の大平もまた肉体的な限界に達しつつあった。訪中前の一二月三〇日に大平は風邪を引き、翌日は発熱のため終日病臥していた。幸い元日になって熱は下がったものの、休養をとる間もなく、倦怠感の続く中で極寒の北京へ出発した。だが、北京滞在中の五日夜からは持病の腎臓結石によって血尿が出るなど疲労困憊の状況であった。[46]五日夜の会談を終えて宿舎に戻った大平は、同行した外務官僚と共に午前三時半まで協議を行った。その結果、交渉妥結の目処が立たなかったことから、そのまま帰国することに決したのである。

事務当局は夜を徹して帰国にあたっての外相声明を作成した。六日午前に行われた姫外交部長との会談では、前半に外交問題一般を討議し、後半に航空協定の返事をする段取りであった。しかし、前半が終わったところで、大平は突如用意された声明を読み上げて交渉の打ち切りを中国側に伝えた。大平が事前の打ち合わせとは異なり、やや唐突に打ち切りを宣言した真意は今も不明である。中国側から譲歩を引き出すためのブラフだという見方もあるが、当時、中国課の首席事務官だった小倉和夫も指摘するように、前日の交渉内容から日本側は中国が譲歩する可能性は低いと考えていた。前述したように、大平は、出発前から党内親台湾派の動向を強く意識していた。そのため、交渉打ち切りは国内の反発を踏まえた大平の本心だったのではなかろうか。[47]

ところが、大平による突然の交渉打ち切り宣言は中国側を慌てさせた。中国側は会談の一時中断を求め、その後少人数での会談を提案してきた。そして、中国側は、「大平大臣の訪中は世界中が見ている。われわれはこれを失敗に終わらせるわけにはいかないから、新しい提案をする」として態度を一変させたのである。[48]中国側が示した新提案は、日本側の要求をほぼ受け入れたものであり、羽田と成田の使い分けなど基本的な点にも同意していた。大平にとって体調不良をおしての文字通り命がけの訪問であったが、決裂寸前から一転して合意が成立したのである。帰国便は北京からのチャーター機であったが、飛行機が離陸するとまもなく、大平は毛布を敷いて通路に横になった。病状が悪化したのではないかと医者も心配したが、大平は前夜一睡もしていなかった。帰国した大平は、翌七日に官邸で田中首相に報告を行い、同日、東南アジア歴訪に出発する田中を羽田空港に見送っている。[49]

5　党内紛争

(1) 外務・運輸両省による六項目案の提示

一九七四（昭和四九）年初頭の大平は苦難続きであった。北京から戻った後も体調不良がしばらく続いた。さらに一月一二日、世田谷区瀬田の自宅が火災によって全焼してしまう。大平はこの一報を選挙応援中であった地元の香川県で聞いている。

一方、外務省では大平の帰国後直ちに航空協定締結に向けたタイムスケジュールが組まれた。アジア局中国課の作成文書によると、まず一月九日から一〇日にかけて運輸省との協議を進めて、外務・運輸両省の意思統一を図る。次いで、一一日から台湾に対する説得工作を開始し、並行して日華懇の議員への説明も開始する。その上で一六日から一八日の間に自民党の了承を取付け、二〇日までに自民党及び台湾に対する工作を完了させる。二一日の通常国会の再開までに全ての国内調整を終え、一月下旬から中国側と航空協定の具体的交渉に入るという段取りであった。[50]

当初、それは順調にいくかと思われた。中国側が譲歩したこともあって、運輸省との協議はスムーズに進んだ。自民党に提示された六項目からなる外務・運輸両省案（以下、六項目案）は次の内容からなる。

一．日中共同声明の基礎として、速やかに日中航空協定を締結するが、同時に日台路線（双方の以遠便を含む）については民間取り決めを結んでこれを維持する。

二．日本側企業については、「日本航空」が日台路線に就航しないようにする。

三．日本政府は「中華航空」がその意思に反して社名と旗を変更することは求めないが、社名と旗の性格に関する日本政府の認識を別途明らかにする。また、日本側当局が「中華航空」に言及する際には、「中華航空（台湾）」とする。

四．「中国民航」は成田国際空港を使用し、「中華航空」は羽田空港を使用することとする。なお、成田空港開港までは暫定的に羽田空港を双方が共用するようにするが、所要の時間帯調整を行う。

五．大阪空港を使用している「中華航空」の便は、日台間で合意する他の空港に移転するようにする。

六．「中華航空」の日本における営業所、事務所、その他の地上サービスは、代理店その他別の事業主体に委託するようにする。ただし、運行の安全及び従業員の生活の安定については所要の配慮をする。[51]

大平の言葉を借りれば、この六項目案は「中国、台湾、自民党と三者には、いずれも満足ではないかも知れないが、何とか納得してもらえる線」であった。[52]

最大の難関であった党内調整は、外交調査会長の福田篤泰（ふくだとくやす）に委ねられた。大平は外交官出身の福田であれば、積極的に党内取りまとめに動いてくれるだろうと期待したのである。この頃、大平の女婿で外相秘書官であった森田一も、日記に「中華航空という名称と国旗はかえなくてよいということであるので、本問題はけりがつくものと考えられる」と楽観的な見通しを記している。[53]

一方で親台湾派の間にも、この時点では航空協定に徹底的に反対する気運は乏しかった。一月一一日に日華懇総会に出席した坊秀男（ぼうひでお）議員は、「日中航空協定に伴う日台航空のあり方について協議。いよいよドタン場になると、出席者僅かに三十名位。政府のいき方に対してだい分妥協的なムードが流れている」と日記に記している。[54]

(2) 航空協定問題の政局化

ところが、台湾側は依然強硬であった。大平は、台湾側に日中間の合意内容を納得させるべく公式ルートとは別に、親台湾派の藤尾正行議員を通じて台湾工作を行わせた。藤尾は六項目案を持参して台湾を訪問し、一月一五日に蒋経国行政院長と会見した。だが、蒋行政院長は、昨年七月一四日に政府が発表した厳正な立場を絶対に変えないとの旨を表明し、日本政府が中国の圧力に屈することがあれば、台湾は日本との航空関係を絶つという姿勢を貫いたのである。[55]

日台断航が現実味を帯びてきたことで、低調になっていた親台湾派の活動も再び勢いづいた。一月一七日に自民党で開かれた外交調査会、外交部会、交通部会、航空対策特別委員会の合同部会は大荒れとなった。日華懇や青嵐会の議員たちが提出された政府案を激しく批判したのである。そのため、合同部会は結論を出せないまま散会となった[56]。日華懇は、翌一八日に緊急総会を開き、政府が六項目案をもって、中国との交渉に見切り発車する行動に出るならば、「重大な決意」をせざるを得ないと、政府幹部に申し入れた。それは衆参両院本会議で反対票を投じることを意味した[57]。

とりわけ激しく大平を攻撃したのは青嵐会であった。前年七月に発足して以来、青嵐会は党内でアジア・アフリカ問題研究会（A・A研）の議員と対立しながら、外交問題をめぐる立場を急進化させていた。青嵐会もまた一八日夜に緊急総会を開き、大平外相が外交姿勢を改めない限り、二一日から再開する通常国会で大平に対して不信任決議案を提出する方針を固めた。そして、翌日の党大会では、青嵐会座長の中尾栄一が、日中航空協定だけではなく、田中政権の外交政策全般を批判した。すなわち、前年秋の田中首相のソ連訪問や、石油危機に対する日本政府の対応、一月の田中首相の東南アジア歴訪中にインドネシアで起った反日暴動などもからめて、外相としての大平の責任を糾弾したのである[58]。このように青嵐会が田中政権の外交政策全般を批判し、政権交代すら言及する中で、日中航空協定は彼らの格好の攻撃材料となり、外交責任者である大平に非難が集中することになった。ここに至って航空協定問題は国内政局へと移行したのである。

党内批判が噴出する中で、党内工作を委ねられた福田外交調査会長は、明らかに力量不足であった。一月二三日午前、福田は、政務調査会の幹部、大平外相、灘尾日華懇会長、藤山愛一郎日中友好議員連盟会長を招いて意見交換を行った。この場で福田は私案を提示する。この「福田私案」は、外務・運輸両省の六項目のうち、親台湾派が難色を示していた、㈠中華航空（台湾）と呼称する、㈡社名と台湾機の旗の性格に関する日本政府の認識を明らかにする、を党議決定から削除する内容であった。[59]

ところが、六項目を部分修正する案は、中国政府側の合意を得られるはずがなく、大平や外務省にとって受け入れられる内容ではなかった。大平は「福田私案」を拒絶し、あくまで六項目をワンパッケージとして承認することを党に求めた。そのため、引き続き党内調整が行われることになったのである。

(3) 大平の不退転の決意

日中航空協定の党内調整が難航した背景には、本協定が外交と運輸の双方にかかわる複合的な性質であったことに加えて、国会提出に先立つ党の事前審査制によるところも大きかった。自民党の政策審議は、まず政務調査会に置かれた部会・調査会・特別委員会で個別に議論され、次いで全体会にあたる政調審議会（政審）で決定がなされる。そして、最後に党の日常的な最高意思決定機関である総務会で決定され、所属議員に国会での表決に対する党議拘束がかけられる仕組みであった。[60] 繰り返しになるが、日中国交正常化は、総裁直属の正常化協で党内調整が完結しており、しかも、国会承認を要しない共同声明方式で処理された。これに対して、日中航空協定は、外交と運輸それぞれの部会や特別委員会で協定案を審議にかける必要があり、親台湾派の抵抗力を強めていたのである。

親台湾派の反発が強まる中で、大平は協定成立に向けた不退転の決意を固めていた。この頃、ホテルオークラに借り住まいしていた大平の下を外務省幹部が訪れ、党内調整がいかに困難になっているかを報告した際、大平は「日中関係の将来のために、この協定は是が非でも国会を通さねばならな

い。外務省は必要とあれば私を殺したらよい」とまで語ったという。(61)

一月一八日朝、大平は田中首相に電話して、「日中航空協定問題についてよく依頼し」ている。(62)青嵐会による大平攻撃が激化する中で、党内調整の助力を求めたのであろう。二六日正午、田中は、椎名悦三郎副総裁、橋本登美三郎幹事長、二階堂進官房長官ら政府・与党幹部と首相官邸で面会し、航空協定の進め方を協議している。その後、椎名副総裁のイニシアティブにより、政務調査会の交通部会と外交部会を個別に開催することで、改めて党内論議の取りまとめに入ったのである。

一月二九日朝から外交・交通両部会で論議が始まった。党内の親中国派と親台湾派の議員はともに両部会に動員をかけることで、それぞれの立場を強く主張しようとした。(63)この日、外交部会では四時間かけて議論が行われた後、藤井勝志会長が論議は出尽くしたとして、意見調整を政審に委ねた。しかし、交通部会では結論が出ずに議論は持ち越された。

大平を支援して党内取りまとめの中心となったのは、宏池会の番頭であった鈴木善幸総務会長と、佐々木義武、伊東正義といった大平直系の議員たちであった。(64)一月三〇日、大平は鈴木と党内取りまとめ案を打ち合わせている。この時、鈴木が持参した「総務会における党議決定の案」は、「日中航空協定の処理並びに日台航空路線の処理についての外務・運輸・両省案の基本はこれを諒承する。政府がその具体的処理をするに当っては副総裁・党三役と事前に協議のうえ対処されたい」というものであった。(65)鈴木ら党幹部は、外務・運輸両省の「六項目案」をそのまま合意することは難しいと判断していた。そのため、政務調査会と総務会で論議を進めた上で、意見が一致していた第一項目については原則合意をとりつけ、それ以外の第二から第六項目の細目については、副総裁、党三役に一任す

る形で事態を乗り切ろうとしたのである。(66)

政調会部会での議論は、二月五日夕方に打ち切られ、翌日から政審での審議に入った。そして、七日朝から臨時総務会での審議が始まった。(67)最後の関門となった総務会では、藤尾正行、玉置和郎(たまきかずお)ら青嵐会の議員が激しく反対の論陣を張った。彼らは六項目のうち、名称と代理店にかかわる項目について中国側と再交渉せよと迫った。だが、大平は断固として再交渉には応じなかったのである。

(4)田中首相の介入

事態の収拾に動いたのは田中首相であった。二月八日昼、田中は院内大臣室で椎名副総裁、党三役、大平外相らを呼び集めて協議を行った。(68)ここで田中は、六項目案に党側の主張を盛り込んだ一項目をさらに追加することを指示した。すなわち、台湾との関係を「維持継続」する新項目を追加することによって、党内の不満を鎮めようとしたのである。ただし、田中は、外務省事務当局にタイプさせた追加項目案を党三役に回覧した後、それらを全て回収させた。紙を渡せば再び党内で紛糾する材料になることを懸念したためである。(69)

この日午後から開かれた総務会で、党三役は追加項目を口頭で説明することで、了解を求めた。だが、結局この日は結論には至らなかった。同日夕方から、大平がワシントンで開かれる石油消費国会議に出席するため出発予定であり、批判の矢面に立たされていた大平がいなくなった後で結論を出した方がよいと水田三喜男(みきお)政調会長が配慮したためである。(70)

総務会決定が下されたのは翌九日であった。午前に党幹部が取りまとめの案を示し、午後二時二〇分から総務会が開催された。親台湾派は、副総裁と党三役に一任する党議では、実質的な政府一任になるとなおも反対を続けた。だが、鈴木総務会長らは「日中、日台の二つの命題を同時に達成することについては、ねばり強くこんご折衝を続け、最善を尽くす。結局、党四役を信頼するかしないかの問題だ」と突っぱねた。[71] 総務会決定は全会一致が原則であるが、この時は票決がとられた。その結果、夕方になってようやく総務会の決定が下されたのである。[72]

二月九日の総務会決定は、前述した鈴木総務会長が大平と打ち合わせた通り、「外務・運輸両省案の基本はこれを了承する。政府はその具体的処理をするに当っては、事前に副総裁、党三役と協議の上慎重に対処されたい」というものであった。しかしながら、これによって政府はまだ協定交渉のフリーハンドを得たわけではなかった。なぜなら、田中は台湾との関係の「維持継続」を追加するように伝えたが、その後、総務会で党幹部から「外務・運輸両省案の基本」の内容について、以下の「口頭説明」が行われたためである。[73]

一．日中共同声明を基礎として日中航空協定（を）締結する。と同時に

二．日台航空路線は民間取極を結んでこれを維持する。

三．この二つの命題を両立達成せしめること。

この「口頭説明」を拠り所に、親台湾派は、日台路線の維持が党の決定であると主張できるようになった。そのため、総務会の決定後も親台湾派の抵抗は続けられたのである。[74]

6　日中航空協定の成立

(1) 孤立無援の大平

総務会の決定後も、青嵐会による大平批判は執拗に続いた。この動きに拍車をかけたのが、安川壮駐米大使の錯覚発言問題である。前年七月に田中首相が訪米した際、天皇訪米を一九七五（昭和五〇）年に実現することで合意されたが、宮内庁側の意向もあって、日米共同声明に時期は明記されていなかった。その後、二月八日から訪米した大平がキッシンジャー（Henry A. Kissinger）国務長官と会談した結果、改めて天皇訪米の時期は、日米共同声明の通りであることが確認された。ところが、大平の帰国前日の記者会見で、上述の経緯を失念していた安川大使が、記者会見の席上で天皇訪米の時期は、前年の日米共同声明に記されているとして、記者団との間で押し問答が繰り返されたのである。このことが日本の国内各紙に報道されたことから政治問題へと発展した。(75) 安川は以前から大平に近いとみられた外交官であった。(76) そのため、青嵐会はこの失言問題を大きく取り上げて、大平外相の監督責任を追及する構えを見せたのである。

大平の対応は迅速であった。帰国翌日、大平は田中首相と面会して、安川の戒告処分を決定する。さらに続いて一八日朝には法眼晋作外務事務次官を更迭する意向を固めた。同日の森田秘書官の日記には、「本当は自分（大平）がまっさきに辞めたいが、田中内閣の中における立場としてそうもいかぬ。これを総理と官房長官に伝えた。総理と官房長官は特に異議を唱えなかった」と記されている。

大平が法眼更迭を決定したのは、中東政策をめぐる方針に食い違いがあったためともいわれるが、いずれにせよ、次官更迭によって錯覚発言問題の幕引きを図ろうとしたのである[77]。

ところが、こうした措置は、大平が責任逃れをしているのではないかとさらなる批判へとつながった。一九日に開かれた党総務会では藤尾正行と玉置和郎が大平の責任を追及し、同日夜に開かれた青嵐会総会で、大平外相の辞任を求める声明文を発表した。また国会の委員会でもこの問題が野党から追及された[78]。

実際、この頃が大平にとって最も厳しい時期だったといえよう。過密な外交日程をこなす中で、自宅の火災や在クウェート日本大使館がゲリラに占拠されるなど重大事件が立て続けに起った。また外務省庁舎の周囲には右翼が連日のように街宣車を走らせて、時に「斬奸状(ざんかんじょう)」を持参することもあった。藤井宏昭外相秘書官は、大平が車から降りるときには、狙撃を恐れて周囲のビルを見回す癖がつくほどの緊張した毎日であったと回顧している[79]。

党内でも大平は孤立無援であった。青嵐会から激しく攻撃される中で、党内各派から大平を弁護する声は少なかった。大平のお膝元である宏池会内部でも党内取りまとめに活発に動いたのは大平直系の若手議員に限られ、長老議員は非協力的であった。宏池会内では四年前の前尾繁三郎から大平への会長交代の経緯もあり、派閥内で未だにしこりが残っていたのである[80]。

さらに田中政権の求心力が低下する中で、田中首相も、国交正常化の時のように自ら親台湾派の説得に動けない状況だった。この頃、大平の孤軍奮闘ぶりを見かねた藤井秘書官が、「田中総理は本当に大丈夫でしょうか。(大平)大臣を守ってくれないじゃないですか」という趣旨の発言をしたという。これに対して大平は「田中が総理なんだ。田中と大平のことは私に任せてください」と語気を強めたという。[81]

大平が珍しく感情をあらわにしたのは、当時の彼を取り巻く政治状況を踏まえると興味深い。「列島改造論」を看板に掲げて発足した田中政権であったが、地価急騰や物価高騰に歯止めをかけられず、急速に国民の支持は離れつつあった。さらに第四次中東戦争を契機に一九七三年一〇月に起った石油ショックは、激しいインフレを引き起こし、「列島改造論」の土台を完全に掘り崩した。そのため、田中政権は、一一月二三日の愛知揆一蔵相の急死を機に大幅な内閣改造を断行し、安定成長論者であった福田赳夫を経済企画庁長官から蔵相に横滑りさせて立て直しを図ろうとしたのである。

だが、挙党体制で難局を乗り切ろうとする田中に対して、田中政権を支えることによって後継政権を目指していた大平の心中は穏やかではなかった。実際、内閣改造に伴う新人事についても、大平は「同盟軍トシテ所（処）遇セル証拠ナシ」という不満を手帳に記している。[82]

大平は挙党体制をとるために、田中が日中問題で表だって支援できないことは理解していた。それゆえ、日中航空協定では自ら火の粉を被る覚悟を固めていた。だが、大角が一丸となって挑んだ日中国交正常化の時と比べて、総理・総裁として党内結束を重視する田中と、日中航空協定に突き進む大平との間には隙間風が吹き始めていたのである。

(2) 北京交渉の開始

自民党総務会での決定後、まず大平は台湾側の説得工作を先行させた。仮に先方が応じなくても、少なくとも台湾との交渉を優先させたという既成事実は残るためである[83]。二月二八日に板垣修交流協会理事長が訪台した。板垣は台湾の亜東関係協会との間で民間協定締結に向けた交渉を続けたが、台湾側の空気は日増しに悪化していた。台湾側は依然として、前述した六項目案で示された、中華航空の名称使用問題と、地上業務の別の事業主体への委託に強く反対していたのである[84]。

三月九日、帰国した板垣から報告を受けた大平は、田中首相と党幹部から中国との交渉に入る了承を得た[85]。航空協定の国会批准を会期中に行うためには、一刻も早く北京側との間で協定文の合意に達する必要があったためである。しかし、両国がテーブルにつくまでまだ紆余曲折があった。三月一三日に外務省は中国側に交渉開始を申し入れ、北京で橋本・王暁雲による予備折衝が開始された。日本側は総務会で合意された六項目を中心とする日台路線の取扱いについて説明したが、中国側は、その内容では大平訪中時の外相会談における合意を覆すものであり、この問題が決着しない限り協定文の交渉は行えないという難色を示したのである[86]。

一方、日本国内でも自民党交通部会での反対が強まるにつれて、運輸省が党の了承を得られるまで交渉を行いたくないと主張するようになっていた。大平は慎重論に傾く運輸省を説得するため、三月一四日夜に外務省の飯倉公館に運輸大臣と航空行政を主管する運輸官僚を招いて懇談している[87]。

外務省では当初、中国側との間で、日台航空問題の協議と協定文の協議を同時並行で進める考えであった。しかし、このままでは国会会期中に間に合わないことから、日台航空の議論を先行させるのもやむを得ないということになった。三月二三日に国廣道彦中国課長と運輸省の担当課長が訪中し、翌日から橋本恕大使館参事官を中心に中国側との協議に臨んだ。だが、一週間経っても進展が見られなかったため、東京で大平が陳楚駐日大使を通じて、協定文の交渉を進めるように働きかけた。その結果、ようやく四月一日から北京で協定文の交渉も開始されたのである[88]。

協定文の交渉には国際協定や租税の専門家も加わり、「ワーキンググループ」会合は断続的に二二回も行われた。交渉は技術的な問題が多くを占めたが、最後まで残った争点は、以遠地点の設定と、日本の欧州路線がカラコルム越えの短縮ルートをとることを中国側が認めるかどうかであった。後者については、四月中旬に運輸省の航空局長が訪中して交渉に臨んだが、中国側と折り合いが付かず、最終的に日本側が譲歩する形になった[89]。とはいえ、国廣中国課長によると、合意された協定は内容的には日本側に不利なものではなかった。カラコルム越えルートをとるか南回りルートをとるかは、一五分間の飛行時間の違いに過ぎず、日本側の要求も多分に建前上のものであったという[90]。

(3) 日台航空をめぐる日中協議の妥結

これに対して最後まで難航したのは、橋本・王暁雲の間で行われた日台航空をめぐる交渉であった。これまでの経緯から、中国側は、日本が裏で台湾と結びついているのではないかと強い不信感を持っていた[91]。主な争点になったのは以下の点である。

第一に、旗と社名の性格をめぐる問題である。日本政府の「認識」を発表する声明文について、中国側は文案や表現について細かい要求を示してきた[92]。

第二に、中華航空の取り扱いである。日本側が示した「中華航空（台湾）」という呼称に関して、日本側は空港における民間業者にまでは強制できないと説明した。しかし、中国側はこれに納得せず、最終的に民間業者に対して、日本政府が「必要に応じて指導する」という形で合意された。また中華航空が地上サービスを代理店に任せた後も、最低限の連絡要員を置く必要があったが、これに対して中国側は具体的な数字を求めてきた。この点については、日本側は最後まで技術的問題であると突っぱね、「必要最小限の人数」という表現で合意された[93]。

第三に、成田空港完成後の羽田空港の使用形態である。中国側は羽田空港が国際空港として使用されることに難色を示した。この問題は、成田空港の開港時期がまだ未確定であったことに加え、中華航空が引き続き羽田空港を利用するため、税関や検疫などの国際業務を羽田に残す必要があったことから、日本側は最後まで明確な言質を与えなかった。最終的にこの問題は、中国側が「ごく少数の外国航空会社が、例外として、羽田空港に当分の間残留することに異議を出さない」ことで折り合いがつけられた[94]。

第四に、大阪空港への中国民航の乗り入れである。大阪空港では周辺住民からの騒音訴訟があったため、運輸省は最後まで難色を示していた。実は前述の六項目案をまとめたとき、外務・運輸両省間で、中華航空の撤退後に中国民航が新たに大阪に乗り入れてくる点について意思疎通が上手くいっていなかった。そのことも運輸省が態度を硬化させた一因であった。この問題については、最終的に総理官邸まで上げられ、田中首相の決断によって、乗り入れを週一～二便程度にすることで合意された[95]。

(4) 日中航空協定の締結

北京で交渉が進められる中、大平は航空協定成立に向けて政府内の根回しを精力的に行っている。森田秘書官の日記をみると、四月に入ってから、山中貞則防衛庁長官（四月一日）、保利茂行政管理庁長官（同三日）、福田赳夫蔵相（同四日）、佐藤栄作前総理（同六日）、三木武夫副総理（同九日）と、党の重鎮や主要閣僚との懇談を精力的に行っていることが分かる。

なかでも注目されたのは、親台湾派を自派閥に多く抱えていた福田赳夫蔵相の動向だった。福田は、四月三日に開かれた派閥総会後の記者会見で、「日中正常化がなった以上、締結せざるを得ないが、日台事務関係に支障をきたすとなると、政治上不手際となる」と大平を牽制していた。[96] とはいえ、福田も航空協定を阻止する考えはなかった。四月二日に福田派の幹部である坊秀男と面会した福田は「閣議できめるに際し台湾はどうかと質問をした上でサインすることとする」と語っている。[97] この頃、福田は、石油ショック後の危機対応が一段落した段階で、田中政権の蔵相を辞任することを考えていた。福田のメモによると、水田三喜男政調会長が、日中問題を機に閣外に転じるべきであると福田に説いていたことが分かる。だが、福田は外交を政争の具にしないように抑制的な姿勢をとり続けていた。[98]

国会会期中に協定を成立させるためとはいえ、見切り発車に近い形で、北京での交渉を開始した大平であったが、ここまで台湾側の利益を守ったのだから、最終的に台湾側も航路を維持するのではないかという期待もあった。だが、その期待は裏切られる。四月五日、外務省は牛場信彦前駐米大使と高島益郎アジア局長を台湾に派遣して説得工作にあたらせようとした。だが、牛場らは結局、蔣経国行政院長にも面会できず帰国することになる。[99]

北京での交渉を止める手段を持たない親台湾派による最後の反撃は、外交公電の暴露という非常識な手段であった。四月一〇日、臨時総務会が開かれ日中航空協定の論議が再開された。この席で藤尾正行は、政府側から入手した公電をもとに北京で行われている交渉内容を暴露したのである。[100]その上で藤尾は、北京交渉の内容がさきに自民党で決定した党議に反しており、台湾側が反発して日台航路を破棄する事態も予想されるとして、出席していた大平の責任を追及した。[101]この外交公電は、運輸省から佐藤孝行（さとうこうこう）交通部会長に渡された文書が藤尾に回ったものであったが、改めて国会議員がかかわる外交案件の機密保持の難しさを如実に示した事件であった。[102]大平は直後の記者懇談の場で「私は非常に不愉快だ。どこでリーケッジ〔漏洩〕があったのか。我慢ならない」と怒りをあらわにしている。[103]

とはいえ、公電漏洩事件も協定締結に向う大きな流れを変えることはなかった。四月一七日に北京交渉の大枠がまとまると、翌一八日夕方、官邸に田中首相、大平外相をはじめとする関係閣僚と党幹部が集まり、台湾の見通しをめぐって議論が交わされた。既に台湾から入ってきていた情勢報告は厳しく、予断を許さない状況であったが、最終的に日台航路が「短期間にしろ相当長期間にしろ切ることがあろうとも、現在の政策はかえない」ことで合意を得た。[104]日台航路が一時途絶する事態になってでも航空協定を締結するという政府の意思が確認されたのである。四月一九日に閣議決定が行われ、総務会の議論を経た後、翌二〇日に北京で日中航空協定は調印された。

(5) 日台断航と日中航空協定の国会批准

北京での調印を見届けた大平は、二〇日午前一一時四〇分から外務省レセプションホールの記者会見の場で、中華航空の社名や国旗は国家を代表しないという外相声明を発表した。これに対する台湾側の反応は早かった。同日五時（日本時間）、台湾側は中華航空の航空機が日台航空路線の飛行を停止すると宣告したのである[105]。大平はこの日一旦帰宅したが、夕方に台湾が航路断絶を通報してきたことから、急遽外務省に戻り、夜には院内総裁室で改めて副総裁並びに党三役と打ち合わせを行った。その結果、このような事態にはなったが、協定の調印批准の方針は変えないという方針を確認している[106]。

台湾の断航は当然ながら親台湾派を強く刺激した。坊秀男は日記に「田中、大平は強引に日中航空協定をけう〔今日〕北京で調印した。果せるかな台湾は日台航空路線をたちきったが、政府は大きなショックをうけて騒いでいる。党議違反と外交の不てぎわ〔手際〕は追求（ママ）されねばならない[107]」と記している。そして、四月二二日には日華懇が開かれ、航空協定が党議違反であることの責任を追及すると同時に国会での批准に反対することを決議したのである[108]。

親台湾派による最後の抵抗の場は、四月二三日から党本部で開かれた政審、外交調査会、外交部会、交通部会と航空対策特別委員会の合同会議であった。約四時間にわたって行われたこの日の会議では、中川一郎や坊秀男らが次々に同協定への反対意見を述べると同時に、大平の辞任を要求した。

これに対して、大平も日台路線の維持については最後の瞬間まで努力したと応酬し、「政治家の責任というものは、人から強要されて取るものではなく、私自身が判断して決めるべきものだ」と辞任要求を突っぱねた。また反対派の追及が日中国交正常化に及ぶと、大平は「台湾を平等に扱えというなら、原点に返って（中国か台湾かの）選択を変えなければならない」と厳しく反論する場面も見られた。[109]

合同会議は二五日夕方まで続けられ、最終決定は二六日に開かれる総務会へと持ち越された。とはいえ、党執行部は、日中航空協定の国会提出を前提に動いており、合同会議は反対派のガス抜きの場に過ぎなかったといえよう。実際、反対派もそのことは理解していた。坊秀男は日記に「党は台湾派に議論だけさせておいて、つっ走ってしまう方針をきめているようである。これを阻止することは極めて困難のようだ」と記している。[110]

四月二六日午前一一時に開かれた総務会では、約四時間にわたって議論が続けられた。まず合同会議の結果が報告され、外交・交通両部会長、外交調査会長、航空対策特別委員長がそれぞれの見解を述べた。その後、総務全員が一人ずつ協定の国会提出に対する賛否の意見を明らかにし、最終的に椎名悦三郎副総裁が「政府、党は全力をあげて日台路線の再開に努力したい」という反対派に配慮した付帯意見を述べて、反対三、態度保留一を除く賛成多数で国会提出の了承をとりつけた。[111]その後、国会審議は順調に進み、五月七日には衆議院本会議で、同一五日には参議院本会議でそれぞれ承認された。

ただし、衆議院本会議では二八〇名の自民党所属議員のうち八〇名以上が欠席している。そのうち青嵐会からは二一名が欠席し、日華懇からも灘尾弘吉会長、岸信介元首相、船田中元衆議院議長など長老議員をはじめ相当数が欠席した。[112]文字通り自民党を二分する形となったが、日中航空協定はようやく成立を見たのである。

7　後遺症としての日中航空協定交渉

日中航空協定交渉の最大の特徴は、台湾問題をめぐる政策対立に、自民党内の各派閥の思惑が絡まることで政局化した点にある。そして、航空協定が政局として大きくクローズアップされたことが中国、台湾の姿勢の硬直化を招き、そのことが再帰的に派閥対立に利用されるという負の連鎖をたどった。(113)

さらに日中航空協定交渉がかくも長期化した要因を分析すると、日中国交正常化の時とは異なる田中政権を取り巻く政治事情が浮き彫りとなる。

大平と外務省事務当局が協定交渉を進める上で念頭にあったのは、日中国交正常化交渉であった。自民党が親中国派と親台湾派に二分される中で、政権発足間もなかった田中首相と大平外相は、訪中して一気呵成に日中国交正常化を実現した。党内調整よりも外交交渉を優先させ、日台(日華)断交という結果を党内に押しつけることに成功したのである。

こうした異例ともいえる手法が成功したのは二つの要因があった。第一には日中国交正常化が国会での批准を必要としない共同声明方式で実現したことである。自民党内の親台湾派は、自民党総裁直属で設置された正常化協を除けば、党内で十分に異議申し立てを行えなかった。第二は、田中角栄首相の政治力である。国交正常化交渉を主導したのは外相の大平であったが、党内の反対派の不満を封じ込める上で総理・総裁である田中の影響力は絶大であった。親台湾派の若手・中堅代議士は、日中国交正常化を成功させて年内に衆議院解散という総選挙を絡めた田中の説得に従ったのである。

ところが、日中航空協定は日中国交正常化の時とは前提条件が大きく異なっていた。第一に、国交正常化と異なり、航空協定は国会での批准が必要であった。さらに日中航空協定は、外交だけではなく運輸政策にもまたがるために、国会に提出する前に自民党政務調査会でそれぞれ審議を行う必要があった。そのため、親台湾派が党内の政策審議の場で抵抗する場が与えられることになった。

第二に一九七二（昭和四七）年一二月の衆議院選挙以後、田中首相の影響力が低下しつつあった。党内の中堅・若手議員で結成された青嵐会は、もともと外交政策を議論する組織ではなかった。だが、田中政権の人事処遇への不満から反主流色を強め、外交面でのタカ派的主張を強調するようになる。青嵐会のパフォーマンス的な日中航空協定への反対論は、自民党内に存在したイデオロギー対立を再び活性化させたのである。

日中航空協定交渉では、しばしば「八つ裂きになっても、日中航空協定は調印する[114]」という大平の強い決意が強調されがちである。しかし、本稿で示したように、日台航路をめぐる党内調整が容易ならざることは大平もよく理解していた。北京交渉で議論がまとまらない時に大平が帰国を決意したのも、党内の強い反発を考えれば当然であったといえよう。ところが、中国政府が予想外の譲歩を示したことが、逆に大平の退路を断つことになった。大平は日中関係を後退させないために、是が非でも航空協定を成立させねばならなくなったのである。

北京交渉から帰国した大平は、身辺の不幸や体調不良もあって明らかに精彩を欠いていた。大平は外務・運輸両省で合意された六項目案で、親台湾派の不満を抑えられると考えていたが、その判断は楽観的に過ぎた。北京での合意にしばられ、大平が六項目のワンパッケージでの受け入れに固執したことも党内での反発を広げた。また安川大使錯覚発言をめぐる法眼次官の更迭は、大平外交への不信感を増大させた。党内結束を重視する田中首相からの表立った支援を欠く中、大平は孤立無援で航空協定の党内審議に向き合わねばならなかった。しかも、航空協定問題は中台との外交問題を超えて、ポスト田中をめぐる派閥的思惑とも連動し始めていた。その結果、党の部会や総務会において大平は、田中政権を揺さぶろうとする青嵐会から執拗な攻撃を受けたのである。

とはいえ、翳りを見せながらも田中政権の権勢は未だ大きかった。党内調整過程を分析すると、要所要所において、大平の求めに応じた田中首相が役割を果たしているのは明らかである。青嵐会の活動は派閥的な思惑があったとはいえ、日中航空協定の成立を大幅に遅らせただけで、政局に直結する権力闘争には発展しなかった。親台湾派に近かった椎名悦三郎副総裁や福田赳夫蔵相といった派閥領袖たちも、日中国交正常化は時代の要請であり、大平と同じく日中関係を後退させるべきではないという認識を共有していた。それゆえ、彼らもまた派閥次元における打算を外交的利害に優先させようとはしなかった。田中退陣に向けて一気に政局が動くのは、この年七月の参議院選挙で自民党が敗北してからである。

後に三木武夫政権の外相として、日台航路の復活に取り組んだ宮澤喜一は、就任直後の記者会見で「日中正常化という大きな出来事の後には〝後遺症〟が生じているのは当然であり、その処理に大きな努力をしなければならない」と発言している(115)。この言葉は当時の大平にもあてはまる。大平もまた日中航空協定交渉において、自らの手で実現した日中国交正常化の後遺症に苦しめられたのである。

附記　本稿の草稿に三代川夏子氏、中川倫梨子氏から貴重なコメントを頂いた。記して御礼申し上げる。

（1）行政機関情報公開法による開示請求に基づき公開された外務省文書を用いて、交渉の全体像を明らかにした先駆的研究として以下を参照。小倉和夫『記録と考証　日中実務協定交渉』（岩波書店、二〇一〇年）、福田円「日中航空協定交渉」高原明生・服部龍二編『日中関係史　一九七二―二〇一二　I政治』（東京大学出版会、二〇一二年）。また中華民国外交の観点から分析した研究として、陳冠任「日華断交後的双辺航権交渉（一九七二―一九七五）」『政大史粹』第一六期（二〇〇九年）、清水麗『台湾外交の形成』（名古屋大学出版会、二〇一九年）八章、福田円「一九七〇年代アジア太平洋地域における『正統中国』を賭けた戦い」森聡編著『国際秩序が揺らぐとき』（千倉書房、二〇二三年）一〇五―一〇九頁、日華関係議員懇談会に関する先駆的研究として、徐年生「戦後の日台関係における日華議員懇談会の役割に関する研究：一九七三―一九七五」『北大法学研究科ジュニア・リサーチ・ジャーナル』一〇号（二〇〇四年）が挙げられる。

（2）中野士朗『田中政権・八八六日』（行政問題研究所出版局、一九八二年）一〇九―一一〇頁。

（3）「中国問題対策協議会第一回会議要録」一九七二年八月二日、行政機関情報公開法に基づき開示された外務省文書（2005―00207―02）［以下、外務省情報公開（開示請求番号）］。

（4）中野、前掲、一一三―一一四頁。

（5）同上、一一六―一一八頁。

(6) 森田一著、福永文夫・井上正也編『大平正芳秘書官日記』(東京堂出版、二〇一八年)〔以下、森田日記〕一九七二年八月一三日の條。大平正芳回想録刊行会編『大平正芳回想録 伝記編』(大平正芳回想録刊行会、一九八二年)二二章。

(7) 古井喜実『日中国交正常化の秘話〔特別手記〕』『中央公論』一七巻一二号(一九七二年)一四六―一四七頁。

(8) 武見敬三「自由民主党と日中国交正常化」『法學研究』五四巻七号(一九八一年)六〇―六一頁。

(9) 冨森叡児『戦後保守党史』(社会思想社、一九九四年)二二六―二二七頁。

(10) 武見、前掲、六二―六三頁、中野、前掲、一一九―一二〇頁。

(11) 佐藤昭子『決定版 私の田中角栄日記』(新潮社、二〇〇一年)一二〇頁。

(12) 田中善一郎『自民党体制の政治指導』(第一法規、一九八一年)三七七―三七八頁。

(13) 小倉、前掲、一八―一九頁。

(14) 同上、二〇―二六頁。

(15) 同上、二九―三〇頁。福田「日中航空協定交渉」、七六頁。

(16) 小倉、前掲、三三―三四頁。

(17) 福田「一九七〇年代アジア太平洋地域における『正統中国』を賭けた戦い」、九九―一〇〇、一〇五―一〇六頁。

(18) 徐、前掲、一二五―一二六頁。

(19) 河内孝『血の政治――青嵐会という物語』(新潮社、二〇〇九年)三六―四五頁。

(20) 国廣道彦述「国廣道彦(元中国大使)オーラルヒストリー」上(近代日本史料研究会、二〇〇八年)〔以下、国廣OH〕一九八―一九九頁。

(21) 森田日記、一九七三年五月一〇日の條。

(22) 廖承志と対日政策については以下を参照、王雪萍編著『戦後日中関係と廖承志――中国の知日派と対日政策』(慶應義塾大学出版会、二〇一三年)。

(23) 小倉、前掲、三七頁。

(24) 「中国側の考え方」(「一〇一 十月十三日大臣室に於る会議用資料一セット」一九七三年一〇月一三日) 戦後外交記録「日中航空協定」(2018―1155) 外務省外交史料館、東京。

(25) 森田日記、一九七三年七月二六日の條、小倉、前掲、三八―四〇頁、河野謙三『議長一代――河野謙三回想記』(朝日新聞社、一九七八年) 二二〇―二二三頁、国廣OH、一九九―二〇〇頁。

(26) 徐、前掲、一三四―一三五頁、陳、前掲、二二〇―二二一頁。

(27) 「板垣メモ」として知られる同案が大平の指示によるものであったことは、森田一外相秘書官の日記からうかがえる。「密かに板垣理事長を通じ、台湾側に打診をしていた日中航空協定についての台湾機の社名と標識を改める案については、台湾側から拒否してきた」。森田日記、一九七三年八月一一日の條。

(28) 中国課長「日台航空路線に関する回答案」一九七三年九月二一日、戦後外交記録「日中航空協定」(2018―1155)。

(29) 『毎日新聞』一九七三年八月二三日。中国課「日中航空協定交渉」一九七三年一〇月一一日、戦後外交記録「日中航空協定」(2018―1155)。

(30) 中国課長「日台航空路線に関する運輸大臣との会談」一九七三年一〇月二七日、戦後外交記録「日中航空協定」(2018―1155)。

(31) 「日中航空協定交渉の経緯」(一六四(一) 外務大臣の自民党に対する冒頭説明(案) 一九七四年一月一五日) 戦後外交記録「日中航空協定」(2018―1163)。

(32) 中国課「航空協定交渉方針に関する自民党との協議の手順について」一九七三年一〇月一八日、戦

後外交記録「日中航空協定」（2018―1155）。

(33) 陳、前掲、一二三―一二四頁。

(34) 徐、前掲、一三五―一三六頁。

(35) 中国課「自民党航空対策特別委員会に於る質疑応答振り」一九七三年一〇月一七日、戦後外交記録「日中航空協定」（2018―1155）、中国課長「自民党航空特別対策委員会の会合」一九七三年一〇月一七日、戦後外交記録「日中航空協定」（2018―1155）。

(36) 中国課長「日中航空協定に関する田中総理と大平大臣の打合せ」一九七三年一〇月二七日、戦後外交記録「日中航空協定」（2018―1155）。

(37) 同上。

(38)「日台航空関係の取扱いと自民党との関係」一九七三年一〇月二三日、戦後外交記録「日中航空協定」（2018―1155）。

(39) 中国課長「外務大臣訪中問題の経緯」一九七三年一二月二〇日、戦後外交記録「日中航空協定」（2018―1155）。国廣OH、二〇〇頁。

(40) 前掲「日中航空協定交渉の経緯」。

(41) 小倉、前掲、四四―四五頁。

(42) 同上、四六頁。国廣OH、二〇一頁。森田日記、一九七四年一月二日の條。

(43) 小倉、前掲、四六―四七頁。

(44) 大平正芳回想録刊行会編、前掲、三五三頁。

(45) 小倉、前掲、四六―四九頁。

(46) 森田日記、一九七三年一二月三〇日～一九七四年一月二日の條。

(47) 小倉、前掲、四九―五〇頁。

(48)国廣道彦著、服部龍二・白鳥潤一郎解題『回想「経済大国」時代の日本外交――アメリカ・中国・インドネシア』(吉田書店、二〇一六年)九九頁。
(49)大平正芳回想録刊行会編、前掲、三五三頁。森田日記、一九七四年一月七日の條。
(50)「日中航空協定とり進め日程表」戦後外交記録「日中航空協定」(2018―1163)。
(51)小倉、前掲書、五四―五五頁。「日台路線の取扱いについて」戦後外交記録「日中航空協定」(2018―1163)。
(52)『毎日新聞』一九七四年四月二〇日(夕刊)。
(53)森田日記、一九七四年一月九日の條。国廣、前掲、一〇三―一〇六頁。
(54)坊秀男日記[以下、坊日記]、一九七四年一月一一日の條、「坊秀男関係文書」五三、国立国会図書館憲政資料室、東京。
(55)徐、前掲、一三七頁。
(56)森田日記、一九七四年一月一七日の條。『朝日新聞』一九七四年一月一八日。
(57)『朝日新聞』一九七四年一月一九日。
(58)森田日記、一九七四年一月一九日の條。『朝日新聞』一九七四年一月一九日。
(59)『朝日新聞』一九七四年一月二四日。
(60)飯尾潤『日本の統治構造――官僚内閣制から議院内閣制へ』(中央公論新社、二〇〇七年)八三―八七頁。
(61)国廣、前掲、一六六頁。
(62)森田日記、一九七四年一月一八日の條。
(63)『朝日新聞』一九七四年一月二七日・同二九日。
(64)伊藤昌哉『実録　自民党戦国史』(朝日ソノラマ、一九八二年)一二二―一二三頁。

(65) 森田日記、一九七四年一月三〇日の條。
(66) 『朝日新聞』一九七四年一月三〇日。河内、前掲、一二四頁。
(67) 『朝日新聞』一九七四年二月七日（夕刊）。
(68) 『読売新聞』一九七四年二月八日（夕刊）。
(69) 松永信雄述、政策研究大学院大学C・O・E・オーラル・政策研究プロジェクト編『松永信雄オーラルヒストリー』上（政策研究大学院大学、二〇〇五年）一六六―一六八頁。
(70) 森田日記、一九七四年二月八日の條。
(71) 森田日記、一九七四年二月七日・同八日の條。『朝日新聞』一九七四年二月一〇日。
(72) 河内、前掲、一二四頁。
(73) [日華議員関係懇談会]「党四役はさきに日中航空協定、並に日台間の民間航空協定問題の取扱いについて…」「椎名悦三郎関係資料」（537）後藤新平記念館、岩手県奥州市。『毎日新聞』一九七四年二月一〇日。
(74) 『朝日新聞』一九七四年二月一〇日。
(75) 安川壮『忘れ得ぬ思い出とこれからの日米外交――日米外交パールハーバーから半世紀』（世界の動き社、一九九一年）二一〇―二一二頁。
(76) 井上正也『日中国交正常化の政治史』（名古屋大学出版会、二〇一〇年）四九七頁。
(77) 森田日記、一九七四年二月一八日の條。宮崎弘道述、政策研究大学院大学C・O・E・オーラル・政策研究プロジェクト『宮崎弘道オーラルヒストリー』（政策研究大学院大学、二〇〇五年）一五三―一五五頁。白鳥潤一郎『「経済大国」日本の外交――エネルギー資源、外交の形成1967―1974』（千倉書房、二〇一五年）二一〇頁。
(78) 森田日記、一九七四年二月一九日の條。『朝日新聞』一九七四年二月二〇日。

(79) 藤井宏昭著、細谷雄一・白鳥潤一郎・山本みずき編『国際社会において、名誉ある地位を占めたいと思ふ――藤井宏昭外交回想録』(吉田書店、二〇二〇年) 七二―七三頁。
(80) 宏池会会長の交代劇については以下を参照。安田正治「宏池会会長の交代劇」大平正芳記念財団編『去華就実』(大平正芳記念財団、二〇〇〇年)。
(81) 藤井宏昭「日中航空協定交渉」(大平正芳記念財団編、前掲)。藤井、前掲、七九頁。
(82)「大平正芳手帳メモ」七三―一三.[一一月二～八日] 大平正芳著・福永文夫監修『大平正芳全著作集7』(講談社、二〇一二年) 七四―七五頁。
(83) 国廣、前掲、一〇八頁。
(84) 小倉、前掲、六四―六五頁。
(85) 森田日記、一九七四年三月九日の條。
(86) 国廣、前掲、一〇八―一〇九頁。
(87) 森田日記、一九七四年三月一四日の條。
(88) 国廣、前掲、一〇九―一一一頁。
(89) 中村徹「私の『日中航空協定締結交渉』顚末記」(日本航空協会編『日本の航空100年』日本航空協会、二〇一〇年) 一八七―一八八頁。
(90) 国廣OH、二〇七―二〇八頁、国廣、前掲、一一二頁。
(91) 国廣、前掲、一一二―一一三頁。
(92) 同上、一一三頁。
(93) 小倉、前掲、六八―六九頁。
(94) 同上、六九頁。
(95) 国廣OH、二〇五頁。小倉、前掲、七〇―七一頁。

(96)『朝日新聞』一九七四年四月三日（夕刊）。
(97)坊日記、一九七四年四月二日の條。
(98)五百旗頭真監修、井上正也、上西朗夫、長瀬要石『評伝福田赳夫――戦後日本の繁栄と安定を求めて』（岩波書店、二〇二一年）三九六頁。『毎日新聞』一九七四年二月一〇日。
(99)森田日記、一九七四年四月五日の條、同年四月九日の條。
(100)前掲、「党四役はさきに日中航空協定、並に日台間の民間航空協定問題の取扱いについて…」。「椎名悦三郎関係資料」に含まれる同文書は、藤尾が四月一〇日の臨時総務会で配布した機密公電の内容を含んだ資料だと思われる。
(101)『読売新聞』一九七四年四月一一日。
(102)森田日記、一九七四年四月一二日の條。
(103)「大臣記者懇談要旨（四月一〇日）（日中航空協定交渉）」小池聖一・福永文夫編『オンライン版大平正芳関係文書』（資料番号100602200）（丸善雄松堂、二〇一八年）。
(104)森田日記、一九七四年四月一八日の條。
(105)徐、前掲、一四二頁。
(106)森田日記、一九七四年四月二〇日の條。
(107)坊日記、一九七四年四月二〇日の條。
(108)坊日記、一九七四年四月二三日の條。
(109)『読売新聞』一九七四年四月二四日。
(110)坊日記、一九七四年四月二三日の條。
(111)『読売新聞』一九七四年四月二七日。森田日記、一九七四年四月二六日の條。
(112)『読売新聞』一九七四年五月八日。

(113) 小倉、前掲、六四頁。

(114) 大平正芳回想録刊行会編、前掲、三五四頁。

(115) 若月秀和『「全方位外交」の時代——冷戦変容期の日本とアジア・１９７１～８０年』（日本経済評論社、二〇〇六年）九八頁。

第九章

一九七〇年代日中ソ関係と田中・大平

中ソの対日原油輸出政策に注目して

横山雄大

1　一九七〇年代の中ソの対日原油輸出政策の位置づけ

一九七〇年代の東アジア国際関係は、中ソ対立と米中接近という構造変動に大きく規定されていた。対立が頂点に達していた中ソ両国は、対日関係の改善をめぐっても競い合うようになった。その際、両国がその有効な手段の一つに位置づけていたのが経済協力である。中ソ両国が対日経済政策で重視したのは原油の輸出であった。この時期、中ソ両国は、日本を含む西側諸国から技術や機材を導入していたが、その支払いのために膨大な外貨を必要としていた。そのため、中国は大慶油田から産出された原油を輸出することで外貨を獲得しており、ソ連もまたシベリア開発の一環として、チュメニ原油を含む天然資源の対日輸出を計画していた。つまり、日中・日ソ間には垂直分業的な経済関係が成立しており、対日原油輸出はその構成要素の一角を占めていたのである。

中ソ双方が原油を対日輸出商品としたため、日中と日ソは、政治的のみならず経済的にも競合関係にあった。ソ連は日本との政治関係を強化するため、チュメニ原油の輸出を含む日ソ経済協力を推進した。これに対して、中国も大慶原油の対日輸出を実行し、日本財界の歓心を買おうとした。そして、中ソともに、対立する相手国が対日原油輸出を進めるのを妨害すべく、日本側への批判や牽制を行っていた。対日原油輸出は文字通り中ソ対立の舞台の一つだったのである。この中ソの競合は、最終的には中国に軍配が上がった。すなわち、日中関係は政治面だけでなく原油取引を含む経済面でも躍進する一方で、日ソ関係はどちらの面においても停滞したままだったのである（表1）。

表1　1970年代の日中・日ソ間の総輸出入額及び日本の原油輸入額と数量
（単位以下は切り捨て）

	1970年	1971年	1972年	1973年	1974年	1975年	1976年	1977年	1978年	1979年
日本の対中総輸出額（億円）	2047	2018	1875	2828	5805	6698	4965	5209	6330	8038
日本の対中総輸入額（億円）	913	1126	1512	2637	3805	4549	4065	4157	4252	6477
日本の対中原油輸入額（億円）	—	—	—	87	1203	2200	1681	1756	1589	2217
日本の対中原油輸入数量（万キロリットル/万トン）	—	—	—	112/95	453/385	914/776	704/598	767/651	872/741	850/722
日本の対ソ総輸出額（億円）	1227	1319	1552	1316	3215	4822	6675	5261	5256	5352
日本の対ソ総輸入額（億円）	1733	1738	1829	2922	4130	3467	3462	3849	3047	4191
日本の対ソ原油輸入額（億円）	27	28	23	81	62	15	19	16	9	17
日本の対ソ原油輸入数量（万キロリットル/万トン）	57/48	30/25	42/35	137/116	27/22	8/6	9/7	8/6	6/5	4/3

出所：横山雄大「一九七〇年代中国の対外経済政策と権力政治——石油政策を中心に」東京大学大学院総合文化研究科修士論文（2021年）に一部修正
元データは、財務省貿易統計「日本貿易年表」各年分

本稿は、一九七〇年代前半の日中ソ関係を、原油取引の視座から検討するものである。

なぜ中ソ間で対日原油輸出の成否が分かれたのか。本稿では、第一に中ソの対日政策に注目しながら、この問いを明らかにしたい。あらかじめ結論を述べれば、実際のところ、中ソの原油輸出政策の明暗を分けたのは政治的要因というよりも、むしろ経済的要因であった。つまり、ソ連は主に政治的判断でなく経済的判断によって、対日原油輸出を事実上自ら放棄していたのである。

第二に、本稿ではこの中ソの動きに対する日本側の対応を、首相であった田中角栄と外相であった大平正芳を中心に分析する。田中と大平は中ソの原油輸出攻勢にどのように対応したのか。一九七二（昭和四七）年一〇月の大平外相のソ連訪問は、原油輸出が中ソ対立と絡んで政治的争点化するのを防いだ。一方で、田中や大平ら日本政府による働きかけは、ソ連による対日原油輸出の条件

変更を押しとどめることはできなかった。

政治経済的視点からみた日中・日ソ間の原油取引については、複数の研究が存在する。これらの研究は、中ソ対立と日中国交正常化という政治的要因が、原油取引の成否やひいては日ソ関係全体の展開を左右したと評価している。

同時代の研究ですでに、中ソによる対日原油輸出の政治的含意は指摘されていた[1]。近年の研究では、日ソ関係の角度からもこの問題を検討している。これらの研究は、日ソ間の領土問題や日中関係の進展が日ソ経済関係進展の障害だったと評価している[2]。ソ連内部の政策決定過程を検討した斎藤元秀の研究によれば、ソ連最高指導部内の対中タカ派は、日中関係改善を妨害するために、日本にシベリア開発への参加を提案し、その結果、一九七八年頃まで日ソ経済関係は好況を見せたという。また、その後の日ソ経済関係の停滞は、日本財界が対中傾斜を強め、対ソ経済協力に関心を失ったためだと分析している[3]。他方で、張彬彬（ちょうひんひん）はとくに北方領土問題に注目して、一九七〇年代前半の日ソ交渉を追跡している。その際、一九七二年の日中国交正常化以降、ソ連の対日政策が強硬化していったことを指摘している[4]。

日中関係におけるソ連要因に言及した近年の研究として李恩民（リエンミン）のものが存在する。李は次のように指摘している。中国の対日原油輸出を妨害しようとしたソ連は、一九七四年にバイカル・アムール鉄道（バム鉄道）の建設計画を日本側へ提案した。しかし、中国は自国の安全保障上、これを許容できなかったため、日本の財界に対して不参加を呼び掛けたという[5]。

以上のように、先行研究では、日中ソ関係における政治的要因が強調されてきた。本稿ではこうした議論を再検討し、原油取引交渉における経済的要因の重要性を指摘したい。

これらの先行研究の多くは主に新聞・雑誌記事や回顧録に依拠しており、中国やソ連の対日政策を十分に実証的な形で検討してこなかった。張の研究は本稿と同様に、モスクワのロシア国家現代史アーカイヴ（Российский государственный архив новейшей истории, РГАНИ）所蔵のソ連文書から編纂された史料集を十全に利用している。しかし、他は主に英米の史料を用いており、日本の外交記録に関してはさほど活用していない。そこで本稿では、それをふまえて日ソの史資料に依拠しながら議論を進めたい。

2　日ソ原油取引の挫折と日中原油取引の前進

本節では、中ソ両国が日本財界との原油取引をどのように進めたのかを概観する。もともと日本との外交関係を有していたソ連は、一九六〇年代後半には対日原油輸出交渉の先鞭をつけていた。しかし、ソ連が日本へ提示した条件は悪化の一途をたどり、交渉は最終的に決裂するに至った。一方で、中国が原油取引の交渉に入った時期は遅く、米中接近以降であったが、一九七三（昭和四八）年には既に対日原油輸出の実現にこぎつけていた。

一九六六年三月、第一回日ソ・ソ日経済合同会議の席上で、ソ連側は西シベリアのチュメニから沿海地方のナホトカまでのパイプライン建設計画への参加を日本側へ打診している。しかし、一九六八年一二月の第三回合同会議において、日本側は計画への参加見送りを表明した。そこで一九七〇年、ノースロープ石油社長の今里広記は、ソ連の極東地域において日ソ共同での石油資源の探査と開発ができないかソ連側に打診した。(6) ソ連側は日本案を受け入れず、代替策としてソ連が進めていたイルクーツク・ナホトカ間のパイプライン建設への日本の協力を再度提示した。(7) 一九七一年六月、日ソ経済委員会はソ連の提案を受け入れ、パイプライン建設協力の対価として、チュメニ油田からパイプライン経由で毎年五〇〇〇万トンの原油輸入を目指す計画を決定した（以下、同計画をチュメニ計画と記す）。(8) そして同時期に出光計助出光興産社長に代わって、今里が日ソ経済委員会の石油委員長に就任したのである。一九七二年二月の第五回日ソ・ソ日経済合同会議では、ソ連側は年間二五〇〇万トンから四〇〇〇万トンのチュメニ原油輸出計画を提案し、日本側は年間三〇〇〇万トンから五〇〇〇万トンの輸出をソ連側へ要求した。(9)

これに前後して、一九七二年一月にソ連外務大臣のグロムイコ（Андрей Громыко）が訪日した。グロムイコは福田赳夫外務大臣と会談し、チュメニ計画を推進することで合意している。(10) 一方で、佐藤栄作総理大臣はチュメニ計画の実現性に疑問を呈していた。(11) また、田中角栄通産大臣はグロムイコへチュメニ計画への関心を明言しつつも、計画の詳細を固めたうえで日本側へ明示するよう要求した。(12)

その後、一九七三年八月に日ソ・ソ日経済合同委員会の第一回合同幹部会議が開催されたが、ソ連側は対日輸出予定量を年間最大二五〇〇万トンへ減量すると通告してきた。(13) ソ連による条件変更に衝撃を受けた日本側委員は「目下精神錯乱状態」だったという。(14) 今里はソ連側と「これでは話がちがう」と烈しく押し問答を繰返したが、決着がつか」なかった、(15) としている。

同年一〇月には、田中角栄総理大臣と大平外務大臣が訪ソした。同月八日午後の第二回首脳会談では、ソ連共産党中央委員会書記長のブレジネフ（Леонид Брежнев）がチュメニ計画を含めた経済協力の魅力を長時間売り込んでいる。一方で、田中は経済協力へは簡単に賛意を示すのみで、「一言で申し上げれば、私の訪ソの目的は平和条約と四島問題が最大目的であり、日ソ間にはこれ以上重要なものはない」と主張した。田中のつれない態度に対し、ブレジネフは「理解は相互的でなければならない」と不平をこぼした。翌九日午後の第三回首脳会談では、田中がソ連の減量措置に対し不満を述べたものの、ソ連側はとくに反応を示さなかった。[16] つまり、日ソそれぞれが異なるアジェンダを重視していたため、会談もかみ合っていなかったのである。

一九七四年三月に日ソ・ソ日経済合同委員会第二回合同幹部会議が開かれたが、ソ連側はパイプライン輸送の代替案としてバム鉄道の建設を提案した。しかし、この提案は日本側委員の不評を買った。[17] 四月三日、田中は、バム鉄道は「政治問題」であり、ソ連の提案は受け入れるべきでないと述べ、日ソ経済委員会も了解したと述べた。[18] 今里もまたこの段階で、チュメニ計画への参加の検討を完全にやめてしまっていた。[19] 一九七四年六月、田中はポンピドゥー（Georges Pompidou）フランス大統領葬儀に向かう道中に、モスクワを訪問している。田中はコスイギン（Алексей Косыгин）首相に対し、ソ連側によるチュメニ計画の繰り返される変更に苦言を呈した。これに反論した「コスイギンとのやりとりは、相当激しいものであり、文字通り膝をつき合わせて議論する場面があった」[20]。その後田中からコスイギンに送られた覚書には、ソ連による一方的な条件変更が日ソ間の信頼関係を損なっていると記されている。[21]

最終的に、一〇月の第六回日ソ・ソ日経済合同委員会では、日本側は「相互理解に基づき、相互に受入れ可能な結論を見出すため、今後とも検討を継続」すると述べていた。しかし、これはソ連側に配慮した形式的なものであり、実際には計画凍結を目論んでいた。[22] というのも、ソ連側委員は「日本側の態度に少なからぬ衝撃を受け、差当り、何んとしても継続審議に持ち込」むため、「コミュニケ作成の過程でもこれを極めて強硬に主張し続けた」からであった。[23] このように、一九七一年以降、チュメニ原油の対日輸出計画は日ソ交渉の対象であったが、ソ連からの度重なる計画変更により結局は結実しなかったのである。

一方、中国は対日原油輸出交渉においてソ連に遅れをとっていた。一九七一年一一月、今里は東京経済人訪中団の団員として訪中した。国務院総理の周恩来はその際、中国が対日原油輸出を行う可能性を仄(ほの)めかした。[24] 一九七二年八月には稲山訪中団が組織され、出光は団員としてこれに参加していた。出光は、将来的に中国から一億トンの原油を輸入できないかを中国側へ打診した。周恩来はこれに反応したものの、今後検討していきたいと答えるにとどめた。しかし実際には、そのすぐ後の一九七三年一月には日中間での原油取引交渉がスタートし、五月には対日輸出が実現している。[25] その間二月末には、中曽根康弘通産大臣が訪中したが、周恩来は対日原油輸出を売り込んでいた。[26]

一九七三年の輸出開始当初、大慶原油の引受先企業となったのは、日本国際貿易促進協会関西本部の木村一三が副社長を務める国際石油であった。[27] 一九七一年三月、中日友好協会の王暁雲は、名古屋での卓球大会に団長として参加するために訪日した。この時、木村は対中貿易への参入を望んでいながらも、有力なパイプを持たなかった今里に、王を紹介している。[28] その後、一九七二年一〇月二三日、周恩来は木村との会談で、中国は日中国交正常化を記念して大慶原油の輸出を準備していると明らかにした[29]。この時期、中国側は原油を求める日本財界の要望に積極的に応えようとしていたのである。

ただし、日本側の財界人は、中国は原油不足にあえいでおり、大規模な対日原油輸出を行う能力を当分持ちえないとの見通しを持っていた[30]。実際に、中国による原油の対日輸出量は、一九七三年には約一〇〇万トン、一九七四年には約四〇〇万トン、以降一九七〇年代後半には約七〇〇万から八〇〇万トンにとどまった(表1)。つまり、チュメニ計画の構想よりもかなり小規模なものにとどまっていたのである。

以上のように、対日原油輸出交渉は中ソ間で明暗が分かれた。今里に代表される日本財界は、中ソ双方との原油貿易を希望していた。ソ連は当初大規模なプロジェクトを提示したものの、計画の変更を繰り返したために日ソ交渉が妥結することはなかった。これに対して、中国は比較的少量の原油しか輸出できなかったが、対日交渉を迅速に妥結させることで日本側の期待に応えたのである。

3 ソ連の対日政策とその動機

本節では、ソ連がどのような意図をもって対日原油輸出交渉を行ったのかを検討し、同時にソ連が中国による対日原油輸出にどのように反応したのかを明らかにする。

⑴ソ連の対日原油輸出の意図

ソ連が対日経済接近を図った動機として、やはり国際政治における中国への対抗が指摘できる。キッシンジャー（Henry Kissinger）国家安全保障担当補佐官訪中後の一九七一（昭和四六）年八月一五日、トロヤノフスキー（Олег Трояновский）駐日ソ連大使は、コスイギンソ連首相に対して対日政策の提案を行った。それは、ソ連の対中戦略上、日本の重要性はきわめて高い。米中は反ソ包囲網を形成しているが、日本は未だ米中とは距離がある。そのため、ソ連は経済協力を通じて対日関係を強化し、日本が反ソ包囲網に加わるのを防がなければならない、というものであった。そしてトロヤノフスキーは、より具体的には、日本の財界をつなぎとめるうえで、チュメニ計画が政治的な意義を有していると提案したのである。[31]

八月二〇日、アレクサンドロフ（Андрей Александров）書記長補佐官は、ブレジネフ書記長へ書簡を送り、このトロヤノフスキーの提案を伝達した。後年に駐日ロシア大使となったパノフ（Александр Панов）によれば、アレクサンドロフとトロヤノフスキーはともに対日関係改善を支持する「国際問題専門家」であり、「最高指導部に意見をいえる人びと」であった。[32]この書簡の中でアレクサンドロフは、一九七〇年末にも、トロヤノフスキーはソ連本国へ対日政策の見直しを求めていたが、それは見過ごされてきた。ソ連最高指導部は二度目の提案を無視するのではなく、米中接近を念頭に置いて適切に反応すべきである、と述べている。そして、アレクサンドロフは同時に、「外務省の機構では、日ソ協力の真剣な活性化について一連の提案が同様に準備されている。〔中略〕同様に予見できるのは、しっかりした経済的手段、つまり、イルクーツク＝ナホトカ間のパイプラインの敷設、様々な産業での日本との長期経済協力である」とも述べている[33]。

一九七二年四月一九日にも、トロヤノフスキーはブレジネフに対して、チュメニ計画の政治的重要性を説いている。トロヤノフスキーは、ソ連はチュメニ計画によって日本の政界や経済界を誘引すべきであると提案した。一方で、彼によれば「日本の親中・親米勢力はこのことを破壊するために、大きな努力を企てている」たという[34]。このように、ソ連の外交官の中には、日本が米中接近により生じた反ソ包囲網へ加わるのを防ぎ、日本がソ連へ接近するよう促すためにチュメニ計画を利用しようという考えがあったのである。

ところが、ソ連はチュメニ計画の交渉中に条件変更を繰り返し、結果としてかえって日本側の信頼を損なうことになった。その原因としては、ソ連国内における原油不足が指摘できる。一九七二年四月一九日、トロヤノフスキーはブレジネフに対し、チュメニ計画について、たとえ日本側が乗り気になったとしても、ソ連が具体的な提案を行える状況になければ、ただ信頼を損なうだけであると述べていた。さらに、共産党中央委員会で計画が承認されたにもかかわらず、ソ連閣僚会議幹部会では決定に反する動きがあったことに苦言を呈している。そのため、要望として、計画は単なる経済問題ではなく政治問題でもある以上、組織横断的で強力な委員会を組織して取り組む必要があると訴えた[35]。つまり、ソ連外務省や東京の大使館に勤務していたトロヤノフスキーは、対日関係改善のためにチュメニ計画を強く支持していたが、ソ連国内では十分な合意形成ができていなかったのである[36]。

実際のところ、ソ連は国内では原油不足に苦しんでいたうえに、同時に社会主義諸国へも原油を輸出しなければならなかった[37]。つまり、日本に対する原油輸出に高い優先順位を付与することは、ソ連にとっておおよそ不可能だった。

既に述べたように、ソ連の外交当局は、ブレジネフやコスイギンといった上位の政治家に対し、チュメニ計画へ十分に注意を払うよう提言していた。しかし、彼らはこのような外交当局の要請にそれほど注意を払わなかったようである。実際、トロヤノフスキーは、駐日大使として赴任する「出発前にブレジネフ、ポドゴルヌイ〔Николай Подгорный ソ連最高会議幹部会議長〕、アンドロポフ〔Юрий Андропов ソ連共産党中央委員会書記〕、グロムイコを訪問したが、そのだれも何か特別な指示を私に出さなかった」と回顧している。[38] パノフは、トロヤノフスキーの前任の駐日大使であるビノグラードフ（Владимир Виноградов）も同様に、当時の第一書記であるフルシチョフ（Никита Хрущёв）から対日関係に関する指示を得られなかったと証言している。パノフが指摘するように、このことはソ連が確固たる対日政策を持っていなかったことを示していよう。[39]

とはいえ、日中関係の深化は確かにソ連の注意を引いていた。一九七二年九月に日中国交正常化が実現すると、翌一〇月に大平はソ連を訪問している。対ソ関係を主管する外務省の欧亜局東欧第一課は当初、北方領土以外の問題については、時間的な制約から「日ソ両国間の友好促進、アジア地域の平和促進等大局的見地からの一般的意見交換を行なうに留めざるを得ない」と考えていた。[40]

ところが、ソ連側は大平に対し、日中共同声明の説明を求めた。一〇月二三日、グロムイコは大平との外相会談で、以下のように述べていた。中国にとって、日中共同声明中の反覇権条項は、ソ連に向けられたものである。ソ連に対する包囲網を形成しようとする試みに、ソ連は断固反対する。日ソ両国は、第三国が日ソ関係に干渉するのを許してはならない、と。

大平はグロムイコへ、反覇権条項は「一つの抽象的な表現であ」り、日中会談で「具体的には、どこの国についても言及はありませんでした」と弁明している。またチュメニ計画についても、大平は、「中国は介入しないとの立場を貫」いており、日本も「中国又は第三国がどういう意見を持つのか解らぬが、私どもとしては、日ソ間の問題として対処していく」と述べている。

これに対して、グロムイコは「日中国交正常化の事実を高く評価し」た。というのも、グロムイコにとって、「貴〔大平〕大臣が説明されて、私たちが正しく理解している限り、日中正常化はソ連の利益にも、日ソ関係にも害を与えないと解しえ」るからであった。大平はほかにも、日ソ関係は「自主的でなくてはなら」ず、「第三国のそそのかしによっていささかもまげられるようなものであってはなりません」と主張した。大平は、「今後もこうするということを申し述べて、ソ連側の理解を求め」ることこそ、今回の訪ソの目的であるとも付言した(41)。

翌二四日にも大平はグロムイコやコスイギンと会談した。その際、コスイギンは大平に対し、日中間で中ソ国境紛争が議題に挙がったのではないかと質した。大平はこれに反論し、中国側が会食中に中ソ国境画定交渉に単に言及したに過ぎず、「この問題を討議するというような事実はなく、また日本としても日中間で第三国同志〔ママ〕の問題を討議するつもりはない」と主張した。コスイギンはそれ以外にも、「今後日中間で何らかの文書が作成されるか、〔中略〕軍事問題は含まれるか」や「中国が極東におけるヘゲモニーを獲得したいという意向を有しているとの印象を受けなかったか」といった質問を提起した。これに対して大平は、現在日中間で文書の作成は行われておらず、中国は国内問題に注力しようとしていると返答した(42)。

この会談の翌日の二五日、アレクサンドロフはブレジネフに対し、大平訪ソの感触を報告している。アレクサンドロフによれば、大平の説明で明らかになったのは、日中会談において、中国側が会食中にソ連問題を取り上げたことである。そのため、コスイギンは、第三国が日ソ関係に口をはさむのを許してはならないとの警告を発することになった。

一方で、アレクサンドロフは、「大平が我々の前で田中の北京での会談について報告した事実それ自体、肯定的に考えられる。我々との共同コミュニケで、北京での会談は第三国に対し向けられていないと大平に述べさせることに成功したことも悪くない」とも述べていた[43]。トロヤノフスキーは、「日中関係の正常化は、モスクワでは何ら否定的な反応を引き起こさなかった。誰かが二つの隣国間の外交関係の樹立に対して反論を始めたとすれば、それは公的な考えでは奇妙で理解不能だった」と回顧している[44]。会談に臨席したソ連外務省第一極東局長のカピッツァ（Михаил Капица）も、「ソ連外務大臣とその随員は、日本政府の説明に満足した」と振り返っている[45]。

この大平訪ソについて、張の研究は同じ史料集を用いているにもかかわらず、大平がソ連側を納得させられなかったとの正反対の解釈を導き出している[46]。しかし、これらの回顧録の記述に鑑みれば、ソ連側は大平の返答におおむね満足したため、日中国交正常化を理由に対日政策を全面的に変更したわけではなかったとみるべきだろう。

そのためだろうか、一九七三年一〇月に田中と大平が訪ソした時には、中国問題は議論の対象とならなかった[47]。一〇月二一日のソ連共産党中央委員会政治局会議では、東側諸国に駐在するソ連大使へのブリーフ用の資料が決議された。その資料によれば、「中国問題の話し合いは、田中との会談では行われなかった。我々は自身のイニシアチヴでそれを取り上げる合理性を見出せなかった。日本も同様にこれを取り上げなかった」という。[48] これもまた、日中国交正常化がソ連の対日政策に大きく影響したとの見方を否定する根拠となろう。

以上のことから、一九七三年八月以降、ソ連がチュメニ計画に修正を重ね、原油輸出量の削減や鉄道輸送への切り替えがなされた直接の原因を、日中関係の進展に求めることはできない。むしろ、ソ連外務省が、ソ連国内における対日原油輸出の政策形成に失敗したことに原因を求めるべきだろう。一九七三年八月一四日、今里はソ連高官からの伝聞だと断った上で、ブレジネフが自らチュメニ計画を差配していること、ソ連内部ではチュメニ計画への反対派が出現しつつあることを日本外務省へ報告していた。[49] 実際に、トロヤノフスキーは以下のように振り返っている。

「対日石油供給のためのシベリアからの石油パイプライン建設という、また別の特別大きな計画も進行していた。しかし、大使館も日本側も予期していなかったのは、石油パイプラインの代わりに、その後バイカル・アムール鉄道（БАМ）の呼び名を得る第二鉄道を極東へ敷設することが、モスクワで決められたことである。

モスクワでの会談で、ブレジネフは、この鉄道がシベリアと極東の発展にどれほど大きな視座を開くか、満足げにカラフルに描いていた。ひょっとすると、遠い将来にそうなるかもしれなかったが、私には、この計画の信用供与についての日本との合意に関して深刻な疑念があった。というのも、第一に、鉄道は石油とガスの時代遅れの運搬方法であり、第二に、これがおそらく重要なのだが、日本側はこの鉄道を、中国に対してだけでなく、日本に対しても極東と太平洋地域でのソ連の立場を強化する戦略的なものとしてたちまち解釈していたからである。私がグロムイコから同じことを、つまりもしバム（БАМ）の建設に信用を供与することに日本側が同意するならば、本当の奇跡が起こったことになると聞いたとき、私の疑念は強固なものとなった」[50]。

つまり、ソ連外務省が介入を依頼したブレジネフは、実際には原油輸送手段をパイプラインからバム鉄道へ変更することに積極的であった。彼は、計画の変更によって日本から強い反発を受けるとは考えていなかったようである。一方で、ソ連外務省は彼の楽観的な見方に否定的であった[51]。

ブレジネフが日本側の反応に鈍感だったのは、田中訪ソへの評価からも分かる。田中・ブレジネフ会談が全くちぐはぐだったことは既に述べた。しかし、前述のソ連共産党中央委員会政治局会議の決議は、日本側がシベリア開発に参加する意欲を見せたとして、「田中角栄が日ソ関係に適切な意義を見出しており、その発展に寄与するつもりだと総じて我々には感じられた」と評価している[52]。

以上のことから、ソ連が対日原油輸出政策を変更したのは、日中関係の進展がソ連を刺激したからというよりも、ソ連外務省が資源政策をめぐる省庁間対立に敗北したからだと結論づけられる。

(2)中国の対日原油輸出に対するソ連の反応

とはいえ、ソ連も中国による大慶原油の対日輸出を妨害しようと動いていた。しかし、そのようなソ連の動きは、かえって日本の財界の反発を招いた。

一九七二年一〇月二四日の大平・コスイギン会談では、コスイギンは「政治的にも経済的にも、日本にとって、ソ連以外によいパートナーを見出すことは出来ない〔中略〕第三国をうんぬんするつもりはないが、また、ソ連程誠実なパートナーもないと思う」と主張していた。[53] 一九七三年一月九日、トロヤノフスキーは日本商工会議所会頭の永野重雄や今里と会談した。トロヤノフスキーは一九七二年の田中訪中、及び一九七三年四月に予定されていた中曽根通産大臣訪中に言及し、日本政府は対中傾斜してしまい、チュメニ計画に対して熱意を持っていないと批判した。[54] 一月一二日、駐日ソ連通商代表部顧問のソローキンは、海外石油開発株式会社の檜垣順造と志位正二と会談した。ソローキンは、「中国の原油二〇万トンの輸入については、ソ連側はこれを中国側の日ソ経済協力にたいするゼスチュアだとみている。雀の涙ほどのものを大きく書きたてて、太鼓を鳴らしている。鳴らしているのは、朝日新聞であって、中国側から頼まれてやっていることも明らかである」と主張した。続けて、「ソ連側にとっては、パンダ・ブームも、何とかブームも別に必要とはしない」とも述べ、チュメニ計画について日ソ最高首脳による会談をお膳立てするよう求めた。[55]

ソ連の強硬化に対し、今里は最初「青くなってい」た。[56] そこで五月二九日、今里はトロヤノフスキーと会談を行っている。トロヤノフスキーは、「ソ連は日中関係に多大の関心を持たざるを得ない」と述べた。そのうえで、日ソ間の「石油、ガスのプロジェクトが実ることには楽観的であるが、これらは政治的なものでもある」と牽制した。「今回のソ連の態度には立腹し」た今里は、今後はチュメニ計画を「冷静にやる」必要があると考えを改めている。[57]

また一九七四年四月、つまりバム鉄道建設への切り替えが提案された際、コスイギンは中国の対ソ政策を批判し、「中国にはソ連に売るものがない」と指摘した。永野は、中国の原油輸出量は「日本ののばく大な需要に比べればびびたるもので」あるが、「われわれはこんなササイなことでも飛んでいかねばなりません」と述べ、コスイギンに日中原油取引への理解を求めた[58]。

以上のように、ソ連は中国が対日原油輸出を推進していることを警戒し、その交渉を妨害しようとした。しかし、日本財界は対中原油輸入を断念するつもりはなく、ソ連による批判はかえってその反発を招いた。

4 中国の対日政策とその動機

本節では、中国がどのような意図を持って対日原油輸出交渉を行ったのかを検討するとともに、日ソ原油取引交渉に対する中国側の対応を明らかにする。

一九七〇年代の中国の外交文書は公開されていないため、中国が対日原油輸出を行った動機を解明することは困難である。とはいえ、公刊資料に基づけば、外貨獲得という経済的動機に加えて、対日関係改善という政治的動機に基づいていたことがわかる。一九七三（昭和四八）年以前の段階では、農作物と天然資源どちらの輸出を推進すべきか、国務院総理の周恩来と国務院副総理の李先念（りせんねん）との間で対立があった。しかし、周の影響力が後退した一九七四年以降、李と新たに台頭した党中央委員会副主席の鄧小平はともに、資源輸出の拡大によって貿易赤字を解決すべきだと考えていた。とりわけ、李は対外貿易と外交は不可分の関係にあると考え、対日貿易拡大の必要性を訴えていた[59]。

日中間の原油取引交渉においても、中国は政治的要因を優先していた。一九七三年の交渉において、中国側は当初国際市場価格より高い価格を提示していた。日本側がこれに難色を示すと、中国側は日中友好を理由に提示価格の引き下げに応じた。(60) 中国が国交正常化を記念して、木村を通じて日本へ原油を輸出したのは、既述の通りである。木村が幹部を務めた国際貿易促進協会は、一九五四年以来対中貿易に従事してきた。(61) 以上のことから、中国にとって、原油輸出も対日外交の一環であったと考えられる。

ところで、米中接近の趨勢が決する前には、中国は日ソ経済協力を痛烈に批判していた。ソ連東欧貿易会会長の堀江薫雄（しげお）は総合政策研究会の向坂（さきさか）正男との会談において、次のことを明らかにしていた。一九七〇年の第四回日ソ・ソ日経済合同委員会後、中国側は日本企業がソ連との経済関係の拡大を進めていることに牽制を行った。そのため、ある日本企業は中国との取引を放棄すべきか検討していたという。(62)『人民日報』においても、中国は日ソ経済協力を批判していた。(63) つまり、先行研究として言及した李の整理とは正反対に、ソ連ではなく中国がまず、対日原油輸出を政治問題として取り上げたのである。

一九七一年七月のキッシンジャー訪中以降、日中国交正常化への機運が高まっていく。中国がこのような追い風の中で日本財界への工作を活発化させたのは既述の通りであるが、対日配慮からだろうか、チュメニ計画への反対を表立って述べることはなくなった。一九七一年一一月には、東京経済人訪中団の一員として中国を訪れた今里に対して、中国側は明確に反対することはなかったものの、チュメニ計画への協力を問いただしている。(64) また、一九七二年八月に稲山訪中団の一員として出光が訪中した際、周恩来はソ連との貿易交渉では困難が避けられないとだけ述べている。(65) 大平によれば、九月の国交正常化交渉においても、中国側はソ連を批判しつつも、「チュメニ開発に日本が参加することはいけませんとか何とかはいわな」かったという。[66]さらに一九七三年二月、訪中した中曽根に対し、周恩来が原油輸出を売り込んだことは既に述べた。中曽根によれば、周恩来がソ連の態度を批判したように「中国は本件経済協力をいやがつているが、黙つて日本側がこれを実施すれば中国は目をつぶるだろう」といった様子であったという。[67]このように中国側はしばしばチュメニ計画を牽制していたものの、明確に批判しなくなっていたのである。

一九七三年一〇月の田中・大平訪ソに対しても、中国側は特段大きく反発することはなかった。九月六日から七日にかけて、駐中国大使の小川平四郎は田中・大平訪ソの概要を事前説明すべく、外交部部長の姫鵬飛と会談している。小川はそこで、二人の訪ソ中にシベリア開発が議題となるだろうが、交渉が早期に妥結することはあり得ないと説明した。姫は、「日本側が資源を求めシベリアに出ようとしていることについては中国としても理解しており別に気にしておりません」と述べた。ただし、ソ連は日中離間のために、首脳会談では「耳ざわりの良いことを述べる」だろうとも警告した。[68]

九月八日、小川と会談した中日友好協会会長の廖承志も、同様の説明を繰り返した。そこで、廖が三月に、日本がチュメニ計画に参加すれば、中国はこれに反対しないものの、日本に対して「離婚騒ぎ」のような「にがい気持ち」になるだろうと強硬に主張していたにもかかわらず、[69]今回はそうしないことに小川は水を向けた。廖は、「周総理がいわれたことが基準となります」と返答し、[70]中国政府内部ですでに意見統一が図られたことを示唆した。実際に、翌九日、周恩来も小川に対し、「ソ連のペテンにかからないように気をつけられたい」との警句を吐きつつも、「日中友好は排他的ではないのだから」、田中首相を信頼して計画への参加には反対しないとの姿勢を示している。[71]

九月一三日、帰国した小川は田中に対し、中国側の反応を説明している。田中はこれに対し、八月から九月にかけての訪米中、シベリア開発では「よく米中連絡する必要があるといっておいたので、その結果と思う」と発言している。[72]つまり、根回しが功を奏し、シベリア開発への参加について中国から訪ソ前に了解を取り付けられたことに、田中は安堵していたのである。

とはいえ、国交正常化後も、中国側は日ソ接近を内心では快く思っていなかったようである。一九七三年四月には外交部副部長の喬冠華(きょうかんか)がカナダに対し、また五月には周と姫がルクセンブルクに対し、中国は日本の最近の対ソ傾斜には不快感を抱いていることを明らかにしていた。[73]ただし、このことは逆説的に、中国は日本に直接不満を表明せずに、懸命に対日宥和に努めていたことを示している。

先行研究として紹介した李恩民の議論とは異なり、中国側は、バム鉄道の敷設計画を軍事的脅威とみなしていなかった。前述の通り、バム鉄道建設の対日提案が行われたのは一九七四年であるため、一九七一年末以来の中国側のチュメニ計画に対する牽制の意図が、当初から軍事面にあったとは考えにくい。むしろ、中国は日ソ経済関係の緊密化全般に対して警戒しており、牽制を行っていたとみるべきだろう。一九七四年五月二九日、駐ソ中国大使館の「リー三等書記官」は日本経済団体連合会会長の土光敏夫に対し、次のように述べている。ソ連にとって、バム鉄道は経済だけでなく軍事的な重要性をも有する。しかし、中国は、「同鉄道の軍事的意義は、中国や日本に向けられているというよりも、やはり米国およびNATOに向けられていると考える。ソ連が軍事的きようい〔脅威〕とみなす最大の相手は依然として中国ではなく、米国及びNATOであ」ろう、と。[74]つまり、中国はバム鉄道建設計画をさほど問題視しておらず、そのためチュメニ計画への日本の協力に対してそれほど敏感になっていなかったのである。

チュメニ計画に対する中国の抑制的な態度は、日本財界には好意的に受け止められた。財界の感触では、「最近では、中国側は、本件プロジェクトに対し、多くを語らなくなつている」。むしろソ連側こそ、チュメニ計画に対する「中国の態度に関しては、きわめて強い関心をもつてい」たという。[75] ただし、中国側が強い反対を表明すれば、「財界としても正式にそれをいわれると困る」とも考えていた。[76] しかし、上述したように、中国側は一九七一年後半以降、チュメニ計画については牽制を行うにとどめており、日本側を「困らせる」ことはなかった。

以上のように、中国は政治的動機に基づき、積極的に対日原油輸出へ取り組んだ。そして、中国はソ連とは異なり、日本財界が中ソ双方と原油取引交渉を行うことを黙認した。このような中国の姿勢は、日本側にとって望ましいものであった。

5　中ソ対立による説明の限界

本稿では、一九七〇年代の日中ソ関係を原油貿易の視座から議論してきた。ソ連外務省は対中政策の一環として対日接近に取り組み、その手段としてチュメニ計画を用いた。ただし、先行研究の多くがソ連外交に対する日中接近の影響を強調する一方で、本稿で明らかにしたように、ソ連外務省は日中国交正常化をそれほど問題視せず、一九七二（昭和四七）年以降も対日融和的な対外政策を継続していた。というのも、訪ソした大平による弁明は、ソ連側にも十分受け入れられるものだったからである。ソ連外務省がこのような原油輸出を通じた対日関係改善政策を実施するには、ソ連国内の他の省庁との調整が必要だった。そこで、ソ連外務省はブレジネフやコスイギンといった指導者に政治的決断を求めたが、その支持を得られずに結局は国内調整に失敗した。その結果、ソ連側はチュメニ計画で繰り返し日本側に不利な変更を行わざるを得なくなり、日本の財界から不興を買った。つまり、ソ連は対日原油輸出において、中ソ対立という政治的要因よりも経済的要因を優先していたのである。また、ソ連が日中間の原油取引への批判を展開したことも、日本財界には好まれなかった。

これに対して中国は、原油輸出を通じた対日関係の強化に成功した。中国は日本財界の歓心を買うべく、対日原油輸出を実施した。また、一九七四年に日ソ間でバム鉄道建設計画が浮上する以前から、中国は既に対日牽制を展開していた。ただし、中ソ双方との原油貿易を目指す日本財界に対し、中国側は一九七一年以降、日ソ経済協力の拡大を牽制するにとどめていた。日本がバム鉄道への協力を求められた時にも、中国側はこれにさほど反応しなかった。日本財界はこのような中国側の抑制的な姿勢を歓迎した。

ただし、中国の対日原油政策がチュメニ計画の障害になったとは考えられない。確かに、中国は対日原油輸出を通じて関西財界の心をつかむことに成功した。しかし、そもそも、今里や出光は中ソ双方との原油取引交渉に積極的であった。そのため、日本側は中ソ対立を経済協力の障壁とは考えていなかったとみるべきだろう。ソ連側が経済的理由から対日原油輸出を十分に行えなかったからこそ、日ソ関係は停滞したのである。中国は対日原油輸出を実現することで、ソ連が逃した日本財界の支持を獲得したにすぎない。つまり、中国は政治的動機から対日原油輸出に臨んだものの、ソ連の対日原油輸出が頓挫したのは、あくまで日ソ間の貿易交渉が不調に終わったからであった。中ソ対立が日中ソ間の原油取引問題に及ぼした影響は、きわめて限定的であった。

同様に、対日原油輸出問題における田中や大平の役割も限定的であった。大平や田中は、原油輸出の条件を維持するようソ連に働きかけた。しかし、ソ連が日中国交正常化後も対日政策を大きく変更しなかったにもかかわらず、大平らはソ連を説得するに至らなかった。また日中間の原油輸出交渉は、あくまで民間ベースで進められていた。そのため、大平の外交指導は、日中ソ間の原油取引問題ではそれほど顕著なものであったとは言い難い。

最後に、一九七〇年代前半の中国による対日原油輸出の成功が、その後の日中関係をどのように形作ったのかを述べたい。

原油は中国の主力輸出商品となった。具体的には、一九七〇年代後半から八〇年代前半にかけて、原油輸出は中国の輸出総額の二〇％ほどを占めた[77]。同時期に国際原油価格も暴騰したため、中国は有利な条件で原油の対外輸出を行うことができた[78]。このような日中経済関係の深化を通じて、中国では「四三方案」や「洋躍進」といった対外経済政策が進められたのである[79]。日中ソ間の懸案事項となった日中平和友好条約の交渉においても、日本財界はその締結を支持した[80]。このように中国が実施した対日原油輸出は、その後の中国の政治経済的な躍動の下支えとなったのである。

追記：本稿脱稿後、張彬彬「日ソ・シベリア開発協力問題の政治史的考察——田中政権期を中心として」『国際関係論研究』第三八号（二〇二三年）が刊行された。本稿と張論文の議論には重なる部分も多いものの、前者が中ソの対日政策の分析に力点を置く一方で、後者はそれに対する日本側、とりわけ外務省の対応を中心に論を展開している。また、張論文が未使用の外務省外交史料館所蔵の新規公開史料を、本稿では複数使用している。

謝辞：本稿は、特別研究員奨励費（ＤＣ１）「１９６０―７０年代の中国とソ連の対日原油輸出を巡る対立――国際要因と国内要因」（ＪＳＰＳ科研費　21J22500）の助成を受けたものです。

（1）Arthur Jay Klinghoffer, "Sino-Soviet Relations and the Politics of Oil," *Asian Survey*, Vol. 16, No. 6, (Jun., 1976), pp. 548-552, Sevinc Carlson "RESPONSES TO THE OIL CRISIS: THE U.S.S.R. AND SELECTED ASIAN COUNTRIES," *The Journal of Energy and Development*, Vol. 1, No.1 (Autumn, 1975), pp. 84-92 など。

（2）小澤治子「日ソ関係と『政経不可分』原則（一九六〇―八五年）」五百旗頭真、下斗米伸夫、Ａ・Ｖ・トルクノフ、Ｄ・Ｖ・ストレリツォフ編『日ロ関係史――パラレル・ヒストリーの挑戦』（東京大学出版会、二〇一五年）四六一―四七八頁。スヴェトラーナ・ヴァシリューク「一九七〇年代の日ソ・エネルギー協力における政治要因」下斗米伸夫編著『日ロ関係――歴史と現代』（法政大学出版局、二〇一五年）一六九―一九一頁。

（3）斎藤元秀「米中接近とソ連」増田弘編著『ニクソン訪中と冷戦構造の変容――米中接近の衝撃と周

辺諸国』（慶應義塾大学出版会、二〇〇六年）二三三一―二六三頁。

(4) 張彬彬「ニクソン・ショック後の日ソ関係再考――グロムイコ訪日から田中訪ソまで（一九七一―一九七三）」『スラヴ研究』第六九号（二〇二二年）九三―一一二頁。

(5) 李恩民『転換期の中国・日本と台湾――一九七〇年代中日民間経済外交の経緯』（御茶の水書房、二〇〇一年）一八〇―一八四頁。

(6) 鈴木啓介『財界対ソ攻防史――一九六五～九三年』（日本経済評論社、一九九八年）三〇〇―三〇六、三〇九―三一〇頁。

(7) 吉田進「幻の『チュメニ石油プロジェクト』」日ソ・日ロ経済交流史出版グループ編著『日ソ・日ロ経済交流史――ロシア・ビジネスに賭けた人々の物語』（東洋書店、二〇〇八年）四一〇頁。

(8)『朝日新聞』一九七一年六月九日。

(9) 経済団体連合会、日本ロシア経済委員会編『日ソ経済委員会史――日ソ経済協力四半世紀の歩み（一九六五―一九九二）』（経済団体連合会、一九九九年）六三―六四頁。

(10) 東欧第一課「第二回日ソ定期協議会談録」一九七二年一月二一日、情報公開法で開示された外務省文書（以下、外務省情報公開）開示請求番号二〇二一―〇〇三七三―一。

(11) 欧亜局東欧一課「佐藤総理とグロムイコ外相間の会談」一九七二年一月二七日、外務省情報公開開示請求番号二〇二一―〇〇三七三―五。

(12) 欧亜局東欧一課「グロムイコ外相・田中通産大臣会談」一九七二年二月一日、外務省情報公開　開示請求番号二〇二一―〇〇三七三―六。

(13) 経済団体連合会、日本ロシア経済委員会、前掲、七二頁。

(14) 欧東一「チュメニ石油プロジェクト（新らたな問題の発生）」一九七三年九月七日、戦後外交記録『日ソ・チュメニ石油開発輸入プロジェクト』二〇一九―一八一五　外務省外交史料館。

(15) 東欧第一課「チュメニ石油に関するソ側新提案（財界首脳とセミチャストノフ貿易第一次官との第一回会談）」一九七三年八月三〇日、戦後外交記録『日ソ経済委員会合同会議（第六回）』二〇一四―〇四八四　外務省外交史料館。

(16) 外務省欧亜局東欧第一課「田中総理訪ソ会談記録」一九七三年一〇月（二〇六二―〇七―六二）『〔ソ連・東欧関係〕』明治大学史資料センター編「オンライン版三木武夫関係資料」（丸善雄松堂、二〇一九年）https://j-dac-jp./MIKI/（二〇二二年七月九日アクセス）。

(17) 経済団体連合会、日本ロシア経済委員会、前掲、八四―八五頁。

(18) 欧東一長「総理と植村・永野会談（シベリア開発協力）」一九七四年四月三日、戦後外交記録『日ソ・シベリア開発合弁事業』二〇一七―一〇八四　外務省外交史料館。

(19) 東欧一課「チュメニ石油プロジェクトについて（今里氏の考え方）」一九七四年五月一四日、戦後外交記録『日ソ・チュメニ石油開発輸入プロジェクト』二〇一九―一八一五　外務省外交史料館。

(20) 東欧第一課「総理とソ側首脳との会談におけるシベリア開発協力問題に関する官民合同会議」一九七四年四月九日、戦後外交記録『日ソ・シベリア開発合弁事業』二〇一七―一〇八四　外務省外交史料館。

(21)「覚書」一九七四年五月八日、戦後外交記録『日ソ・シベリア開発合弁事業』二〇一七―一〇八四外務省外交史料館。ただし、この覚書は、チュメニ計画へ具体的に言及することを意図的に避けていた。欧亜局東欧第一課長「問重光大使・コスイギン首相会談」作成年月日不明、戦後外交記録『日ソ・シベリア開発合弁事業』二〇一七―一〇八四　外務省外交史料館。

(22)「第六回日ソ経済合同会議（一九七四．一〇．二九―一一．一モスクワ）」、戦後外交記録『日ソ経済委員会合同会議（第六回）』二〇一四―〇四八四　外務省外交史料館。日本ロシア経済委員会『日ソ経済委員会史（一九六五―一九九二）』一〇九―一一〇頁。

（23）東欧一課「第六回日ソ経済合同会議について」一九七四年一一月五日、戦後外交記録『日ソ経済委員会合同会議（第六回）』二〇一四—〇四八四　外務省外交史料館。

（24）『朝日新聞』一九七二年二月一二日。『読売新聞』一九七三年二月七日。

（25）出光計助『二つの人生』（講談社、一九八六年）二四三—二四八頁。

（26）調査部「シベリア開発についての周恩来総理の中曽根大臣に対する発言（読売新聞某記者の内話）」一九七三年二月一四日、戦後外交記録『日ソ・シベリア開発プロジェクト』二〇一四—五九一三　外務省外交史料館。

（27）『朝日新聞』一九七三年四月二六日、一九七四年二月一日。

（28）今里廣記『私の財界交友録——経済界半世紀の舞台裏』（サンケイ出版、一九八〇年）一八一頁。

（29）武吉次郎「毛沢東時代の日中貿易」『中国研究月報』第七〇巻一二号（二〇一六年）五三頁。

（30）調査部「最近の日中経済関係等に関する財界筋の内話」一九七二年一二月六日、戦後外交記録『日ソ・チュメニ石油開発輸入プロジェクト』二〇一四—五九一七　外務省外交史料館。

（31）Записка посла СССР в Японии О.А. Трояновского А. Н. Косыгину о <<некоторых вопросах наших отношений с Японией>>. 15 августа 1971г., Фонд (Ф) 3. Опись (Оп) 69. Дело (Д) 247. Листы (Л) 71-73. РГАНИ, *Л. Максименков,* «КУРИЛЬСКИЙ» САММИТ. Визит премьер-министра Японии К. Танаки в СССР (7-10 октября 1973 года). Документы и записи переговоров. (Москва: АИРО-XX I, 2020) С. 39-42.

（32）アレクサンドル・パノフ著、高橋実、佐藤利郎訳『不振から信頼へ——北方領土交渉の内幕』（サイマル出版会、一九九二年）二一頁。

（33）Записка А.М. Александрова Л.И. Брежневу о <<серьезной активизации наших отношений с Японией>>. 20 августа 1971 г., Ф. 80. Оп. 1. Д. 938. Л. 10-11. РГАНИ. *Л. Максименков.*

<<КУРИЛЬСКИЙ >> САММИТ. С. 44.

（34）О.А. Трояновский — Л.И. Брежневу о советско-японских отношениях. 19 апреля 1972 г., Ф. 80. Оп. 1. Д. 938. Л. 117-121. РГАНИ. *Л. Максименков.* <<КУРИЛЬСКИЙ >> САММИТ. С. 49-50.

（35）Там же. С. 50-51.

（36）このことは、張、前掲、「ニクソン・ショック後の日ソ関係再考」九七頁でも指摘されている。

（37）藤澤潤『ソ連のコメコン政策と冷戦―エネルギー資源問題とグローバル化―』（東京大学出版会、二〇一九年）一七八―一八四頁。

（38）*О. А. Трояновский.* Через годы и расстояния. История одной семьи. (Москва: Вагриус, 1997) С. 275.

（39）パノフ、高橋他訳、前掲、四―五頁。なおパノフは一九六八年から一九七一年まで、トロヤノフスキー駐日大使下の大使館で勤務していた。同上、著者・訳者紹介を参照。

（40）東欧一課「大平外務大臣訪ソの際のソ側との会談について」一九七二年一〇月五日、外務省情報公開　開示請求番号二〇二一―〇〇三六四―三。

（41）東欧第一課「大平大臣・グロムイコ大臣第一回会談記録（日中正常化対ソ説明の部分）」一九七二年一〇月二一日、戦後外交記録『日中関係／各国要人との意見交換』二〇一五―一〇三九　外務省外交史料館。

（42）新関大使発外務大臣宛電信第二八三五号「大平大臣とコスイギン首相との会談」一九七二年一〇月二四日発、外務省情報公開　開示請求番号二〇二一―〇〇三六四―三六。

（43）А.М. Александров — Л.И. Брежневу <<К итогам переговоров с министром иностранных дел Японии Охира>>. 25 октября 1972г. Ф. 80. Оп. 1. Д. 938. Л. 135-137. РГАНИ. *Л. Максименков.* <<КУРИЛЬСКИЙ >> САММИТ. С. 52-53.

（44）*О. А. Трояновский.* Через годы и расстояния. С. 290.

(45) *М. С. Капица.* На разных параллелях: записки дипломата. (Москва: Книга и бизнес, 1996) С. 158, 161.

(46) 張、前掲、「ニクソン・ショック後の日ソ関係再考」一〇三―一〇五頁。

(47) 外務省欧亜局東欧第一課「田中総理訪ソ会談記録」（一九七三年一〇月）（二〇六二―〇七―六二）『［ソ連・東欧関係］』明治大学史資料センター編「オンライン版三木武夫関係資料」https://j-dac-jp.utokyo.idm.oclc.org/MIKI/index.html（二〇二二年七月九日アクセス）。

(48) Постановление Политбюро ЦК КПСС №П111/ХⅢ <<Об информации о переговорах с премьер-министром Японии К.Танака для руководства соцстран, а также для Р. Никсона, В. Брандта и И. Ганди>>. 21 октября 1973 г. Ф. 3. Оп. 69. Д. 817. Л. 78-84. РГАНИ. *Л. Максименков.* <<КУРИЛЬСКИЙ>> САММИТ. С. 104.

(49) 欧東一「法眼次官と今里海外石油社長との会談」一九七三年八月一四日、戦後外交記録『日ソ・チュメニ石油開発輸入プロジェクト』二〇一九―一八一五　外務省外交史料館。

(50) *О. А. Трояновский.* Через годы и расстояния. С. 296-297.

(51) 田中訪ソの際、ソ連内部において対日宥和策が必ずしも重視されていなかったことは、張、前掲、「ニクソン・ショック後の日ソ関係再考」一〇八―一〇九頁でも指摘されている。

(52) Постановление Политбюро ЦК КПСС №П111/ХⅢ <<Об информации о переговорах с премьер-министром Японии К.Танака для руководства соцстран, а также для Р. Никсона, В. Брандта и И. Ганди>>. 21 октября 1973 г. Ф. 3. Оп. 69. Д. 817. Л. 78-84. РГАНИ. *Л. Максименков.* <<КУРИЛЬСКИЙ>> САММИТ. С. 103.

(53) 新関大使発外務大臣宛電信第二八三五号「大平大臣とコスイギン首相との会談」一九七二年一〇月二四日発、外務省情報公開　開示請求番号二〇二一―〇〇三六四―三六。

(54) 海外石油開発株式会社「一一：三〇―一三：四〇、在日ソ連大使館」一九七三年一月九日、戦後外

交記録『日ソ・シベリア開発プロジェクト』二〇一四—五九一三　外務省外交史料館。

(55) 海外石油開発株式会社「一七：〇〇—一八：〇〇、在日ソ連通商代表部」一九七三年一月一二日、戦後外交記録『日ソ・チュメニ石油開発輸入プロジェクト』二〇一四—五九一七　外務省外交史料館。

(56) 欧東一長「福永一臣議員の訪ソ談（ソ連の対日態度）」一九七三年五月二九日、戦後外交記録『日ソ・シベリア開発プロジェクト』二〇一四—五九一三　外務省外交史料館。

(57) 外務大臣発在ソ連新関大使宛電信案第八五二号「チュメニ石油プロジェクト」一九七三年五月三一日発、戦後外交記録『日ソ・チュメニ石油開発輸入プロジェクト』二〇一四—五九一七　外務省外交史料館。

(58) 重光大使発外務大臣宛電信第五九四号「ウエムラ、ナガノ両委員とコスイギン首相との会談録（その二）」一九七四年三月二二日発、戦後外交記録『日ソ経済委員会合同会議（第六回）』二〇一四—〇四八四　外務省外交史料館。

(59) 横山雄大「一九七〇年代大陸対外経済政策——以資源政策為中心」李為楨、李衣雲、林果顕、若林正丈、川島真、洪郁如編『跨域青年学者台湾與東亜近代史研究論集』第五巻（国立政治大学台湾史研究所、二〇二一年）一五三—一六二頁。

(60) 出光、前掲、二四八頁。

(61) 井上正也『日中国交正常化の政治史』（名古屋大学出版会、二〇一〇年）九八—九九頁。

(62) 総合政策研究会編『シベリア開発の諸問題——日ソ経済合同委員会を終えて』（総合政策研究会、一九七〇年）一八—一九頁。

(63) 一例として、『人民日報』一九七〇年二月一七日。

(64) 『朝日新聞』一九七二年二月一二日。

(65) 出光、前掲、二二五頁。

(66) 調査室「日中関係に関する大平大臣の内話(メモ)(於国際問題研究所)」一九七三年二月一日、戦後外交記録『日中国交正常化』二〇一一—〇七二〇 外務省外交史料館。

(67) 調査部「シベリア開発についての周恩来総理の中曽根大臣に対する発言(読売新聞某記者の内話)」一九七三年二月一四日、戦後外交記録『日ソ・シベリア開発プロジェクト』二〇一四—五九一三 外務省外交史料館。

(68) 「小川大使・姫外交部長会談録 昭和四八年九月六日午後一一時四〇分~七日午前一時二〇分」、戦後外交記録『日中国交正常化』二〇一一—〇七二〇 外務省外交史料館。

(69) 『読売新聞』一九七三年三月一二日。

(70) 「九月八日小川大使と廖承志中日友好協会会長との会談記録」一九七三年九月八日、戦後外交記録『日中国交正常化』二〇一一—〇七二〇 外務省外交史料館。

(71) 「本使と周恩来総理との会談要録」一九七三年九月九日、戦後外交記録『日中国交正常化』二〇一一—〇七二〇 外務省外交史料館。

(72) 小川大使「総理との会見(後半木内秘書官同席)」一九七三年九月一四日、戦後外交記録『日中国交正常化』二〇一一—〇七二〇 外務省外交史料館。

(73) 「外交問題に関する中国首脳の発言(事項別七二・一〇~七三・五)」作成年月日不明、戦後外交記録『日中国交正常化』二〇一一—〇七二〇 外務省外交史料館。

(74) 重光大使発外務大臣宛電信第一一四七号「第二シベリア鉄道に関する中国の考え方」一九七四年五月二九日発、戦後外交記録『日ソ・シベリア開発プロジェクト』二〇一四—五九一四 外務省外交史料館。

(75) 調査部「チュメニ石油開発輸入プロジェクトに関する財界筋の内話」一九七二年一二月八日、戦後外交記録『日ソ・チュメニ石油開発輸入プロジェクト』二〇一四―五九一七　外務省外交史料館。

(76) 調査部「国際問題研究所（財界、外務省定例懇談会）」一九七三年二月一三日、戦後外交記録『日ソ・シベリア開発プロジェクト』二〇一四―五九一三　外務省外交史料館。

(77) 久保亨、加島潤、木越義則『統計でみる中国近現代経済史』（東京大学出版会、二〇一六年）一〇一―一〇二頁。

(78) 横井陽一「日中プラント交渉のキーパーソン」天児慧、高原明生、菱田雅晴編『証言戦後日中関係秘史』（岩波書店、二〇二〇年）七九頁。

(79) 本段落のここまでの内容は、横山、前掲、一四五―一七二頁で詳しく議論した。

(80) 李恩民『「日中平和友好条約」交渉の政治過程』（御茶の水書房、二〇〇五年）一八一―一八四頁。

第一〇章

福田外交と大平外交の変化と連続

若月秀和

1　七〇年代外交で交錯する福田と大平

福田赳夫と大平正芳は、一九七〇年代後半に相次いで首相を務めた。この両者は同じ大蔵省出身の政治家でありながら、一般的には対照的に論じられることが多い。すなわち、福田は旧制一高―東京帝大を経て、大蔵省の主計畑を歩むというトップエリートであるのに対し、大平は旧制高松高商―東京商大を経て、同省の主税畑に進むという傍流にあった。

さらに政治家に転身した後も、福田は、岸信介直系で、日台断交に強く反対する、青嵐会所属の「タカ派」議員たちを多く抱える自民党内右派の領袖として評されることが多いのに対して、大平は、吉田茂―池田勇人の「保守本流＝軽武装・経済重視」という「ハト派」路線の系譜を引き継ぐ政治家である。政治理念においても、福田は「政治は最高の道徳」と語り、政治の大きな役割を説くのに対し、大平は、「一利を興すは一害を除くに如かず」という耶律楚材（やりつそざい）の言葉を好み、政治の役割を限定的なものととらえた。

そして、福田首相は、一九七〇年代前半以来の米ソデタントを背景に、「全方位平和外交」を展開したのに対して、大平首相は、七〇年代末の米ソ対立の再燃を受けて、前任者の「全方位平和外交」を転換し、「西側の一員」としての日本のスタンスを明確化したと評価されてきた(1)。また、加藤淳平や孫崎亨（うける）といった外務省ＯＢの中にも同様な評価をしている者がいる(2)。

しかしながら、筆者自身、二〇〇六（平成一八）年の単著を書く際に、「タカ派」の福田が、「全方位平和外交」を推進したのに対し、「ハト派」の大平が逆に日米同盟を強化する路線に転換したという ある種の「意外性」の面白さに引きずられて、両者の外交の違いをいささか強調しすぎた経緯もある。そこで、「全方位平和外交」対「西側の一員」という捉え方に距離を置き、両者の外交の変化と連続性を今少し詳細に検討したい。

奇しくも福田と大平は首相の座を一九七八年一二月に引き継いだのみならず、一九七二年七月には外相の座も引き継いでいる（退陣した佐藤政権の外相が福田で、田中新政権の外相が大平）。その意味では、この二人のリーダーの外交の違いと連続性を、一九七〇年代を通した形で考察できるのである。

まず指摘しておかなければならないのは、一九七〇年代に入るまでに、福田・大平両者（同時代の指導者である田中角栄も三木武夫も）とも、日米協調を基軸に、日本は軍事大国とはならず、国際社会の中で「平和国家」としてその役割と責任を果たすとする路線を掲げるようになった意味で、大枠として共通の立場にあったという点である。彼らのいう「平和国家」とは、先の敗戦を原体験として、憲法九条と「非核三原則」を守り、日本はアジア太平洋地域の安全と安定のために対外経済協力を推進するというものである。(3)

もともと米国の占領統治に対する反発を持ち、「自主独立の経済体制」を確立することを志向してきた福田であったが、日本の国際的地位の向上とともに被占領者心理を払拭し、佐藤長期政権で要職を歴任する中で、軽軍備・経済中心からなる「吉田路線」を継承する立場に移行していったという指摘がある。(4)つまりは、福田が大平の路線に歩み寄っていったとも解釈できる。一九六〇年代の高度経済成長を通じて、日本が世界第二の経済大国となり、大多数の国民が豊かさを享受する中で、岸が唱道するような憲法改正というアジェンダは訴求力を減じていったのである。岸直系の福田も、こうした時代の潮流に順応したのであろう。

しかしながら、福田と大平は大枠としては共通の立場にあったにしても、その枠内でみると看過できない外交路線の違いもある。とくに、一九七〇年代の米ソデタント、米中和解、中ソ対立という国際情勢の中で、日米関係を外交の基軸とする点は共通でありながらも、中国とソ連、台湾、それぞれに対する距離感は異なっているとの注目すべき見解がある。

すなわち、福田は、国際環境の安定は、米ソデタントを中核とする東西両陣営の接近という形でもたらされるべきものであるとの見地から、対ソ関係の改善に積極的に動いた一方（対中関係には慎重）、大平は外相として、池田政権の積極的な対中外交の一翼を担い、田中政権時の日中国交正常化の立役者となる意味で、吉田・池田の「日米中」提携の秩序観を引き継ぎ、対ソ関係には慎重との見解である。[5] さらに、福田が一九七〇年代に対中関係を進める際には、対ソ関係に配慮するなど、日本外交の独立性と東アジアの勢力均衡を維持するという発想を持っていたとする指摘がある。[6] 他方、大平は、「日米中」提携を長期的展望として持っていたものの、国際環境に対して積極的にその実現を働きかけるよりも、その展開を見極めながら慎重に対応していく傾向にあったとの見方もある。[7]

そこで本稿では、上記の先行研究を出発点に、一九七〇年代の日本の対中国・ソ連外交の展開を軸に、福田と大平の外交の変化と連続について検証と考察を加えていきたい。

2 米中接近の衝撃

(1) 中国国連代表権問題の浮上——揺れる福田と勢いづく大平

一九七一（昭和四六）年七月一五日、米国政府は、キッシンジャー（Henry A. Kissinger）国家安全保障担当補佐官が極秘裏に訪中したことを明らかにし、翌七二年のニクソン（Richard M. Nixon）大統領の訪中が決定されたと発表した。朝鮮戦争以来、アジアを舞台に対峙してきた米中両国の劇的な関係転換であった。

戦後史が一大転機を迎える中、福田は七月の外相就任からまもなく、胆石摘出の手術を受けるため療養生活に入るも、中国関係をはじめとする国際情勢の収集に精力的に努めた[8]。八月二五日の静養先での記者会見において、福田は、「中国大陸に存在する北京政府を認めることと、この政府を国際社会に入れることが、アジアと世界の平和のために必要と考える」と表明した。

その一方で、「国際信義を重んじることが必要である」とも発言した[9]。これは、蔣介石総統の台湾の国民党政府との関係を重視するとの心情の現れである。敗戦直後、蔣介石が多数の大陸残留日本人の帰還にあたって「以徳報怨」の考えから、その安全を図り、また賠償問題にも寛大な態度で臨むなど、彼の日本への「親切は筆舌に尽くしがたい」ので、「台湾が国際社会で非常に苦しい立場に立っている時、恩義を忘れることなく対応するのは当然」ということであった[10]。

静養を終えた直後に書いたメモにも、「信なくして立たず。国際社会でも信用を築くことが大切」

と記している。他方、「四面観音　中国問題」と書き記した後、「自分は何とか解決したい。訪中亦可なり」、「解決ということは正常化、隣づき合い」との記述もある。[11] 台湾への親近感や義理を持ちながらも、中国との国交正常化の問題を自らの手で解決したい希望も垣間見られるメモである。

米補佐官の極秘訪中を機に表面化した米中接近を受け、その年の秋の国連総会にあたり、日本は台湾の議席維持を図るために、「逆重要事項指定」と「複合二重代表制」の両決議案について米国の共同提案国となるか否かの決断を迫られた。この問題をめぐって自民党内で意見が鋭く対立し、政府の態度はなかなか決まらなかった一方、党内非主流派の大平や三木など有力派閥の領袖たちは、「ポスト佐藤」を睨んで、米国と共同提案国になるのに反対した。

九月の派閥での研修会で、大平は、「昨秋以来、国連の大勢は、北京に中国の代表権を認める方向に急速に傾斜してきた」、「北京と外交関係を持つ国も、その後続々と増えてきたばかりか、わが国の世論もその方向に大きく動いてきた」との認識を示した上で、「政府がこの情勢を正しく評価し、いわゆる中国問題に決着をつける時期がいよいよ熟してきた」として、中国との国交正常化に踏み出す意思を表明し、佐藤政権に対する批判を滲ませた。[12]

中国国連代表権問題が大詰めを迎えていた一九七一年一〇月には、大平は、『山陽新聞』への寄稿の中で、「自主外交」の必要性を主張していた。すなわち、長引くヴェトナム戦争によって、米国という「頼りとしていたボス」は疲れて、「他国の面倒を見るどころか自分の始末」さえできなくなっているので、日本は「度胸を決め」て、従来の対米依存の外交を転換し、「自主外交」を推進すべしと説いた。[13]

すでにこの年の四月の時点で、大平は、親中国派の古井喜実の手引きで、中日友好協会副秘書長の王暁雲(おうぎょううん)と東京の料亭で密会し、中国との国交正常化に意欲を示していた。その僅か一週間前に宏池会の会長職を前尾繁三郎から引き継ぎ、総理総裁の座を明確に意識するようになった大平は、このころ手帳に「中国問題—急ぐべし。中国は私を求めている」と記している(14)。

(2) 米国と距離をとる福田外相

一方、国連中国代表権問題について、福田外相は、日米関係を重視する点からも、国際信義を重んじ、台湾の議席を守る必要があるとする一方、将来的な日中関係打開の可能性を閉ざしてはならないとも考えていた。それゆえに、米国の提案に賛成しても、「二重代表制」と「逆重要事項指定案」の共同提案国にまでならなくても良いとの見解に立っていた(15)。

九月九日のワシントンでの日米貿易経済合同委員会では、ロジャーズ(William P. Rogers)国務長官が両決議の共同提案国になるよう執拗に求めてきたのに対し、福田は、「中国に対する米国の真の意図については、(日本側に)疑念が広がっている」と指摘したうえで、「ある者は、『北京とワシントンの間にはある種の了解がなされており、米国はただ台湾支持の手続を形式的に行っているだけで、台湾の勝利を期待していないし、望んでもない』と感じている」として、日本が安易に共同提案に踏み込めない理由を率直に語った。さらに、佐藤政権の対応によっては政局に結び付き、親中国的な次期政権誕生につながりかねないと主張して、共同提案国になるという言質を最後まで与えなかった(16)。

福田から見ても、中国に代表権を与えるアルバニア案が世界の趨勢となっており、日米の共同提案は否決される可能性が高いとの読みがあったし、ニクソン大統領とキッシンジャー補佐官が日本の頭越しに訪中を画策する一方、ロジャーズ国務長官は福田に台湾追放反対の共同提案を持ちかけるなど、米国政府内部も分裂気味であった。

また外務省ではアジア局を中心に、将来の対中政策を見据えて、共同提案国になるべきでないとの意見があったし、自民党内でも意見が割れていた。さらに、国民世論や財界では、日中関係の打開を望む声が強まっていた。そもそも、中国と台湾が同時に国連議席を持つことは、「二つの中国」の制度化につながりかねず、このようなことは、中台双方とも受容することはない。したがって、米国との共同提案に消極的とならざるを得なかった[17]。

しかし、佐藤栄作首相の裁断で、日本は共同提案国となる道を選択する。結局、一〇月二五日の国連での表決では逆重要事項指定決議案が敗れ、中国招請・国府追放のアルバニア決議案が予想外の大差で可決された。安保常任理事国の地位を含めて中国代表が交代し、複合二重代表制決議案は票決にも付されなかった。蔣介石は一つの中国との観点から自ら国連脱退を選んだ。

この結果を受けて、福田は記者会見で、国連の決定を「十分に踏まえて」、中国との関係調整を前向きに検討したいと語った。しかし、野党や自民党内の親中国派は、佐藤首相の政治責任を追及する声を上げ、野党各党は、外相の福田に対して、衆議院で不信任案、参議院で問責決議案を提出した(いずれも否決)[18]。中国国連代表権問題の敗北は、佐藤だけでなく、担当大臣の福田にも苦境を強いた。

一方、大平は政権の対応に関し、「称賛すべき措置とはとても思えない」と感想を述べると同時に、「中国問題を政争の具にするほど、われわれは不真面目ではない」と語り、日中問題を政局にしない姿勢を示した。[19]

3 ポスト佐藤と日中関係

(1)復交三原則をめぐって

親台湾派と目される福田であったが、日中国交正常化は「歴史の流れ」と認識していた。ただ、それを一挙に実現するのは困難とも考えていた。

当時、中国側が日本に対して国交正常化交渉の前提条件として提示していた「復交三原則」について、福田は、「これを前提として議論すべき」ではなく、「日中国交正常化の政府間交渉の過程で決めるべきもの」と認識していた。つまり、「(交渉の)第一段階としては、とにかく日本の首相が北京を訪問する。そこで中華人民共和国を、中国を代表する政府との認識」に基づいて、「政府間交渉を始めよう」というのが、福田の基本方針であった。[20]いわゆる「二段階復交論」の立場である。

中国問題で原則的な立場をとる福田は、国連代表権問題の決着後、日中関係打開を目指して中国側の立場への歩み寄りの姿勢を示す佐藤首相の歯止め役となった。一九七二(昭和四七)年二月二八日の国会答弁で佐藤が、政府の公式見解であった台湾の法的地位を未定とする立場を越えて、台湾が「中華人民共和国の一部」とする「復交三原則」の第二原則を認める発言を行うと、三月六日、福田と外務省は、第二原則を「十分に理解しうる」としつつも、従来の帰属未定論を継承する政府の統一見解を発表した。福田にすれば、退陣直前の佐藤が、後継政権を拘束するような発言を行うことは避けたいところであった[21]。

一方、日中正常化に積極姿勢を見せていた大平も福田と同様、「復交三原則」については慎重であった。佐藤後継を争う自民党総裁選で、大平は「福田包囲網」を念頭に、田中と三木武夫と政策協定を結ぶ。日中正常化について、一九七二年四月に訪中して周恩来首相と会談した三木は、正常化の前提条件である同三原則を政策協定の中に明記したい考えであった。

これに対して、大平と田中は三木案のように具体的なコミットはせず、協定では「日中両国の国交正常化を図る」という大方針を打ち出し、具体論は外交交渉の中で処理していけばよいという考えであった。その結果、「中華人民共和国との間に平和条約を締結することを目途として交渉を行う」という表現でまとまり、三陣営の協力体制が固まった[22]。

(2)「平和大国論」と「平和国家の行動原則」

一九七二(昭和四七)年七月の佐藤後継の自民党総裁選において、福田は、「平和大国」論を打ち出す。すなわち、高度経済成長を遂げた日本が、歴史上の大国が歩んだような「軍事大国」の道を歩まないとする自己規定から始まり、「発展した経済力を軍備に向けないで、発展途上の国々が自立と繁栄の基礎を確立するための努力に積極的に協力奉仕」することで「平和的に発展」するというものであった[23]。

さらに、「国際政治の基調が東西対立から多極化へと移行しつつある」との認識を踏まえて、「沖縄返還によって一段とその基礎が強固なものとなった日米友好関係を堅持することを基調とするとともに、日中国交正常化、日ソ平和条約の締結という、二つの大きな具体的な目標に取り組みたい」と主張する。[24] 福田は、日米安保を足場に中ソ間のバランスをとるという方針を、前年の国会での外交演説でも行っており、それは後年首相として打ち出した「全方位平和外交」に通じる。

一方、米中和解の表面化に、日本以上の衝撃を受けたソ連は、一九七二年一月にグロムイコ(Andrei A. Gromyko)外相を東京に派遣するが、福田は、「(激動する)国際情勢に日ソがどう立ち向かうのかが第一の問題となろう」と積極的に応じ、懸案の日ソ平和条約締結交渉の開始に道筋を付けた。その一方で、日中国交正常化の可能性に探りを入れてくるグロムイコを相手に、「日中関係はまだ序曲ではなく雑音の段階です」と短く答え、日中正常化について慎重姿勢を示している。さらに、福田は日ソ貿易やシベリア開発への協力にも積極的な発言を行っている。[25]

他方、大平も総裁選を控えて、外交問題に関する自身の方針を示している。大平は一九七二年三月の講演で、今後の世界が「米、中、ソの三大国が世界に対して最も大きな責任と役割を持つ」としたうえで、「日本は、否応なしに、この三大国と政治的にも経済的にも緊密な平和的な共存関係をもたねばならない」と主張する。また、「われわれは、三極の間を縫って巧妙にマヌーバーして姑息な利益をあさるようなことは考えないし、また日本にはそういう能力はない」として、「ただ、日本の立場と世界の納得が得られるルールを踏まえて、誠意をもってこの三国に当たるだけ」と述べている。[26]

さらに、五月の「平和国家の行動原則」と題する講演の中では、国際政治における力の役割に関し、「ハードからソフトへ重点が移動しつつある(=軍事力が持つ意義が相対的に弱まりつつある)」と指摘し、「パワー・ポリティックスの論理をこえた新しいヴィジョンとシステムを組み立て」、人類

「共通の敵を克服すべき」と説く（核兵器の管理・地球汚染、資源枯渇の回避）。

その上で、アジアにおいて米ソ中日四カ国の間には「一応のバランスが成立している」として、日米関係を軸としながらも、新しい国際情勢に適合した多角的・地域的な安全保障の枠組みの必要性を指摘する。そして、「平和創造国家」としての日本がその役割を果たすべく、①日中国交の回復、②日米安保条約、③自衛力の規模と内容についての真剣な検討、④対外援助の充実、⑤国際機構（国連）における日本の役割、の五点の具体策を挙げている。[27]

4 日中国交正常化とその影響――田中政権の外交を担う大平外相

(1)「二段構え」か「一段構え」か

佐藤後継の総裁選は田中の勝利となり、一九七二（昭和四七）年七月七日の田中政権の成立となり、これまで外相であった福田は無役となる一方、大平が後任外相となる。これに対し、中国政府は田中政権を歓迎するという声明を発表するとともに、「復交三原則」を国交正常化交渉の開始の前提から外した。中国は従来の強硬姿勢を一変させ、国交正常化の条件を事実上、日本の台湾との外交関係断絶のみに絞った。

ここに至り、田中政権は日中国交正常化に踏み切る決意を固め、大平外相は八月三日に日台断交を初めて言及する。これに対して、自民党内の親台湾派が異議を唱え、一七日に大平が国会答弁で日華平和条約を「日台条約」と呼んだことが非難され、親台湾派の反発は最高潮に達した。

福田もまた田中政権が日中国交正常化を急速に進めることに危惧を抱き、台湾の立場を十分かつ慎重に考えた日中復交でなければいけないと発言している。八月一九日、福田は大平と会談し、日中国交正常化交渉の方針についての説明を受けた。その際は、福田は持論の「二段階復交論」を話した。すなわち、首相訪中によって一挙に国交正常化を実現するのではなく、日中首脳会談を行った後に改めて日中国交正常化に向けた協議を行うというものである。この手法の方が、米国を刺激することなく、台湾を説得する時間が稼げるというのが福田の考えであった。しかし、大平や田中の決意は揺るがず、九月の田中訪中で日中国交正常化は一挙に実現する。[28]

もっとも、大平は日中関係に必ずしも入れ込んでいたわけではない。八月一一日の日米協会主催の会合で、大平は、日米関係が損なわれないように「細心周到な注意」をもって、日中国交正常化を推進していくと明言した。対米追従かアジア外交かという二項対立ではなく、米国に先んじて日中国交正常化を進めつつも、対米関係との共存を図ったのである。したがって、八月末のハワイでの日米首脳会談でも、「田中内閣は、日米安保条約の堅持を米国に約束した」のである。[29]

また、田中の視線がもっぱら北京に向かっている一方で、大平は、「日中関係とはいうけれど、実際は日台関係だよ」と常に口にし、それまで友好裡に発展していた日台関係の維持に意を用いた。[30] 実際に、大平は、水面下で自民党職員の松本彧彦(あやひこ)を台湾政府中枢とのパイプ役に使って、九月の椎名悦三郎自民党副総裁の特使派遣に繋げるなど、日中国交正常化後の台湾との関係についての処理にあたっている。その結果、日台関係は双方の面子を傷つけることなく、実質的な関係はその後強化されているのである。[31]

一方、福田にとって、台湾を一方的に切り捨てる形となった日中国交正常化は、不本意であったに違いない。[32]それでも、正常化直後のインタビューで、「いま田中体制下で日中国交正常化しても、これは私のベースでやっているわけだな。…レールは同じです」とコメントした。[33]事実、中国側の柔軟姿勢もあって、田中―大平のコンビは、「復交三原則」の第二・第三原則を認めることなく、日米安保条約に抵触しない形で（台湾有事の際の在日米軍基地使用の承認）、正常化を成し遂げたからである。[34]福田と田中―大平との差は、「私は二段構え、三段構えを考えておった。それを田中氏は一段でいっておる」という手法の違いに尽きていた。[35]

(2)「反覇権」問題の表面化

大平が、台湾との国交断絶という思い切った挙に出てまで、日中国交正常化を事実上自己の責任で成し遂げたことは、彼をして政治指導者として大きな飛躍を遂げさせた。しかし、日中問題は、自民党内の親台湾派との抗争の問題となって、一九七〇年代を通じて自民党内部の抗争の決定要因の一つとなる。[36]それと同時に、以後、日中問題にソ連要因がより強く作用するようになる。

大平は日中国交正常化に重点を置きながらも、ソ連との関係にも一定の配慮をする考え方であったようだ。ただ、日中交渉で中国側が持ち出してきた「反覇権条項」について、大平は、中国の対ソ戦略上の意図を認識しておらず、日中共同声明に同条項の明記を受容する。台湾と中国の関係が交渉の最大の難関で、日本国内、台湾、中国をそれぞれどう説得するかで頭が一杯であったのである。[37]

問題点は、早速表面化する。一九七二年一〇月に訪ソした大平外相に対して、グロムイコ外相は反覇権条項について、日中共同声明に明記された「覇権」という文言は具体的にどの国を指すのかと、執拗に質問を浴びせた。大平は、日中両国は軍事的取り決めを一切していないし、反覇権条項は上海コミュニケにも明記されているものであり、一般論として日本側が同意したものにすぎず、特定の第三国に向けられたものではないと説明した。さらに、日中国交正常化により日ソ関係は損なわれるものではないと力説して、ソ連側に理解を求めた。[38] また、領土問題に関するソ連の態度も硬化し、実質的な討議に入れなかった。[39]

この時は、ブレジネフ（Leonid I. Brezhnev）書記長とも会談ができなかったということもあり、大平は、「日中国交正常化のときにソ連に対する配慮というものが十分でなかった」と反省した。さらに、首相自らソ連に行って、ブレジネフと交渉しなければならないという考えに至り、一九七三年一〇月の田中首相訪ソに繋がっていくのである。[40] 大平はこの訪ソにあたって数カ月前から担当課長を大臣室に呼び寄せて綿密に準備した。[41] ソ連に行くのなら領土問題を何とか打開しようと張り切った田中首相と違い、大平はこの問題の解決がそう簡単ではないことは分かっていた。[42]

案の定、田中訪ソにおいては、領土問題で激しくソ連側と対立したし、日ソ共同声明でソ連側が提唱していたアジア集団安保構想や長期経済協力協定は盛り込まれなかった。ちなみに、米国は一九七二年五月のニクソン大統領訪ソの際、「米ソ関係基本原則」を発表して、ソ連と共に「特権または優越」への反対を表明した。中ソの間でバランスをとるべく、上海コミュニケの「反覇権」を中和したのである。しかるに、田中政権は田中訪ソの際、この種の文書をソ連側と結ばなかった。つまり、「反覇権」の「反ソ」的意味を理解した後になっても、それを希釈させることはなかった。[43]

(3)日中航空協定交渉——促進要因としてのソ連

一九七三～七四年にかけての日中航空協定は、台湾問題が交渉上の大きな争点となったことは間違いない。事実、大平は、党内の親台湾派（福田支持勢力）からの執拗な攻撃を受けながら、同協定に尽力した。

その半面、一九七四年一一月以降本格化する日中平和友好条約の締結交渉を待たずに、航空協定交渉の過程でも、ソ連要因が影響を及ぼし始める。日中国交正常化は、ソ連の目を日本へ向けさせる一助となっただけに、対ソ戦略上も、日中友好関係の維持が必要であるとの認識が、外務当局の対ソ外交関係者、とくに当時の法眼晋作事務次官などに強かった。協定をめぐって慎重派と積極派の議論が錯綜する中、大平が事態の打開のため、一九七四年一月に訪中した。[44]

一方、毛沢東主席は、日本の対ソ接近を防ぎ、対ソ包囲網を強化するという観点から、訪中した大平に対して大幅な譲歩案を提示した。つまり、ソ連の存在は日中関係を推進させる一要因となっていたのである。しかし、日中両国のソ連に対する立場の違いは、実務協定交渉に続く日中平和友好条約交渉においては顕在化し、最大の障害となる。

他方、もともと交渉の一義的な争点であった日台関係については、いったんお互いの立場が確認されると、それ以降は実務的な関係の構築が淡々と進められた。[45]なお、中国がソ連に対抗するための平和友好条約を欲していたことから、大平が同条約を航空協定交渉のカードとして用いたともいわれる。しかし、日本にとって、平和友好条約を急ぐ理由はなかったので、大事なカードを使ったことについて、外務省アジア局には批判的な声もあった[46]。

ともあれ、一九七四年四月二〇日、日中航空協定が調印され、同日、大平は、「台湾の航空機にある旗の標識をいわゆる国旗を示すものと認めていないし、『中華航空公司（台湾）』を国家を代表する航空会社として認めていない」と談話を発した。これに対し、台湾はこの談話で尊厳を傷つけられたとして、直ちに日本との路線を停止した[47]。

日中航空協定について自民党内の調整は難航を極めた。その一つの要因として、一九七二年の自民党総裁選の余燼（よじん）があった。総裁選で敗れた福田派にしてみれば、敗北の一つの原因が、親台湾路線をとっていた佐藤政権の外相であった福田に対する、中国の冷淡な態度があったとの思いがあった上に、田中政権が怒濤の勢いで日中国交正常化を成し遂げ、人気を上げたことへの反発が燻（くす）ぶっていた。そして、福田派及びそれに近い考え方の人々は、一般的に、日中国交正常化の過程は性急に過ぎた、台湾への配慮を怠ったとの批判を強めていた。そこに航空協定交渉を通じて、中国の対日態度が台湾問題で厳しいものであることが表面化してくると、福田派の人々の怨念が、政府の台湾問題処理のやり方に対する批判という形で尖鋭化したのである[48]。これら親台湾派＝福田派勢力の攻撃の矛先は、大平であった。

当時、福田は一九七三年一〇月に急死した愛知揆一から蔵相の座を引き継ぎ、列島改造と石油危機によって生じた経済の混乱の収拾にあたっていたが、日中関係をめぐって自民党内が二分される中で、蔵相を辞任するタイミングを見計らっていた。しかし、外交を政争の具にすることを避けるべく、蔵相辞任は踏み止まる[49]。一九七四年五月一〇日、日中航空協定は灘尾弘吉や岸信介ら長老のほか、福田派と青嵐会八〇数名の議員が欠席のまま、全会一致で衆議院で承認されたが、福田蔵相だけは、閣僚という立場から、この協定に賛成した。(50)

5 「中ソ等距離外交」から「全方位平和外交」へ

(1) 対ソ関係の調整を優先する福田首相

田中政権末期の一九七四年一一月、日中平和友好条約の締結交渉が始まった。なお、これに先立つ七月の参議院選挙後の自民党の敗北を受け、福田が蔵相を辞任し、大平は外相から蔵相に転任していた。

同条約交渉開始の直後、田中政権が退陣し、翌一二月に発足した三木政権が交渉を引き継いだ。しかし、まもなく反覇権条項を条約本文に書くか否かという問題が表面化し、交渉が行き詰まった。三木首相は、「宮澤四原則」を付す形で同条項の本文明記を決断するも、一九七六年に入り、日中両国の政治状況が極端に流動化し(中国では毛沢東・周恩来首相の相次ぐ死去、日本ではロッキード事件と「三木おろし」をめぐる政争)、交渉が止まってしまったのである。(51)

一九七六年一二月に首相となった福田は、政権発足直後、自民党内の親中国派と面会し、「中国側に妥協的態度なし。宮澤四原則を貫けば日本側はよい　対ソ説明は可能か」という感触をメモに残している。(52)

実際に、首相就任から一年足らずの間、福田首相は、毛沢東の死去やそれに続く「四人組」逮捕などによる中国の国内政治の混乱に鑑みて、当面は懸案の日中条約（日中平和友好条約のこと）の締結問題に取り組むよりも、ミグ25事件の発生やソ連が自国の二百海里専管水域の中に北方領土を含めたことを受けて、急速に冷却化した日ソ関係の調整・修復の方を優先した。ソ連が「親ソ的な人物」として評価していた鳩山一郎元首相の長男である威一郎を参議院議員一期目ながら、外相に起用したのも、日中条約締結がソ連への「敵対関係を生み出す」意図ではないとのサインであった[53]。

福田としては、「（日中）条約は政権として是非仕上げるべきだと考えてはいた」半面、「急ぐよりも、良いものを作ろう」という基本スタンスであった。ソ連については、領土に加えて、漁業の問題もあるので、「対ソ関係の手当てを実行しつつ、日中条約締結に取り組みたい」ということであった[54]。

新政権の外交上の最初の難題は、ソ連との漁業交渉であった。福田は、漁業交渉と領土問題はあくまで切り離して臨むという基本方針を確認したうえで、鈴木善幸農相をモスクワに派遣し、交渉に当たらせた[55]。交渉は難航するも、五月に日本が、ソ連が主張する専管水域のラインを認める代わりに、「（日ソ両）政府の立場または見解を害するものではない」との文言を盛り込む形で、暫定漁業協定の調印に漕ぎつける[56]。

さらに、一九七七年六月、福田は、ソ連との交流を手がけていた東海大学総長の松前重義に対ソ関係打開への協力を求めた。つまり、「日中関係の改善が、日ソというもう一つの国家関係に、悪影響を及ぼさない政治的な配慮が必要」という認識から、「日中平和（友好）条約の締結が終わればすぐに、日ソ関係の改善に取り組むので、それをソ連首脳部に伝えて欲しい」と要請したのである[57]。その後、一〇月、訪ソした松前はコスイギン（Alexei N. Kosygin）首相と会談し、福田の意図を伝達した。福田はこの松前を通じた非公式チャネルを使い、水面下で対ソ関係打開を試みていく。

(2)「全方位平和外交」を打ち出す

福田政権が日中条約交渉に慎重な構えでいた中で、中国政治は安定を取り戻し始めた。一九七七年七月の、中国共産党の第一〇期中央委員会第三回全体会議では、前年に再失脚した鄧小平(とうしょうへい)が再々復活し、八月に開催された中国共産党第一一回全国代表大会で、文化大革命の終結が宣言され、共産党規約に「四つの近代化」が盛り込まれて近代化路線が示された。九月一〇日の会見で、鄧小平副首相は、日中条約締結について「一秒で済む」と福田の決断を促した。「反覇権」という対ソ戦略に加えて、鄧の復活により、中国の外交政策は経済的利益を動機とする性質が強くなってきた[58]。

日本側では、鄧の発言に呼応して、福田政権に条約の即時締結を求める動きが高まる。外務省でも日中条約を締結してもソ連からの批判は「一過性」であると判断し、対ソ政策と対中政策を切り離して進める考えが強まりつつあった。

それでも、九月二〇日に外務省から今後の対処方針案を示された福田は、「ソ連に対し或る程度のところで見切りをつけて日中を動かすという考え」に「極めて慎重な態度」を示した。「もしソ連より強い反発を受けた場合にはやはり内閣の責任問題となる」として、「ソ連に対しては十分手当てすべきと主張したのである[59]。

しかし、条約交渉開始のタイミングについて、福田は大きなジレンマを抱えていた。ソ連の反発を最小限にするために交渉開始時期を慎重に見極めたい半面、このまま日中友好ムードの過熱の中で自民党内の対立が激化すれば、逆に日中条約の国内調整が難しくなる恐れがあった。

こうした中、福田も日中交渉開始に次第に傾くようになる。福田は外務省事務当局に対して、日ソ漁業の長期協定に目処が立つ翌年春まで交渉の開始を待つよう指示する一方で、一一月末の内閣改造で日中条約積極派の園田直(すなお)官房長官を外相に横滑りさせた。また、この時期から、福田は、条約慎重派に影響力を持つ灘尾弘吉日華議員懇談会会長などの党内実力者に対して日中交渉に向けた根回しを開始した。(60)

日中条約交渉再開の流れを睨みつつ、ソ連は一九七六年一月以来中断していた外相定期協議を再開するべく、園田外相に訪ソを求めた。日中積極派の新外相への牽制であろう。(61) 一九七八年一月九日に訪ソした園田に対し、グロムイコ外相は領土問題に関する日本の主張を退けるのみならず、この問題を棚上げした善隣協力条約の草案を一方的に提示した。園田は同草案の検討を拒否する。(62)

園田訪ソの後、日中条約交渉に関する福田の言説がより積極的となった。一月二一日の国会での施政方針演説で、「交渉の機はようやく熟しつつある」として、交渉再開に意欲を見せた。二六日の参議院本会議では、「わが日本はどの国とも仲良くするという考え方で全方位平和外交をとっているわけです」と発言した。(63) 福田が「全方位平和外交」という言葉を最初に国会で用いたのは、この時である。(64)

福田にとって、覇権条項問題は、同条項明記の可否ではなく、その背後にある国際情勢認識とそれに応じた外交の基本のあり方を問うものであった。つまり、中国の反ソ政策を拒みながら、日中の長期的な友好関係を構築することが、「全方位平和外交」に他ならなかった。(65) 福田からすれば、日本は米国のように、ソ連に対し中国カードをちらつかせながら交渉する立場もないし、「『福田ドクトリン』に示したように、日本がアジアの一員として平和国家として、いかなる国とも仲良くしていきたいと願っていることを鮮明にし、各々の国との関係を保っていく以外にない」と思い定めていた。

首相就任以来、対ソ関係の手当てを重視してきた福田であったが、ソ連との関係改善も捗々しく進まない以上、日中関係と日ソ関係を切り離して、ひとまず日中条約交渉に着手する方針に転進した。この転進は、以後の対中交渉はむろん、再三にわたるソ連の牽制への対処に大きな力を発揮する。(66)「全方位平和外交」は、従前の「中ソ等距離外交」の建前によって身動きが出来なかった日本外交を解き放ち、より主体的な姿勢で各大国に臨むという意思表明でもあったのである。

6 日中条約締結へ

(1)党内調整――大平幹事長の認識

一九七八(昭和五三)年二~三月の二回にわたる佐藤正二中国大使と韓念龍外交部副部長との会談を通じて、外交上の認識において中国が日本に対して歩み寄ってきたことが看取された。さらに、三月に訪中した矢野絢也公明党書記長が持ち帰った、反覇権が日中両国の共同行動を意味せず、「両国はそれぞれ独自の外交政策をもっている」という鄧小平の見解によって、福田自身が中国側の交渉姿勢は弾力的になってきているとの感触を得るようになった。(67)

残る問題は、自民党内調整である。三月二三日、福田は大平幹事長に対し、日中条約交渉再開に向けて、党内調整を進めるように指示した[68]。そこで、日中国交正常化交渉を実質的に牽引した大平は、日中条約交渉をどのように捉え、それに対応したのであろうか。

幹事長時代のインタビューにおいて、ソ連が日中条約に不快感を示していると指摘した上で、日本はソ連を敵視していないし、ソ連も「何も気にする必要がない」ので、「日本は自主的な道を淡々と歩いていけばいい」と語っている。そもそも、日本が中ソ関係を操作しようとするのは「ナンセンス」であり、日中・日ソ各々の関係を「大事」にしていく他ないと論じている[69]。

右の大平の主張は、パワーポリティクスから距離を置いて、「日中は日中、日ソは日ソ」でそれぞれ良好な関係を作っていくという点で、首相の「全方位平和外交」と重なるものである。また大平は、外交権は政府に属するとの認識の下、条約交渉再開に向けた政府の動きを党として「バックアップ」すると発言していた[70]。

しかしながら、福田から党内調整を進めるよう指示を受けた大平は、「慎重派の多くは親福田勢力なので、首相の決断で反対論は和らぐでしょう」と発言してもいた。国交正常化時はむろん、その後の航空協定でも、親台湾派＝親福田勢力に痛めつけられており、火中の栗は拾いたくないとの本音の表出であった。「日中条約は共同声明にうたわれた原則を条約化するだけ」と述べるなど、引いた姿勢が目立っていた[71]。

その党内調整が難航する中の四月一二日、尖閣諸島の周辺海域に百十数隻の中国漁船が集結し、うち数十隻が同諸島沖に断続的に領海侵犯を行い、二週間居座る事件が起きた。この事件によって党内から同諸島に対する日本の領有権を明確にするよう声が高まり、調整は一時中断となった[72]。

条約反対派は、国交正常化時に、尖閣諸島の領有権問題に触れなかったことの責任追及の矛先を大平に向けた。四月一四日の総務会で、大平は「ただ非公式に、中国側から尖閣には触れませんというコメントはあった」と認めつつ、日本側が実効支配をしている点を指摘しながら、「相手側がこれに触れないのに、改めて日本が念を押す必要はなかった」と、自らを批判する議員たちを諭している。[73]二〇日には、「日中双方が触れないという形で決着をつけることが、大局的な国益を踏まえた現実的解決方法だ」と、局面転換を訴えた。[74]

一方、福田も、外務省事務当局に漁船侵入に対する中国政府への抗議を指示するとともに、条約交渉と領土問題を切り離して対処する方針を示した。これに対して、中国側も漁船侵入を偶発的事件として扱うなど徐々に姿勢を軟化させ、最終的に中国漁船は領海外へ移動し始めた。内外で沸き立つナショナリズムを前に、福田は冷静に事態に対処したのである。[75]

漁船侵入事件の鎮静化を横目に、福田は条約反対派の議員たちに対して説得工作を続け、五月二六日の総務会で党内調整を完了させ、三一日に中国側に対し正式に条約交渉再開を申し入れた。条約反対派の議員たちの多くは福田支持勢力であるので、福田自身、「この交渉は私でなければできない」と自負していた。[76]その意味で、大平が党内調整で福田に下駄を預ける姿勢が目立ったのも頷ける。また、秋の自民党総裁選が迫る中で、福田支持勢力も、これ以上強硬姿勢を続けて日中交渉を滞らせては、福田再選に不利になることを恐れたことも作用していた。[77]

(2) 早期妥結

七月二一日、日中両国の事務レベル（佐藤大使と韓念龍副部長）によって、日中平和友好条約の本交渉が北京で再開された。交渉の焦点は、反覇権条項に歯止めをかける第三国条項に移行していた。佐藤大使と韓副部長は、政治的に踏み込んで議論を重ねた。そして、八月八日に園田外相が北京入りし、九日の黄華（こうか）外交部長との会談で、中国側が、第三国条項の日本案を受容することにより、ついに覇権反対問題が解決した。一二日に条約調印に至る。

中国側は、覇権反対の解釈それ自体も日本の立場に歩み寄る姿勢を見せた。外相会談で、黄華外交部長は、「反覇権条項は、中国が覇権を求めない決意の表れであり、さらに、東南アジア諸国は日本軍国主義の再現に不安を持っているが、そのような印象を薄めるためにも有利であり、広く日本国民に擁護されている」と発言した。また一〇日の園田との会談で、鄧小平は、「中国が条約にこの条項を入れるのは、中国への拘束である」としたうえで、「中国は、将来強大になっても第三世界に属し、覇権を求めない」と表明した。[78] 中国首脳たちは、覇権反対はソ連への対抗のみならず、日本や自国をも拘束する意味合いへと一般化したのである。

さらに、園田は鄧小平との会談を通じて、四月の領海侵犯事件を再発させないこと、またすでに有名無実となっていたが、日本を仮想敵国とする中ソ友好同盟相互援助条約を破棄することについて中国側の言質を得た。福田は、「全方位平和外交」が貫かれ、日本の国益が確保されたものとして、条約締結に踏み切った。

交渉再開から僅か二〇日余りのスピード調印となったのは、中国側の事情が大きく作用していた。一九七八年初夏以降、中越関係がさらに緊張の度合いを高めており、中国指導者の目にはソ連の下でヴェトナムが勢力を拡大し、中国の南側の周辺地域の状況が悪化しつつあるように映ったのである。そこで、鄧小平は、ベトナムやソ連に対する牽制力を日本との平和友好条約に求めたのである。[79] 八月一五日からは華国鋒（かこくほう）首席のルーマニア、ユーゴスラヴィア、イラン三国歴訪が迫っており、それまでに日中条約交渉を妥結させ、その成果を持って歴訪に臨みたい事情も抱えていたとも推測される。[80]

7　試される「全方位平和外交」

(1) 鄧小平に説く福田首相

むろん、中国が、日中関係を自国の対ソ戦略の中で明確に位置づけていること自体は変わることがなかった。条約締結から約二カ月を経た一〇月二二日、鄧小平が批准書交換のため来日し、福田との会談を行っている。

この会談の中で、福田は、「有りうべき侵略」に対して自衛力強化に努めるとともに、「万一の際は、日米が共同して防衛に当たる」と語った。一方、鄧小平はソ連の軍備拡張や第三世界への影響力拡張を指摘したうえで、「戦争を引き起こす国の戦略上の措置を打ち砕く」必要性を説いた。また、中国が日米安保条約に理解を示し、自衛隊の増強を支持しているのも、ソ連の意図を挫くためであり、日中条約締結を「世界の平和にとり有利である」と位置づけている。[81]

実のところ、日中条約交渉の間、日米間で防衛協力に関する協議が進捗しており、鄧来日直後の一一月、福田政権は「日米防衛協力のための指針（七八年ガイドライン）」を決定する。同指針により、日本有事において自衛隊は「盾（たて）」、米軍は「矛（ほこ）」という役割分担が明確化された。その後、日米合同演習・訓練が盛んに実施されるようになる[82]。

以前であれば、中国はこの種の日米間の取り決めを非難してきたが、今回は全く沈黙を維持していた。日本は平和友好条約締結を通して、中国との友好関係を一段と促進するとともに、日米関係を防衛協力強化によって一層固めたのである[83]。年末に発表される米中国交正常化も相まって、東アジアで米国や中国、日本が、軍備増強を進めるソ連に対し、緩やかに連携する構図が成立することになるが、福田政権は、日中条約締結を通じ、この構図の形成を促す役割を果たしたのである。「全方位平和外交」の旗印の下、日本の対アジア外交は、大平政権時代を待たず、事実「西側の一員」路線に事実上踏み込んだと言えるかもしれない。

しかしながら、中国がこの条約に期待したのは、対ソ戦略関係もさることながら、日本との経済関係の強化であった。鄧小平は来日時の記者会見で、日本政府からの借款を検討する意図を明らかにしていた[84]。また、鄧は、日本各地の工場を精力的に視察し、日本の先端技術を学ぼうとした。

さらに、福田は鄧に対し、「貴国は資源大国、日本は資源小国。貴国との協力を希望する」としたうえで、「『四つの近代化』に対しては、軍事力の強化を除き貴国に協力したい。『四つの近代化』の達成に成功すれば、アジアの平和と発展、世界の安定と発展に重要である」と表明している[85]。この時、中国では、日本が、反覇権条項に賛同してソ連に反対する政治協力を誓っただけでなく、中国の経済建設への全面的協力に乗り出したと理解されたのである[86]。

その一方で、福田は会談中、「全方位平和外交」の意義を熱心に説き、日本が必ずしも中国の対ソ戦略に同調していない点を強調している。また、「日中両国の相互理解と相互信頼を高める」ためには、「内政不干渉が重要」と釘を刺した。[87] これに対し、鄧は、「われわれも、貴国と同様世界のあらゆる国と仲良くしたい」、「ソ連との関係を発展させたいと考えている国に、わが国からも口を差し挟むことは良くない」などと述べ、福田の主張に寄り添う姿勢を見せた。[88]

(2) 対ソ関係打開の構想――再選後を視野に

一九七八年一一月の自民党総裁選での再選を目指す福田が、再選後の外交政策の目標としていたのは、対ソ関係の打開であり、その実現をもって「全方位平和外交」の完成を期した。実のところ、日中条約交渉の再開に向けた党内調整大詰めの五月、福田は松前を通じて、日本政府が日ソ間で何らかの条約を結ぶことに前向きであれば、日中条約を締結してもソ連が報復に出ないという感触を得ていた。[89] 事実、条約締結後、ソ連は具体的な対日措置をとらなかった。

水面下での松前ルートを通じて編み出した再選後の対ソ関係打開の青写真は、長期経済協力協定と「国家関係の基本原則」の締結、首脳の相互訪問などの構想であった。これまで日本政府は、領土問題を棚上げしたままの長期経済協定は受け入れられないという姿勢をとっていたが、福田はここで初めて政策転換を示唆したのである。[90]

一方、「国家関係の基本原則」とは、ソ連が米国やカナダ、フランスとの間で結んでいるもので、領土主権の尊重、内政不干渉、平和共存など両国が守るべき原則を明記し、それをもとにして善隣協力関係の発展を目指すものであった。一九七八年一月の園田外相訪ソ時にソ連側が提示した善隣協力条約草案に、領土問題の解決を含む平和条約交渉の継続を明記し、日米安保条約や日中条約など他の第三国と既に結んでいる条約に抵触しない形に修正して、松前が「国家関係の基本原則」の案を作成したという。[91] 日中条約締結直後の九月には松前が再び訪ソして、コスイギン首相に提示している。

福田は領土問題を日ソ交渉の前提とする「入口論」ではなく、日ソ間の信頼醸成ができれば領土問題の話し合いができるとする「出口論」の立場から交渉を進めようとしていた。当時、外務省が、米国が対ソ姿勢を硬化させているのを重視し、対ソ外交に慎重になっていたことに鑑みれば、福田の「出口論」は際立っていた。[92] しかし、野心的な対ソアプローチは、自民党総裁選で最大派閥の田中派の支援を受けた大平が、現職の福田を破り、首相交代となったことで立ち消えとなった。

(3)「入口論」に戻った大平首相——未完となった「全方位平和外交」

他方、大平は首相に就任する前の幹事長時代、また、ソ連が日中条約に絡んで、日本だけに抗議をすることについて、「フェアじゃない」と批判していた。そして、日本は歴史上ソ連には加害はないが、中国にはあるとして、ソ連に厳しく、中国に好意的な当時の日本の世論を「案外フェアでえらい」と評している。[93]

心情的に北京に傾き、モスクワには反感を抱いている感のある大平であったが、ソ連は「世界で最強の国の一つ」で、「引っ越しができない永遠の隣人」として「つき合っていくより、他に手がない」とも評していた。同時に、「シベリアの資源といっても、日本との協力を抜きにしては、資源性など、ないに等しい」ので、「向こう（ソ連）にとっても、日本との関係は、非常に重要なこと」と指摘する[94]。

一九七八年一二月に大平が首相に就任する直前に、米国政府内で作成された文書の中で、「日中平和友好条約の締結後、大平はソ連との絆について緊張感を持っていない」とした上で、「大平は、（ソ連に対する）新たなイニシアティブは何ら必要がなく、日本はモスクワに対して友好的な立場をとって、待ちの姿勢でいることができると信じている」との観察が示されている[95]。

確かに「永遠の隣人」のソ連に対して、従来の日本政府の対ソ政策を、淡々と続けていくべきというのが、大平の考えであった。つまり、福田のように日本の側から対ソ関係修復に積極的に動く必要はなく、四島一括返還論をもとに粛々と交渉をしていくということである。それゆえに、大平政権は、福田の松前ルートによる対ソ交渉を引き継がなかった。

他方、日中条約締結後、ソ連は日本に対して対抗措置をとることはなかったし、むしろ、その対日姿勢は若干柔軟なものとなった。しかし、ソ連側の領土問題に関する姿勢は硬直したままであったし、一九七九年に入り、北方四島における軍備増強が重ねて明るみに出て、日本国内で「ソ連脅威論」が高まっていた。それゆえに、大平としては、領土問題で成果を期待できない中で、無理をして対ソ関係修復に動くインセンティブは一層低下していったということだろう。かくして、日米・日中関係が強化する一方、日ソ関係が冷却化したまま、東アジアにおいて「米中日対ソ」の構図が定着する。

8 中国の改革開放への支援

⑴対中円借款供与にあたっての大平首相の意図

一九七八（昭和五三）年に来日した鄧小平に対して、福田首相は中国の「四つの近代化」への協力を約束している。日中条約調印時、福田は、「共同声明でつり橋ができ、そのつり橋が今度は鉄橋になった」としたうえで、「この鉄橋の上を重い荷物を運んで交流を積極的に進めたい」と語っていた[96]。当時の日本の経済界を中心に中国熱が高まっており、福田としても何らかの対中経済協力を進める用意はあった可能性はある。

もっとも、中国に対する円借款供与にまで踏み込む意思を持っていたか否かは、判然としない。むしろ、一九七七年に「福田ドクトリン」を表明し、ＡＳＥＡＮ（東南アジア諸国連合）諸国の強靭性強化を支援すると約束している経緯、「全方位平和外交」の旗の下、日中条約締結後の日ソ関係の打開を期し、常に日中・日ソ両関係のバランスに注意していたこと、さらに牛場信彦元駐米大使を対外経済担当の特命相に充てて、米国との経済摩擦解消に努力していた点を考えると、円借款供与というような大きな対中関与については、慎重であった可能性が強い。

ともあれ、福田が鄧に約束した協力を、具体化させたのは、大平であった。大平政権成立直後の一九七八年一二月、中共第一一期三中全会が招集された。同会議では、思想解放を喚起し、近代化路線への転換を決定した。ここで採択された「一九七九年―八〇年国民経済計画」は、積極的に外国の進

んだ技術を導入するとともに、外国の資金を利用し、大胆に国際市場に参入することを強調したのである。(97)

大平が対中円借款の供与に踏み切ったのは、日中戦争への贖罪もあったが、それ以上に日中国交正常化の時に中国が賠償を放棄してくれたとの意識があった。賠償の代わりに、円借款で埋め合わせをするということであった。そして、あくまで日本の自主的判断として、自分が首相のうちに供与の決断をしたかった。ここで自分が決断しなければ、後継首相はそれをしない心配もあった。(98)

事実、一九七八～七九年の時点では、中国への円借款供与は自明の選択肢ではなかった。鄧小平の来日の答礼として、大平首相の訪中が予定されている中で、対中経済協力について外交当局をはじめ政府内で議論となったが、「自給自足、自力更生の世界を目指している国が援助を受け付けるのか」や「(核保有国の中国)との間で無償資金協力とかができるだろうか」といった意見が出たとされる。一九七八年末の中共三中全会で鄧小平の改革開放路線が決まるのであるが、同路線が日本をはじめ外国には必ずしもそのまま伝わらなかったのである。(99)

外交当局でも、「共産党が差配する中国に対して、国民の税金を使ってODA(政府開発援助)を供与するのはどうなのか」という慎重論が強く、むしろ、通産省の方が供与に熱心であった。そうした状況下で、外務省ではアジア局主導で推進に向けて動いたが、最も熱心に進めたのが大平自身であった。(100)

大平は池田政権時代から、経済的、地政学的、また極東の政治的現実等の観点から、中国を地域安定のパートナーとして積極的に迎え入れようとした。しかも、中国の改革開放政策によって、大平の構想は一層現実味を帯び始めた。大平は、中国のその現実路線は東アジア及び国際的安定に貢献するものであると判断し、その現実路線を定着させるためには、中国の政治、経済の両面の安定を支えていく必要があると考えた。すなわち、中国に対し、援助や投資を中心とした関与政策をとり、共産大国の中国が市場経済導入を通じて、国際社会に徐々に組み込まれることを促すというものであった。[101]そして、大平は、「日中（国交）正常化は日本にとって百個師団の価値がある」と述べるなど、すでに核実験に成功し、日本に届くミサイルを持つ中国を味方につける意味はそれほど大きいと考えていた。[102]

(2) 大平三原則――福田外交との連続性

対中円借款供与を決断した大平であったが、その協力のあり方については一定の距離はとっていた。一九七九年九月、谷牧（こくぼく）副首相が来日し、大平に対し中国として公式に円借款供与を要請した。これに対し、大平は日本としても予算上の限度があることを明確に述べたうえで、①欧米諸国との協調に基づいて行う、②ＡＳＥＡＮ諸国との関係を犠牲にしない、③軍事協力はしない、とした供与にあたっての三条件を挙げている。「大平（対中経済協力）三原則」である。

第一原則は、日本が対中関係において、西側諸国とりわけ米国との協調を重視することを意味した。日本の中国市場独占という米国の懸念に対して、日本政府は「日中関係は排他的ではない」と強調し、日米欧が中国との経済貿易関係において相互競争を避けるべきと力説していた。大平は訪中時の講演で、対中経済協力が日本の中国市場独占につながるものでないことを公言している。[103]

これは、一九七七年八月の東南アジア歴訪で、福田首相が、特恵貿易など日本との特別な経済関係を求める同諸国首脳たちの要望を退け、あくまで欧米を含めて世界に開かれたグローバリズムの立場でアジアとの経済関係を推進するとした姿勢と通底するものがある。

もとより、大平は戦前興亜院本院において対中投資会社の監督業務を担当した経験から対中借款の国際的意味を知り尽くしていた。つまり、最終的に破綻した戦前日本の大陸政策を反面教師として、中国政策は国際関係の趨勢に基づくものでなくてはならず、日本の対中アプローチに対する欧米の反応を注意深く見守る必要があるというものであった[104]。

第二原則は、従来の主要被援助国、ASEAN諸国の懸念を払拭するため、対中経済協力は他の国に対する援助の金額に影響しないという立場を明確にした。訪中直前の一九七九年一一月に東京で開催された「日本・ASEAN経済閣僚会議」での挨拶で、大平は、中国の現実路線を定着させるためという対中経済協力の意義を挙げる一方で、「これによって、わが国のASEANに対する姿勢と政策に変更はない」と述べ、日本としては引き続きASEAN重視の方針を守ることを強調した[105]。実際に対中資金供与の金額や条件の有利性を、対インドネシアのそれ以下に抑えることなどで、ASEAN諸国への協力配慮を示した[106]。「福田ドクトリン」の基本方針の枠内で対中協力を進めるという点で、福田外交の継承と言えた。

そして、第三原則は、日中関係は第三国を目標としないことを強調して、ソ連からの反発を抑えようとするものであった。訪中直前の記者会見で、大平は、「(対中借款供与が) 軍事協力になってはならないとの基本姿勢を踏まえ慎重に進めている」と述べた。対中政府借款を決める前に、日本はできるだけソ連を刺激するのを避けようとし、決定後は外交ルートを通じて中国に軍事援助は提供しないことをソ連に表明している。[107]ここにも、日中関係の強化によって、日ソ関係を悪化させたくないとする、福田の「全方位平和外交」的発想が示されている。

一九七九年一二月に訪中した大平は、鄧小平や華国鋒首相と会談した。インドシナ問題では、ヴェトナムの動きの背後にあるソ連の世界戦略に対抗する中国の立場と、中越双方に自制を求める日本の立場との相違は明白であった。また大平は、「対越援助については約束は守らねばならないが、時期については情勢を見つつ自主的に判断する」と発言している。[108]対越援助は、「福田ドクトリン」の第三原則の目標――ASEANとベトナムとの平和共存――のための重要な手段であったが、第三次インドシナ紛争が長期化する中でも、大平は前任者の政策目標を引き継いでいたことが分かる。

9　対中関与政策での共同作業とソ連との距離感における相違

前出の日中関係を橋に喩えた福田の言葉に即せば、大平が外相として、田中首相と共に日中の間に吊り橋をかけ、福田首相が平和友好条約締結により鉄橋に架け替えた後、今度は大平が首相として円借款供与を決断し、鉄橋の上を重い荷物を運ぶ段取りを整えたことになる。マクロな視点に立ってみれば、一九七〇年代の日中関係の一連の基礎固めは、福田と大平の共同作業であったと評しても、必ずしも誇張ではない。政治的立場は、親台湾派と親中国派とに分かれてはいたが、「復交三原則」についても、尖閣諸島の領有権問題に関しても、両者の対応は同じであった。

そして、日中平和友好条約の締結交渉に踏み出すにあたって、福田首相が打ち出した「全方位平和外交」は、米中ソ三大国のパワーポリティクスに距離をとり、「日中は日中、日ソは日ソ」だとして、日中関係、日ソ関係それぞれを良好なものとするというロジックは、まさに大平幹事長の考えるところであった。

しかし、福田は日中条約締結の後、日ソ関係もそれ相当に前進させないといけないと認識していたのに対し、大平はソ連に対してそこまでの配慮は無用との考えであった。日中条約締結という政治決断によって生まれた「米中日」の構図の中でソ連の孤立を回避させようとしたのが福田であり、この構図を大枠として良しとしたのが大平であった。東アジアの安定のために共産中国を取り込むことを強く意識したのは、福田ではなく大平である。

とはいえ、大平とて、中国に肩入れしてソ連と対抗する意図は毛頭なかった。円借款供与を軸とする大平首相の対中関与政策は、あくまでも前任者が標榜した「福田ドクトリン」や「全方位平和外交」の枠内で展開されるものであった。

福田と大平の間には、地域秩序にどうソ連を位置づけるかという点で相違はあるが、「平和国家・日本」を前提とし、日米関係を外交の基軸とするとともに、排他的なリージョナリズムを排しながら、中国や東南アジア諸国との関係発展を図るという点で両者共通である。「全方位」あるいは「西側の一員」という文言のイメージから、必要以上に両者の違いを主張するのは禁欲的でなければならない。

（1）五百旗頭真「国際環境と日本の選択」有賀貞・宇野重昭・木戸蓊・山本吉宣・渡邉昭夫編『講座国際政治4　日本の外交』（東京大学出版会、一九八九年）、四二～五〇頁。友田錫『入門・現代日本外交――日中国交正常化以後』（中央公論新社、一九八八年）。また、二〇〇六年に筆者が著した単著も、この見解に大きく影響を受けている。若月秀和『「全方位外交」の時代』（日本経済評論社、二〇〇六年）。

（2）加藤淳平「『全方位外交』とその後の日本外交」『常磐国際紀要』第三号（一九九九年）、八九～九四頁。孫崎亨『戦後史の正体』（創元社、二〇一二年）。

（3）福永文夫「1970年代日本の政治的・外交的再編」福永文夫編『第二の「戦後」の形成過程――1970年代日本の政治的・外交的再編』（有斐閣、二〇一五年）、五～六頁。

（4）井上正也「福田赳夫」増田弘編『戦後日本首相の外交思想』（ミネルヴァ書房、二〇一六年）、二四八～二五一頁。

（5）神田豊隆『冷戦構造の変容と日本の対中外交――二つの秩序観』（岩波書店、二〇一二年）、七四～七五頁、三三八～三三九頁。

（6）宮城大蔵「自民党内派閥とアジア外交」宮城大蔵編『戦後アジアの形成と日本』（中央公論新社、二〇一四年）、六〇～六三頁。

（7）神田、前掲、七五頁。

（8）五百旗頭真監修・井上正也・上西朗夫・長瀬要石『評伝福田赳夫――戦後日本の繁栄と安定を求めて』（岩波書店、二〇二一年）、三二一～三二四頁。

（9）平野実『福田外交の一年』（政界往来社、一九七七年）、三八～三九頁。

（10）福田赳夫『回顧九十年』（岩波書店、一九九五年）、一七七頁。

(11) 五百旗頭監修、前掲、三三九〜三四〇頁。
(12) 服部龍二『大平正芳——理念と外交』(岩波書店、二〇一四年)、一〇一〜一〇三頁。
(13) 大平正芳「日本自ら分別を」(『山陽新聞』昭和四六年一〇月一七日) 大平正芳著・福永文夫監修『大平正芳全著作集4』(講談社、二〇一一年)、三四九〜三五一頁。
(14) 服部『大平正芳』、一〇〇〜一〇一頁。
(15) 五百旗頭監修、前掲、三四〇頁。
(16) 若月秀和「福田外交の起源」福永編『第二の「戦後」の形成過程』、六三〜六四頁。
(17) 服部龍二『佐藤栄作——最長不倒政権への道』(朝日新聞出版、二〇一七年)、三三〇〜三三一頁。
(18) 平野、前掲、七六〜七七頁。
(19) 大平正芳回想録刊行会編著『大平正芳回想録』(鹿島出版会、一九八三年)、三一三〜三一四頁。
(20) 時事通信社政治部編『ドキュメント　日中復交』(時事通信社、一九七二年)、一五三頁 (福田赳夫へのインタビュー箇所)。
(21) 井上正也『日中国交正常化の政治史』(名古屋大学出版会、二〇一〇年)、四八三〜四八五頁。
(22) 大平正芳回想録刊行会編著、前掲、三一八〜三一九頁。
(23) 若月、前掲、八二〜八三頁。
(24) 同上、八三頁。
(25) 同上、七二〜八〇頁。
(26) 大平正芳「日本の新しい外交」(『パシフィックコミュニティー』春季号・昭和四七年三月)、大平正芳著・福永文夫監修『大平正芳全著作集4』(講談社、二〇一一年)、三五五〜三五六頁。
(27) 渡邉昭夫「国際政治家としての大平正芳」公文俊平・香山健一・佐藤誠三郎監修『大平正芳　政治的遺産』(大平正芳記念財団、一九九四年)。

(28) 五百旗頭監修、前掲、三七一～三七三頁。
(29) 服部『大平正芳』、一一〇～一一一頁。
(30) 中江要介『らしくない大使のお話』（読売新聞社、一九九三年）、五三頁。
(31) 田村重信・豊島典雄・小枝義人『日華断交と日中国交正常化』（南窓社、二〇〇〇年）、二三一～二三四頁（中江要介へのインタビュー箇所）。
(32) 五百旗頭監修、前掲、三七四頁。
(33) 時事通信社政治部編、前掲、一六〇頁。
(34) 若月、前掲、八三～八四頁。
(35) 時事通信社政治部編、前掲、一六〇頁。
(36) 福永文夫『大平正芳――「戦後保守」とは何か』（中央公論新社、二〇〇八年）、一七三頁。
(37) 森田、前掲、一一九～一二〇頁。
(38) 斎藤元秀『ロシアの対日政策　上』（慶應義塾大学出版会、二〇一八年）、二五七頁。
(39) 服部『大平正芳』、一一九頁。
(40) 森田、前掲、一二二、一二六頁。
(41) 服部『大平正芳』、一二七頁。
(42) 森田、前掲、一二七頁。
(43) 神田、前掲、三六八～三六九頁。
(44) 小倉和夫『記録と考証　日中実務協定交渉』（岩波書店、二〇一〇年）、四五～四六頁。
(45) 福田円「日中航空協定交渉」高原明生・服部龍二編『日中関係史一九七二―二〇一二　I政治』（東京大学出版会、二〇一二年）、九三頁。
(46) 服部『大平正芳』、一三四頁。

(47) 同上、一四〇頁。ちなみに、日台空路が復活するのは、翌一九七五年である。
(48) 小倉、前掲、六〇〜六二頁。
(49) 五百旗頭監修、前掲、三九六頁。
(50) 大平正芳回想録刊行会編著、前掲、三五四〜三五五頁。
(51) 宮澤四原則は、一九七五年九月の国連での日中外相会談において、宮澤喜一外相が喬冠華外交部長に反覇権条項の共通認識として提示したもの。その骨子は、①日中両国の共同行動を意味しない、②特定の第三国に対するものではない、③国連憲章の原則と精神に沿うものである、④アジア・太平洋地域のみならず、世界のいずれの地域においても守られるべきものである、というものであった。
(52) 五百旗頭監修、前掲、五七三頁。
(53) 福田、前掲、二二七〜二二八頁。
(54) 田島高志著、高原明生・井上正也編集協力『外交証言録　日中平和友好条約と鄧小平来日』（岩波書店、二〇一八年）、一六五頁（田島元中国課長の証言箇所）。
(55) 福田、前掲、二三九頁。
(56) 本田良一『日ロ現場史——北方領土　終わらない戦後』（北海道新聞社、二〇一三年）、九三、二一六頁。
(57) 松前重義著、白井久也構成『わが昭和史』（朝日新聞社、一九八七年）、二四五〜二四六頁。
(58) 江藤名保子「中国の対外戦略と日中平和友好条約」『国際政治』一五二号（二〇〇八年）、三九〜四二頁。
(59) 五百旗頭監修、前掲、五七六頁。
(60) 五百旗頭監修、前掲、五七六〜五七七頁。

(61) 若月秀和「1970年代の冷戦対立構造の変動と日本外交」波多野澄雄編著『冷戦変容期の日本外交——「ひよわな大国」の危機と模索』（ミネルヴァ書房、二〇一三年）、二〇七頁。
(62) 小澤治子「日ソ関係と『政経不可分』原則（一九六〇—八五年）」五百旗頭真・下斗米伸夫・A・V・トルクノフ・D・V・ストレリツォフ編『日ロ関係史』（東京大学出版会、二〇一五年）、四七一頁。
(63) 田島、前掲、二二六～二二七頁。
(64) 五百旗頭監修、前掲、五七八頁。
(65) 福田、前掲、二九八～二九九頁。
(66) 古澤健一『昭和秘史　日中平和友好条約』（講談社、一九八八年）、七五～七六、一九二～一九三頁。
(67) 五百旗頭監修、前掲、五八一頁。
(68) 古澤、前掲、一二八頁。
(69) 大平正芳・田中洋之助『複合力の時代』（ライフ社、一九七八年）、第二章、『大平正芳全著作』のサイトより引用。
(70) 「進路を聞く」（聞き手：岡沢昭夫・阿部穆・一九七八年一月三～七日）大平正芳記念財団『在素知贅』（一九九六年）『大平正芳全著作』のサイトより引用。
(71) 古澤、前掲、一二八、一七八頁。
(72) 五百旗頭監修、前掲、五八三頁。
(73) 服部『大平正芳』、一五九頁。
(74) 古澤、前掲、一五六～一五七頁。
(75) 五百旗頭監修、前掲、五八三頁。

(76) 福田、前掲、三〇一頁。
(77) 五百旗頭監修、前掲、五八五頁。
(78) 田島、前掲、八三、九二頁。
(79) 益尾知佐子『中国政治外交の転換点――改革開放と「独立自主の対外政策」』(東京大学出版会、二〇一〇年)、一〇一～一〇二頁
(80) 田島、前掲、八五頁。
(81) 若月秀和「平和友好条約締結交渉から対中円借款の供与へ」高原・服部編、前掲、一一九頁。
(82) 吉次公介『日米安保体制史』(岩波書店、二〇一八年)、一〇三頁。
(83) 李恩民『「日中平和友好条約」交渉の政治過程』(御茶の水書房、二〇〇五年)、一五一頁。
(84) 毛里和子『日中関係――戦後から新時代へ』(岩波書店、二〇〇六年)、九九～一〇〇頁。
(85) 田島、前掲、一二九頁。
(86) 益尾、前掲、一〇六頁。
(87) 田島、前掲、一二九頁。
(88) 若月、前掲「平和友好条約締結交渉から対中円借款の供与へ」、一一九頁。
(89) 五百旗頭監修、前掲、五九二頁。
(90) 同上、五九三頁。
(91) 松前重義『私の民間外交二十年』(日本対外文化協会、一九八六年)、一五四～一五五頁。
(92) 五百旗頭監修、前掲、五九二～五九三頁。
(93) 大平・田中『複合力の時代』。
(94) 同上。
(95) 若月、前掲、二七〇頁。

(96) 古澤、前掲、二二三頁。
(97) 若月、前掲「平和友好条約締結交渉から対中円借款の供与へ」、一二〇〜一二二頁。
(98) 森田、前掲、二〇四〜二〇五頁。
(99) 「佐藤嘉恭氏（元大平首相秘書官）に聞く」（聞き手・阿部穆）、一〇〜一一頁、大平正芳記念財団『去華就實』（二〇〇〇年）、『大平正芳全著作』のサイトより引用。
(100) 谷野作太郎著、服部龍二・若月秀和・昇亜美子編『外交証言録　アジア外交——回顧と考察』（岩波書店、二〇一五年）、五五〜五六頁。
(101) 倪志敏「大平正芳内閣と中日関係（その二）」『龍谷大学経済学論集』第四九号（二〇〇九年）、七三頁。
(102) 藤田直央・里見稔「1980年、日中に橋をかけた両国首脳の往来」（『朝日新聞デジタル』二〇二二年八月一日）、谷野作太郎元外務省中国課長の証言。
(103) 徐顕芬『日本の対中ODA外交——利益・パワー・価値のダイナミズム』（勁草書房、二〇一一年）、四一頁。
(104) 徐承元『日本の経済外交と中国』（慶應義塾大学出版会、二〇〇四年）、八八〜八九頁。
(105) 倪、前掲、六八頁。
(106) 徐、前掲、四一頁。
(107) 倪、前掲、六八頁。
(108) 服部龍二「大平・鄧小平・華国鋒会談記録——1979年2、12月——」『中央大学論集』第三二号（二〇一一年）、六四〜六五頁。

第一一章

大平政権の環太平洋連帯構想における中国・ソ連

デタント・新冷戦のなかの含意

神田豊隆

1 国際政治の変動期に登場した環太平洋連帯構想

大平正芳が戦後日本外交史において重要な役割を果たした場面は数多く、大平の名前は多岐に亘る文献の中で登場する。そうした大平の様々な外交的実績の中でも、とくに関心を集めてきたことの一つが、首相就任に際して打ち出した環太平洋連帯構想である[1]。太平洋地域の経済的相互依存関係が深化しつつあった時代の趨勢を捉えて、主に経済・文化・科学技術の次元でこの地域の諸国の協力を推進しようという同構想は、その後APEC（アジア太平洋経済協力）をはじめとするアジア太平洋地域協力の嚆矢ともなったことから、歴史研究のみならず現状分析や政策研究の文脈でも、しばしば取り上げられてきたのである[2]。

ただ、この環太平洋連帯構想が様々な形で論じられてきた一方で、十分に明確になっていない点も存在する。その一つは、本章の主題でもある、同構想の中での中国とソ連の位置づけである。同構想は日米やカナダ、オーストラリア、ニュージーランド、ASEAN諸国による協力をまず念頭に置くものであったが、それに準じて中ソ両国の参加も期待されていたとする研究がある一方で[3]、中国はともかくソ連については冷淡であり、協力の対象外だったとみなす論者もいる[4]。

この差異は、むろんどの程度までの地理的範囲をカバーしていたかというだけの簡単な問題ではない。大平政権期は、ちょうどデタントから新冷戦へと国際政治の局面が変化しつつあった、一九七〇年代末から八〇年代初頭の時期であった。とくに、一九七八（昭和五三）年の日中平和友好条約の締結、七九年初頭の米中国交正常化、同年末のソ連によるアフガニスタン侵攻といった事件を契機として、八〇年代初頭には、「日米中」が結束してソ連に対抗するという構図が浮上しつつあった。環太平洋連帯構想は、緊張緩和から新たな対立の構図に移行していく国際環境を横目にみながら、七九年一一月に中間報告、八〇年六月に最終報告が公にされていた。中ソの位置付けをめぐる上述の論点は、国際政治の激変の中で登場した環太平洋連帯構想が、ソ連をも包摂し、危機に瀕していた米ソ・デタントの潮流をあくまで支えようとする意味を持つものであったのか、あるいはソ連を事実上排除し、新冷戦下での「日米中」によるソ連への対抗という図式に与することを、少なくともやむを得ないとするものであったのか、という問いにも結びついているのである。

ところで、戦後の保守政治家の間、とりわけその人物が保守本流か保守傍流かによって、中ソに対する外交に関して明確な考え方の相違が認められることは、主に一九五〇年代を扱ったブラディック、七〇年代について考察した若月秀和、六〇年代を対象とした筆者の研究によって主張されてきた[5]。それらを簡単にいえば、概して保守本流の政治家には中ソを一体視せず、中国のみとの接近を追求し、対ソ外交には冷淡な傾向があった一方で、保守傍流には中ソ間の齟齬を重大視せず、対中外交を蔑ろにはしないものの、対ソ外交に熱意をみせる人物が多かった。前者は、たとえば吉田茂や池田勇人、佐藤栄作、田中角栄、そして大平であり、後者は岸信介や椎名悦三郎、福田赳夫などである。

本章は、こうした視角による研究成果も生かしながら、まず大平が首相就任以前においてどのような中ソ認識を示していたかを、次節で論じる。それを踏まえて、その後の二つの節では、一九七八年一二月から八〇年六月の大平政権期を、ソ連がアフガニスタンに侵攻し、米ソ・デタント期が終わる七九年末までと、それ以後の新冷戦期の二つに区分した上で、各時期における大平の対中・対ソ外交を環太平洋連帯構想の推進と関連付けて考察する。米中ソの三大国を中心に国際環境が変転し、また改革開放後の中国が経済建設に本腰を入れていくタイミングでもあった大平政権期において、対中・対ソ外交をめぐって大平が有していた個性はその外交にどのように反映されたのか、またそれは、環太平洋連帯構想における両国の位置付けといかに結びついていたのか、という点が、本章の中心的な問いである。

むろん、環太平洋連帯構想の中間報告や最終報告として発表された文書それ自体の記述は、経済・文化面での協力に終始していたし、また中国やソ連が登場することは極めて少なかった。「環太平洋連帯構想での隠れたアジェンダ（むしろ意図的に隠されたアジェンダ）は安全保障」であった[6]。にもかかわらず、政治的対立が先鋭化していく国際環境の中で、中国とソ連はその「隠されたアジェンダ」を熱心に読み取ろうとし、大平に対応を迫ったのである。大平がその外交の看板たる環太平洋連帯構想を推進する際に、まず最も苦慮したのは、その表面には書かれなかった、極めて政治的な次元の課題であった。

2 中国への情熱、ソ連への不信と配慮――大平正芳の中ソ認識

大平が外交問題について本格的に発信を始めたのは、一九五六（昭和三一）年に鳩山一郎政権が日ソ国交回復を達成した際に、その是非をめぐって吉田派と反吉田勢力が厳しく対立していた最中のこ

とであった。日ソ国交回復直後の一二月一日付で大平が発表した論考は、大平がソ連に対して強い不信感を持っていたことを明確に示している。自らは「日ソ国交調整に対しては、思想的にも行動的にも慎重派の系列に連なる者と自認している」。ただ、「同時に、今度の交渉に対する現在の批判や吟味が『後の祭り』であって、何にもならない等という安直な諦観論者には与しない」。なぜなら、今回の日ソ交渉は「ソ連に対し比較的に無知な日本国民の対ソ認識を深める」という「啓蒙的な効果」があったからである。それは「日ソ復交の後においても両国の外交や通商に手放しの甘さに代えて、慎重さを加味していくにちがいない」(7)。

要するに大平は、日ソ国交回復に多少なりとも肯定的な面があるとすれば、それはこれを教訓として今後ますます対ソ外交に消極的になることだという、極めて皮肉な調子でソ連への強い警戒論を主張したのである。それはまた、自身が「慎重派の系列に連なる」、つまり日ソ国交回復に抵抗した吉田派の一員としての立場からの主張であった。大平は後に吉田のことを「戦後もっともすぐれた指導者」だと称賛していたし(8)、既に当時、経済優先や軽武装、憲法改正への消極論といったいわゆる「吉田路線」を擁護していたが(9)、ソ連への強い警戒という点でも、この頃から「保守本流」の典型であった。

中国については、大平は戦前に興亜院にいた時の大陸経験などもあり、早くから一定の知識や経験を持ち、人脈を築いており(10)、その対中外交への熱意は一貫したものであった。そのように対中・対ソ関係に関して前者の方を重視する傾向が強い「中国寄り」の態度も、吉田に連なる保守本流らしかった。もっともそれは、よく知られた吉田の中ソ離間論に対して、大平が共感していたことを意味するものではない。吉田は、中国人は個人主義的で利に敏く、長い専制政治の歴史とイデオロギーに執着する傾向を持つソ連国民とは相容れないし、中ソ両国民とも中華意識が根強い、といった観察を根拠に、遅くとも一九五〇年代初めには、中ソの提携は長期化しないことを予測していた。のみならず、そうした中ソの間の潜在的な齟齬を利用して、貿易などの手段によって中国に「逆浸透」[11]し、中ソの間を分断して、中国を日米の側に引き込むべきことを主張した。「吉田学校の優等生」の一人であり、首相在任中に日中LT貿易を実現するなど、対中政策に熱心に取り組んだ池田勇人も、吉田的な中ソ離間論をしばしば参照していた[12]。

大平は一九六二年から六四年まで池田政権の外相を務め、その際に対中関係の打開のために尽力した。しかし当時大平は、池田とは異なり、吉田的な中ソ離間論を対中接近の理由として活用することはなかった。六二年一二月に米国のラスク(D. Dean Rusk)国務長官と会談した時、大平は米国が中国に対して過度に敵対的であるとして「米国は中共を放っておくべきだ。むやみに大騒ぎしたところで、却って中共の威信を高めるだけではないか」と批判し、ラスクと衝突した。ただこの時、ラスクから「もし中共とソ連との間に深刻な対立があるとしたら、自由世界は中ソのどちらに接近すべきだと思うか」と問われたのに対して、大平は「これは非常に難しい問題であり、日本政府としてとくに明確な見解は持っていない」と回答を避けている[13]。大平の秘書官であった森田一によれば、当時大平は「簡単に、そのうち中ソ対立が起こるだろうと、そういう単純な話を言うべきではない」と考えており、日本外交は「その時々にベストなこと」をやっていくべきだというのが、大平の基本的な姿勢であったと回想している[14]。中ソの関係を敢えて外部から操作しようとするような試みに、大平は関心を持たなかったのである。

中ソ対立が公然化した後も、大平はそれに対しては不介入の立場でいるべきだという主張で一貫していた。佐藤栄作政権時代の一九六七年に大平が新聞に載せた文章によれば、中ソ対立は「両者のナショナリズムの衝突にその真因がある」のであり、「マルクス・レーニン主義の正統争い、惹〔延──筆者注、以下同〕いては共産世界の主導権争いも、結局のところナショナリズムの衝突に還元」される。「中ソ関係はあくまでも両者間の根の深い宿命的ともいえる関係」である。大平は、中ソ関係を根本的に規定するのはイデオロギーや利害関係よりも、ナショナリズムであることを強調したのである。その点で大平の見解は、両者の民族性や中華意識に注目した吉田の視点に近いものもあったが、しかし大平によれば「これに日本が介入することは賢明でないばかりか、その実力もない」。日本としては「不介入の立場を堅持しつつ与えられた条件と制約の下で、日本とこの両者との間に生起する問題をケイス・バイ・ケイスで慎重に処理していくより他に道はない」のである(15)。

一九六九年三月の珍宝島事件によって中ソ対立は決定的な段階に至り、これに着目した米国のニクソン(Richard M. Nixon)政権は一九七〇年代初頭に米中和解を実現するとともに、米ソのデタントを推進した。厳しく対立する中ソ双方に同時に接近を図ることで、両者への外交的優位を獲得しようとする狙いもあった。七二年七月には田中角栄政権が発足し、大平はその外相となった。

中ソがもはや互いを敵視する関係に陥っていた中で、対中・対ソ関係の改善を並行して進め、少なくとも両者の対立に巻き込まれないように努めるべきか、あるいは中国への接近を強く求めていた当時の日本国内のムードとともに「中国寄り」に傾斜することを厭わないか。当時の大平は、その答えを極めて慎重に探ろうとしていた。同年二月の講演で、大平は「外交にはプライオリティーが」あり、今は「やはり対米調整を丹念にやりながら日中打開ということがファースト・プライオリティー」である。これに比べ朝鮮半島やソ連については「外交当局のエネルギーの配分といたしましては、それは次の問題」である、と述べている。つまり大平はここで、対ソ関係よりも対中関係を優先することを明言したのである。他方、翌月に雑誌に掲載された大平の小論は「ソ連に対する態度も、米中に対する態度と同様であるべきである」として、「ソ連に対しても何ら差別意識をもつことなく」日ソ交流の拡大を図ることを主張した。[16]

この二つの見解は矛盾するようでもあるが、大平の意識の中にあったのは、基本的には「中国寄り」の立場を取ることを厭わないにしても、同時に対中・対ソ外交の間のバランスを極端に失わないようにも注意し、とくに中国の対ソ対決に過度に引きずり込まれるべきではない、という姿勢であったと考えられる。

大平は外相として、一九七二年九月の日中国交正常化の主役の一人となった。田中は周恩来との会談で、ソ連はかつて日ソ中立条約を結んでおきながら、敗色の濃厚な日本の「首つりの足を引っ張った」ので、「日本としては、ソ連を信用していない」と強調した。これに周が、日本が「四つの島を取り返すのは大変だ」と述べると、田中は「魚の問題も大変だ」と返した。日中が「反ソ」で協力していくかのような会話を、田中は周と交わしたのである。[17] 日中共同声明には、「反ソ」を示唆するいわゆる「反覇権」条項も謳われた。

一方で、田中政権は日ソ関係を蔑ろにしたわけではなく、翌年に田中は鳩山以来の首相訪ソを実現した。ただ、この訪ソにおいても領土問題をめぐって日ソ間で激しい対立がみられ、結局田中は日ソ関係の改善には積極的ではなかった。田中政権の外交は、中ソ間では「中国寄り」の立場にあったと評すべきものであった[18]。

ただ、このような米中ソを中心とする国際政治の激動に日本が対応していた当時、日本の指導者たちと接していた米中の首脳は、大平から外交家として共感し得るものを感じ取っていた。一九七三年二月、ニクソン政権の外交の中心人物であったキッシンジャー（Henry A. Kissinger）大統領補佐官が訪中し、毛沢東・周恩来と会談した。この時、キッシンジャーが日ソ接近の可能性に触れると、毛はすかさず「それはありそうにない」と否定し、周も「そうなる見込みはさほどありません」と続いた。毛はこの時、第二次世界大戦末期に首を吊ろうとしている日本の足下からソ連が椅子を引き抜いたという田中の発言を紹介し、ソ連に対する根深い嫌悪感情が、日本の外交を大きく左右していることを強調した。日ソ関係の動向に誰よりも敏感であった毛沢東・周恩来も、田中の「反ソ」的態度については疑わず、日ソの接近可能性をあまり心配していなかったのである。

ただ、彼らは大平についていては、この状況下での日本にとっての対ソ外交の重要性を理解しているとして、高く評価していた。周は「大平は他の人間たちよりもソ連にたいしてより明確な考え方をもっているようです。外相にくらべると、他の人間たちの理解のしかたにはいま一つ明瞭でない部分がある」と述べ、キッシンジャーは「そのとおりです」と応じている[19]。

大平は、田中のように単純な「反ソ」一辺倒であってはならず、米中ソの三大国の動向が国際政治を揺るがしている中で、その狭間にある日本は対中・対ソ関係のバランスに十分注意しなければならないことを理解していた。米中の首脳は、大平と度々面会して議論を重ねた中で、そうした大平の外交への洞察を感じ取っていたのである。

3 「中国熱」と環太平洋連帯構想

福田赳夫政権期の終盤であった一九七八（昭和五三）年八月、日中平和友好条約が調印され、一〇月に発効した。同条約の第二条は、「反ソ」の含意があるとみなされた「反覇権」を表明する内容であったが、この条項の挿入については中国側が執拗に求めていた一方、ソ連はそれを強く警戒していた。結局「反覇権」が謳われたことで、その後残された重要な外交課題が、日ソ関係の後退をいかに抑えるかとなった。当時の首相であった福田は、自身の訪ソ計画を含めて、対ソ関係の安定化のために尽力していたが[20]、それは道半ばのまま一二月に退陣に至った。後継は大平であった。

この年、大平は日中平和友好条約後の対ソ外交のあり方について度々尋ねられ、いずれも同様の主旨で返答している。そのうちの一つ、一〇月に雑誌『エコノミスト』に掲載されたインタビューによれば、「もちろん対ソ友好」である。一九五六年の日ソ共同宣言以来、日ソ関係は非常に進展しており、ソ連も日本との関係改善をさらに求めている。「そりゃ中ソ対立の中で日中が仲良くすることは愉快でないかも知れない。しかし日本はなすべきことをなさなければならない。同じように日ソ関係も、どこが何をいおうがちゃんとやればいい。そういう態度が必要である」[21]。大平は、日本は中国・ソ連いずれにも気兼ねすることなく、対中・対ソ外交を平行して進めなければならない、つまり「反覇権」で合意した平和友好条約によって中国の側のみに過度に傾斜することがあってはならず、日ソ関係の調整にも尽力しなければならない、との見解を示したのである。

もっとも、この言葉をこの通りに受け止めるのは難しい。まず、具体的に自身の訪ソ計画まで準備していた福田に比べると、当時の大平の対ソ外交への意欲は明らかに弱かった。日中平和友好条約の締結後、一九七九年一月には米中の国交正常化が実現した。ソ連が強く警戒していた「日米中」提携の構図が作られていくようであったが、大平がそうした観測を積極的に打ち消そうとした様子もなかった。大平は、前政権で日中条約の締結を推進した園田直外相を留任させた。

一九七九年二月には鄧小平が米国、続いて日本を訪問した。ここでソ連への警戒を訴える鄧に対し、大平は積極的に呼応した。二月七日の会談で、鄧は大平に対して、ソ連がベトナムとの連携関係を利用してインドシナの「フィンランド化」、つまりソ連に事実上従属的な勢力の形成を図っていると訴えた。鄧はまた、かねてからソ連が提唱していた「アジア集団安保構想」の危険性も強調した。「ソ連が二年振りにアジア安保体制を提起しているのは偶然ではなく、同体制は実質的にはフィンランド化であって、ソ連がコントロールしようということにほかならない」。鄧小平の熱弁に対し、大平は「深遠な洞察とお考えを示しいただき感謝する」とともに、日本としては「中国のお考えを念頭におきつつ対処する積りである」と応じた。[22]

この頃の大平の私的メモによれば、大平はソ連外交について、こうした鄧小平の主張とかなり共通する認識を持っていた。この数日前の二月三日、大平は「外務省首脳」と外交問題について話し合っていた。インドシナでは、前年一一月にソ越友好協力条約が締結された後、同年末から翌一月にかけて、ベトナムがカンボジアに侵攻した。これにより中国とベトナムの間の緊張が高まり、中越戦争が間もなく始まろうとしていた。この会合についての大平のメモによれば、この時の議論の中心はソ連外交であった。メモの記述はやや断片的ではあるが、纏めると次のように解釈出来る。「Indo-china A link of Soviet world policy」、インドシナの問題は、ソ連の世界政策と繋がっている。ベトナムに対して「適当な制才〔裁〕を加えることは必要」である。ソ連がアジア集団安保構想を「今日とりあげたことは偶然ではない」、つまり中越の緊張が高まっていることを見据えて、ソ連は同構想の提起により中国への牽制を図っている。またこの構想は「Findland〔Finland〕化」の意図も込められている。さらにソ連外交に起因して、今後「中東、イラン、アフガニスタン、パキスタン、サウジ、その他〔(南ア)〕に問題が起る」。「Global tactics of USSR」、ソ連のグローバルな外交戦術を注視していく必要がある[23]。

これらの記述からは、ソ連が世界的視野から極めて戦略的な外交を展開していることを強く警戒するとともに、とくにインドシナをめぐる中ソの対立についても、大平が鄧と共通する見解、つまり中ソ間で極めて「中国寄り」の視点で捉えていたことが窺える。

もっとも、当時米国政府内で観察されていたように、この一九七九年の半ば頃まで、日ソの関係は前年に比べて「平静」を保っていた。大平は少なくとも公には対ソ関係に前向きな態度を取っていたし、ソ連の報道機関は日中条約を締結した前政権の退陣という機を捉えて、大平新政権には友好的な論調を続けていた。日ソ貿易も、日中条約後に減退するようなことはなかった[24]。

ただ、大平政権の発足直後から翌七九年にかけて、ソ連は国後(くなしり)・択捉(えとろふ)両島において新たな軍事力の配備と施設の増強を行い、日本国内の対ソ警戒感を呼び起こしていた。もっとも、このソ連の動きが日中条約の締結に対抗したものなのかどうかは、今日でもはっきりしていない。少なくとも、日中条約の締結によって、日ソ関係が直ちに悪化したわけではなかったというのが、近年の研究の示すところである。[25] ソ連側も大平政権側も共に、日ソ関係への日中条約の負の影響を回避しようと努めていたのである。

その重要な背景には、米ソのデタントが依然継続していたことがあった。とくに一九七九年六月中旬、カーター（Jimmy Carter）大統領とブレジネフ（Leonid I. Brezhnev）書記長がウィーンで会談し、七二年以来交渉が続いていたＳＡＬＴ－Ⅱ条約の調印に至るとともに、ＳＡＬＴ－Ⅲに向けた協議も行われた。同月末、カーターは東京サミットのため訪日し、大平と会談した。カーターは大平に対し「ウィーン会談は大成功だった」と述べ、ブレジネフの「強さと活力（strength and vigor）」を称賛した。さらにカーターは、ソ連の第一の懸念は中国のようだが、ブレジネフに対し、米中国交正常化はソ連の利益になるものであり、また中ソ関係の改善も期待している旨を伝えたことを、大平に報告した。大平は、これらの成果を高く評価するとともに、世界にはソ連のことを「怪獣」のようにみている人がいて、日本でも「蛇鬼（ogres and snakes）」かのように扱う人が多いが、「全くそうではない」。こうした印象を克服するために、ソ連とは「継続的かつ定期的に話し合いを続けなければならない」と応じた。[26] 大平はこの時のカーターの発言を、正確かつ詳細に自身のメモに記している。[27] 大平は米ソのデタントの意義を認めていたし、それが維持されていることに強い関心を払っていたのである。

要するに大平は政権発足当初、ソ連に対する強い警戒心を抱きつつも、日中条約によって動揺していた日ソ関係を改善の軌道に乗せようともしていた。その同時期、大平は政権構想で掲げていたはずの環太平洋連帯構想の推進について、極めて消極的な態度を示していた。大平は一九七九年一月の国会で同構想について「国会に御提案するにつきましてはまだ熟しないおそれがございましたので今回は取り上げないことにいたしております」と述べ[28]、また東京サミットを二カ月後に控えた四月の国会でも「環太平洋構想というようなものをまだ外に出すほど自信ないんです」として、サミットの議題としては提起しないことを明らかにしている[29]。

もっとも、当初大平が環太平洋連帯構想を熱心に売り込まなかったのは、単純に、同構想そのものがまだ詳細まで詰め切れていなかったという事情もあった。大平は既にこの約四〇年前の興亜院勤務時代に「日本の未来はこの太平洋だ」と閃いていたという逸話があるが[30]、その後太平洋地域協力について具体的に関心を示したことはなかった[31]。

大平が環太平洋連帯構想を初めて明確に打ち出したのは、政権発足直前の一九七八年一一月二七日に公表された『大平正芳の政策要綱資料』においてである。大平は、この前年からブレーンの学者や秘書たちによる政権構想策定のための勉強会を開き、その検討結果としてこの文書をまとめた[32]。政権発足後に大平が立ち上げた九つの研究会のうちの一つが環太平洋連帯構想に関するものであり、議長には大来佐武郎を就けた。環太平洋連帯構想には官邸主導を快くみない外務省も警戒しており、この推進は慎重に進めなければならなかったという事情もあった[33]。

ただ、史料的な証拠はないが、政権発足当初の大平が環太平洋連帯構想の推進に慎重であった背景の一つとして、対ソ考慮があった可能性も考えられる。ソ連は大平政権発足から二年目に入った一九八〇年の初め頃から、環太平洋連帯構想をターゲットとして本格的に非難を始めることになるが、そうした同構想へのソ連の反発を大平がこの段階で予測し、日ソ関係への毀損を避けようとしていた、という推測である。それまでもソ連は長年に渡り、日本で登場していたアジア太平洋共同体構想に懸念を示していたし、[34]とくにこの頃は「日米中」提携の深化によって自身が排除されることに対して、ソ連は最も敏感になっていた時期であった。以前から大平は、ソ連外交の中心的な関心にアジア集団安保構想があるとみており、[35]（その後実際ソ連にそう取られたように――後述）地理的に重複する環太平洋連帯構想が、ソ連の構想へのアンチテーゼとしての「戦略的」印象を与えかねないことを、大平が懸念していた可能性も考えられるのである。

いずれにせよ、この環太平洋連帯構想や、中ソをめぐる大平外交に変化が始まるのは、一九七九年の秋頃からである。環太平洋連帯研究会の中間報告は七九年一一月に纏まり、また同月、大平はいわゆる「四十日抗争」後の組閣で、研究会の議長であった大来を外相に就けた。こうして環太平洋連帯構想は、大平外交の看板として浮上していった。同じ頃、日中間では、巨額の経済協力に向けた動きが始まった。九月、中国の谷牧副首相が来日して大平と会談し、対中円借款供与を公式に要請した。[36]対中円借款には国内に慎重論もあったが、大平は揺れなかった。[37]一方で、ソ連は極東における軍事力強化を加速し、とくに国後・択捉に次いで色丹島にも軍事基地建設を行った。一〇月、高島益郎外務次官は北方領土での軍備増強についてソ連に抗議した。[38]『人民日報』も、日本にそうしたソ連の軍事増強への警戒を呼び掛けた。[39]

一一月に発表された環太平洋連帯構想の中間報告は、政治・軍事的な記述を徹底して控え、「相互理解の促進」に多くの紙幅を割き、さらに海洋開発や資源問題、産業調整といったいくつかの経済問題を並べたものである[40]。しかし、大平外交が中ソ間で「中国寄り」に傾斜していく中、同じ時期に浮上した環太平洋連帯構想は「親中反ソ」の意図を持つものとして、少なくとも中国・ソ連自身からは捉えられた。この頃から、ソ連は日本に対し、非公式に外交ルートを通じて「環太平洋という以上、ソ連は太平洋国家であり、当然参加できるでしょうね」と伝えてくるようになり[41]、同構想が自らを排除する可能性に懸念を示していた。タス通信は同構想を「反ソ・ブロック」と非難し、一方で新華社は「ソ連の太平洋への拡張を阻止する構想」と評価した[42]。

だが当時、中ソ間での「中国寄り」への傾斜が加速しつつあった中にあっても、そこで大平がブレーキを踏んだ形跡は乏しかった。また環太平洋連帯構想に「親中反ソ」の色が付くことについて、それを回避するために大平が十分な努力をした様子もなかった。

一二月上旬、大平は大来とともに中国を訪問した。大平は華国鋒首相との会談で、日ソの経済、貿易といった実務関係が堅実に伸びていることを指摘しつつ、「最近、ソ連は、北方領土に軍事力を増強しており、わが国はこれに重大な関心を持っている。……ソ連は行動により平和をおびやかしている」と、ソ連の軍事的脅威に敢えて言及した。華は、ソ連が西欧や東南アジア、日米中にとっての脅威であることや、「80年代に第三次世界大戦が起こる可能性がある」とさえ述べ、ソ連外交への強い危機感を示して応じた[43]。また、大来と黄華外相との会談では環太平洋連帯構想が取り上げられ、中国側は日本側の説明に対して「関心を示し、東京にて資料を在京大使館に提供することとなった[44]」。むろん中国の「関心」は、第一にその「ソ連の太平洋への拡張を阻止する構想」としての側面にあった。大平政権はそれを承知の上で、中国の取り込みともみえる動きを始めたのである。

なぜ大平外交はこの一九七九年の秋以降、このように中ソ間で急速に「中国寄り」に傾斜していったのか。米ソ関係は、六月のウィーン会談で、SALT－Ⅱの調印という大きな成果を挙げていた。その後夏に発生したソ連地上戦闘部隊のキューバ駐留問題は長期化せずに沈静化し、一〇月には東独駐留ソ連軍の一部撤収も表明されていた。米ソのデタントは、年末のソ連によるアフガニスタン侵攻まで、基本的に継続していたのである。従って、グローバル冷戦がデタントから新冷戦に移行したことが大平外交の「ソ連離れ」に繋がった、という説明は難しい。むしろ、前年に改革開放を始動した中国との間で経済協力の機運が高まったという「中国熱」が、大平外交のバランスを失わせ、環太平洋連帯構想にも「戦略的」含意を塗り付けることになったのである。

4　環太平洋連帯構想の「戦略色」

一九七九（昭和五四）年一二月下旬、ソ連がアフガニスタンに軍事介入し、翌月初頭に米国は対ソ制裁措置を発表、米ソ関係は深刻な対立に陥った。いわゆる「新冷戦」の幕開けであった。以後、様々な史料に出てくる大平の言葉は、こうした状況でも出来る限り対ソ関係の後退を防がなければならないこと、環太平洋連帯構想はあくまで経済・文化レベルの構想であるが、ここには中国とともにソ連の参加を歓迎すること、米ソ・デタントの流れを絶やしてはならないこと、といった主旨のものが目立つ。つまり、新冷戦の下でも、ソ連に対して出来るだけ穏健に応じようという姿勢である。

まず、米国の対ソ措置が発表された直後、大平は自身のメモに「ＡＦＧＨＡＮ（アフガン）」について「Ｕ．Ｓ．ノ対ソ措置ノ効果ヲ減殺シナイ様ニスル」こととともに、「対ソ関係ハＡＦＧＨＡＮ問題ノタメニ安易ニ犠牲ニシナイ様に考ヘタ」と記している。[45]

一九八〇年一月一五日から、大平はオーストラリアやニュージーランドを訪問した。オーストラリアで大平は、フレーザー（J. Malcolm Fraser）首相との会談で環太平洋連帯構想を取り上げ、これは「政治、軍事の問題は避け、文化、経済の分野での各種の協力、協力関係の推進を中核とすべきもの」であること、さらに「開かれた連帯を求めるものであり……中国、ソ連を特に除外する必要はない」ことを主張した。[46]その後、メルボルンでの記者会見で、大平が同構想に「中国やソ連が参加を希望するなら、それを排除するものではない」と述べると、会見室ではオーストリア人記者の「ヒュウーッ」という、驚きとも批判とも取れる口笛が響いたという。[47]ソ連のアフガン侵攻直後の反ソ的な雰囲気とは相容れない発言だった。

またニュージーランドで大平は、トールボイズ（Brian E. Talboys）副首相に対して「アフガンのような弱小国に対し、ソ連が侵入するような事態は、従来のソ連の防衛意識にもとづく行動から見ると、極めて理解し難い」。また「米ソは、ともにスーパーパワーであり、両国関係が決定的な段階まで行くとは思われないが、両国の自重を望むものである。……デタントがくずされることは極力避けなければならない」と語った。[48]

既述の通り、大平は以前からソ連の対外姿勢に不信感を持っていたが、ソ連は元来侵略的というより防衛的な性格を持っているとの見解は、この頃の大平が公的ないし私的な場で度々繰り返していた。たとえば、大平は一月二二日に日本記者クラブで、ソ連は「ディフェンシブ（防衛的）で、非常に慎重で、外交も老練な国で、軽率なことをする国ではないと今も思う」と述べている[49]。

帰国後、大平は一月二八日の国会で対ソ制裁をめぐって、「両国政府間の実務的な文化交流の現状は何とか維持することが適当である」として、一九七二年に締結した日ソ文化取り決めの有効期間を二年間延長することを表明し、自身の対ソ姿勢に融和的な側面があることを強調した[50]。

また三〇日の国会では、環太平洋連帯構想について「経済と文化の領域におきまして関心を有するすべての国による開かれた連帯を目指すべきもの」であり、「いかなる意味におきましても軍事同盟といったようなものを目指すものであってはならないと考えております」と述べ[51]、同構想の「戦略性」を改めて否定した。

さらに三月の国会では、米ソ・デタントに依然として期待をかけていることを表明した。「米ソの間のデタントというものは、……私は長く続くと思っております。米ソ双方ともこれを崩そうというようなことは考えていない」ようである。デタントは「守られていくでございましょうし、また守られなければならぬと、世界のために[52]」。米ソ双方ともデタントを続ける意志を持っているし、またそれを支えていかなければならないことを力説したのである。

では、以上のような大平の「穏健」な言葉と、ソ連のアフガン侵攻後に大平政権が実際に取った対応は、どの程度一致していたか。大平政権がこの問題で対米協調を重視した結果、日本の対ソ制裁は他の西側諸国よりも厳しいものとなった。その強硬さは米国を満足させた一方、ソ連の事前の予想さえ超えるものであった[53]。しかし一方で、極東・シベリア開発プロジェクトの凍結や対ソ信用供与の一時中止といった経済制裁措置は、一九八〇年の前半には、なし崩し的に事実上解除されていった。また大平政権の対ソ経済制裁による日ソ経済関係全体への影響は小さく、八〇年から八二年まで、日ソ貿易の総額はむしろ増加していた[54]。むろん八〇年夏のモスクワ・オリンピックへの参加ボイコットの意味を軽視することも出来ないが、少なくとも経済的には、大平は日ソ関係を「安易ニ犠牲ニシナイ」ことには成功したといえなくもない。

ただこの年、ソ連の日本に対する態度、とりわけ大平政権に対する姿勢は、極めて険悪なものとなった。そしてソ連による批判の中心的対象になったのが、環太平洋連帯構想であった。大平の盛んな訴えにもかかわらず、ソ連は同構想が政治・軍事的性格を持つものであり、ソ連を排除する意図があるものとして攻撃した。

ある研究によれば、当時のソ連による批判の具体的内容は、主として以下のような点であった。同構想が「自由で開かれた」相互依存関係を目指すものであることは、資本主義・市場経済の諸国の連帯を意味するものであり、反社会主義的である。同構想は日米やカナダ、オーストラリア、ニュージーランド、ＡＳＥＡＮ諸国などを中心的な参加候補とし、それに準じて中国の参加も想定されているが、ソ連は無視されている。同構想は明らかに政治的・軍事的目的を有するものであり、とくに日米・オーストラリア・ニュージーランドによる多国間軍事協力関係が形成されつつある。同研究はさらに、ほぼ同一地域を対象とするソ連のアジア集団安保への対抗スキームとして、同構想が捉えられた可能性も指摘している[55]。

ソ連が批判したこれらの内容のうち、ソ連が無視されているという点については、厳密にいえば誤りともいえる。環太平洋連帯研究会が一九七九年一一月に行った中間報告ではソ連の登場は皆無であったものの、八〇年五月の最終報告書ではソ連は一度言及されている。「太平洋直接放送衛星構想の検討」の部分で、「アメリカ、カナダ、ソ連、日本において各種の衛星放送実験が行われ」てきており、太平洋直接放送衛星の実現は技術的に目途が立っている。実現すれば、太平洋諸国の「連帯感の強化および相互理解の増進に極めて有効である」と述べられている。また、最終報告書では中国の登場も少なく、石油の「有望な開発対象地域」の一つとして挙げられている程度であり、とくにソ連のみが意図的に排除されている、というわけではない[56]。

だが当時、ソ連をさらに刺激したのは、一九八〇年二月から三月に行われたいわゆる「リムパック－80」であった。ハワイ周辺の中部太平洋において、米国、カナダ、オーストラリア、ニュージーランドが行った共同演習に、大平政権は日本の海上自衛隊を初めて参加させたのである。「リムパック(RIMPAC)」という名称自体、Rim of the Pacific、すなわち環太平洋を意味し、訳語は「環太平洋合同演習」が定着している。もっとも、環太平洋連帯構想は、日本語名とやや異なる「The Pacific Basin Cooperation Concept」との英訳を当てており[57]、英語名称は全く同一というわけではない。しかし近似した名称で、環太平洋連帯構想の推進を始めたのとほぼ同じ時期に、その中心メンバーと想定される国々による軍事協力に加われば、同構想の軍事的含意が疑われるのも不自然ではなかった。当時のソ連の論考は、例外なく、この大平政権によるリムパック参加決定を環太平洋連帯構想の具体化とみなしていた[58]。

環太平洋連帯構想が事実上ソ連を疎外するものであると認識し、そのことに異論を持った勢力は、日本国内にも存在した。この年の一一月、社会党の岩垂寿喜男（いわたれすきお）は国会で大平後継の鈴木善幸首相に対して「環太平洋構想というのが提起されましたね。私は、国際環境が整えば、日本や南北朝鮮やソ連を含む環日本海構想というふうなものが、日本を取り巻く国際環境、緊張緩和の上で非常に重要な問題ではないだろうか」と問い、南北朝鮮やソ連は環太平洋連帯構想の対象に含まれていないと捉えた上で、それに代わる「環日本海」の構想を提案している。鈴木は、環太平洋連帯構想は「開かれた構想」であり、そもそもどこかの国を排除したものではなく「御指摘のような国々が入れるような環境条件、こういうものをじみち（ママ）に積み上げていく必要がある。そうすれば、私は、環太平洋連帯構想のほかに、また日本海云々というようなものは必要はない」として、環日本海構想を否定した[59]。

その後この環日本海構想は、福田派を継承した安倍晋太郎によって、ソ連の取り込みを主眼とし、またゴルバチョフ（Mikhail S. Gorbachev）登場後の緊張緩和の潮流に乗ることを意図して推進された。安倍は中曽根康弘政権の外相としても、対ソ外交に尽力していた[60]。環日本海構想は一九八〇年代から九〇年代にかけて、新潟や金沢などの日本海沿岸地域でも支持が広がることになるが、政界でこれを掲げたのはとくに社会党と自民党内の福田・安倍派であった。それは、大平・鈴木派という保守本流の環太平洋連帯構想に対置される構想であり、両者の重要な違いの一つは、ソ連の包摂を重視するかどうかにあった。

いずれにせよ環太平洋連帯構想は、一九八〇年五月一九日に、研究グループの最終報告書として、完全な形で披露された。同月二七日から、華国鋒が中国首相としての史上初の訪日を実現した。華は大平との会談でソ連のアフガニスタン侵攻問題を取り挙げ、「これは偶発的、局部的な問題ではなく、ソ連の世界戦略、南下政策の一構成部分」であり、アフガニスタンにおいて「ソ連は前より陰謀をめぐらして」いたと強調した。大平は「ソ連のアフガン侵攻は、中国側指摘の通り、偶発的ではなく局部的でもなく、かなり前から計画されていたもの」であると述べ、ソ連の広い対外戦略の一部として周到に準備されたものだとする見解で同調するとともに、「どうみても承認できないものである」と応じた。ソ連は「ディフェンシブ」で「軽率なことをする国ではない」との前述の発言とは大きく異なる、中国側のソ連観に共鳴する姿勢であった。

この訪日の際、日中間の話し合いで環太平洋連帯構想が言及された形跡は見当たらないが、大平と華を含めた首脳レベルでの会談では、円借款などの経済協力、エネルギー開発、科学技術、農業協力、文化交流など、同構想の対象とも重なる広範な分野での協力に関する議論が行われた[61]。こうして大平政権期を経た日中関係は、日ソ関係とは大きく差を付けて、「黄金の時代」に入っていくのである。

翌六月、大平は急死し、大平派の鈴木が後継となった。一〇月、初めての所信表明演説で、鈴木は「故大平総理大臣の遺志を受け継ぎ、さらにこれを発展させてまいる」決意を強調した。しかしここに、環太平洋連帯構想への言及は一度もなかった[62]。後に鈴木はこのことを釈明し、鈴木政権としても同構想を継承することを確言した[63]。同構想はむろん最終報告書でも、経済や文化の内容に終始していた。だが、同構想についてしまった「戦略色」に大平が苦心していたことを、鈴木も知っていた。同構想そのものの意義は大きいとしても、ひとまず政権の看板として掲げるにはリスクが大きいという教訓を、鈴木は大平から引き継いでいたようにみえる。

5 「中国寄り」の環太平洋連帯構想と、アンチテーゼとしての環日本海構想

大平は保守本流の政治家の例に漏れず、中ソ両国との外交については、中国との関係の発展に情熱を注ぐ一方で、ソ連の対外姿勢には強い警戒心や、不信感さえ持っていた。しかし大平は、外交家として実績を重ねていく中で、ソ連との安定的関係を保つことの重要性も理解し、とりわけ中ソ対立が始まってからは、互いに反目し合う両者との間でどちらかに過度に近づくことなく、バランスを保つことの意義も認識していた。大平は米ソ両超大国の間の緊張緩和が進むことについても率直に評価したし、「日米中」によるソ連への対抗という構図に対して安易に与すべきではないとも考えていた。保守本流の政治家がしばしば露骨に「反ソ」的態度を示し、ソ連との対決をいい立てる傾向があったのに対して、外交の専門家として力量を高めていった大平は、そうした傾向とは一線を画していた。

大平外交の看板であった環太平洋連帯構想は、そこに「戦略色」が出ないよう、細心の注意が払われた。だが、にもかかわらず、同構想は中国・ソ連双方によって、「親中反ソ」の構想であると盛んに宣伝される結果となった。それはかなりの程度、当時の国際環境のためであった。デタントから新冷戦へと国際政治の局面が移行し、「日米中」とソ連の対決という構図が浮かび上がっていた中で、ちょうど日中経済協力の本格的始動に熱を上げていた日本が打ち出す秩序構想は、その中身がどうであれ、「反ソ」の戦略環境を強化しようとする意図が疑われやすい状況であった。

大平は、環太平洋連帯構想の政治・軍事的含意が疑われる危険について、政権発足直後には気づいていた可能性もある。「親中反ソ」の秩序構想としての印象を回避することについて、大平が怠惰であったとはいえない。しかし、大平は対中外交に情熱を注いだ一方で、その対ソ姿勢は、少なくとも前任の福田に比べると明らかに消極的であった。そうした大平の環太平洋連帯構想は、ソ連が非難する中、事実上、中国を取り込む動きを着実に始めていた。同構想の中心メンバー国と同一の国々による軍事協力も、大平は同じ時期に推進した。環太平洋連帯構想が纏った「親中反ソ」の「戦略色」は、多くは当時の国際環境の要因によるものであったが、大平の個性を反映した面があったことも否定できないのである。

環太平洋連帯構想へのアンチテーゼとして登場した環日本海構想は、前者によるソ連の軽視を克服しようとする目的を持つものであり、デタント、あるいは一九八〇年代半ば以後の「新デタント」の進展を支えようとする構想であった。環日本海構想が登場したのは、環太平洋連帯構想が「日米中」対ソ連という新冷戦下の構図と、少なくとも結果として結びついてしまったためであり、デタントを支えるための代替構想の必要性が意識されたからであった。

(1) 同構想が誕生した背景に関する最も詳細な研究として、田凱「環太平洋連帯構想の誕生一〜四」『北大法学論集』六二巻五号・同六号・六四巻一号・同二号(二〇一一三年)。

(2) たとえば、同構想を扱っている重要な業績として、大庭三枝『アジア太平洋地域形成への道程――

境界国家日豪のアイデンティティ模索と地域主義』（ミネルヴァ書房、二〇〇四年）。大庭『重層的地域としてのアジア――対立と共存の構図』（有斐閣、二〇一四年）。
（3）服部龍二『大平正芳――理念と外交』（岩波書店、二〇一四年）、一八六―八七頁。井上寿一『日本外交史講義　新版』（岩波書店、二〇一四年）、二一一頁。福永文夫「大平正芳」増田弘編著『戦後日本首相の外交思想』（ミネルヴァ書房、二〇一六年）、二八七頁。
（4）渡邉昭夫『日本の近代8――大国日本のゆらぎ』（中央公論新社、二〇〇〇年）、三三六頁。若月秀和『「全方位外交」の時代――冷戦変容期の日本とアジア・1971～80年』（日本経済評論社、二〇〇六年）、二九八―九九頁。
（5）Christopher W. Braddick, *Japan and the Sino-Soviet Alliance, 1950-1964: In the Shadow of the Monolith* (New York: Palgrave Macmillan), 2004. 若月、前掲。神田豊隆『冷戦構造の変容と日本の対中外交』（岩波書店、二〇一二年）。また筆者は以下で、一九五〇年代から八〇年代までを対象に、中ソとの関係をめぐる保守勢力内の見解の相違を包括的に論じた。Kanda Yutaka, "Competing Conservative Visions: Japan's Cold War Relations with Its Communist Neighbors," *Rivista italiana di Storia Internazionale*, 2, 2022.
（6）渡邉昭夫「二一世紀のアジア太平洋と日米中関係」渡邉編著『アジア太平洋連帯構想』（NTT出版、二〇〇五年）、二頁。引用部分の括弧は原文ママ。
（7）大平正芳「日ソ交渉後話」一九五六年一二月一日（公益財団法人大平正芳記念財団ウェブサイト http://ohira.org/wp-content/uploads/book/hr/hr_19.pdf、二〇二二年九月一二日アクセス）。
（8）服部、前掲、三五頁。
（9）同上、三八頁。
（10）同上、一九―二二頁。福永文夫『大平正芳――「戦後保守」とは何か』（中央公論新社、二〇〇八年）三八―四二頁。
（11）井上正也『日中国交正常化の政治史』（名古屋大学出版会、二〇一〇年）、第二章第一節。
（12）詳しくは、神田、前掲、第一章。本章の大平論は、同書と重なる部分も多い。
（13）Memorandum of Conversation, Ohira and Rusk, December 4, 1962, JU00188, Digital National Security Archive (DNSA) (https://nsarchive.gwu.edu/digital-national-security-archive〈accessed on April 24, 2023〉).
（14）森田一インタビュー、二〇〇九年九月五日。神田、前掲、七五頁。
（15）大平正芳著、福永文夫監修『大平正芳全著作集2』（講談社、二〇一〇年）、三三〇頁。
（16）大平正芳『硯滴』六号（一九七二年）、六四、九一頁。
（17）アジア局中国課「田中総理・周恩来総理会談記録（一九七二年九月二五日〜二八日）―日中国交正常化交渉記録―」（情報公開法による外務省開示文書、二〇〇一―四二一―一）。
（18）同様の指摘として、若月、前掲、七三頁。
（19）ウィリアム・バー編、鈴木主税・浅岡政子訳『キッシンジャー「最高機密」会話録』（毎日新聞社、一九九九年）、一二四頁。
（20）五百旗頭真監修、井上正也・上西朗夫・長瀬要石『評伝福田赳夫――戦後日本の繁栄と安定を求めて』（岩波書店、二〇二一年）、五九一―九七頁。若月、前掲、二〇三―〇七頁。
（21）大平正芳著、福永文夫監修『大平正芳全著作集6』（講談社、二〇一一年）、五六四―六五頁。
（22）ア中「鄧小平副総理の立ち寄り訪問（会談録等）」一九七九年二月七日（情報公開法による外務省開示文書、二〇〇一―一一三七―一）。
（23）この部分は縦書きの記述で、「その他」のすぐ左横に、「（南ア）」との記載がある。大平正芳著、福永文夫監修『大平正芳全著作集7』（講談社、二〇一二年）、一九三頁。

(24) Bureau of Intelligence and Research, "Soviet Relations with Japan: Impending Upturn?" May 17, 1979, JA00542, DNSA (accessed on April 24, 2023).

(25) 小澤治子「日ソ関係と『政経不可分』原則（一九六〇―八五年）」五百旗頭真・下斗米伸夫・A. V. トルクノフ・D. V. ストレリツォフ編『日ロ関係史』（東京大学出版会、二〇一五年）、四七二頁。

(26) Memorandum of Conversation, Carter and Ohira, June 28, 1979, JA00572, DNSA (accessed on April 24, 2023).

(27) 大平、福永『大平正芳全著作集7』、二〇七頁。

(28) 衆議院本会議、一九八四年一月三〇日（『国会会議録検索システム』(https://kokkai.ndl.go.jp/、二〇二三年四月三日アクセス））。

(29) 参議院大蔵委員会、一九八四年四月二六日（同上、同日アクセス）。

(30) 長富祐一郎「環太平洋連帯構想の提唱」（渡邉、前掲『アジア太平洋連帯構想』）、二八頁。

(31) 田「環太平洋連帯構想の誕生」（一）、二二四―二二五頁。

(32) 田「環太平洋連帯構想の誕生」（二）、第三章第一節。

(33) 若月、前掲、二九七―九八頁。

(34) 木村汎『遠い隣国』（世界思想社、二〇〇二年）、八四七頁。

(35) たとえば、大平、福永『大平正芳全著作集7』、七一頁。

(36) 日本の対中ODAが開始される過程についての詳細は、徐顕芬『日本の対中ODA外交――利益・パワー・価値のダイナミズム』（勁草書房、二〇一一年）、第一章。

(37) 服部、前掲、一八〇頁。

(38) 『朝日新聞』一九七九年一〇月三日。

（39）『毎日新聞』一九七九年一〇月八日。
（40）『朝日新聞』一九七九年一一月一五日。
（41）アジア局「昭和五四年度東アジア・大洋州地域大使会議議事録」一九八〇年三月（情報公開法による外務省開示文書、二〇〇三―一〇六―二）。
（42）『朝日新聞』一九八〇年一月二八日。
（43）吉田発外相宛公電、二六一五号、一九七九年一二月六日（情報公開法による外務省開示文書、二〇一二―四二五―一）。
（44）中国課「大平総理の中国訪問（意義と評価）」一九七九年一二月一〇日（同上）。
（45）大平、福永『大平正芳全著作集7』、二三一頁。引用箇所のルビは筆者による。
（46）大洋州課「大平総理の豪州、ニュージーランド訪問（首脳会談等議事概要）」一九八〇年一月（情報公開法による外務省開示文書、二〇二二―二九一―一）。
（47）長富、前掲、三五頁。
（48）池部発外相宛公電、三九号、一九八〇年一月一九日（情報公開法による外務省開示文書、二〇〇三―二〇一―五）。
（49）「第二の出発」公文俊平・香山健一・佐藤誠三郎監修『大平正芳　人と思想』（大平正芳記念財団、一九九〇年）公益財団法人大平正芳記念財団ウェブサイト https://ohira.org/wp-content/uploads/book/hi/hi_36.pdf、二〇二三年四月五日アクセス、引用部分の括弧は原文ママ。服部、前掲、一八二頁。この他、若月、前掲、二八四頁。福永、前掲、二五八頁。以下によれば、こうした発言は大平がジョージ・ケナンの影響を受けていたことと関連があるという。森田一著、服部龍二・昇亜美子・中島琢磨編『心の一燈――回想の大平正芳』（第一法規、二〇一〇年）、二〇二―〇三頁。
（50）衆議院本会議、一九八〇年一月二八日（『国会会議録検索システム』、二〇二三年四月三日アクセス）。

(51) 参議院本会議、一九八〇年一月三〇日（同上、同日アクセス）。

(52) 参議院予算委員会、一九八〇年三月一七日（同上、同日アクセス）。

(53) 若月、前掲、二八六―二八七頁。

(54) 小澤、前掲、第六節。

(55) 木村、前掲、第九章。

(56) 政策研究会・環太平洋連帯研究グループ「環太平洋連帯グループ報告書」一九八〇年五月一九日、内閣官房内閣審議室分室・内閣総理大臣補佐官室編『大平総理の政策研究会報告書―四　環太平洋連帯の構想』（大蔵省印刷局、一九八〇年）、五九―六〇、八六―八七頁。

(57) 太平洋の Rim（周縁）だけでなく Basin（真ん中）も含むという意味を持つものであった。渡邉、前掲『アジア太平洋連帯構想』、四―五頁。Yuichiro Nagatomi, ed. *Masayoshi Ohira's Proposal* (Tokyo: Foundation for Advanced Information and Research, 1988), pp.91-141.

(58) 木村、前掲、三一〇頁。

(59) 衆議院内閣委員会、一九八〇年一一月四日（前掲『国会会議録検索システム』、二〇二三年四月三日アクセス）。

(60) 神田豊隆「一九八〇年代の冷戦と日本外交における二つの秩序観――中曽根政権の対中外交を軸として」『アジア太平洋討究』一九号（二〇一三年）。

(61) 中国課「華国鋒総理訪日　首脳会談等における発言（項目別）」一九八〇年六月二日（情報公開法による外務省開示文書、二〇〇三―一九八―一）。

(62) 衆議院本会議、一九八〇年一〇月三日（『国会会議録検索システム』、二〇二三年四月三日アクセス）。

(63) 衆議院内閣委員会、一九八〇年一一月四日(同上、同日アクセス)。

第一二章

対中ODAの始動

徐顕芬

1　対中ＯＤＡはなぜ開始されたのかを探る

一九七九（昭和五四）年一二月五日、大平正芳首相は北京に到着した。翌六日に行われた鄧小平(とうしょうへい)副総理との会談で、大平は対中ＯＤＡ（政府開発援助）に言及し、華国鋒(かこくほう)総理との会談で正式に対中ＯＤＡの供与を表明した。この決定は日中両国双方にとって重大な政策転換であった。なぜなら、中国にとっては初めての西側からの政府借款の受け入れであり、日本にとっても西側諸国に先駆けて体制の異なる国に政府借款を供与する事例だったためである。

本稿ではこの大平政権下で、対中ＯＤＡが始動するプロセスについて分析する。具体的には、第一に、時系列的に決定過程を辿ることで、日本の対中ＯＤＡ供与を決定付けた要因を明らかにする。とりわけ最高指導者である大平正芳首相がこの決定にどのように関わったかを解明する。また対中ＯＤＡ供与決定に際して、大平がいかなる対中認識に基づいていたのか、そして、ＯＤＡ供与を通じて、どのような日中関係を構築しようと考えていたかを検討する。

第二に、対中ＯＤＡ供与の形態について考察する。対中ＯＤＡの供与決定過程で、日本が中国に強く理解を求めたのは、対中経済協力三原則であった。この三原則は国際協調主義を体現するものであり、欧米、東南アジアおよびソ連への配慮が含まれていた。一方、対中ＯＤＡは、他の援助対象国に対して行われていた単年度供与方式とは異なり、五、六年間の供与金額の総枠を提示する多年度総額方式が採られた。これは日本が中国を特別視していたことの現れであり、日中関係が他の二国間関係と異なる「特殊論」を体現する特徴だといえよう。なぜ日本がこのような形で対中ＯＤＡの供与を決定したかについてもあわせて考察したい。

2　対中ＯＤＡの提起から要請へ

(1) 対中ＯＤＡの提起

日本の対中資金協力は民間から始まった。閉鎖と停滞の文化大革命の時代から脱して間もない中国は、躊躇しながらも外国からの資金導入を模索するようになった。中国側が日本に資金協力を求めたのは、一九七八（昭和五三）年二月一六日に日中長期貿易取り決め[1]が調印された後である。中国政府は八月に日本輸出入銀行の資金を受け入れることを表明し、一二月には政府資金の受け入れの用意があると表明した。大平正芳内閣が成立したのはまさにその時期であった。一九七九年に入って、大平内閣の下、日中間の事務レベルで対中ＯＤＡをめぐる協議が重ねられた。そして六月に外務省アジア局長の柳谷謙介が訪中した後、中国が日本に対して対中ＯＤＡを要請する方針を決定したのである。

それではまず中国によるＯＤＡ要請に至るまでの経緯をまとめておきたい。一九七八年春、外国為替専門銀行である中国銀行の総経理である卜明は、来日した際に日中長期貿易取り決めにからんだ金融決済問題について「これから具体的に検討するので日本の民間銀行にも協力してもらいたい」と要請した[2]。文化大革命で十年以上も閉鎖状態にあった中国が外資導入を本格的に議論し始めたのは、七八年五月の谷牧副総理を団長とする政府経済代表団の欧州訪問以降だと考えられる[3]。欧州から帰国後の六月三〇日、谷牧は中央政治局委員たちに報告を行い、欧州諸国の経済運営策を紹介して、資金導入も含めた対外経済交流を提案した。

中国が初めて民間借款の受け入れに踏み切ったのは七八年七月である。七月六日から九月九日まで開かれた国務院の「務虚（理論）会」（「経済運営理論討論会」）は、外国資金及び技術・設備を積極的に導入して、近代化建設を加速することを決定した。(4) 同じ七月、李先念副総理が三井グループ訪中団（団長・池田芳蔵三井物産社長）との会見で「日本から民間借款を受け入れる用意がある」と表明した。(5) さらに八月には中国銀行が日本輸出入銀行（以下は輸銀）訪中団に対して、正式に輸銀のバンクローンを受け入れる意向を明らかにした。(6) しかし、この時はまだ李先念が、三井グループ訪中団に政府借款の受け入れを強く拒否すると伝えていた。(7)

中国政府の円借款受け入れの決定は、日本側からの積極的な働きかけと深く関わっていた。かねてから日本側では経済界を中心に円借款の利用を提案していたが、(8) 中国側はそれを拒否していた。だが、七八年半ば以降、中国側の態度は急変する。同年八月の日中平和友好条約締結を契機に、日中間の政財界の交流が活発化した。八月三〇日～九月五日の日本国際貿易促進協会経済貿易代表団（団長・藤山愛一郎）の訪中を皮切りに、九月八日～一八日には関西経済連合会友好訪中団（団長・日向方齊同連合会会長）、九月一一日～一五日には河本敏夫通産相、九月二五日～二九日には日中経済協会の定期訪中団（団長・稲山嘉寛新日本製鉄会長）などの大型代表団の訪中が相次いだ。これらの大型代表団の訪中は、中国の円借款の受け入れ決定を大きく後押ししたと思われる。たとえば、関西経済連合会友好訪中団の団長である日向方齊は、「その間（筆者注：日本の鉄鋼業が借款を受け入れている間）、一度の干渉も受ける事は無かった。善意な国から勇敢に借款をしてください」と述べて、借款による経済植民地化の心配はないと力説している。同訪中団の副団長宮道大五（みやどうだいご）は、「借款に利権が絡んだのは昔のことだ。借款を恐れることはない」と述べ、中国政府に借款の導入を勧めた。[9] また、稲山嘉寛も日本の円借款の利用を再三勧めた。これに対して、中国側も円借款の利用にかなり興味を示し、海外経済協力基金（ＯＥＣＦ）の資料を入手している。[10]

その後、一〇月下旬に鄧小平副総理が日中平和友好条約の批准書交換のため日本を訪れた。鄧小平の訪日は中国の対外開放政策の決定に大きな意義を持った。彼は精力的に財界関係者と会合や工場見学を行い、近代化を実現するため、「日本に何を学ぶか」ということに強い関心を寄せるようになった。[11] 記者会見で鄧小平は「私どもが日本に学ぶところは沢山あり、また日本の科学技術ひいては資金さえ借りることもありうるでしょう」と述べ、日本の資金を導入する可能性があることを示唆した。さらに記者団から政府借款についての質問が出ていなかったにもかかわらず、「借款の問題に答えるのを忘れていた。日本政府が私たちに借款を供与するという形式については、私たちはまだ考慮していない。これからこの問題を研究する」と述べている。[12] こうした鄧の発言は、従来の中国側の姿勢とニュアンスを異にするものとして日本側に注目された。[13]

鄧小平が訪日した際、大平正芳は自民党幹事長であった。ホテルオークラに大平を表敬訪問した鄧は、大平を中国に招待する旨を伝えたところ、大平はできるだけ早く訪中できるよう望んでいると答えた。実は鄧小平の訪日前日、大平は自民党総裁選への出馬を正式に表明していた。その後、一一月一日に総裁選立候補を届け出し、吉田茂、池田勇人元首相の墓参りをして、総裁選を本格的に開始させたのである。

大平幹事長は、鄧小平に中国の建設と日中関係が順調に進んでいることに祝意を表し、日中平和友好条約の締結を、「改めて永きにわたる平和友好関係を誓い合ったこと」と意味づけた。そして、大平は毛沢東、周恩来、陳楚前駐日大使等の日中平和友好条約締結に対する貢献に敬意を表し、鄧小平もまた大平ら日本側の努力に謝意を表した。大平は外相時代にニューヨークの国連本部で当時国連大使であった黄華に会ったことや、小学校まで日本育ちであった廖承志の生い立ちについても言及している。

中国では七八年一一月から一二月にかけて開かれた中央工作会議と、その後五日間にわたって開かれた一一期三中全会は、思想解放を喚起し、近代化路線への転換を決定した。ここから、国として正式に、改革開放の時代に入ったのである。一一月二六日に鄧小平が佐々木良作民社党委員長と会談した際、政府借款を受け入れる用意のあることを明らかにした[14]。この直後の一一月二八日から北京で開催された日中貿易合同委員会において、中国政府は日本側に対し政府借款の制度説明を求めた[15]。そして、一二月一八日に李強対外貿易部長は香港での内外記者団と会見の際、明確に政府借款の受け入れを表明した[16]。

一二月一日、大平は日比谷公会堂での第三五回自民党臨時大会に出席、第九代自由民主党総裁に選出される。一二月七日、衆議院本会議で第六八代内閣総理大臣の指名を受け、夜一〇時半に皇居で首相親任式、続いて閣僚認証式が行われた。大平政権の誕生と時を同じくして中国をめぐる国際情勢も急速に変わり始めていた。一五日に米中両国が一九七九年一月一日付で外交関係を樹立することになり、翌一六日九時半にカーター（Jimmy Carter）米大統領から米中国交正常化について大平に電話があった。

翌年一二月に米国訪問の帰途に日本を再度訪問した鄧小平との会談で、大平首相は、日中関係は「順調に発展しており、フィーバー気味の感すらある」と述べつつも、中国の四つの現代化政策の総括的な大綱を知らせてほしいと述べ、また「双方の政府が情報を良く浸透させおく（ママ）ことが望ましい」と語り[17]、中国の改革開放政策に強い関心を示した。これに対して鄧小平は大平首相の訪中を要請し、華国鋒の訪日はその後になるとの意見を示している。

(2) 対中ＯＤＡの要請方針

一九七九年に入ってから、日中両国は円借款導入について本格的に協議するようになった。三月に中国中日長期貿易協議委員会主任 劉希文（りゅうきぶん）が訪日し、円借款はどの程度供与できるのかと日本政府に訊ねた。さらに四月になると、国務院進出口（輸出入）管理委員会の二人の副主任周建南（しゅうけんなん）、甘子玉（かんしぎょく）が代表団を率いて訪日し、外務省、通産省、大蔵省などの省庁と円借款の利用について協議した。五月一五日には中国銀行総経理卜明が輸銀総裁竹内道雄との間で「石油及び石炭資源開発融資の基本的事項に関する覚書」に署名している[18]。

そして、五月一八日には日本の市中銀行（二二行の長期貸付二〇億ドルと三一行の短期貸付六〇億ドル）と中国銀行との間で対中プラント輸出に係る資金協力についての基本条件合意書が締結され、その後八月に融資契約が締結された[19]。こうした中、卜明総経理は外務省の柳谷謙介アジア局長との間で政府借款についての意見交換を行っている。[20] 同時期に国務院は、海外からの経済協力事業の受け入れを統括するため「技術設備導入弁公室」を新設した。[21]

六月一五日から四日間の柳谷アジア局長の訪中は、円借款導入に向けた実務を大きく進展させた。一つは中国側の主管官庁を確立させたことである。[22] もう一つは、日本側による資金供与条件の表明と、中国側によるプロジェクトの検討との順序をめぐる日中間の認識のずれを明確にしたことである。[23] これによって中国側のプロジェクト検討が促されることになった。

プロジェクトの検討において、国内の調整は計画委員会が当たり、建設に関しては国家基本建設委員会が係わることになった。[24] 窓口は外資管理委員会であり、副主任の謝北一（しゃほくいち）が担当した。選定においてはまずOECF借款の対象となり得る鉄道、港湾、発電の三部門を選んで、いくつかの関係部署に計画を出させた。後に中国が正式に日本へ要請した八つのプロジェクトは、国家計画委員会、国家基本建設委員会及び外資管理委員会の協議・了解を経て、更には全国人民代表大会常務委員会の批准を得たものである。[25]

ところが、中国側の日本に対する要請の仕方にはいささか混乱が見られた。七九年五月三一日に鄧小平が人民大会堂で、自民党宏池会の最高幹部である鈴木善幸代議士らと会談した席上で、「政府借款は受け入れ可能であり条件次第である」、「日本側でも検討してほしい」と要請し、この旨を大平首相にも伝えてほしいと依頼した。[26] 卜明総経理と沈平（しんへい）アジア司長も、六月に訪中した柳谷アジア局長に対して、鄧小平副総理の発言は中国政府の正式要請であると強調した。[27] 中国側は、鄧小平の発言をもって資金協力の正式要請がなされたと理解していた。だが、これに対して、柳谷アジア局長は、政府

レベルでの公式な要請を求めたのである。(28)

八月二二日に外務省は、対中円借款供与に応じること自体には問題はないが、方式や金額については協議の必要があると表明した。翌日、谷牧副総理が吉田健三駐中国大使と会見し、日本に要請する政府借款の具体的内容を明らかにし、借款を非公式に要請した。そして、谷牧自身が訪日して日本政府に公式に円借款を要請することになったのである。

3　谷牧の訪日と梁井新一政府調査団の訪中

(1) 大平と谷牧

一九七九（昭和五四）年九月一日から七日まで、谷牧副総理が円借款を正式に要請するため訪日した。

九月三日に谷牧と面会した大平首相は、対中ＯＤＡについて前向きに検討することを表明した。また五日の昼にも大平は、日本国際貿易促進協会二十五周年記念パーティで谷牧と歓談している。この一週間で、谷牧は大平首相以外に、園田直外相、江崎真澄通産相、金子一平蔵相、小坂徳三郎経済企画庁長官、渡海元三郎建設相、森山欽司運輸相らと会談した。また、稲山嘉寛日中経済協会会長、藤山愛一郎日本国際貿易促進協会会長、藤野忠次郎三菱商事会長、正宗猪早夫日本興業銀行会長ら、日中友好団体や財界関係者約三〇人とも会談している。

その詳細を見ておきたい。まず三日午前中、大平首相は官邸で、園田外相、田中六助官房長官、柳谷アジア局長、梁井新一経済協力局長、谷野作太郎中国課長の在席のもと、谷牧一行と会談した。(29) 冒頭で両国の首脳の相互訪問について確認し合い、大平首相から「通常国会、サミット、近づく政局の緊張等一連の政治日程が終われば、できるだけ早く」訪中する考えが示された。これは、大平首相が年内に訪中して、対中ODAの供与が表明されることを意味し、対中ODAのスケジュールが明確になったことを意味する。

谷牧は三年間の経済調整期間中の燃料、エネルギー、輸送、港湾の建設で、OECFの資金供与を大平首相に正式に要請した。大平首相は政府ベースの経済協力、OECFからの借款供与については「承知」したとし、「政府が中国に対しどのように直接経済協力を行うかの問題については前向きに検討すること」を約した。その際大平は、対中経済協力三原則を強調している。これは「第一に米国、西欧諸国と協調を計りつつ行う、第二にアジア諸国、特にASEAN諸国とのバランスを考える、第三に軍事協力は行わない」からなる基本方針である。

ただし、経済協力の規模については、中国側の要請が膨大であることから、予算上どの程度の資金をOECFに割けるか、またOECF基金からどの程度を中国に割けるかという問題があるとして、短期間で全ての要請に応えることはかなり困難だという見通しを示した。大平は、予算及びASEAN諸国とのバランス等を見定め、政府の方針として、自分の訪中までに結論を出すよう努力することを伝えている。

大平が「膨大」と評した中国側の正式要請案件は八つからなる。それらは港湾二件、鉄道三件、水力発電所三件の全額（総額五五億四〇〇〇万ドル、約一兆二〇〇〇億円）を円借款で賄う計画であった

表1 対中円借款協力案件

優先順位	プロジェクト	谷牧要請額	梁井調査団への提示
①	【港湾】石臼所港建設	3.2億ドル	2.2億ドル
②	【鉄道】兗州・石臼所鉄道建設	3億ドル	1.65億ドル
③	【発電所】龍灘水力発電所建設	15.5億ドル	9.86億ドル
④	【鉄道】北京・秦皇島間鉄道拡充電化	6.5億ドル	3.75億ドル
⑤	【鉄道】衡陽・広州間鉄道拡充	9.1億ドル	6.6億ドル
⑥	【港湾】秦皇島港拡充	1.6億ドル	1.04億ドル
⑦	【発電所】五強渓発電所建設	8.1億ドル	5.3億ドル
⑧	【発電所】水口水力発電所建設	8.4億ドル	4.84億ドル
合計		55.4億ドル	35.24億ドル
	中日友好病院		0.61億ドル

出所:『日中経済協会会報』75号(1979年9月)、63頁;『開示文書(写し)』(18－04－1005－3)。

(参考表一)。また、日中双方の記念事業として、北京の病院建設計画(中日友好医院)が提起された[30]。その後一〇月になって中国政府は、外貨分(七割程度の計算)で、病院建設計画を含め三五~三六億ドル程度の要請額を、訪中の日本政府調査団(梁井新一団長)に改めて表明した[31]。

協力分野については、双方が「燃料、エネルギー、鉄道、港湾の面」とすることが確認された。大平との会談に先立ち、谷牧は園田外相と会談して、石炭の開発、鉄道の建設、港湾の建設について日本政府の協力を望むと表明していた。

中国の要請に対して、園田外相も「きわめて膨大であり、一国だけではできない」とした。園田外相は「一国だけが排他的にやってはいけない」として、米国やEC(ヨーロッパ共同体)とも相談して、どの国がどのぐらいの借款を供与するかについて考える旨を率直に伝えた。園田もまた一兆円を超す金額は、「巨額」だとの認識を示した上で、日本の協力金額が、米国やＥＣのそれに影響することも考慮し、ＡＳＥＡＮ諸国との兼ね合いも考えること、そして「軍事面についての協力はできない」という、またも対中経済協力三原則を強調している。

これらの対象案件からは、以下の点が確認できる。第一に、八つの案件すべてが経済開発のためのインフラストラクチャー関連の項目であった。①、②、④、⑥は石炭関係のプロジェクト、⑤は南北幹線の要にあるトンネル建設、③、⑦、⑧は水力発電所である。円借款の資金は最初から中国の国家経済建設の重点計画に組み込まれていた。

第二に、日中相互の利益が配慮されていた。優先順位①と②に挙げられたプロジェクトは、日本の石炭業界が中国との共同開発を進めていた兗州炭鉱の石炭を運び出すための施設や積出港の建設であった。[32] 優先順位④と⑥のプロジェクトは、山西省大同地区・河北省開灤地区等で産出され、北京に集められた石炭を秦皇島港まで運ぶ鉄道の複線化計画と、石炭の積出港である秦皇島港の石炭バース及び付随設備等の拡充計画である。秦皇島と石臼所両港の用途は大部分が輸出用であり、また輸出先は大部分が日本向けの予定であった。[33]

日中相互の利益への考慮は、双方の当事者によって確認されていた。七九年一〇月、谷牧副総理は訪中した日本政府調査団との会談で次のように述べている。「今次要請に対する協力は日本にとっても長期的には大きな利益をもたらすものである。対日貿易上の考慮が借款対象案件の選定に深く影響していた。石炭の輸送・輸出関連のプロジェクトは、従来の日中貿易上の要求にこたえるという性格を強く内包している」[34]。吉田健三駐中国大使も、後にこれらの案件は日本側に「大変都合のよい」ものだったと回顧している[35]。

第三に、中国は自らの償還能力を重視していた。当時中国政府の構想は、円借款を利用して石油、石炭、非鉄金属などの生産と輸出を促進して、これらの輸出を通じて外貨を稼ぎ、円借款を償還するというものであった。たとえば、秦皇島港は、外貨獲得により借款の返済を可能にするとの観点から借款対象案件として取り上げられていた[36]。

日本各界も対中円借款に積極的な姿勢を示した。大平首相は年内訪中の意思を表明し、訪中までに対中円借款の具体的結論を出す努力をすると約束した。そのことは、一二月の首相訪中で政府借款問題に決着をつけようとする政治日程が固まってきたことを意味した。また、中国側から提案された八つのプロジェクトに関する日本政府の現地調査派遣についても合意された。谷牧訪日後、当面の日程として一〇月初めに政府調査団が訪中することになったのである。

(2) 梁井政府調査団の現地調査

日本政府は、現地調査のための政府調査団を派遣する前に、中国側に膨大な資料の提出を求めた。これに対して中国側は、「日本の立場は完全に理解できる」と要求を受け入れ[37]、国民経済全体、その中でのプロジェクトの位置づけ、計画の実行可能性など、日本側が予想した以上に詳細な関連資料を提供した[38]。

日本政府調査団は、梁井新一外務省経済協力局長を団長とし、外務、大蔵、通産、経企、運輸の五省庁一四人から構成され、七九年一〇月一日から九日まで訪中した。調査団の目的は主に二つであった。一つは、一二月の大平首相訪中までに対中円借款の結論を出すために、どのような形で借款を与えるかという事前準備である。もう一つは、今後の中国との経済協力をいかなる形で進めるべきかという方途を探るためである。具体的には、中国が円借款の対象として要請した八案件について、①事業計画や事業費が妥当かどうか、②どの事業を最も優先すべきか、といった問題を中国側と協議することであった。

梁井調査団は、北京における三回の全体会議と個別案件毎の専門家会議を通じて、中国政府と広範に意見を交わし[39]、さらに秦皇島、石臼所などの現地も視察した。梁井調査団に対して、中国政府は要請案件の「外資」部分については円借款を利用し、「内資」相当部分（労働者賃金や当該地で調達できる建設用砂利など）については中国自身で賄うことを表明した。また九つ目の案件である中日友好医院建設の外資分約六〇〇〇万ドルの供与を求めた[40]。さらに大平首相訪中時に具体的内容を発表できるようにする点も確認されている[41]。

帰国後、梁井団長が提起した点は、その後の日本の対中経済協力の基調となった。第一に単なる中国への資金供与ではなく、中国の経済近代化計画全体の中で円借款がうまく組み合わされるようにすること。第二に中国がかなり進んだ技術水準に至っていることから、日本の経済協力の方法として、それを基礎にして不足部分を補塡しながら進めて行けばよいこと。第三に対中国経済協力は毎年協議すること。第四に他の先進諸国との協調体制を構築し、ＡＳＥＡＮにも配慮すること、などである[42]。

政府調査団に続き、同年一〇月八日から一二日にかけて、財界人ら四〇人で構成された日中経済協会訪中団（団長は稲山嘉寛新日本製鉄会長）が訪中した。中国側は谷牧、余秋里、李先念、廖承志らが訪中団と会見し、国家基本建設委員会の責任者が建設計画の説明を行った。この後、対中円借款は、日本側でのプロジェクトの検討、審査及び政府案の決定の段階に入る。

4 政府案の決定と大平首相の裁断

(1) 政府案の決定における主要な争点

対中ODA供与が検討される際、日本の政界及び世論の間には顕著な反対は見られなかった。その後、資金規模、対象事業、供与方式などの詳細な政府案は官僚機構の主導によって進められた。関係四省庁（外務省、通商産業省、大蔵省、経済企画庁）は、対中ODA供与という政策目標は共有していたが、政策プログラムをめぐっては意見が分かれた。省庁間の事務レベル折衝では決着がつかず[43]、大臣レベルでも合意できなかったことから首相の決裁を仰ぐこととなり、政府案は首相訪中の直前になってようやく出されたのである。

省庁間対立の争点となったのは対象事業、供与金額、供与方式などであった。まず借款対象事業について、外務省と他の三省庁（通産省、大蔵省、経済企画庁）との間で意見が分かれた。外務省は、中国側が要請している八つの案件のうち、龍灘と水口の両水力発電所を除いた六つの案件に資金協力することを主張した。通産省は、さらにその中の衡陽・広州間鉄道拡充計画を除外し、五つの案件への供与を主張した[44]。最も調整が難航したのは、北京の中日友好医院建設事業であった。無償援助を主張する外務省に対して、他の三省庁は有償借款を主張した。

前者の問題は、大平首相が訪中時に、外務省の主張した六つの案件を資金協力の対象にすることを表明することで決着した。しかし、後者の病院は「日中友好の象徴となるよう積極的に協力する」と述べるに留まり、無償援助協力を示唆しつつも「調査のうえ決定する」として、それ以上は明言しなかった[45]。

供与金額については、多年度総枠方式か単年度方式かをめぐって外務省と通産省との対立が見られた。通産省が、多年度分の供与総額を一括提示すべきと主張したのに対し、外務省は、総額を明示せずに毎年実務者会議を開いて、翌年度の供与額を決める「単年度主義」を主張した。

初年度金額については、インドネシアへの援助額を上回らないことがコンセンサスとなり[46]、一九七八（昭和五三）年の対インドネシアの供与額五四八億円を踏まえて、四〇〇〜五〇〇億円が適当であるとされた。外務省は、初年度の対中供与額が対インドネシアのそれを上回ることが極めて好ましくない理由として以下を挙げている。第一に、「我が国外交の大きな制約要因となる」ASEAN諸国とのバランスを考慮する必要がある。第二に、供与額が上回れば欧米諸国及びASEAN諸国からの牽制が極めて強いものになることが想定される[47]。最終的に初年度分の供与額として、大平が訪中時に表明したのは五〇〇億円であった。

また多年度の供与総枠を明示すべきでない理由として、外務省は以下の三点を挙げている。第一に、多年度コミットメントにより、援助のニーズが膨大な中国に対して歯止めがなくなり、泥沼的に日本の援助額の大半が注ぎ込まれるおそれがある[48]、第二に、欧米諸国およびASEAN諸国に対する配慮が必要である。第三に、「何年分」という規定は有名無実になる可能性が大きい。外務省は、中国を年次ベース供与国として、中国と密接な協議を行うことによって、中国に対するコミットメントを強化できると強調した[49]。多年度総枠方式を採るかどうかの問題は、省庁間の協議では決着がつかず、最終的に大平首相の決断を仰ぐこととなった。

一方、供与方式については、金利、返済期間といった借款条件よりも[50]、アンタイド方式[51]を採用するかどうかが最大の争点となった。外務省がアンタイド方式を主張したのに対して、通産省は調達先に条件を付けたタイド方式（いわゆる「ひもつき援助」）を主張したため、両省の対立が先鋭化した。

外務省が一般アンタイド化を主張した背景には以下の理由があった[52]。第一に、一般アンタイド化が、対中円借款供与が日本の中国市場独占につながるという欧米諸国の疑念を払拭する根拠になっていたことである[53]。

第二に、米国が様々なチャンネルを通じて日本に対して、一般アンタイド化以外の調達方式では日本の対中円借款供与に賛成しがたい旨を繰り返していた、ということがあった。たとえば、一九七九年九月に訪米した梁井経済協力局長に対し、米国政府は日本の中国向けの大型円借款については使途に制約を付ける「タイド」としないよう強く申し入れた[54]。また一〇月一七日から一八日にかけて、ワシントンで開かれた日米援助政策企画協議で、米国側は「日本が具体的な形で紐付きの円借款にしないことを示さないと、米国内に不満が高まり、日米間で新たな経済問題の火種になりかねない」という見方を示している[55]。そして、一一月三〇日に首相、内閣官房長官及び外相との協議が行われる同日、米国務長官バンス（Cyrus Roberts Vance）は書簡を通じて日本に一般アンタイドを要請した[56]。

第三に、日本が米国の要望を無視してタイド借款に踏み切れば、自らの経済利益の追求に走る日本のイメージを強めてしまい、「現在一枚岩となっている対中政策」をめぐって日米間に摩擦が生じる可能性があった。[57] とりわけ、外務省は米国の反応に敏感であった。仮にそのような事態になれば、日米経済関係の懸案解決のみならず、[58] 日米関係全般にも好ましくない影響を与える恐れがあると考えていたのである。[59] 事実、一九七九年一一月二九日、大来佐武郎（おおきたさぶろう）外務大臣は記者懇談で「場合によっては新たな日米紛争のタネとなりうる」と述べている。[60]

第四に、日本政府が、七八年一月に援助供与時の基本方針として一般アンタイドの原則を宣言していること。

第五に、対中ODAは、国際組織のOECD（経済協力開発機構）のDAC（開発援助委員会）に国際開発援助資金として計上してもらうため、一般アンタイドを主張するDAC加盟国の欧米諸国の賛同を取り付ける必要があった。[61]

第六に、中国市場における日本企業の競争力が強いため、「日中関係の特殊性」を踏まえると、一般アンタイド化しても事実上、日本企業が落札する可能性が高いという現実的な判断があった。[62] なお「特にLDC（後発開発途上国）アンタイドにしなければならない理由はない」との判断もあった。[63]

この問題をめぐっては、省庁間で激しい応酬が展開された。一〇月二五日午前にホテルオークラ「茜の間」で開催された、アジア局長主催の日中経済関係各省連絡会では、日米関係を重視する観点から「ワシントンの空気」を説明した外務省に対して、通産省が反発した。[64] 外務省もこれに応酬し、通産省が外務省を頭越しに米国側に対中円借款のタイドの理由と背景を説明していたことに対して注意喚起をしている[65]。

通産省は国内企業への配慮から一般アンタイド化は、通商政策上好ましくないと認識していた[66]。しかし、それ以上に通産省の不満の底流にあったのは、過剰な対米配慮を主張する外務省への反発、さらに米国に対する一種のナショナリズムであったといえよう。通産省は、外務省が理由に挙げた日本の中国市場独占に対する欧米諸国の疑念を、「全くいわれのないもの」だとして反論し[67]、逆に外務省が米国に言うべきことを言っていないと強く非難したのである[68]。

激しい応酬の一方で妥協点を探る動きも見られた。一一月一日には小長啓一(こながけいいち)通産省経済協力部長が、外務省の梁井経済協力局長に、案件毎に一般アンタイドかLDCアンタイドかを検討すると述べている[69]。一方、同月一九日に外務省も「最終的には『原則的に一般アンタイド』とすることも検討する」と表明して[70]、従来の一般アンタイド原則に関する例外の可能性を認めた。

政府部内で最終調整が行われた一一月二九日、大来外相は「何が何でもアンタイドではない。たとえば、コンサルティングはタイドされる。また借款対象事情の計画作成や技術指導については日本企業に限ることも可能」であるとの立場を示した[71]。しかし、この外務省案も、通産省の了解を得ることができなかった。そのため、外務・通産両省間で「調達方法について首相訪中時には触れない」という暫定合意がなされ[72]、大平首相の政治決断に委ねられたのである。

(2) 大平首相の裁断

最後まで難航した多年度総枠を示すか否か、アンタイド方式を採るか否かという二つの問題は、一九七九年一一月三〇日に行われた大平首相、伊東正義内閣官房長官、大来外相の会談に持ち越された。

総額明示の問題について、事前素案では「六案件でおよそ一五億ドルにのぼるが、現段階においてその金額につき将来にわたる供与を約束するものではない」とされていた。しかし、伊東官房長官は「このような内容では恥ずかしい」と述べ、大平首相も「もっと素直に考えてくれ」と一蹴したことによって、「以上六案件でおよそ一五億ドルにのぼるが、明年度以降の供与額は対象プロジェクトの調達条件等の進捗状況、政府直接借款の規模などを勘案して考慮していきたい」と変更された[73]。

その後、この大平首相の発言が基本線となり、「およそ一五億ドルにのぼる」という表現が、「現状ではおよそ一五億ドルと推定される」へと修正され、外務省内で作成された「大平総理大臣発言要領[74]」では、「上記六案件の外貨所要額は現状ではおよそ一五億ドルと推定される」に変更された。さらに翌日の大臣間折衝で「六つの事業の総資金所要額は中国側の見積もりでは一五億ドルと算定される」という表現に調整され、それが最終案とされた[75]。

調達方法については、大来外相が日米関係への影響を根拠にアンタイドを主張した。それに対し、大平首相は「原則的にアンタイド」で、「実際は多少ケース・バイ・ケースでやればよい」と述べて一部の例外[76]を認める形で決着した[77]。この「原則的にアンタイド」という表現に対して、外務省は「原則的に一般アンタイド」、通産省は「原則的にアンタイド、具体的にはプロジェクト毎に検討する」という表現を提案したが、最終的に大臣折衝で以下の三点の了解の上で首相提案のままにすることとされた[78]。三点の了解とは、第一に、外務省提案の「一般アンタイド」の「一般」を落して、「アンタイド」とする。第二に、通産省提案の「具体的にはプロジェクト毎に検討する」は落とす、第三に、首相の発言では、「欧米企業が参加できる道を開いたものである」と付言することである。(79)

5 大平首相訪中と対中ＯＤＡ供与の表明

一九七九（昭和五四）年一二月五日九時半、大平首相が日航特別機で中国に向けて羽田空港を出発した。大来外相、二階堂進元幹事長、大平首相の志げ子夫人、二男裕夫妻らが同行した。

昼過ぎに北京空港に到着し、華国鋒総理の出迎えで歓迎式が行われた後、沿道で一行を歓迎する横断幕の中を、華総理が同乗する車で迎賓館釣魚台（ちょうぎょだい）へ向かった。一六時半、人民大会堂に華総理を表敬し、パンダのホアンホアンの目録贈呈を受け、オランウータンとヤクシカを贈ることで、友好ムードが演出された。続いて大平首相と華総理は、第一回首脳会談において朝鮮半島問題、インドシナ情勢、対ソ関係、中東情勢などを話し合い、一九時から人民大会堂で華総理主催の歓迎宴が行われた。

翌六日、大平首相は午前に毛沢東記念堂で献花し、周恩来記念展を参観してから、人民大会堂で鄧小平副総理と会談した。鄧小平主催の昼食会に出席し、午後から大平首相は華総理と第二回首脳会談で、主として二国間の協力問題を話し合い、その後、日中文化交流協定の署名式に立ち会っていた。

大平首相は鄧小平との会談で対中ＯＤＡの供与を表明した。その内容は、第一に病院を含む七つの案件に対して協力する。第二に六つの案件については七九年度分として五〇〇億円、金利三％、一〇年据え置き、その後二〇年償還、調達方式は原則アンタイドとする。病院についても日中友好の象徴として協力したいが、具体的なことは今後日中実務者間で話し合う。そして、第三に「六案件については中国側の見積もりでは一五億ドルであるが、明年度以降の供与額はプロジェクトの進捗状況、我が国の借款全体の伸び等を踏まえ毎年度確定していきたい」というものであった。[80]

また、借款総額については、共同新聞発表では公表せず、華国鋒総理との二回目の首脳会談の中でその総枠を直接提示することとされた。この総枠については、翌七日の谷牧副総理が大来外相との会談で、中国側が提出した金額は大平首相が提示した一五億ドルよりも大きく「二十億ドル以上である」ことに言及し、「ただ今日は総額について問題提起はしない」としながらも、「六つのプロジェクトの完成までの協力についての約束がある」ことを強く確認したうえで、「毎年協議することで差支えない」と述べた。[81]

七日の午前、大平首相は中国人民政治協商会議礼堂で「新世紀をめざす日中関係」と題する講演を行った。この講演で大平は「善き隣邦の一人として、中国の近代化政策が実り多き成果を上げることを心から願うもの」であり、「貴国の努力に対して、わが国が積極的な協力を惜しむものではない」と明言して、前年一二月に掲げられたばかりの近代化政策(改革開放路線)を支持する姿勢を表明した。

大平は「世界の国々が貴国の近代化政策を祝福すべきものとして受け止めているのは、この政策に国際協調の心棒が通っており、より豊かな中国の出現がよりよき世界につながるとの期待が持てるからにほかなりません」と語り、「わが国が中国の近代化に協力するとの方針を強く打ち出した所以も、わが国独自の考え方に加えて、このような世界の期待に裏打ちされているからであります」として、中国の近代化政策は、国際協調にふさわしいものであるという認識を示した。そして、日中関係についても「将来永きにわたって平和的かつ友好的関係を維持発展させていくことを誓いあ」い、「アジア、ひいては世界の平和と安定に貢献するもの」だと述べている。

大平首相は講演の中で、対中円借款の供与を表明し、これは「日中間の新たな側面での協力がその第一歩を踏み出した」として、極めて意義のあるものとする認識を示した。そして、以下のような対中経済協力三原則を強調している。第一に、「軍事面での協力は行われない」こと、「平和に徹することを最大の国是としていること」を説明した。第二に、近隣アジア諸国との協調の問題として、対中経済協力は、「他の開発途上国、就中我が国との間に伝統的な友好関係にあるアセアン諸国とわが国との協力関係を犠牲にする形においてなされるものでない」ことが強調された。第三に、「日中の関係は排他的なものでない」ことを強調した。大平は、中国への経済協力は日本の中国市場独占につながる可能性があるという懸念が世界の一部に存在するということに言及して、欧米諸国に配慮を示した。その上で、技術協力は、人間交流、国民間の相互理解の増進につながるものであるとして、積極的に対応すると述べた。

大平首相の対中ODA供与の表明は、日中関係の新しい時代を拓いた。日中関係は、民間レベルにとどまらず、政府間の経済協力関係を基礎に発展していくことになった。その後、大平訪中の答礼として、翌年五月に華国鋒総理が訪日した。大平首相は華総理と二回の首脳会談を行い、日中閣僚会議の設置を決定した。

一方、大来外相と黄華外相との間で締結される日中科学技術協力協定の調印式には、大平は華総理とともに同席した。そして、日中共同の「渤海南・西部石油共同開発」の契約調印が東京で行われた。この契約は、探鉱資金の全額と開発資金の四九％を日本側が負担し、その見返りに生産原油の四二・五％が今後一五年間、日本側に供給されるという内容であった。

訪中した時、大平首相は鄧小平に「中国は本世紀末に四つの近代化を実現するというのは、一体何を意味するのか」と問いかけた。これに対して、鄧小平はしばらく考え込んでから、「我々が実現する四つの近代化は中国式の四つの近代化である。我々の概念は、貴方達のような近代化の概念ほどではなく、ただ小康之家」（ややゆとりのある生活を維持できる家庭の経済状況）だと答えている。鄧小平は、一人当たり国民総生産の水準が依然低く、第三世界の中で比較的豊かな国の水準の一〇〇〇ドルに達するためにはまだ巨大の努力が必要だと大平に語り、中国が遅れていることを強調した。対中ODA供与は、豊かな日本が貧しい中国の経済発展を積極的に支援しようとする理念の具現化であったといえよう。

6　国際協調主義のもとの対中期待

日本政府が対中ODA供与を決定する過程で、しばしば中国側に強調したのは対中経済協力三原則である。前述したように、三原則とは、欧米諸国との協調、東南アジアへの配慮、軍事協力は行わない（ソ連への配慮）というものであり、いわば、国際協調主義を表していた。日本は中国にODAを供与するに際して、国際社会に対して、日本が中国を特別扱いしている印象を与えないように配慮した。ただし、この三原則は大平ではなく外務省事務当局の主導によるものであろう。大平の女婿で外相秘書官を務めていた森田一は後年のインタビューの中で、この三原則について「あまり議論をした記憶がない」と述べ、外務省事務当局がやったという見方を示している。[82]

大平首相と対中ODA供与の関連性を考える時に重要な要素として以下の三点があげられる。第一は、大平の過去の戦争に対する記憶である。大平は中国の賠償放棄を念頭において、対中ODA供与は「自分だからこそできる」と自負を持っていたという。[83] その理由として、戦争で中国に多大な損害を与えたことへの記憶と、中国が対日賠償請求を放棄したことへの恩返しの意識があったからである。森田一は前述のインタビューで「賠償の代わりに円借款で埋め合わせするという意識があるか」という問いに「明らかにあった」と答えている。[84] ただ、森田は、大平個人のこうした意識は、彼の心の中ではつながっているが、日本の政策決定とは全くの別物であったと回想している。[85]

第二に大平の国際協調主義である。前述したように、大平が北京の政治協商会議礼堂での演説で表明したように、中国を日本が支援する理由は、中国の改革開放政策は「国際協調の心棒が通って」いるものであり、「より豊かな中国の出現がよりよき世界につながるとの期待が持てるから」だと語っている。日本の対中ODA供与は、中国の近代化に協力する方針を強く打ち出したものであり、その根底には日本の「独自の考え方」と世界の「期待」が抱き合わせになっていた。

大平の国際協調主義は、「日本外交の中心は日米関係にある」[86] という対米協調のみならず、彼の掲げた総合安全保障論にも通ずる考え方であった。一九七九（昭和五四）年一月一日付で中国と国交を樹立した米国は、その後、中国との交流を活発化させた。[87] そして、「強大で独立した中国の存在は米国の利益にかなうもの」と唱えるようになった。日本も、米国が中国の近代化に協力姿勢を示していると認識しており、[88]日本の対中ＯＤＡは、日本が米国と協力して対中経済技術分野の交流を強化していくことになる。

大平首相は総合安全保障論を掲げ、「現在の集団安全保障体制（日米安保条約と節度ある質の高い自衛力の組み合わせ）を堅持しつつ、これを補完するものとして、経済・教育・文化等各般にわたる内政の充実をはかるとともに、経済協力、文化、外交等必要な外交努力を強化して、総合的に我が国の安全を図ろうとするものである」と強調した。すなわち、「地球は一つの共同体」であると語り、日米友好を基軸にして地球上のすべての国と協調せねばならないと主張する大平にとって、対中ＯＤＡは総合安全保障を推進するための有効なツールだったといえよう。

第三に中国に対する経済的期待である。対中ＯＤＡの始動プロセスは、中国が改革開放政策を提唱しはじめたことと強く関連していた。対中経済関係への期待を基に、大平首相は日中首脳会談で、日中経済関係一般、対中政府借款、日中資源エネルギー（資源開発協力問題）、東シナ海の大陸棚地下資源の開発、特恵供与、対中技術協力、科学技術協力協定、合弁企業問題といった八つの領域に言及している。当時の日中経済関係は、日中長期貿易取り決めの拡大・延長、輸銀・市中銀行のバンクローン供与の合意、プラント輸出契約の発効留保問題の解決、さらに各種経済・技術協力の協議といった様々な協力関係が進展していた。

こうした中、日本が最も中国に期待を懸けていた領域は、資源エネルギー協力である。大平は、「資源豊富な貴国より将来とも長期安定的に原油ならびに石炭が供給されることを期待」すると同時に、資源開発協力についても「貴国の経済建設に寄与し得るだけでなく、わが国への資源の安定供給の一環として意味をもつものであり、また日中間の経済・貿易関係の発展を促すものとして期待」すると発言している[89]。

日本が中国に資金を提供し、中国が資源を日本に供給するというのが、大平が描いた対中経済関係の大きな構図であった。この構造の下、対中ＯＤＡは、対中経済関係を下支えすることが期待されていたのである。

（1）「日中長期貿易取り決め」の内容は以下を参照、外務省アジア局中国課監修『日中関係基本資料集一九七〇—一九九二』（霞山会、一九九三年）、五〇七—五〇九頁、データベース「世界と日本」より再引用（https://worldjpn.net/：二〇二三年四月一六日アクセス）。

（2）『日本経済新聞』一九七八年四月一九日。

（3）一九七八年五月二日から六月六日までの間、代表団はフランス、西ドイツ、スイス、ベルギー、デンマークなど五か国一五都市を訪問した。代表団メンバーは、水電部部長銭正英、農業部副部長張根生、国家建設委員会副主任彭敏、北京市副市長葉林、北京市書記（工業担当）厳明、広東省副省長王全国、広西省書記（工業担当）朱広権及び山東省革委会副主任楊波など二〇名以上からなる。曹普「谷牧与一九七八—一九八八年的中国対外開放」『百年潮』（二〇〇一年第一一期）五頁。

（4）中国社会科学院経済研究所編『中国改革開放以来経済大事輯要（一九七八—一九九八）』（経済科学出版社、二〇〇〇年）四頁。林暁光『日本政府開発援助与中日関係』（世界知識出版社、二〇〇三年）一九九―二〇〇頁。

（5）『日本経済新聞』一九七八年七月一四日。

（6）『日本経済新聞』一九七八年八月二八日。

（7）『朝日新聞』一九七八年七月一四日。

（8）大来佐武郎「対中国発展経済的一些看法」《経済研究参考資料》編輯部『日本朋友対我国経済工作的看法和建議』（中国社会科学出版社、一九八一年）七頁。

（9）小嶋康生「開国へ走る中国経済――対外借款受け入れや利潤方式の導入も」『エコノミスト』五六巻四五号（一九七八年）一〇―一五頁。

（10）一九七八年一〇月一四日の衆議院外務委員会で、河本敏夫通産相は、中国側が海外経済協力基金の資料を要請したことを明らかにし、中国側が同基金活用の検討段階に入ったことを示唆している（第八五回衆議院外務委員会会議録第二号（一九七八年一〇月一四日））。

（11）鄧小平は日産自動車座間工場を見学した際、「近代化が何かということが分かってきた気がする」とつぶやき、経団連など経済団体共催の午餐会において集積回路の製造や、生産管理の問題から漁港までの話をして、経済界の協力を期待すると表明した。また、上海宝山製鉄所のモデルである新日鉄君津製鉄所を視察した際には、技術、生産・管理方式を学びたいと言い、「これが学べなかったら生徒が悪いのではなく、先生が悪いのです」と冗談めかして言い、京都へ向かう新幹線で「後ろからムチを打たれて走っているようだ」と語っている（『朝日新聞』一九七八年一〇月二七日、二八日、二九日）。

（12）多くの先行研究は、鄧小平による政府借款への言及は、記者の質問に対して答えたものとしている。しかし、外務省の史料には、「中国課注」が付されており、「特に質問が出ていない」と記されている。「歴史資料としての価値が認められる開示文書（写し）」（三―〇一―一九八〇―三、一八

―〇四―一〇二二―七)。

(13)アジア局「鄧小平副総理の訪日とその評価」一九七八年一〇月三〇日、「歴史資料としての価値が認められる開示文書(写し)」(一八―〇四―一〇二二―七)。

(14)『朝日新聞』一九七八年一一月二七日。

(15)『日本経済新聞』一九七八年一一月三〇日。

(16)『北京週報』五二号(一九七八年)。

(17)中国課「総理―鄧副総理テタテート会談(記録)」一九七九年二月七日、「歴史資料としての価値が認められる開示文書(写し)」(一六―〇四―五九二―三)。

(18)「覚書」の内容は、①四二〇〇億円を期間最長一五年、金利六・二五%の条件で供与する、②アンタイドの直接貸付である、からなる。

(19)内容は、貸付金額は、長期(四年半)が二〇億ドル、金利がLIBOR+〇・〇五%、短期(六か月)が六〇億ドルで、金利がLIBOR+〇・二五%となる。日中長期貿易取り決めに基づく中国の日本から輸入決済資金との使途に決まる。北アジア課「七、対中資金協力について」一九七九年一一月一九日、小池聖一・福永文夫編「オンライン版　大平正芳関係文書」(丸善雄松堂、二〇一八年)資料番号〇五一六〇〇二〇七。

(20)中国課「柳谷アジア局長の中国出張の際の中国側要人との会談記録(項目別)」一九七九年六月二五日、「歴史資料としての価値が認められる開示文書(写し)」(三―〇一―一九八一―一)。

(21)『中国内外動向』一九七九年五月三一日。

(22)柳谷アジア局長が窓口の問題について訊ねたことに対して、卜明中国銀行総経理は、「借款の受け入れ業務は中国銀行が行い、借款の具体的運用、プロジェクトの規模の決定、関係資料等は国家計画委員会が担当する」と答えている。これに対して、柳谷は窓口の一本化を希望した。前掲『開示

文書（写し）』（三—〇一—一九八一—一）。

(23) 中国側は、日本政府からどのぐらいの資金がいかなる条件で借入れられるか不明であることを理由に、具体的プロジェクトを検討していなかった。これに対して、日本側は、中国からプロジェクトを提示されて資金協力の要請を受けてから、関連資料等を検討して協力の可否を決定する考えであった。甘子玉国家計画委員会副主任は、「中国の考え方は先ず全体の状況を把握してから具体論に入るのに対し、日本はその逆であるように見える」と、柳谷局長に述べている（前掲『開示文書（写し）』（三—〇一—一九八一—一）。

(24) 中国課（報告・供覧）「梁井ミッション訪中時の中国側主要発言記録」一九七九年一〇月二五日、「歴史資料としての価値が認められる開示文書（写し）」（一八—〇四—一〇〇五—九）。

(25) 伴在中国臨時代理大使発本省宛電信「対中国資金協力調査団」一九七九年一〇月三日、「歴史資料としての価値が認められる開示文書（写し）」（一八—〇四—一〇〇五—一）。

(26) 前掲『開示文書（写し）』（三—〇一—一九八一—一）。

(27) 『中国内外動向』第三巻第二〇号（一九七九年七月二〇日）一七—一八頁。

(28) 中国課「柳谷アジア局長の訪中（局長参考用資料）」一九七九年六月一二日、「歴史資料としての価値が認められる開示文書（写し）」（三—〇一—一九八一—二）。

(29) 中国課「谷牧副総理の訪日（政府首脳との会談録）」一九七九年九月一〇日、「歴史資料としての価値が認められる開示文書（写し）」（三—〇一—一九二一—一）。

(30) 前掲『開示文書（写し）』（一八—四—一〇〇五—九）。

(31) 伴在中国臨時代理大使発本省宛電信「対中国資金協力政府調査団」一九七九年一〇月四日、「歴史資料としての価値が認められる開示文書（写し）」（一八—〇四—一〇〇五—二）、表一—一を参照。

(32) 前掲『開示文書（写し）』（一八—〇四—一〇〇五—二）。

(33) 秦皇島港は、中国自力で建設を進めたI期と、借款対象のII期合わせて一九八五年末完成、八六年に操業予定であった。石炭積出能力は二八五〇万トン、八六年は二五五〇万と見積もり、そのうち国内輸送量一五〇〇万トン、輸出分（一般貿易分）五〇〇万トン、補償貿易分五五〇万トンであった。一般貿易分としては香港、マカオ向けが二〇〇万トン、日本向けが三〇〇万トンである。補償貿易については、大同炭鉱の開発について英国と八〇〇万トンを交渉中で、一九八六年には四〇〇万トンの積出が予想されていた。また日本との間では、四〇〇万トンの補償貿易により八六年には一五〇万トンが積出予定であった。石臼所港も同様に八五年に完成、積出能力は一〇〇〇万トンで、八六年には八二〇万トンの輸出を予定していた。内訳は上海宝山製鉄所向二〇〇万トン、一般貿易分一三〇万トン、補償貿易分四九〇万トンである。一般貿易分一三〇万トンについては、日本向けである。補償貿易分のうち二五〇万トンが日本向けに積出される予定だった。吉田在中国大使発本省宛電信「対中国資金協力政府調査団」一九七九年一〇月九日、「歴史資料としての価値が認められる開示文書（写し）」（一八—〇四—一〇〇五—三）。

(34) 吉田在中国大使発本省宛電信「対中国資金協力政府調査団（コクボク副総理への表けい）」一九七九年一〇月九日、「歴史資料としての価値が認められる開示文書（写し）」（一八—〇四—一〇〇五—四）。

(35) 吉田健三「歴代駐中国大使が語る日中二五年史」『外交フォーラム』一一〇号（一九九七年）。

(36) 前掲『開示文書（写し）』（一八—〇四—一〇〇五—一）。

(37) 前掲『開示文書（写し）』（一八—〇四—一〇〇五—四）。吉田在中国大使発本省宛電信「対中国資金協力政府調査団（記者会見）」一九七九年一〇月九日、「歴史資料としての価値が認められる開示文書（写し）」（一八—〇四—一〇〇五—五）。

(38) 経済協力第一課「対中国資金協力政府調査団（現地記者会見要旨）」一九七九年一〇月九日、「歴史

資料としての価値が認められる開示文書（写し）」（一八―四―一〇〇五―八）。前掲『開示文書（写し）』（一八―〇四―一〇〇五―九）。

(39) たとえば、中国の国民所得統計や、電気料金、中国の対外援助、「自力更生を主とし可能な外国の力を借りる」との原則、「人海戦術に代えて機械を導入した場合の雇用上の影響」などについても議論した（前掲『開示文書（写し）』一八―四―一〇〇五―九）。

(40)『日本経済新聞』一九七九年一〇月一〇日。

(41) 前掲『開示文書（写し）』（一八―〇四―一〇〇五―四）。

(42) 梁井新一「円借款問題で中国を訪れて――積極的な中国側と日本の対応」『世界経済評論』二四巻一号（一九八〇年）八〇頁。

(43) 経済協力第一課「大臣記者懇談要旨（一一月二九日）」日時不明、「歴史資料としての価値が認められる開示文書（写し）」（一六―〇四―五九五―一三）。

(44) 通産省が中国の提示した八つの案件の中から三つを除外した理由については以下を参照。Chae-Jin Lee, *China and Japan:New Economic Diplomacy*, Stanford: Hoover Institution Press,1984, p.121。

(45) 本省発吉田在中国大使宛電信「対中政府資金協力問題（総理内外記者会見応答要領）」一九七九年一二月四日、「歴史資料としての価値が認められる開示文書（写し）」（一六―〇四―五九五―一九）。

(46) 経済協力局「通産省小長経協部長との対中円借に関する懇談」一九七九年一一月一日、「歴史資料としての価値が認められる開示文書（写し）」（一六―〇四―五九五―六）。

(47) 中国課「決裁書　対中円借款について考慮すべき諸点（事務次官打合せ会議用資料）」一九七九年一一月一二日、「歴史資料としての価値が認められる開示文書（写し）」（一六―〇四―五九五―七）。

(48) 経済協力第一課「経協局長説明用メモ」一九七九年一一月一九日、「歴史資料としての価値が認められる開示文書（写し）」（一一六―〇四―五九五―八）。

(49) 前掲『開示文書（写し）』（一一六―〇四―五九五―七）。

(50) 金利が年三％、三〇年間で返済（据え置き一〇年を含む）する条件となった。これはＡＳＥＡＮに対する配慮であり一九七九年度のフィリピン、タイ並みの金額に基づいて決められた。前掲『開示文書（写し）』（一一六―〇四―五九五―八）。

(51) アンタイドとは、資機材の調達先を特定の国に限定しないことである。すべての先進国に調達先を広げる「一般アンタイド方式」と、ＬＤＣに限定的に広げる「ＬＤＣアンタイド方式」がある。

(52) 当時外務省は多くの文書を作成して一般アンタイドを主張していた。経済協力第一課は、一九七九年六月六日付「政府直接借款の一般アンタイド化に関する検討状況」、九月二七日、同二九日付「対中国政府直接借款を一般アンタイドとすべき理由」、一〇月八日付「対中国円借款を一般アンタイドとすべき理由（追加分）」、一一月二一日付「対中国政府直接借款を一般アンタイドとすべき理由」といった文書を作成した。

(53) 経済協力第一課「対中国政府直接借款を一般アンタイドとすべき理由」一九七九年九月二七日、「歴史資料としての価値が認められる開示文書（写し）」（一一六―〇四―五九五―一）。

(54) 前掲『開示文書（写し）』（一一六―〇四―五九五―一）。

(55)『日本経済新聞』一九七九年一〇月二五日。

(56) 経済協力第一課「対中円借款に関する総理・官房長官に対する説明」一九七九年一一月三〇日、「歴史資料としての価値が認められる開示文書（写し）」（一一六―〇四―五九五―一四）。

(57) 前掲『開示文書（写し）』一一六―〇四―五九五―七、本省発吉田在中国大使宛電信「対中政府資金協力問題（総理内外記者会見応答要領）」一九七九年一二月四日、「歴史資料としての価値が認められる開示文書（写し）」（一一六―〇四―五九五―一九）。

(58)日本のイラン石油の買入と対中円借款のタイドとの問題が重なると、「日米関係はかなり悪い状況になりかねない」との判断があった、前掲『開示文書（写し）』一六—〇四—五九五—一四）。
(59)前掲『開示文書（写し）』（一六—〇四—五九五—一三）。
(60)前掲『開示文書（写し）』（一六—〇四—五九五—一三）。
(61)経済協力第一課「対中国政府直接借款を一般アンタイドとすべき理由」一九七九年九月二九日、「歴史資料としての価値が認められる開示文書（写し）」（一六—四—五九五—一）。前掲『開示文書（写し）』（一六—〇四—五九五—七、九）。
(62)前掲『開示文書（写し）』（一六—〇四—五九五—一、二、九）。
(63)前掲『開示文書（写し）』（一六—〇四—五九五—七、九）。
(64)連絡会の参加者は、柳谷アジア局長、手島経済局長、梁井経済協力局長、三宅アジア局次長、谷野中国課長、大蔵省加藤国金局長、通産省宮本通政局長、花岡貿易局長、経済企画庁井川調整局長である。中国課「アジア局長主催日中経済関係各省連絡会（第七回）について」一九七九年一〇月二九日、「歴史資料としての価値が認められる開示文書（写し）」（一六—〇四—五九五—四）。
(65)中国課（報告・供覧）「対中国政府円借款（通産省への抗議）」「歴史資料としての価値が認められる開示文書（写し）」（一六—〇四—五九五—五）。
(66)前掲『開示文書（写し）』（一六—〇四—五九五—六）。
(67)前掲『開示文書（写し）』（一六—〇四—五九五—四）。
(68)前掲『開示文書（写し）』（一六—〇四—五九五—六）。
(69)前掲『開示文書（写し）』（一六—〇四—五九五—六）。
(70)前掲『開示文書（写し）』（一六—〇四—五九五—八）。
(71)前掲『開示文書（写し）』（一六—〇四—五九五—一三）。

(72) 前掲『開示文書（写し）』（一六―〇四―五九五―五）。

(73) 前掲『開示文書（写し）』（一六―〇四―五九五―一四）。

(74) 外務省「大平総理大臣発言要領」一九七九年一一月三〇日、「歴史資料としての価値が認められる開示文書（写し）」（一六―〇四―五九五―一五）。

(75) 経済協力第一課「対中円借款に関する総理発言要領の調達方式について」一九七九年一二月一日、「歴史資料としての価値が認められる開示文書（写し）」（一六―〇四―五九五―一七）。

(76) 例外とは、たとえば①日本が育成しようとしているコンサルティング・サービスについて借款を供与する場合、②不況産業対策という観点から特別の円借款を供与する場合など、が想定されていた。外務省（件名、日付不明、著者注：文書は一枚だけ）、「歴史資料としての価値が認められる開示文書（写し）」（一六―〇四―五九五―一八）。

(77) 前掲『開示文書（写し）』（一六―〇四―五九五―一四、一七）。

(78) 外務省（件名、日付不明、著者注：文書は二枚だけ）、「歴史資料としての価値が認められる開示文書（写し）」（一六―〇四―五九五―一六）。前掲『開示文書（写し）』（一六―〇四―五九五―一七）。

(79) 前掲『開示文書（写し）』（一六―〇四―五九五―一七）。

(80) 経済協力第一課「対中円借款をアンタイドとすべき理由（追加分）」一九七九年一〇月八日、「歴史資料としての価値が認められる開示文書（写し）」（一六―〇四―五九五―一三）。

(81) 前掲『開示文書（写し）』（一六―〇四―五八九―一）。

(82) 森田一著、服部龍二・昇亜美子・中島琢磨編『心の一燈』（第一法規、二〇一〇年）二〇四―二〇五頁。

(83) 森田、前掲書、二〇四―二〇五頁。

(84)森田、前掲書、二〇五頁。
(85)森田、前掲書、二〇五頁。
(86)大来佐武郎「日米関係を外交の中心に」大平正芳回想録刊行会『大平正芳回想録 追想編』(大平正芳回想録刊行会、一九八一年)(https://ohira.org/wp-content/uploads/book/tu/tu_115.pdf、二〇二三年四月一六日アクセス)。
(87)通商産業省「米中関係の現状」一九七九年一一月二八日、前掲「オンライン版 大平正芳関係文書」資料番号〇五一六〇〇一〇六。
(88)同上。
(89)外務省「日中首脳会談発言・応答要領(案)」一九七九年一一月二九日、前掲「オンライン版 大平正芳関係文書」資料番号二〇〇一〇一六〇〇。

第一三章

国際秩序と日中関係の狭間

プラント輸出から見た大平内閣の選択

李彦銘

1　プラント輸出とは

本章は大平正芳自身の外交思想ではなく、一九七〇年代末のプラント輸出を事例に、この時期における日本の国内状況とその結果生み出された対外行動を取り上げる。

つまり、本章では「外交」を、国内の諸アクターそれぞれの認識や判断が、国内制度というフィルターを通して複雑に絡み合った結果として捉える。プラント輸出に関連するアクターは、一部の企業や業界・業界団体・経済団体連合会（二〇〇二〈平成一四〉年に日本経営者団体連盟と合併し、日本経済団体連合会となったが、本章では便宜上経団連と呼ぶ）のような総合団体、通産省や外務省などの官僚組織、通産大臣や首相などの政治家である。本章では、まずこれらのアクターが有していた異なる政策アイデアを確認し、その後に日中経済関係の進展と大平内閣がおかれた状況を再検討する。それによって、大平内閣の対中政策の特徴を浮き彫りにしたい。

プラント輸出とは、分かりやすくいえば、「工場ごとの輸出」であり、一件の金額が五〇万ドルを超える電気、機械、化学などの技術の複合体の輸出である。これは通産省が長らく使用してきた定義であり、日常生活ではなじみが薄い言葉であろう。だが、プラント輸出はいわゆる資本財の輸出にあたり、一国の工業基盤の形成に関わる重要な産業が全て関わっていた。一九六〇、七〇年代、発展途上国では、国家主導で技術力が高いプラントを先進国から導入し、自国で生産・消費を目指す「輸入代替」の工業化戦略がしばしばとられた。一方、輸出国にとってのプラントは自国の工業技術レベルを示すものであった。また、資金不足の発展途上国との間で成約を実現するために、政府の公的資金を用いることが一般的であった。そのため、プラント輸出は政治・外交的な意義が大きい貿易であった。[1]

中国向けプラント輸出が日中両国の政治・外交関係で注目された時期は、半官半民の性格を持っていたLT貿易協定まで遡ることができる。[2] LT貿易協定は一九六二年に調印され、協定にもとづくプラント輸出の第一号は倉敷レイヨン（現株式会社クラレ）によるビニロン・プラントの輸出であった。[3] この契約は当時一般的であった延べ払い方式（サプライヤーズ・クレジット）が適用され、倉敷レイヨンが日本輸出入銀行（輸銀）の低利融資を受ける形になっていた。だが、輸銀資金の使用に対して国民党政府（以下、国府）が猛烈に反発したため政治問題化した。そのため、一九六四年になって輸銀資金を対中プラント輸出に使用しないことを約束した「吉田書簡」が日本から国府へ発出される。その結果、一九六三年にすでに仮契約していた第二号の大日本紡績（のちにニチボーと改名、現ユニチカ）によるビニロン・プラント輸出は多大な影響を受けた。この第二号のプラント輸出案は、純民間ベースの融資という条件で、一九六五年一月に佐藤栄作内閣に承認されたが、佐藤首相が「吉田書簡」の拘束を受けると国会で答弁したため、中国側が反発し、ニチボーに契約発効不可能と伝えた。[4] このように、日中国交正常化前からプラント輸出は、日中関係における重要な政治議題となっていたのであり、[5] このことが示すようにプラント輸出は国際政治からの制約を受けやすい分野でもあった。

一九七〇年代に入ると、米国の対中貿易緩和や日中国交正常化によって、対中プラント輸出も大きく発展すると日本側は期待した。だが、文化大革命が続く中で中国側は「自力更生」を掲げていた。

さらに一九七三年末から共産党内上層部では、周恩来批判が繰り広げられ、一九七四年には先進国からの技術輸入に批判の矛先も向けられた。ようやく転機が訪れたのは毛沢東の死後である。日中平和友好条約交渉の再開に先立ち、一九七八年二月、日中長期貿易取決めが結ばれた。この取り決めはその後の日中経済関係の中心となり、大平内閣による第一次対中円借款供与の契機にもなった。

米中接近によって国際政治上の制約がなくなったことで、日本政府はプラント輸出が今後大きく発展する成長産業になると注目していた。しかし、米国の相対的な衰退とブレトン・ウッズ体制の崩壊、二度の石油ショックによって国際経済秩序は大きく揺らいでいた。先進国が次々とスタグフレーションに陥る中、経済成長を続けていた日本は、欧米にとって驚異的な存在となり、台頭する現状変更勢力としてみなされるようになった[6]。しかし、中国側の高い期待に応えると同時に、国際経済秩序を維持するスタンスを示し、さらに国際政治の中で自らの力を発揮する局面を作り出すことは決して容易ではなかった。大平内閣はまさにこのような「挟間」に直面していたのである。

以下本章では、第2節でプラント輸出という政策アイデアの多面性、第3節で中国向けプラント輸出とその制約、第4節で国際秩序の遵守とプラント輸出に対する大平内閣のコンセンサスを検討していきたい。

2　多面性をもつプラント輸出

本節ではプラント輸出をめぐる通産省・経済界・政治家の政策アイデアの違いを検討する。一九七〇年代は、日本経済の「異質性」や、通産省を中心に日本政府が採ってきた産業政策が欧米で脚光を浴びた時代であった。[7]たとえば、「政・官・財」の三位一体、「鉄の三角形」、「日本株式会社」といったキーワードが国内外で流行し、三者間の対立より政策上の結合が評価される傾向があった。

こうした貿易立国を志向する官民協調体制は、日米貿易・経済摩擦研究でも重視されてきた。しかし、その一方で、業界内の不一致や業界と通産省との隔たり、ひいては対立の存在についても実証研究が積み重ねられてきた。

一九七〇年代のプラント輸出に関わる企業・業界は、鉄鋼、石油化学、機械工業などの基礎素材産業である。とくに鉄鋼と石油化学産業は、終戦直後の傾斜生産方式の下での育成対象であり、[8]その後も石油化学工業育成計画（一九五五〈昭和三〇〉年）などの政府の産業政策のもとで、企業努力を重ねて発展してきた。その結果一九六〇年代に、日本は急速な重化学工業化を達成できた。関連の各業界が通産省・自民党政治家のバックアップを受けて成長し、三者が強い協力体制を築いてきたと評価できよう。ところが、一九八〇年代に入ると、徐々に三者間の関係性が変化し、それぞれが異なる方向へ歩み始めた。本章が対象とする一九七〇年代末の大平内閣期は、各アクターが共にプラント輸出を推し進める中で、それぞれの着眼点の違いが顕在化してきた時期でもあった。

(1)通産省――産業構造の高度化

通産省は一九五〇年代から産業構造を高度化させるためにプラント輸出を推進しようとしていた。一九五〇年の日本輸出銀行設立（一九五三年から日本輸出入銀行に改名）、鋼鉄価格の行政指導（割安の値段でプラント・メーカーに鉄鋼を提供させること）、一九五五年の日本プラント協会設立などの一連の動きは、プラント輸出を後押しするものであったといえよう。そして、一九六一年には海外経済協力基金（一九九九年に輸銀と合併し、国際協力銀行となった）が設立された[9]。しかし、関連業界の国際競争力が弱かったため輸出実績は伸び悩んだ。一九五九年に時限付きの設備等輸出損失補償法が成立したが、補償の申請数が少なかったため、同法は継続されなかった[10]。

一九六〇年代後半になると輸出額は徐々に増加し、一九七〇年には総額が初めて一〇億ドル台に上った。一方、一九六四年に日本はＯＥＣＤ加盟を果たした。資本と貿易の自由化を目指す中、以前のような立法を通じた産業育成ができなくなった。同年、産業構造審議会が設立され、通産省は、長期ビジョンや情報の提供といった誘導策・弱い規制を手段として、重点・戦略産業の国際競争力を強化しようとした。プラント輸出に関しては、実績を調査し、業界に必要な情報を提供するための『日本のプラント輸出戦略』という冊子も、一九七一年に重化学工業社からはじめて公刊されている。この冊子は通産省機械情報産業局が編纂したものであり、一九七五年から年刊となったが、大平内閣下の一九七九年には『プラント輸出の現状と展望』というタイトルに変更された。また後述するように、この時期から日本貿易会や経団連もプラント輸出の推進策を政府に対し要望するようになった。

第一次石油ショック後、いわゆる狂乱物価が起こり、インフレに対処するため、大蔵官僚出身の福田赳夫が、田中角栄改造内閣の大蔵大臣、続く三木武夫内閣の副総理兼経済企画庁長官として起用された。福田の主導のもとで厳しい総需要抑制策と金融引き締め政策がとられた結果、一九七四年は戦後初めてのマイナス成長となった。

第一次石油ショックによって戦後の高度経済成長が終わりを迎え、産業構造の調整が必要だという認識は広がっていた。通産省は知識集約化を通じた産業構造高度化を提起し、その一つとしてエンジニアリング産業（プラントの設計、建設などハードとソフト両方を含む総合的な技術を提供する産業、プラント輸出の中核）という概念の定着を促した。一九七七年、通産省機械情報局長の私的諮問機関として「エンジニアリング懇談会」が設置される。これは業界も参加した官民一体の懇談会であり、その中間答申に沿って、エンジニアリング振興協会が発足して官民協調体制が構築された。一九七八年に公表した産業構造審議会の中間答申も、エンジニアリング産業発展の必要性を強く訴えた[11]。なお、新日本製鐵（以下、新日鉄）会長であった稲山嘉寛（よしひろ）は、経団連会長に就任する直前（一九八〇年）までエンジニアリング振興協会の会長を務めていた[12]。

一九七九年、通産省が産業構造審議会（会長、土光（どこう）敏夫）に提出した「八〇年代の通産政策ビジョン」は、対外経済協力と援助国からの輸入を重視するスタンスを提示した[13]。その主なスローガンは「技術立国の挑戦」であり、エンジニアリング産業が「わが国産業の知識集約化に資するものとして、積極的な評価が行われるべきであり、今後の成長が期待される」と述べた。一九六〇年代後半から諸外国との経済摩擦に悩まされていた通産省は、鉄鋼やテレビのような製品とは違って、プラントが欧米との貿易摩擦をもたらさない、つまり「摩擦なき輸出」であると認識しており、機械輸出の新たな主役になることを期待していた[14]。しかし、その期待とは裏腹に、プラント輸出をめぐる日米欧間の競争は一九七〇年代後半ますます激化していた。公的資金による融資の運用方法、とくに金利をどうすべきかについて、先進国間のルール形成が進む中で、大平内閣は難しい決断を迫られることになるのである（第4節参照）。

(2) 関連業界・経団連――七〇年代の新展開

プラント輸出に関連する業界も、通産省と同じようにプラント輸出のメリットを強調していた。とはいえ、多くの企業にとってプラント輸出の目的は新たな成長戦略を見出すことにあった。いち早くプラント輸出に挑んでいたのは繊維業界であり、前述した倉敷レイヨンや大日本紡績による中国向けビニロン・プラントの輸出は、一九六〇年代に入ってからの構造不況に対応するために始められたものであった。その後、石油化学や機械産業、鉄鋼、電子工業なども新たに参入し、プラント輸出は業界を超えた新たな経営戦略となりつつあった。中でも鉄鋼業界の最大手である新日鉄の本格参入は、プラント輸出政策の形成に広範な影響を与えた。

一九七〇年、新日鉄は八幡製鐵と富士製鐵が合併して誕生した。新日鉄は発足当初から対外経済協力に力を入れ、韓国・浦項製鉄所の大型鉄鋼プラント建設を手掛けていた。同社による対中プラント輸出は一九七四年の武漢製鉄所が最初である。日中国交正常化の直前に派遣された日本経済人訪中団（一九七二年八月二二日出発）の団長稲山が、周恩来総理に直接持ちかけたことが契機となった[15]。一九七四年六月、武漢製鉄所の協力契約が新日鉄と中技公司の間で正式に結ばれた。それと同時に新日鉄は、エンジニアリング事業本部を新たに設置している[16]。

新日鉄の誕生から最初の一〇年間は、エンジニアリング事業を新規事業として確立するコンセンサスを全社で形成する過程でもあった[17]。一九七七年六月の組織改正において、エンジニアリング事業本部を中心とする新規事業を、当社事業の柱の一つとする基本方針が決められた。一九七八年一月には「エンジニアリング事業本部を中心とする新規事業の充実と新しい展開に、従来以上に力を傾注する」企業体質改善方針が発表され、一九七九年一月の年頭方針では、「エンジニアリング事業は、もはや当社にとって新規分野ではなく〔中略〕どう伸ばしていくかが課題である」と述べられた。同年、新日鉄は新たにエンジニアリング総括本部を設置し、中国協力本部を含めた三つの本部がその下に置かれた[18]。

ここで強調すべきは、新日鉄の初代社長（一九七三年から会長）であった稲山嘉寛の果たした役割である。彼はもともと過当競争に反対し、「ミスター・カルテル」という異名をとったことからも分かるように、業界一本化を進める通産省の産業構造調整に親和性を持つ人物であった[19]。そして、日中長期貿易協議委員会委員長として、彼は日中長期貿易取り決めの交渉や締結をリードした[20]。この取り決めに基づいた第一号契約は宝山製鉄所に対する新日鉄の技術協力である。中国、韓国以外にも、ブラジルのウジミナスなど多くの海外プロジェクトが稲山のイニシアティブによって始まった。

さらに稲山は土光敏夫の後任として、一九八〇年から一九八六年まで第五代経団連会長を務めた。実は新日鉄が誕生する直前の一九六九年一〇月末、経団連は海外経済協力促進に関する決議（経済協力強調運動）を可決し、発展途上国に対する経済協力を政府に要望していた。さらに同年一二月末には「総合的なプラント類輸出振興政策の確立と推進を要望する」を打ち出し、日本貿易会と共同で、経済外交による市場開拓、輸銀融資条件の安定化や条件緩和などを政府に求めていたのである[21]。一九七〇年代に入るとプラント輸出は、業界の利益を超えた、経済界を主体とする国際戦略・国際貢献の

表1　日本のプラント輸出の推移と総輸出額に占める割合（1970-1983）

（単位：億ドル）

年度	輸出承認実績		承認外実績		合計		輸出総額に占める割合（%）
	件数	金額	件数	金額	件数	金額	
1970	213	9.7					4.8
1971	231	13.0					5.2
1972	257	14.9					5.0
1973	350	22.0					5.5
1974	415	38.6					6.6
1975	489	52.4					9.2
1976	680	80.1					11.2
1977	736	86.1					10.2
1978	753	87.3					8.8
1979	743	117.9	200	10.9	943	128.8	12.0
1980	677	89.3	340	28.6	1017	117.9	8.5
1981	455	123.1	392	51.5	847	174.6	11.5
1982	389	109.9	525	24.9	914	134.7	9.9
1983	316	59.9	536	23.2	852	83.1	5.4

注：承認外実績の統計は1979年より始まる。重化学工業通信社、通商産業省機械産業情報局監修『1986年版 プラント輸出の現状と展望』重化学工業通信社、1986年、2頁より筆者作成。

データの出所：財務省（旧大蔵省）『貿易統計』

アイデアとなったのである。

一九七〇年代は、経済界が主体となる国際戦略が求められた国内外の背景もあった。国際的には、一九六九年一〇月、世界銀行がピアソン報告を公表し、開発・南北問題がこれまで以上に重視される中で、経済大国化した日本も対応せねばならなかった。国内的には、一九六〇年代からの公害問題に加え、第一次石油ショック後の「狂乱物価」が、大企業、商社、そして財界に対する厳しい世論の批判と不信感を招いた。七〇年代を通じて、「儲けすぎ」であるという国内外の批判の声が止まない中、大企業や経済界全体は、自己の位置づけと社会責任を問い直し、国際協調や国際貢献をアピールせねばならなかったのである。[22]

一方、インフレへの対処策が功を奏して、一九七五年から日本の消費財生産は順調に回復し始めた。しかし、依然として民間設備投資の低迷は甚だしかった。民間設備投資が高度成長のエンジンだという当時の一般的な認識があったことから、経団連は政府に対して民間設備投資を誘導するような公共投資の拡大、景気対策を繰り返し要望していた。[23] 設備投資に直接つながるプラント輸出の実績が順調に増えていた状況も（表1参照）、プラント輸出のもたらす景気浮揚効果への関心をより一層高めた。

その一例は、日中長期貿易取決めに対する土光敏夫の認識である。土光はこの取り決めが日本のGNPを高める効果があり、日本の景気回復にとっては「強力なエンジン」であり、一九七八年度だけでも一兆円の需要効果があると予測したといわれている。[24] 土光は早々から経済回復のための景気対策を政府に繰り返し要望していた。あまりにも頻繁かつ強気に要請したため、福田赳夫から「土光さん」ではなく「怒号さん」だと揶揄されるほどであった。[25] また、彼は「安定成長」を実現することが日本の最優先課題だと主張し、[26] 後述する河本敏夫と非常に近い政策アイデアを持っていた。

(3)政治家——景気浮揚効果の重視

プラント輸出をもっとも推し進めた政治家は河本敏夫であった。彼はもともと三光汽船の経営者であり、三木内閣の通産大臣に就任すると同時に、経営から身を引いて政治活動に専念するようになった。

一九七六年初頭、河本は日本貿易会会長水上達三、日本プラント協会会長田口連三、日本輸出入銀行総裁澄田智を通産省に招いて座談会を開いた。参加者たちは景気回復にもっとも期待されるのはプラント輸出であるという共通認識を示し、一九七六年度の数字目標として一二〇億ドルに合意した。この座談会の議論は「プラント輸出戦略」と名付けられ、四月に『通産ジャーナル』に掲載された[27]。その後、通産省はプラント輸出の推進を一九七七年度の重点施策と設定し、プラントを「輸出の中核」と位置づけ、同年度のプラント輸出目標を一五〇億ドルと公表した[28]。

一九七八年一一月、河本は自民党総裁選に初めて出馬するも予備選で敗れ、政権は福田政権から大平政権へと移行した。しかし河本は自民党の政調会長に就任し、政策形成において引き続き影響力を保った。さらに三木派の解散後（一九八〇年）、河本は三木派を実質的に受け継いで河本派を旗揚げし、自民党総裁候補ともなった実力者であった。

プラント輸出を推進するにあたって、業界が従来要望していたトップセールスによる市場開拓（当時ではこれが「経済外交」とも表現されていた）を、河本はとりわけ重視した。この当時、フランスなどの欧州諸国は、大統領や産業大臣、外務大臣が直接交渉する形でプラント輸出を促進していた。河本は日本もそれに対応したやり方が必要だと繰り返し主張していた[29]。また河本は日中貿易の拡大と対中資金協力に対しても一貫して積極的であった。

平和外交の理念や国際協力への主張が注目される河本であるが、福田赳夫と同様に党内有数の経済通としても評価されていた。彼は日本が経済成長を通じて「国内の諸問題を解決し、国際的責任」を果たしていくことが重要であり、そのために六%の「安定成長」が必要であると訴えていた。[30] 対照的であったのは舵切りが速い福田である。福田はインフレ対策のため金融を引き締め、二―三%の「低成長」を主張していた。しかし、一九七六年末、福田内閣が誕生すると、その主張は一八〇度転換した。福田は不況脱出を最重要課題に掲げて、財政主導型の超大型予算を組み、景気浮揚政策へと素早く切り替えた。一九七七年一一月、福田は改造内閣の通産大臣に河本敏夫を再び起用し、さらなる内需拡大と七%成長の実現を目指すようになった。

一方、一九七七年以降の急激な円高を受けて、日本のプラントの国際競争力が低下していた。その結果、通産省が一九七六年初頭に掲げた数字目標が達成できないことが、一九七八年末時点ですでに明らかになっていた。[31] こうした状況はプラント輸出への公的資金の投入を求める声を強めることになった。また日米欧の経済摩擦がますます激しくなり、プラント輸出をめぐる競争も激化していた。その理由について通産省は、スタグフレーションの中で、各国製造業の国内設備投資が低迷し、「先進諸国はほぼ一斉にプラントの輸出に傾注し」たためであると分析している。[32] こうして、日本の対中プラント輸出は欧米にも注目されるようになり、やがて政治問題として浮上してくるのである。

3　プラント輸出と日中関係の進展

(1)長期貿易取決めの締結

ニクソン(Richard M. Nixon)大統領の訪中が公表される直前から、日本経済界の「対中傾斜」はすでに始まっていた。[33] 一九七二（昭和四七）年、中国政府が複数の技術交流団を日本に派遣し、対日プラント輸入を再開した。その背景には一九七一年に毛沢東が批准した繊維・化学肥料プラントの輸入に関する報告があった。[34] この報告は後に大規模輸入計画（「四三方案」）へとつながった。

一九七二年一月、佐藤内閣の通産大臣であった田中角栄は、「中国と商談がまとまり、輸銀資金使用認可の申請が出れば、すぐにも認可したい」と発言した。これは「吉田書簡」による政治問題化以来、日本政府が初めて明確に認可する方向を示したものである。[35] これまで中国と接点がなかった田中は、この発言で中国側に好印象を与えたといわれている。こうした流れの中で、経済界の「対中傾斜」も加速していくことになった。

この「対中傾斜」の頂点ともいえるのは、国交正常化の直前に派遣された日本経済人訪中団（稲山訪中団）である。団長の稲山嘉寛は中国首脳部と会談し、鉄鋼、石油などに関する中国視察団の日本派遣や、鉄鋼と肥料の対中輸出に関する長期契約、さらに中国から原材料・農産物輸入を拡大し、石油と石油製品とバーター貿易をする案、商業ベースの延べ払い方式などについて検討した。[36] この時に稲山が提起した武漢製鉄所に対する技術協力は、のちに宝山製鉄所の受注につながったと新日鉄は認識していた。[37] 同訪中団は日中貿易を拡大させるために、日本政府に対しても五年間で五〇億ドルの延べ払い輸出を許可するよう要望した。[38]

一九七三年初頭には中曽根康弘通産大臣が、稲山など経済人を含む大型訪中団を率いて出発した。当時この会談に参加した李強対外貿易部長の回顧によると、中曽根は以下の三点を提起したという。㈠輸銀使用の準備のため中国の五カ年計画、とくにプラント輸入の計画を聞きたい。㈡日中貿易協定を早期に締結したい。㈢鉄鋼、化学肥料、プラントなどの長期契約、米国の代わりに中国から農産物を輸入する長期契約を結びたい。そして、同席した稲山も新日鉄が中国の海底石油開発と港湾建設を手伝いたいと述べた。[39] こうした提案は「資源外交」の一環であり、中曽根も河本と同様に経済界と緊密に連携して、政策アイデアを共有していたと評価できよう。

中国側は一九七三年一月、建国後二回目の大規模輸入計画である「四三方案」を打ち出した。[40] だが、一九七四年以降、第1節でふれたように国内政治事情によって、経済建設や外国プラント導入は様々な困難に直面した。それでも鉄鋼、石油化学、電力を中心とした計画に基づき、合計二六のプロジェクトが最終的に建設された。そのうち前出の武漢製鉄所を含めた一〇カ所は、日本から輸入したプラントだった。[41] さらに稲山によれば、一九七五年に中国側は、日本が以前に提起していたバーター貿易の構想について突然打診してきたという。[42] これを受けて長期貿易取決めに向けた準備作業が始まることになる。

一九七五年一一月、河本通産大臣が中国を初めて訪問した。財政と対外貿易を担当する副総理の李先念や石油化学工業部長の康世恩などと懇談し、「中国原油を輸入し、その見返りとして機械設備等を輸出する」構想について意見交換を交わした。[43] ただし、この時の河本の主な関心は輸出振興と景気浮揚にあったと考えられる。確かに資源確保、石油供給元の多角化のために、河本はメキシコと中国からの輸入、二国関係の強化を提起していたが、これはあくまでも石油ショック後の「中長期的な対策」だと河本は論じていた。[44] もともと河本は、田中や中曽根とは異なり、中東に対する「資源外交」より、近海の石油開発や石油の備蓄に力を入れるべきという異色の主張をしていたのである。

長期不況が改善されない中、経済界の関心は中国への輸出拡大に向けられていた。一九七七年初め、稲山は、今後は景気拡大を図って「重点を中国への輸出に置く」と宣言した。そして「その購買力を増やすために中国から原油を買う。それをどの程度に増量するのか、できるのか」を、彼が会長を務めていた日中経済協会（一九七二年設立、一九七五年に会長就任）の重点的課題とした。[45]しかし、長期貿易取決めに向けた準備段階において、日本側が抱えていた最大の難関は、中国産原油の受け入れであったことはよく知られている。その理由は、主な消費者である石油業界と電力業界が消極的であり、中国産原油の輸入に反対していたからである。

一九七七年三月、土光を団長とする経団連訪中団は、会談初日に対外貿易部長の李強から、「中国から石油と石炭を日本へ輸出し、日本から設備、資材を中国に輸出する」案に同意し、長期貿易取決めに関する具体的交渉を始めたいという希望を受けた。続いて行われた毛沢東の後継者となった華国鋒との会談でも、華国鋒から貿易構想に同意する旨が日本側に正式に伝えられた。[46]

日中長期貿易取決めの交渉が進む中で、河本も日中関係とプラント輸出との関連性を明確にするようになった。一九七七年度の景気対策について、河本は三つの対策をあげている。その一つが経済協力とプラント輸出であり、中近東・中南米を対象としたものは増加が難しいとしながら、「そこでクローズアップされるのは日中の経済協力」であると述べた。また「日中双方の要望が合致し交渉もかなり進んでいる」ことから、「日中の経済協力を早期にしかも強力に思い切って進める」という意気込みを示している。[47]

一九七八年二月、日中長期貿易取決めが正式に締結され、稲山嘉寛は日中長期貿易協議委員会委員長として取り決めに調印した。当初の取り決めは、期間を八年間、規模は総額二〇〇億ドル以上、延べ払い方式、中国側の石油、石炭などの資源と、日本側のプラントなどの機械類とのバーター貿易であった。しかし、九月に河本が再び訪中した際、日中長期貿易取決めの枠を拡大する構想を明らかにした。李強によると、河本は最初、一九九〇年まで期間を延長し、貿易量を三倍ないし五倍として、中国からの輸入量を日本の石油総消費量の一〇―一二%まで増やしたいという野心的な原案を示したという。[48]ただし、一九七九年三月末に調印された最終案では、総額は二倍ないし三倍への拡大にとどまった。[49]

(2) 金利弾力運用の構想と挫折

日中長期貿易取決めが成立するまで、日本の中国に対するプラント輸出の金利は七%以下で実施されてきた。[50]一九七七年春の長期貿易取決めの打診段階でも、経団連は「金利の弾力的運用」ができる考えを中国側に示していた。[51]

この「金利の弾力的運用」とは、輸出信用競争における国際的制約が関わっていた。前述したように、発展途上国向けのプラント輸出の契約を勝ち取るためには、輸銀や海外協力基金など公的資金からの融資が不可欠であった。しかし、先進国間でのプラント輸出競争が激化する中で、国際的に公平な貿易競争環境を保ち、公的資金の過度な投入を制限するため、米国は一九七四年から輸出信用に関するルールを提案し、公的支援の運営方法を詳しく規定しようとしていた。当初は主要先進国五か国による紳士協定であったが、一九七五年から日米英仏独伊加の七か国へと広がり、その後ＯＥＣＤ加盟国へと適用範囲が広げられ、ＯＥＣＤ輸出信用アレンジメント（Arrangement on Officially Supported Export Credits、以下、金利ガイドラインと記載）となった。

金利の弾力運用は一九七〇年代後半においては稀ではなかった。日本政府も一九七六年に「輸出承認制度の運用を弾力化する」ことを一時期承認した。具体的にいえば、輸銀資金について金利ガイドラインの規則（一九七六年時点では七・五％以上の金利）を守るが、対中プラント輸出に多く見られた輸銀資金を用いない契約については、規則よりも金利が下回る場合でも政府は契約を承認していた[52]。

ところが、日米欧の競合が激化する中で、一九七七年七月、米国は金利ガイドラインで定められた金利の大幅引き上げを提起し、低金利国の日本に対して協力を強く求めてきたのである[53]。

一九七八年八月に日中平和友好条約が調印されると、翌九月に河本は二回目の訪中をしている。前述したように、彼は日中貿易の拡大を目指していたが、同時に輸銀資金を使用する場合は金利ガイドラインに基づく金利を受け入れるように中国側を直接説得した[54]。ただし、河本は金融協力の一環として、金利が低く、期間も長かった海外経済協力基金の資源開発ローンを活用して技術導入をはかるように中国側に提起している。さらに中国が推し進める十カ年計画（一九七五―一九八五）にも全面的に協力する意思を示した[55]。

帰国後の国会答弁で、河本は電力業界から中国産石油の輸入に反対され続けたことや、中国産石油の消費増加見込みがないことを認めつつも、一九八五年まで日本の石油消費総額がさらに増えるとの予想から、「そのなかのごく一部」を中国から購入することは、それほど難しくないという楽観的な考えを示している。

このような金融協力構想は、ガイドラインの制限を受ける一般的なプラント貿易の抜け穴となり、その後の中国政府による外国借款受け入れにつながる契機にもなった。一九七九年三月、中国側が資金難に直面したため、プラント契約留保事件が発生した。だが、上で述べた金融協力の構想がすでに議論されていたため、日本側の各アクターは第一次円借款の供与へと素早く動き出したのである。

対中円借款（ODA）の具体的な実施方法について大きな争点となったのは、円借款をアンタイドローンにすべきかどうかであった（詳細は第一二章を参照）。米国と西ドイツからの強い警戒と圧力を受ける中で、大来佐武郎外相・外務省・大蔵省と企業・業界団体・通産省の間で意見対立が起こったが、最終的には大平の決断によってアンタイド方式が決まった。このアンタイド問題と同様に、プラント輸出における金利問題においても、日本政府は金利ガイドラインのような国際秩序の遵守と日中関係の拡大・深化の「挟間」におかれていた。このことは福田内閣を引き継いだ大平内閣が対処せねばならない課題であり、一九七九年一二月に大平が北京でいわゆる「大平三原則」を打ち出す背景にもなった。

4　国際秩序の遵守と大平三原則

本節では、OECDの金利ガイドラインをめぐる国際ルールの形成と、日本の対応について詳しく検討したい。前述したように、金利ガイドラインは主要先進国五か国間の紳士協定として始まった。一九七五（昭和五〇）年一一月に開催された第一回先進国首脳会議（以下、サミット）では、プラント輸出が議題の一つとして取り上げられた。フランスのジスカール・デスタン（V. Giscard d'Estaing）大統領の提案によって始まったサミットは、実は日本とEC諸国との貿易摩擦の解決を通じて、EC諸国の結束を強めようとする狙いもあった。[56]日本政府は、サミット参加を先進国の仲間入りの象徴であると捉える一方で、議題によってはサミットで批判されて孤立する可能性を常に意識していた。

先進国によるサミットは、日本が国際秩序に参与する舞台であり、かつまた国際秩序に対する日本のスタンスが試される場でもあった。第一次石油ショック後のスタグフレーションに対応するため、米国は「日米独機関車論」を提起した。これを踏まえて一九七七年のロンドンサミットでは、福田赳夫首相が内需拡大と六・七％の経済成長目標を約束した。しかし両方とも当年度では達成できず、その後の国際会議で日本は繰り返し批判された。一九七七年一一月の内閣改造を経て、一九七八年のボンサミットで、福田は七％の成長目標、内需拡大と輸出の自粛をさらに約束した。敢えてこうした手法をとったのは、福田が安定的な経済成長こそが日本の国際貢献になると捉えており、先進国に政策協調のスタンスを示すためであった。[57]さらに改造内閣で河本が起用されたのは、福田と河本の間に共有できる政策アイデアが存在したからだと理解できる。一九七九年に誕生した大平内閣も、歴代内閣がとってきた国際秩序を遵守していく姿勢をサミットで示したのである。

また、金利ガイドラインに関しても、米国は繰り返しその強化を提案していた。とりわけ、低金利国の日本に対しては、国際貿易の「黒字国責任論」を唱えて、金利ガイドラインの受け入れを強く求めた。[58]そしてサミットの定例化に伴い、サミットとOECDとの間で一種の棲み分けができ、互いに補完する制度となった。ボンサミットと東京サミットのシェルパで、駐OECD日本政府代表部大使

（一九八〇～八二年）を務めた宮崎弘道によると、ＯＥＣＤ経済政策委員会が世界経済に関する意見をまとめ、それが閣僚理事会で承認を受けた後にサミットでの議論の「ベーシック・データ」となる段取りであった。[59] 金利ガイドラインもまた、サミットの範囲にとどまらず、一九七八年四月にはＯＥＣＤ加盟国間での公式合意を得ていたのである。

(1) 大平内閣の対応

一九七九年の東京サミットのために、通産省国際経済課が作成した会議用資料では、金利ガイドラインに関して、以下のように記されている。「事柄が技術的性格であるから、政治レベルではなく事務レベルにて検討を続けるべきと考えられ、サミットで内容に立入ったようなことまで書き込むことには慎重たるべし」[60]。しかし、これは金利問題が重要でないことを意味するのではなく、各国からの批判を回避するためだと考えられる。実際のところ、初の日本開催のサミットで先進国間の国際協調をアピールするために周到な準備作業が行われたにもかかわらず、大平は予期せぬ孤立に陥り、苦い経験を味わっていた（詳細は第二章を参照）。

またサミット開催直前の五月、米国の提案によってガイドライン金利のさらなる引き上げが合意された。引き上げの目的は、政府補助の縮小にあったが、西ドイツやスイスとの競争で不利になることから、この時は日仏両国が同じ立場をとって抜本的な改革には消極的だった。[61] 東京サミットで「事務レベルの検討」に留めようとした大平内閣の方針は、プラント輸出が新たな火種になりうることを念頭に置いた上で、この問題を新たに政治問題化させないようにする狙いがあったといえよう。[62]

こうした中、一九七九年一二月に大平は訪中し、円借款供与を表明すると同時に、いわゆる「三原則」を発表して、先進国の不安をなだめようとした。その要点は、㈠西側諸国との協調、㈡これまでのASEAN諸国との関係を犠牲にしないこと、㈢中国の軍事力の発展に寄与するような協力はしないことである。この「三原則」の原案を大平に提示したのは外務省の柳谷謙介経済協力局長である。柳谷の回顧によれば、金利ガイドラインを日本が遵守するのであれば、日本が中国市場を独占するという他国からの批判を回避できるという考えがあったという[63]。

プラント輸出や金利ガイドラインに対する大平の見解を示した史料は見当たらない。だが、一九七九年一月、つまり一九七八年末の自民党総裁選で福田に勝利した翌月、通産省から日中経済関係の説明を受けた際に大平は、「他国はどうなっているか」と尋ね、先進国協調を気にかけている[64]。

一方、産業政策について、佐藤内閣の通産大臣を退任した直後の大平は、日本の産業の競争力を七〇年代の課題と語り、過去一年間の技術輸出は技術輸入の一〇分の一に過ぎないと指摘しながら、「技術政策に対する官民の取り組み方」を「最高課題」と位置づけていた[65]。また公正取引委員会が八幡製鐵と富士製鐵の合併を反対する中で、大平は日本の国際競争力を高める観点から新日鉄の誕生をいち早く歓迎した。中国とのバーター貿易に対する理解も深かった。一九七二年の日本経済人訪中団を率いて出発する稲山に対して、大平は、台湾と日本の交流、賠償問題、金利問題の三つを中国側に打診するように伝えている[66]。

このように、大平はプラント輸出の重要性と、金利ガイドラインを遵守する必要性を共に理解した上で、前内閣の政策を引継いだと考えられる。欧米諸国への配慮から「プラント輸出戦略」というスローガンは掲げられなくなったが、プラント輸出が政府にとって重要な支援対象であることに変わりはなかった。たとえば、一九八〇年三月に発表された総合経済対策は、依然としてプラント輸出の推進が一つの柱となっている。さらに同年五月、大平はメキシコを訪問している。この訪問で、大平は文化面において日墨友好基金（大平基金）を設立し、経済面においてはメキシコの鉄鋼プロジェクトへの資金面を含めた協力を約束した。そして、メキシコからの原油輸出増加への期待を表明するなど、広範にわたる協力関係の構築に合意した。[67]それは前述したような、河本の構想を具現化したものであったといえよう。これらの動きは、単なる官僚主導では説明できない大平個人のプラント輸出に対する理解と、自民党政治家の間で共有されていた政策アイデアが根底にあったといえよう。

(2) 大平内閣の遺産

有力な大平側近であった田中六助の行動からも、プラント輸出に対する「保守本流」の自民党政治家の共通理解を推察できる。

大平の急死後、田中は一九八一年一月に通産大臣としてメキシコを訪問し、メキシコ鉄道電化計画に対する大型の混合借款供与の案を提示した。[68]ただこのような経済外交の展開にもかかわらず、最終的に米国GE社が契約を勝ち取り、日本のプラント業界にとって一大打撃となった。[69]

同年二月には、中国の経済政策転換による一部の大型プラントの建設中止（宝山製鉄所など、いわゆるプラントキャンセル問題）が発生すると、田中六助はすぐさま政府の介入を示唆した。彼は国会でプラント輸出は「やはりある程度国策につながる」ことや対発展途上国協力、日本のエネルギー安全の確保を理由として挙げ、「民間企業だけに任せることはできない場合もある」と答弁した。[70]三月一七日、通産省は一九八一年の総合経済対策の柱の一つとしてプラント輸出の推進を位置づけ、その具体策として混合借款の運用を正式に認めることを発表した。[71]中国側からも混合借款の運用に対する期待が表明される中、[72]四月九日、「プラント輸出基本政策委員会」（会長、田口連三）は、援助のアンタイド化の見直しをはじめとする提言を政府に提出した。[73]

しかし、四月一一日、OECD閣僚会議に出席するために訪欧した渡辺美智雄大蔵大臣は、西ドイツから中国のプラント建設中止に対する支援においても、金利ガイドラインを守るように要請された。[74]その後、通産省幹部は国会答弁で、日本が「率先して混合借款等を供与して国際信用競争を激化させる」考えはないと示し、ガイドラインを「誠実に守る」ことが重要だと訴えた。[75]

その後、紆余曲折を経て一九八一年一二月の日中閣僚会議で三〇〇〇億円規模の資金協力が合意されたが、中国側が求めていた金利水準を満たすものではなく、円高の進行も重なったことから、三〇〇〇億円の内、輸銀資金の一〇〇〇億円分と民間融資の七〇〇億円分の消化は難航していた。[76]すなわち、鈴木善幸内閣も基本的に大平内閣のスタンスを継承し、金利ガイドラインの遵守と欧米諸国との協調を尊重するという範囲内で、対中経済協力を拡大しようとしたのである。

なお、第二次大平内閣の外務大臣を務めた大来佐武郎の役割も興味深い。前出の円借款のアンタイド化問題に取り組んだだけでなく、鈴木内閣においても、対外経済関係担当政府代表としてプラントキャンセル問題の解決をはかっている。二月に彼は急遽訪中し、貿易保険制度の仕組みを知らなかった中国側に詳しい説明を行った。[77]契約キャンセルが実行されれば国際市場における中国の信用を大きく傷つけるとして、今後の経済発展のために国際ルールを守ることの重要性を鄧小平に訴えた。そこで鄧は宝山製鉄所の建設継続を希望することを初めて表明したという。(78) つまり、日本は自国が国際秩序を守るだけでなく、中国を国際秩序の中に取り込み、国際ルールを遵守するように導くことも試みていたのである。(79)

5　未完の課題

本章はプラント輸出を事例として取り上げ、大平内閣成立以前の通産省、企業・業界・経済界全体、自民党政治家という三者がそれぞれ重視していた側面・政策アイデアの違いを確認した。それを踏まえた上で、次に大平政権が担った一九七八（昭和五三）年から七九年にかけての時期、欧米諸国とのプラント輸出競争が激化する中での、大平政権の政策判断を検討し、対中国金融協力をきっかけに、三者がそれぞれ異なる方向へ歩み始めたことを明らかにした。

一般的に大平は一九八〇年代の日中関係の蜜月時代の土台を作った政治家として評価されている。しかし、本章の検討で明らかになったのは、こうした日中関係の緊密化は、福田内閣の政策にも見られたように、経済成長を通じて日本の国際貢献を図っていく側面があり、国際秩序を遵守する姿勢を前提にして行われていた、ということである。

ただし大平の急死により「三原則」の具体的運用方法を、大平内閣は提示できなかった。さらに未完の課題も多く残された。一つは官民関係に亀裂が生じたことである。一九八〇年後半になるとプラント輸出に限らず、さまざまな分野で官民の対立が拡大し、日米貿易摩擦の解決にさらなる困難をもたらした。また、その後も金利ガイドラインの規制強化をめぐってＯＥＣＤでは繰り返し問題提起がなされた。それらの論点は、結局のところ日本の産業政策と公的支援が、公平貿易の原則に反しているか否かという焦点に収斂していった。日本側の金融協力に対する中国側の不満も、日中関係において新たな火種を残すこととなった。

(1) 一九九〇年代に入ってから、プラント関連業界の構造が大きく変わり、重工業メーカーのプラント部門は中心ではなくなった。代わりにエンジニアリング事業者や商社が中核になったが、成約プロジェクトの機材の海外調達比率が急速に上がり、伝統的な「輸出」ではなくなった。そのため、「プラント協力」や「プラント貿易」という用語を使うべきだという議論が一時的に現れた。李彦銘『日中関係と日本経済界――国交正常化から「政冷経熱」まで』(勁草書房、二〇一六年)二二五―二二七頁、二五三―二五五頁。

(2) それ以前から対中プラント輸出はあったが、少額で件数も少なかった。ＬＴ貿易はそもそも中国政府の意向に左右されやすい友好貿易とは異なる形で、大型で相互的な貿易を目指して池田内閣の下で考案された。ＬＴ貿易の原案を作成した岡崎嘉平太の回想を参照、ＮＨＫドキュメンタリー「ラストメッセージ　第一集　岡崎嘉平太」(二〇〇七年三月一九日初回放送)。

(3) ＬＴ貿易は日中間のバーター貿易であり、日本側の輸出品にはプラント輸出以外、化学肥料や鉄鋼なども含まれていた。また、延べ払い方式における政府補助金の適用(輸銀の融資)や中国の工業力増強につながる点について、国府や米国から反発を受ける可能性も日本政府はある程度認識していたが、この時は日中貿易の主導権を野党から奪い取ることを優先していた。詳細は木村隆和「LT貿易の軌跡―官製日中『民間』貿易協定が目指したもの」『ヒストリア』二一六号(二〇〇九年)一一三―一一七頁を参照。

(4)「ニチボー編　第五章」二一一―二二一頁(ユニチカ社史編集委員会編集『ユニチカ百年史』(ユニチカ株式会社、一九九一年)。

(5)クラレの輸出許可を引き出した外務大臣として、大平も中国側に深い印象を与えた。その具体的な認識は、第六章を参照。

(6)大矢根聡「新興国の馴化――一九七〇年代末の日本のサミット外交」『国際政治』一八三号(二〇一六年)八七―八八頁。

(7)産業政策の定義は広範にわたり、その時代の産業政策の特徴を反映して、定義も変化する。そこで本章は、この時期の時代背景をより踏まえている小宮隆太郎の定義を採用する。それは、「産業間の資源配分や、個々の産業の私企業によるある種の経済活動の水準を、そのような政策が行われない場合と異なったものに変えるために行われる政府の政策を指す」という、産業構造に影響を与える政策をより強調している定義である。小宮隆太郎『現代日本経済研究』(東京大学出版会、一九七五年)三〇八頁。産業政策の実施に際しての通産省の役割を強調した研究としては、チャルマーズ・ジョンソン著、矢野俊比古監訳『通産省と日本の奇跡』(TBSブリタニカ、一九八二年)を参照。

(8)限られた資金を石炭、鉄鋼、化学肥料などの基礎産業に優先的に導入すること。傾斜生産方式の経験は、短期間で近代化を実現しようとするポスト毛沢東時代の中国でとくに重視された。具体的には李、前掲、九二―九四頁、二一〇頁を参照。

(9)プラント輸出と海外協力基金の関係については、湯伊心「一九五〇年代から七〇年代までの経済協力によるプラント輸出促進――重機械の発展に焦点を合わせて」横浜国立大学大学院国際社会科学研究科博士学位論文（二〇一一年）を参照。

(10) 林信太郎、伊藤光晴「戦後産業史への証言　第二五回　産業政策七　失敗したプラント輸出の振興」『エコノミスト』五四巻二七号（一九七六年）七八―八五頁。

(11) 懇談会設置までの経緯は以下を参照、通商産業政策史編纂委員会、長谷川信編著『通商産業政策史一九八〇―二〇〇〇　七　機械情報産業政策』（経済産業調査会、二〇一三年）二七八頁。

(12)「この人と語る　内藤雅喜（財）エンジニアリング振興協会理事長」『化学経済』三二巻一三号（一九八五年）三三頁。

(13) 通商産業省、産業構造審議会編『八〇年代の通産政策ビジョン』（通商産業調査会、一九八〇年）。

(14) 濱岡平一（通商産業省貿易局為替金融課長）「新局面を迎えたプラント輸出――多角的戦略の時代へ」『アナリスト』二二巻三号（一九七七年）二六―二七頁。

(15) 紫丁『李強伝』（人民出版社、二〇〇四年）三六五―三六八頁。

(16) 新日本製鐵社史編さん委員会編『炎とともに　新日本製鐵株式会社十年史』（新日本製鐵、一九八一年）六〇三頁。

(17) 同上、五六八頁。

(18) 同上、六〇六頁。

(19) 一九七八年の鄧小平の訪日後、中国政府は外国の経済顧問を招聘した。日本からは稲山の推薦で大来佐武郎（一九八〇年一月に大平改造内閣の外務大臣に就任）と向坂正男が招聘された。

(20) 詳細は李、前掲、七八―八二頁を参照。

(21) 水上達三「プラント輸出の振興を望む」、および経団連「総合的なプラント類輸出振興政策の確立と推進を要望する」『経団連月報』一八巻一〇号（一九七〇年）六―八頁、日本経営史研究所編

『経済団体連合会三十年史』（経済団体連合会、一九七八年）八六四頁。
(22) その経緯は以下を参照、『戦後におけるわが国大企業の役割と社会的責任：中山委員会の経過報告書調査報告〈八〇―六〉』（日本経済調査協議会、一九八一年）。
(23) 日本経営史研究所編、前掲、八六五―八六九頁。
(24) 今井澂「日中貿易に意気込む産業界―プラント中心の「中国ブーム」も」『エコノミスト』五六巻四〇号（一九七八年）。土光の予測について、『李強伝』によると日本のGNPの〇・五％だが、宝山製鉄所建設を担当した陳錦華の回顧によると二％になっている。またこの予測は李先念にも伝えられて大変重視されたという。確実な数字は不明だが、土光が予測を行ったことは確かであろう。陳錦華著、杉本孝訳『国事憶述――中国国家経済運営のキーパーソンが綴る現代中国の産業・経済発展史』（日中経済協会、二〇〇七年）一五四頁。紫、前掲、三七五―三七六頁。
(25) 土光敏夫『私の履歴書』（日本図書センター、二〇一二年）一三四―一三五頁。
(26) 土光敏夫『安定成長下におけるわが国経済と企業経営　土光敏夫氏講演記録』（日本経済調査協議会、一九七六年）。
(27) 「座談会　プラント輸出戦略の設計」『通産ジャーナル』九巻一号（一九七六年）四―一六頁。
(28) 志賀学（貿易局総務課長）「プラント輸出の推進」『通産ジャーナル』九巻七号（一九七六年）五―七頁。
(29) 河本敏夫『日本経済の動向と今後の政局』内外情勢調査会講演シリーズ三五六号（一九七七年九月二一日）、河本敏夫『日本経済の当面する課題とこれからの政治』内外情勢調査会講演シリーズ三八〇号（一九七九年六月一二日）、河本敏夫（経済企画庁長官）『日本経済と政治の動向』内外情勢調査会講演シリーズ三九四号（一九八〇年八月一八日）。
(30) 河本『日本経済と政治の動向』、一一頁。

(31)岡部武尚（前通商産業省機械情報産業局通商課）「プラント輸出の現状と課題」『海外市場』二十九巻三二八号（一九七九年）六頁、九―一一頁。

(32)大嶋清治（通産省機械情報産業局通商課プラント輸出企画振興班長）「プラント輸出の現状と展望」『化学経済』三一巻一三号（一九八四年）一三頁。

(33)対中傾斜の詳細や周恩来が一九七〇年四月に提起した「周四条件」に対する経済界の態度変化は、李、前掲、五二―五四頁を参照。

(34)その詳細は李、前掲、四八―四九頁を参照。

(35)日誌『エコノミスト』五〇巻六号（一九七二年）一一〇頁。『朝日新聞』一九七二年一月一九日。実際に政府が認可したのは七月であり、この認可をもって「吉田書簡」の拘束力は事実上なくなった。

(36)李恩民『中日民間経済外交一九四五―一九七二』（人民出版社、一九九七年）四四〇頁。

(37)新日本製鐵、前掲、五七六頁。

(38)『朝日新聞』一九七二年八月二五日。

(39)紫、前掲、三六三頁。

(40)一回目はソ連からの大規模技術導入である。「四三」は総額四三億ドルを意味し、実際に導入した総額はこれを大幅超過していた。

(41)陳錦華『中日関係大事輯覧』（中国人民大学出版社、二〇一二年）、七一頁。

(42)稲山嘉寛『わかっちゃくれない――思いやりと我慢の経済説法』（朝日新聞社、一九八七年）一〇四頁。

(43)河本敏夫「日中長期貿易取り決め締結を喜ぶ」『日中経済協会会報』六〇号（一九七八年）二頁。

(44)彼は石炭による代替やエネルギーの多元化をも提案していた。河本敏夫『景気の動向と今後の産業政策』内外情勢調査会講演シリーズ三四一号（一九七六年六月二一日）、河本敏夫「景気回復は引き受けた――五二年度自民党の政策より」『月刊自由民主』二五六号（一九七七年）七一頁。
(45) 「日中経済交流拡大への抱負」『日中経済協会会報』五三号（一九七七年）三頁。
(46) 『華国鋒体制下の中国と日中経済関係―経団連訪中代表団報告書（一九七七年三月三〇日―四月四日）』一五頁、四三頁。
(47) 河本『日本経済の動向と今後の政局』、三二一―三三頁。
(48) 紫、前掲、三七六頁。中国側が慎重なスタンスを示したのは、当時石油の大幅増産が不可能であることがすでにわかっているからだと推測できる。
(49) 『日本経済新聞』一九七九年三月三〇日。
(50) 情報企画研究所編集『経済協力・プラント輸出便覧　一九七八年版』（情報企画研究所、一九七八年）一二三頁。
(51) 『華国鋒体制下の中国と日中経済関係――経団連訪中代表団報告（一九七七年三月三〇日―四月四日）』三四頁。
(52) 『日本経済新聞』一九七六年二月二六日。
(53) 『日本経済新聞』一九七七年七月二四日。
(54) 『日本経済新聞』一九七八年九月一四日、二四日。一方、日中の政府間交渉中、中国側が七％台の金利になかなか応じず、交渉には「苦労」したと稲山は回顧している。稲山、前掲、一〇二頁。
(55) 河本敏夫の答弁、「第八五回国会衆議院外務委員会第二号」一九七八年一〇月一四日。なお、一九七九年一月末、北京において、大来佐武郎は中国国務院の経済顧問として戦後日本の経験についての講義を行った。その中で、海外経済協力基金を利用した場合の金利は三・五％と紹介している。
(56) 鈴木均「欧州統合史における多国間外交の経験蓄積とサミット誕生の歴史」『法學研究』八四巻一

号（二〇一一年）四五一―四六九頁。

（57）大矢根、前掲、九一―九四頁。

（58）岡部、前掲、一二頁。

（59）C・O・E・オーラル・政策研究プロジェクト『宮崎弘道オーラル・ヒストリー』（政策研究大学院大学、二〇〇五年）二六三頁。

（60）通産省国際経済課「東京サミットについて」（一九七九年六月三〇日「オンライン版大平正芳関係文書」丸善雄松堂、二〇一八年）（資料番号050300100）一六三頁。

（61）同上、一四二―一四三頁、一六三頁。

（62）その後一九八一年のオタワサミットでは、金利ガイドライン問題がやはり議題にのぼった。輸出競争における歪みを減少させるため、輸出信用に関する国際的な取り決めを同年末までに作成することが合意された。『日本経済新聞』一九八一年一〇月八日。

（63）C・O・E・オーラル・政策研究プロジェクト『柳谷謙介（元外務事務次官）オーラル・ヒストリー』（中巻）（政策研究大学院大学、二〇〇五年）一〇〇頁。

（64）『日本経済新聞』一九七九年一月九日。

（65）「第三部　講演・論文　七〇年代の日本の産業」『在素知贅　大平正芳発言集』（大平正芳記念財団、一九九六年）。

（66）稲山、前掲、一〇一頁。

（67）柳沼孝一郎「日本メキシコ経済連携協定（EPA）の史的背景」『神田外語大学紀要』一八号（二〇〇六年）七三―八四頁。

（68）混合借款とは一般の商業融資と金利が低い対外援助を組み合わせたものである。実際の運用上は、本来援助の対象ではない国あるいは援助不適格のプロジェクトに対しても、混合借款を提供する形で、低い金利を提示しプラント輸出の成約につながることが可能になり、実質上の輸出促進策となりえた。そこで一九八四年、高金利国の米国は、混合借款の厳しい規制をＯＥＣＤで提案した。『日本経済新聞』一九八四年八月一四日。

(69)「低迷するプラント輸出」『海外市場』三一巻三六四号（一九八一年）一頁。

(70)田中六助の発言「第九四回国会衆議院予算委員会第一一号」一九八一年二月一八日。

(71)『朝日新聞』一九八一年三月一八日。

(72)『朝日新聞』一九八一年四月一三日。

(73)「中国プラント継続で政府借款を要請　日中プラント問題関係日誌」『日中経済協会会報』九六号（一九八一年）五四頁。

(74)同上、五五頁。

(75)古田徳昌（通商産業省貿易局長）の発言「第九四回国会衆議院商工委員会第六号」一九八一年四月二三日。

(76)日中経済協会『日中経済交流　一九八三年――長期安定と合弁協力への課題』（一九八四年四月）一〇五頁。

(77)この訪中は伊東正義外相と相談した結果であり、関係各省の課長も同行した。大来佐武郎『東奔西走――私の履歴書』（日本経済新聞社、一九八一年）一五五頁。

(78)「中国の調整強化とプラント建設の中止」『日中経済協会会報』九五号（一九八一年）二二―二三頁。

(79)外務大臣就任を迎え、大来は中国政府の経済顧問を担当できなくなったが、日中経済知識交流会（一九八一年―現在）の立ち上げに尽力した。大臣退職後も、官庁エコノミストの後輩たちを中国の計画委員会との交流に引き入れ、改革開放時代の経済政策決定にも少なからず影響を与えていた。大来の中国向け講義の具体内容や交流会の経緯と二〇〇〇年までの議題は、以下を参照。伊藤博『資料集：日中経済知識交流会（一九七九年〜二〇〇〇年）』東京大学社会科学研究所現代中国研究拠点研究シリーズ　第二〇号（二〇二〇年）。

あとがき

大平正芳元首相の事績に焦点を当てた論文集の出版について、大平正芳記念財団から川島真に相談があったのは二〇二一（令和三）年七月のことである。当初、同財団では一九八〇年に選挙運動中に他界した大平元総理の没後四〇年に合わせて論文集の刊行を計画していた。そのため、二〇一九年一一月に同財団から、福永文夫獨協大教授を通じて、日本外交史を専門とする井上正也に相談がなされていた。この時、井上は大平関係者へのオーラル・ヒストリーを提案したが、まもなく到来したコロナ禍（か）の影響などもあって、この企画は実現しなかった。

その後、前述したように川島に相談があり、改めて論文集のプロジェクトとして仕切り直されることになった。日本外交史研究者ではなく、中国外交史研究者である川島に話が持ちかけられたのは、おそらく川島が大平正芳記念賞の選定委員であり、また同財団が支援する北京日本学研究センター（「大平学校」の後身）事業に関わってきたからであろう。

依頼のあった二〇二一年夏の段階では、二〇二二年九月の日中国交正常化五〇周年の前後に刊行されることが望ましいとの希望が財団側にあったようである。これを踏まえ、二〇二二年度中の刊行を目指すということでお引き受けすることにした。出版については、財団側からＰＨＰエディターズ・グループをご紹介いただいた。

お引き受けするにあたり、川島は焦点を「大平外交」に当てるということで財団にご了承いただき、さっそく井上に相談して協力を求め、ともに執筆者への依頼を行った。依頼に当たっては、いくつかのコンセプトを川島と井上との間で共有した。第一は、戦後日本外交史を巨視的な観点から捉え、その中での大平外交の位置づけを相対的に論じられる研究者にプロジェクトに加わっていただく、ということであった。第二に、大平外交については、大平自身の思想や理念がやや先行して理解されており、公開された日本外務省記録などに基づいた実証研究については、それぞれの研究者が個別に研究を進めている段階にあったことから、そうした事例研究を行っている研究者に執筆者に加わっていただく、という方針である。第三に、日中国交正常化五〇年を視野に入れていることもあり、日中関係史、とりわけ中国側から大平外交を捉えること、また中国以外にも台湾なども含め、大平外交の「受け手」の視点も取り入れる、ことだった。

執筆予定者が決定してから、大平財団から助成を受けた共同研究とし、数回合同研究会をオンラインで開催して、情報、史料、そして論点を共有するとともに、それぞれが執筆を行った。最終的に全ての原稿が揃ったのは二〇二三年半ばとなった。その過程で、主に井上が中心となってそれぞれの筆者にコメントを行うなどして原稿を整えた。この段階で、井上も編者に名を連ねることになり、序章の骨子も井上が執筆し、それに川島が加筆した。あとがきは川島が執筆し、井上が加筆した。

序章に記されている通り、この論文集には大平外交の総論、また六つの論点（経済外交、地域主義、アジア外交、対中外交、対ソ外交、対中経済外交）に関わる論文を、およそ時系列的に採録することができた。無論、論点を網羅的に包摂できたわけではない。だが、大平外交について、その思想や理念というよりも、その対外政策を外交文書に基づいて分析した事例研究を採録できた点、また大平外交の受け手であった中国や台湾の観点に関わる論考を掲載できた点で意義があったと考える。

本書の刊行にあたり、大平正芳記念財団はもちろんのこと、ＰＨＰエディターズ・グループの岡修平、ＰＨＰ研究所の大久保龍也両氏に心より感謝申し上げたい。お二人の粘り強いサポートと編集作業がなければ本書の刊行は叶わなかったであろう。

本書の刊行が少しでも今後の学術研究、大平研究の進展の契機となれば幸いである。

二〇二四年一月

川島　真・井上正也

す

そ

た

ち

て

と

な

人名索引

李彦銘（り・いぇんみ）第一三章執筆
東京大学教養学部・特任講師
1983年生まれ。2005年中国北京大学卒業、2012年慶應義塾大学大学院博士課程後期単位取得退学。博士（法学）。専門は日中関係。単著に『日中関係と日本経済界——国交正常化から「政冷経熱」まで』（勁草書房）、共著に『中国対外行動の源泉』（加茂具樹編著、慶應義塾大学出版会）など。

交 最後の証言』（周斌著、岩波書店）など。

横山雄大（よこやま・ゆうた）第九章執筆
東京大学大学院総合文化研究科博士課程
1997年生まれ。2019年京都大学法学部卒業、2021年東京大学大学院総合文化研究科修士課程修了。専門は東アジア国際関係史。論文に「1970年代大陸対外経済政策――以資源政策為中心」『跨域青年学者台湾與東亜近代史研究論集』第五巻（李為楨他編、国立政治大学台湾史研究所）、「ネップに対する評価と改革の論理」『改革開放萌芽期の中国』（中村元哉編著、晃洋書房）。

若月秀和（わかつき・ひでかず）第一〇章執筆
北海学園大学法学部教授
1970年生まれ。1993年同志社大学法学部卒業、2002年立教大学大学院法学研究科博士後期課程修了。博士（政治学）。専門は日本政治外交史。単著に『「全方位外交」の時代』（日本経済評論社）、『大国日本の政治指導』（吉川弘文館）、『冷戦の終焉と日本外交』（千倉書房）。

神田豊隆（かんだ・ゆたか）第一一章執筆
新潟大学法学部教授
1978年生まれ。2001年東京大学文学部卒業、2010年同大学院総合文化研究科博士後期課程修了。博士（学術）。専門は日本外交史。著書に『冷戦構造の変容と日本の対中外交』（岩波書店）、*Japan's Cold War Policy and China,* Trans. Yoneyuki Sugita (Routledge)、*Leftist Internationalisms,* Ed. Michele Di Donato and Mathieu Fulla (Bloomsbury) など。

徐顕芬（じょ・けんふん）第一二章執筆
広島市立大学広島平和研究所准教授
2008年早稲田大学大学院政治学研究科博士後期課程修了。博士（政治学）。専門は現代中国研究、東アジア国際関係史。単著に『日本の対中ＯＤＡ外交――利益・パワー・価値のダイナミズム』（勁草書房）、共著に『冷戦変容と歴史認識』（菅英輝編著、晃洋書房）、『アジアの平和とガバナンス』（広島市立大学広島平和研究所編、有信堂）など。

学出版会)、共著に『秩序変動と日本外交』(添谷芳秀編、慶應義塾大学出版会)、『平成の宰相たち』(宮城大蔵編著、ミネルヴァ書房) など。

大庭三枝(おおば・みえ) 第三章執筆
神奈川大学法学部・法学研究科教授
1968年生まれ。1991年国際基督教大学教養学部卒業。1998年東京大学大学院総合文化研究科単位取得退学。博士 (学術)。専門は国際関係論、アジア国際政治、特にアジアの地域主義及び地域制度。単著に『アジア太平洋地域形成への道程』(ミネルヴァ書房、大平正芳記念賞・大来政策研究賞受賞)、『重層的地域としてのアジア』(有斐閣)、共編著として『東アジアのかたち』(千倉書房) など。

金恩貞(きむ・うんじょん) 第四章執筆
(公財) ひょうご震災記念21世紀研究機構・主任研究員
2009年大阪市立大学法学部卒業、2015年神戸大学大学院法学研究科博士後期課程修了。博士 (政治学)。専門は日本政治外交史。単著に『日韓国交正常化交渉の政治史』(千倉書房、アジア・太平洋賞特別賞、現代韓国朝鮮学会賞〈小此木賞〉受賞)、共著に『歴史認識から見た戦後日韓関係』(吉澤文寿編著、社会評論社)、『日韓会談研究のフロンティア』(吉澤文寿編著、社会評論社) など。

杉浦康之(すぎうら・やすゆき) 第六章執筆
防衛省防衛研究所地域研究部・主任研究官
1977年生まれ。2009年慶應義塾大学大学院法学研究科後期博士課程単位取得退学。専門は現代中国政治外交史、現代中国の国防政策。単著に『中国安全保障レポート2022　統合作戦能力の深化を目指す中国人民解放軍』(防衛省防衛研究所)、共著に『よくわかる 現代中国政治』(川島真・小嶋華津子編、ミネルヴァ書房)、『戦後日中関係と廖承志——中国の知日派と対日政策』(王雪萍編、慶應義塾大学出版会) など。

鹿雪瑩(ろく・せつえい) 第七章執筆
江蘇大学外国語学院准教授
1975年生まれ。1997年天津外国語大学日本語学部卒業、2010年京都大学大学院文学研究科博士後期課程修了。博士 (文学)。専門は日中関係史、日本政治外交史。単著に『古井喜実と中国——日中国交正常化への道』(思文閣出版)、共訳に『私は中国の指導者の通訳だった——中日外

編者・執筆者略歴

【編著者】

川島真（かわしま・しん）序論・第五章・あとがき執筆
東京大学大学院総合文化研究科教授
1968年生まれ。1992年東京外国語大学外国語学部卒業、1997年東京大学大学院人文社会系研究科博士課程単位取得退学。博士（文学）。専門は中国近現代史、アジア政治外交史。単著に『中国近代外交の形成』（名古屋大学出版会、サントリー学芸賞受賞）、『近代国家への模索 1894－1925』（シリーズ中国近現代史②、岩波新書）、『中国のフロンティア――揺れ動く境界から考える』（岩波新書）など。

井上正也（いのうえ・まさや）序論・第八章・あとがき執筆
慶應義塾大学法学部教授
1979年生まれ。2002年神戸大学法学部卒業、2009年同大学院法学研究科博士後期課程修了。博士（政治学）。専門は日本政治外交史。単著に『日中国交正常化の政治史』（名古屋大学出版会、サントリー学芸賞・吉田茂賞受賞）、共著に『評伝 福田赳夫』（五百旗頭真監修、岩波書店）、共編に『大平正芳秘書官日記』（森田一著、東京堂出版）など。

【執筆者】

宮城大蔵（みやぎ・たいぞう）第一章執筆
中央大学法学部教授
1968年生まれ。1992年立教大学法学部卒業、2001年一橋大学大学院法学研究科博士後期課程修了。博士（法学）。専門は国際政治史。単著に『戦後アジア秩序の模索と日本』（創文社、サントリー学芸賞・中曽根康弘賞受賞）、『増補 海洋国家日本の戦後史』（ちくま学芸文庫）、『現代日本外交史』（中公新書）、共編著に『戦後日本のアジア外交』（ミネルヴァ書房、国際開発研究大来賞受賞）など。

鈴木宏尚（すずき・ひろなお）第二章執筆
静岡大学人文社会科学部教授
1972年生まれ。1996年立命館大学国際関係学部卒業、2007年慶應義塾大学大学院法学研究科後期博士課程単位取得退学。博士（法学）。専門は国際関係史。単著に『池田政権と高度成長期の日本外交』（慶應義塾大

〈装丁〉 本澤博子

〈写真・協賛〉 公益財団法人 大平正芳記念財団

大平正芳の中国・東アジア外交

経済から環太平洋連帯構想まで

2024年3月6日　第1版第1刷発行

編著者　川島　真・井上正也

発　行　株式会社ＰＨＰエディターズ・グループ

〒135-0061　東京都江東区豊洲5-6-52

☎03-6204-2931

https://www.peg.co.jp/

印　刷
製　本　シナノ印刷株式会社

ISBN978-4-910739-50-2